KB111862

일본의 한국병합 강제 연구

- 조약 강제와 저항의 역사 -

이태진(李泰鎭, Yi Tae - jin)

- 1943년 출생. 서울대학교 문리과대학 사학과·같은 대학교 대학원 석사. 한국학중앙연구원
  명예문학박사(2005).
- 1973년 경북대학교 문리과대학 사학과 전임강사. 1977년부터 2009년까지 서울대학교 인문
  대학 국사학과 교수. 2010년 9월부터 3년 동안 국사편찬위원회 위원장 재직.
- 진단학회 회장. 역사학회 회장. 한국학술단체연합회 회장. 서울대학교 인문대학 학장
  (2006~2008) 역임. 대한민국 학술원 회원(2007년~현재).
- 저서 《조선후기의 정치와 軍營制 변천》(1985), 《한국사회사연구》(1986), 《조선유교사회사
  론》(1989), 《일본의 대한제국 강점》(1995), 《왕조의 유산—외규장각도서를 찾아서》(1996),
  《고종시대의 재조명》(2000), 《의술과 인구 그리고 농업기술》(2002), 《한국병합의 불법성 연
  구》(공저, 2003), 《동경대생들에게 들려준 한국사—메이지 일본의 한국침략사—》(2005), *The
  Dynamics of Confucianism and Modernization in Korean History*(Cornell East Asian
  Series136, Cornell University, 2007), 그 밖에 다수의 공저와 근 200편의 논문이 있음.

일본의 한국병합 강제 연구 － 조약 강제와 저항의 역사 －

초판 1쇄 인쇄 2016. 11. 20.
초판 2쇄 발행 2017. 10. 30.

지은이   이 태 진
펴낸이   김 경 희
펴낸곳   (주)지식산업사
         본사 ● 10881, 경기도 파주시 광인사길 53(문발동)
              전화 (031) 955 - 4226~7 팩스 (031) 955 - 4228
         서울사무소 ● 03044, 서울시 종로구 자하문로6길 18 - 7
              전화 (02) 734 - 1978 팩스 (02) 720 - 7900
         영문문패 www.jisik.co.kr
         전자우편 jsp@jisik.co.kr
         등록번호 1 - 363
         등록날짜 1969. 5. 8.

책값은 뒤표지에 있습니다.

ISBN 978 - 89 - 423 - 9013 - 7(93910)

이 책을 읽고 저자에게 문의하고자 하는 이는
지식산업사 전자우편으로 연락 바랍니다.

일본의 한국병합 강제 연구

- 조약 강제와 저항의 역사 -

이 태 진

지식산업사

사·진으로 보는 조약 파·행의 실태

1904년 2월 일본이 일으킨 러일전쟁은 한반도를 차지하기 위한 것이었다. 일본은 서울에 1개 사단 이상을 상주시키고 군 내부 계엄령 포고 상태에서 무력을 동원하여 한국의 국권을 하나씩 빼앗는 조약을 강제하였다. 이에 대한제국의 황제와 대신들, 그리고 많은 국민이 항거하였다. 그 저항으로 조약들은 정상적으로 이루어질 수 없었다. 조약문에 남겨진 파행의 대표적 사례들을 제시한다(문서에 찍힌 '서울대학교도서' 인은 소장처를 밝히는 것으로 조약과는 무관하다).

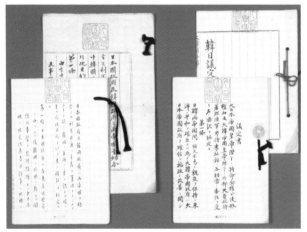

⟨사진 1⟩ 위 사진의 왼쪽은 1905년 11월의 ⟨제2차 일한협약⟩(을사늑약)의 한·일 양국 어본 첫 면. 앞의 일본어본은 '재한국일본공사관'이란 기관명이 인쇄된 용지를 사용했지만 한국어본에는 기관명이 없다. 게다가 서로 달라야 할 묶음 끈이 같은 청색이다. 한국어본을 일본측이 챙겼다는 명백한 증거이다. 오른쪽은 이보다 앞서 러일전쟁 선포와 동시에 요구된 1904년 2월의 ⟨의정서⟩ 한·일 양국어 원본. 각기 '대한국외부大韓國外部', '재한국일본공사관在韓國日本公使館'이란 기관명이 인쇄된 용지에 다른 색깔의 묶음 끈을 사용하였다. 이와 비교하면 왼쪽 뒤에 있는 ⟨제2차 일한협약⟩의 한국어본이 정상이 아니란 것이 명료하게 드러난다.

〈사진 2〉 1910년 8월의 〈한국병합조약〉한 · 일 양국어본의 비교. 위는 양국어본의 각 첫면, 아래 오른쪽은 양국어본의 표지, 왼쪽은 뒤표지이다. 흰색의 앞, 뒤표지와 묶음끈은 쌍둥이처럼 같고, 한, 일 양국어로 쓴 조약문의 글씨도 필체가 같다. 통감부가 두 가지를 모두 함께 준비한 물증으로서, 한국 정부의 의사는 어디에도 찾아볼 수 없다.

일본의 한국 병합 강제 연구
기본 자료

한일의정서(한국어본) 1904년 2월 23일

기본자료 1-1 〈서울대학교 규장각한국학연구원 소장〉

첫면

표지

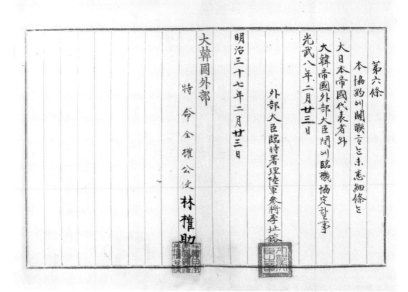

끝 서명 부분

(일한)의정서(일본어본)

기본자료 1-2　　　　〈서울대학교 규장각한국학연구원 소장〉

議定書

大日本帝國皇帝陛下ノ特命全權公使林
權助及大韓帝國皇帝陛下ノ外部大臣臨時
署理陸軍參將李址鎔ハ各相當ノ委任ヲ受
ケ左ノ條款ヲ協定ス

第一條
日韓兩帝國間ニ恒久不易ノ親交ヲ保持シ東
洋ノ平和ヲ確立スル爲メ大韓帝國政府ハ大
日本帝國政府ヲ確信シ施政ノ改善ニ關シ

其忠告ヲ容ルヽ事

第二條
大日本帝國政府ハ大韓帝國ノ皇室ヲ確實
ナル親誼ヲ以テ安全康寧ナラシムル事

第三條
大日本帝國政府ハ大韓帝國ノ獨立及領土保
全ヲ確實ニ保證スル事

第四條
第三國ノ侵害ニ依リ若クハ内亂ノ爲メ大韓帝
國ノ皇室ノ安寧或ハ領土ノ保全ニ危險アル

場合ハ大日本帝國政府ハ速ニ臨機必要ノ措
置ヲ取ルヘシ而シテ大韓帝國政府ハ右大日本
帝國政府ノ行動ヲ容易ナラシムル爲メ十分便
宜ヲ與フル事
大日本帝國政府ハ前項ノ目的ヲ達スル爲メ軍
略上必要ノ地點ヲ臨機收用スルヿヲ得ル事

第五條
兩國政府ハ相互ノ承認ヲ經スシテ後來本協
約ノ趣意ニ違反スヘキ協約ヲ第三國トノ間ニ
訂立スルヿヲ得サル事

第六條
本協約ニ關聯スル未悉ノ細條ハ大日本帝國
代表者ト大韓帝國外部大臣トノ間ニ臨機協
定スル事

明治三十七年二月廿三日
特命全權公使　林權助

光武八年二月廿三日
外部大臣臨時署理陸軍參將　李址鎔

제1차 일한협약(용빙조약) 1904년 8월 22일

기본자료 2-1

기본자료 2-2

한국 측의 거부로 2개 항목만 먼저 다루고(2-1) 외교권에 관한 1개 항목을 나중에 다시 넣어 완성시켰지만(2-2), 제목, 위임 사항의 표시가 없고, 한국 어본은 존재하지 않는다. 외교 협정이 아니라 〈각서〉 형식에 불과하다.

〈서울대학교 규장각한국학연구원 소장〉

AGREEMENT.

(Signed, August 22, 1904.)

——————>·<——————

I. The Corean Government shall engage as financial adviser to the Corean Government a Japanese subject recommended by the Japanese Government, and all matters concerning finance shall be dealt with after his counsel being taken.

II. The Corean Government shall engage as diplomatic adviser to the Department of Foreign Affairs a foreigner recommended by the Japanese Government, and all important matters concerning foreign relations shall be dealt with after his counsel being taken.

III. The Corean Government shall previously consult the Japanese Government in concluding treaties and conventions with foreign powers, and in dealing with other important diplomatic affairs, such as the grant of concessions to or contracts with foreigners.

HAYASHI GONSUKE, (Seal)

Envoy Extraordinary and Minister Plenipotentiary.

The 22nd day of the 8th month of the 37th year of Meiji.

YUN CHI HO, (Seal)

Acting Minister of State for Foreign Affairs.

The 22nd day of the 8th month of the 8th year of Kwang-Mu.

구미열강에 보이기 위해 오른쪽 2-2를 번역한 영어본. 원본에 없는 제목(Agreement)을 넣어 정식조약처럼 보이게 했다.

제2차 한일협약(한국어본) (을사늑약) 1905년 11월 17일

기본자료 3-1

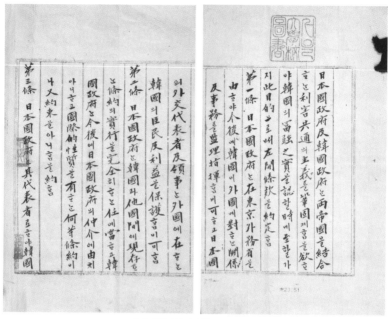

첫면 제목이 들어갈 첫 줄이 비었다.

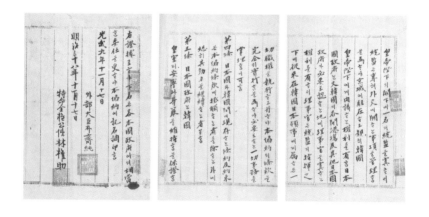

〈서울대학교 규장각한국학연구원 소장〉

제2차 일한협약(일본어본)

기본자료 3-2

〈서울대학교 규장각한국학연구원 소장〉

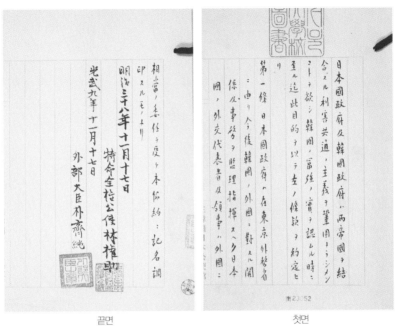

끝면　　　　　　　　　　첫면

제2차 한일협약-을사늑약(영어번역)

기본자료 3-3

일본정부가 구미열강에 보이기위해 만든 영어번역. 원본에 없는 제목을 CONVENTION이란 단어로 채워 정식 조약처럼 보이게했다.

CONVENTION.

(Signed, November 17, 1904.)

The Governments of Japan and Corea, desiring to strengthen the principle of solidarity which unites the two Empires, have with that object in view agreed upon and concluded the following stipulations to serve until the moment arrives when it is recognized that Corea has attained national strength:—

ARTICLE I.

The Government of Japan, through the Department of Foreign Affairs at Tokyo, will hereafter have control and direction of the external relations and affairs of Corea, and the diplomatic and consular representatives of Japan will have the charge of the subjects and interests of Corea in foreign countries.

ARTICLE II.

The Government of Japan undertake to see to the execution of the treaties actually existing between Corea and other Powers, and the Government of Corea engage not to conclude hereafter any act or engagement having an international character except through the medium of the Government of Japan.

ARTICLE III.

The Government of Japan shall be represented at the Court of His Majesty the Emperor of Corea by a Resident General, who shall reside at Seoul, primarily for the purpose of taking charge of and directing matters relating to diplomatic affairs. He shall have the right of private and personal audience of His Majesty the Emperor of Corea. The Japanese Government shall also have the right to station Residents at the several open ports and such other places in Corea as they may deem necessary. Such Residents shall, under the direction of the Resident General, exercise the powers and functions hitherto appertaining to Japanese Consuls in Corea and shall perform such duties as may be necessary in order to carry into full effect the provisions of this Agreement.

2

belonging to the State or to private persons, the former without compensation and the latter with proper indemnification.

ARTICLE IV.

In respect of the control of the communication service and the custody of the properties in connection therewith, the Japanese Government assume, on their own account, the responsibility of good administration.

The expenses required for the extention of the communication services shall also be borne by the Imperial Government of Japan.

The Imperial Government of Japan shall officially notify the Imperial Government of Corea of the financial condition of the system of communications under their control.

ARTICLE V.

All appliances and materials which are deemed necessary by the Imperial Government of Japan for the control or extention of the system of communications shall be exempt from all duties and imposts.

ARTICLE VI.

The Imperial Government of Corea shall be at liberty to maintain the present Board of Communications so far as such retention does not interfere with the control and extention of the service by the Japanese Government.

The Japanese Government, in controlling and extending the services, shall engage as many Corean officials and employees as possible.

ARTICLE VII.

In respect of the arrangements formerly entered into by the Corean Government with the Governments of foreign Powers concerning the post, telegraph and telephone services, the Japanese Government shall in behalf of Corea exercise the rights and perform the obligations pertaining thereto.

Should there arise in the future any necessity for concluding any new convention between the Government of Corea and the Governments of foreign Powers concerning the communication services, the Japanese Government shall assume the responsibility of concluding such convention in behalf of the Corean Government.

3

ARTICLE VIII.

The various conventions and agreements respecting the communication services hitherto existing between the Governments of Japan and Corea are naturally abolished or modified by the present Agreement.

ARTICLE IX.

When in the future as the result of the general development of the communication system in Corea, there is some adequate profit over and above expenditures defrayed by the Japanese Government for the control and maintenance of the old services and for their extentions and improvements, the Japanese Government shall deliver to the Corean Government a suitable percentage of such profit.

ARTICLE X.

When in the future an ample surplus exists in the finance of the Corean Government, the control of their communication services may be returned, as the result of the consultation of the two Governments, to the Government of Corea.

HAYASHI GONSUKE, (Seal)
Envoy Extraordinary and Minister Plenipotentiary.
The 1st day of the 4th month of the 38th year of Meiji.

YI HA YENG, (Seal)
Minister of State for Foreign Affairs.
The 1st day of the 4th month of the 9th year of Kuang-Mu.

한일협약(한국어본) (정미조약) 1907년 7월 24일

기본자료 4-1

〈서울대학교 규장각한국학연구원 소장〉

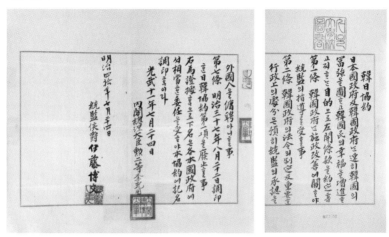

한국어본은 기관명이 인쇄되지 않은 용지를 사용하고 묶음도 없는 반면 일본어본(아래)은 통감부 용지를 사용하고 연두색 리본으로 묶었다.

일한협약(일본어본)

기본자료 4-2

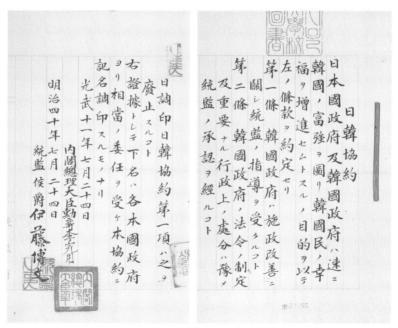

끝면   첫면

한국사법 및 감옥사무위탁에 관한 각서(한국어본) 1908년 7월 13일

기본자료 5

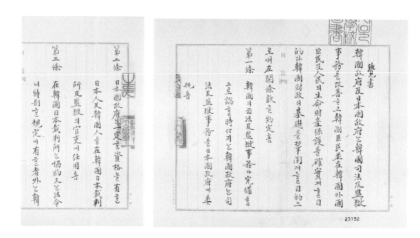

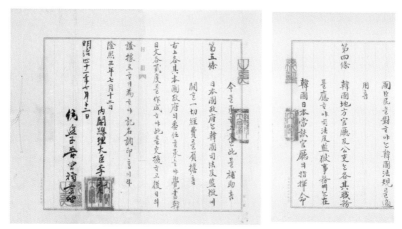

〈서울대학교 규장각한국학연구원 소장〉

한국경찰 사무위탁에 관한 각서(한국어본) 1910년 6월 24일

기본자료 6

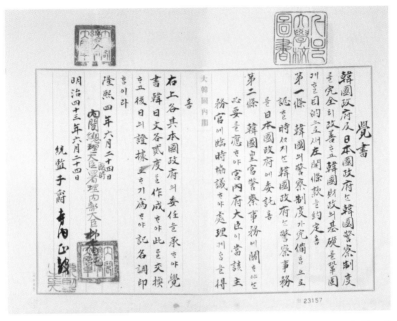

〈서울대학교 규장각한국학연구원 소장〉

병합조약 한국측 전권위임장 1910년 8월 22일

기본자료 7-1 〈서울대학교 규장각한국학연구원 소장〉

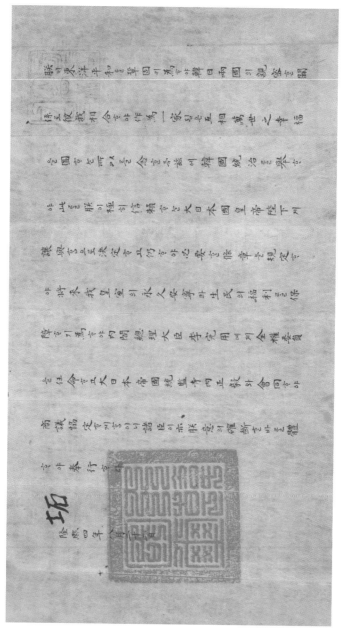

한국병합조약의 협정에 총리대신 이완용을 전권위원으로 임명하는 내용 〈대한국새〉가 찍히고 그 위에 순종 황제의 이름자(坧)가 친필로 서명 되었다. 그러나 비준서에 해당하는 '공포칙유(기본자료 7-6)에는 이와 같은 국새날인과 이름자 서명이 없다.

한국병합조약(한국어본) 1910년 8월 22일

기본자료 7-2 〈서울대학교 규장각한국학연구원 소장〉

韓國皇帝陛下及日本國皇帝陛下는
兩國間의特殊히親密한關係를顧하야
相幸福을增進하며東洋平和를永久히
確保하기爲하야此目的을達코자하면韓國
을日本國에倂合함에不如한者로確信하야
玆에兩國間에倂合條約을締結하기로決
定하니爲此韓國皇帝陛下는內閣總理大
臣李完用을日本國皇帝陛下는統監子
爵寺內正毅를各其全權委員에任命함
仍하야右全權委員은會同協議하야左
諸條를協定함

第一條
韓國皇帝陛下는韓國全部에關한一切
統治權을完全且永久히日本國皇帝陛
下에게讓與함

第二條
日本國皇帝陛下는前條에揭載한讓與
를受諾하고且全然韓國을日本帝國에倂

2면 / 1면

第八條
本條約은韓國皇帝陛下及日本國皇
帝陛下의裁可를經한者ー니公布日로부
터此를施行함
右證據로삼아兩全權委員은本條約에記名
調印함이라

隆熙四年八月二十二日
內閣總理大臣李完用

明治四十三年八月二十二日
統監子爵寺內正毅

7면 / 6면

한국병합조약(일본어본)

기본자료 7-3

〈서울대학교 규장각한국학연구원 소장〉

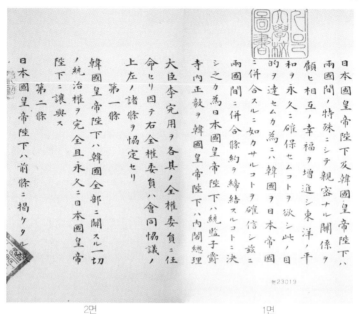

2면 　　　　1면

7면 　　　　6면

한국어본 일본어본 모두 동일한 백색용지를 사용하여 두 기명자의 간인을 찍었다.

공포조칙 준비에 관한 각서 일본어본(한국어본은 없음) 1910년 8월 22일

기본자료 7-4

통감부 용지를
사용했다.

〈서울대학교 규장각한국학연구원 소장〉

병합을 알리는 일본천황의 조칙 1910년 8월 29일   〈일본국립공문서관 소장〉

기본자료 7-5

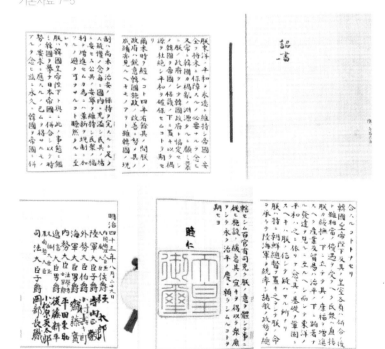

〈천황어새〉가 찍히고 메이지 천황이 이름자(睦仁)를 서명하고 8명의 대신들이 서명하였다.

병합을 알리는 한국황제의 조칙(칙유) 1910년 8월 29일

기본자료 7-6

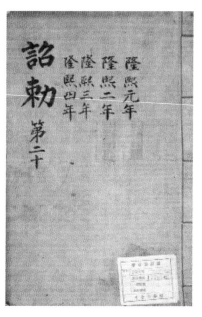

〈대한국새〉가 새겨진 국새대신 행정결재용 어새 〈칙명지보勅命之寶〉가 찍히고 순종황제의 이름자(坧) 서명이 없다. 앞(7-5)의 일본천황의 조칙과는 판이하다.

책을 내면서 -한국병합 불법성 추적, 4반세기-

지난 2015년은 광복 70주년 한일 국교 수립 50주년을 맞이하는 해였다. 관련 기념행사들이 이곳저곳에서 열렸지만, 한일 관계는 최악의 상태에 빠져 있었다. 2012년 말 아베 신조安倍晉三 일본 총리가 집권한 뒤 일본의 극우화가 날로 심해졌다. 이른바 혐한嫌韓이 '헤이트 스피치'를 낳더니 중의원은 전쟁하는 국가가 되기 위해 〈집단 자위권〉에 관한 법안을 통과시켰다.

필자는 1992년에 이 책의 주제인 대한제국에 대한 일본제국의 조약 강제에 관한 연구를 시작하였다. 이 해 5월에 서울대학교의 규장각奎章閣에 수장되어 있는 대한제국 정부 문서 가운데서 순종 황제의 조칙, 칙령, 법률 등의 문건 60여 점에 어지럽게 가해진 위조 서명들을 발견한 것이 연구의 계기가 되었다. 일본정부가 대한제국 정부 및 사법기관을 재편, 감독하는 체제를 만들기 위해 통감부의 일본인 관리 5~6명이 결재 공문서에 한국황제의 이름자 서명을 제멋대로 가해 처리한 문서들이었다. 대한제국의 주요 국권이 황제의 서명 위조로 일본제국의 손아귀로 넘어가고 있었다니 어처구니없고 놀라운 일이었다. 한국의 국권을 빼앗기 위한 일본 메이지明治 정부 수뇌부의 공작과 음모의 세계는 깊고 넓었다. 그동안 20여 회의 학술회의를 개최하고 수십 편의 크고 작은 글들을 쓰면서 파고들었지만 이제야 겨우 늪의 가장자리가 보이는 것 같다.

위조 서명들을 발견했을 때, 나는 일본이 대한제국의 국권을 빼앗아간 조약들도 결코 온전하지 않을 것이라는 예감이 들었다. 그래서 규장각 서고 깊은 곳에 수장되어 있는 '을사조약'을 비롯한 관련 조약의 원본들을 꺼내어 살폈다. 황제가 국가 원수로서 조약을 승인하는 비준서는 하나도 찾아볼 수 없었고, 국권 피탈의 클라이맥스에 해당하는 '보호조약'의 원본은 조약의 명칭이 쓰일 첫 행이 비어 있었다. 이 조약에 대해 '제2차 한일협약', '한일신협약', '협상조약', '보호조약', '을사조약' 등 여러 명칭이 생긴 것도 원본에 명칭이 없었기 때문이었던 것도 알게 되었다. 이름도 없고 비준서도 없는 '조약'으로 수많은 한국인들이 40여 년 동안 헤아릴 수 없는 고통 속에 나날을 보내야 했다는 것은 믿기 어려운 일이었다.

이즈음 미국에서 한국 근대교육사 자료를 찾던 사범대 교육학과의 김기석金基奭 교수가 컬럼비아 대학교의 귀중도서 자료실에서 조약문제에 관련되는 중요한 자료를 찾았다는 신문 보도가 나와 관악 캠퍼스의 열기를 더 뜨겁게 달구었다. 김 교수는 이 명문대학교 귀중 자료실에 기증된 김용중金龍中 문고에서 고종황제가 비밀리에 미국인 선교사 호머 헐버트Homer B. Hulbert에게 내린 외교 전권 위임장 및 수교 7개국 원수들에게 보내는 친서들이 한 자리에 고스란히 모여 있는 것을 발견하였다. 그 위임장과 친서에는 1905년의 '보호조약'은 강제된 것으로 내가 승인한 것이 아니라는 절절한 외침이 담겨 있어서 규장각에서 나온 요건 불비의 조약 원본들의 상태와 아귀가 맞닿았다. 나는 한국병합에 관한 연구는 이제 새롭게 시작해야 할 과제라는 확신 아래 신발견의 자료들에 근거한 논문 몇 편을 새로 쓰고 김 교수의 논고를 비롯한 다른 연구자 두어 분의 글들을 모아《일본의 대한제국 강점 - '보호조약'에서 '병합조약'까지 - 》(1995, 도서출판 까치)를 펴냈다. 새로운 연구의 방향을 잡는 토대 구축이었다.

이 책에 실린 내 글들에 일본의 운노 후쿠쥬海野福壽 교수(메이지 대학)가 누구보다도 진지한 반응을 보였다. 그는 순종황제 서명 위조를 다룬 내 글, 김기석 교수의 글 등 두 편을 일본어로 번역하여 자신이 편집한《일한협약日韓協約과 한국병합韓國併合》(아카시서점明石書店, 1995)에 실어 일본 학계에 소개하였다. 그런가 하면 나의 다른 글에 대해서는 일본 외교문서를 오독한 부분을 지적해주기도 하였지만, '한국병합' 조약에 대한 한국 황제의 칙유는 날조된 것이란 내 주장에 대해서는 끝까지 동의하지 않고 '병합조약' 합법 주장의 중심에 섰다.

일본 정부가 조약 강제 과정에서 남긴 요건 불비 및 범죄적 행위는 연구가 진행될수록 수가 늘어났다. 이런 강제의 흔적들을 붙들고 연구에 몰두하다 보니 어느덧 20년이 넘는 시간이 흘렀다. 관련 사료를 찾는 데 많은 시간이 소요되었다. 내 연구에 기초가 되는 사료는 침략 주체인 일본 정부가 생산한 것들이 많았기 때문에 사료를 찾아 도쿄를 왕래한 것이 한두 차례가 아니었다. 내 연구는 해당 문서 자체와 그것이 생산된 과정에 대한 실증적 고찰로 이루어지는 것이기 때문에 원본 문서를 직접 열람해서 확인할 필요가 있는 것들이 많아서 많은 시간이 소요되었다.

연구 작업은 힘들었지만 외롭지 않았다. 은사 이기백李基白 선생(2004년 작고)께서 《일본의 대한제국 강점》에 대해 큰 관심을 보이셨다. 선생께서는 한국사의 대중적 보급에 기여하기 위해 1987년에 《한국사시민강좌》를 창간하셨다. 반년 간행의 이 잡지는 매호에 '특집'을 설정하여 관련 전공자들의 글 대여섯 편을 한 자리에 실었는데, 1996년 전반기의 제19집의 특집 주제는 "일본의 대한제국 침탈의 불법성"이었다. 선생께서 앞의 내 책이 나오자 이 주제를 세워 나에게 편집을 일임하셨다. 나는 이때 앞 책에 실은 내 논문 3편의 내용을 토대로 〈한국병합은 성립하지 않았다 – 일본의 대한제국 국권 침탈과 조약 강제 –〉라는 제목의 글을 써서 이 특집호에 실었다. 성립하지 않았다는 것은 조약의 요건 불비를 지적하는, 절대 무효를 의미하는 것이었다. 이 글을 발표하면서 나는 언젠가 일본 독자들이 이 글을 읽을 수 있게 해야 한다는 생각에서 서울에 와 있는 한 일본 유학생을 소개받아 일본어로 번역해 두었다. 이 번역문이 1년 남짓 뒤에 이기백 선생의 도움으로 일본에 많은 지인을 두신 지명관池明觀 선생에게 전해졌고, 지 선생은 이를 일본의 저명한 월간지 《세카이 世界》의 편집장 오카모토 아쓰시岡本厚(현 이와나미서점岩波書店 회장)씨 에게 보냈다.

오카모토 편집장은 나의 글을 상, 하로 나누어 이 잡지의 1998년 7월, 8월호에 실었다. 그는 내 글에 대한 찬반의 의견을 일본교수들 로부터 듣기 위해 〈일한대화日韓對話〉라는 난을 만들어 2000년 11월 까지 6편의 글을 더 실었다. 내 견해에 반대하는 2편의 글이 실리게 되어 나는 이에 대한 답변으로 2편의 글을 더 싣게 되었다. 이때 나 의 논지를 지지하는 글을 발표한 아라이 신이치荒井信一, 사사카와 노 리가츠笹川紀勝 두 선생은 이후 연구의 '동행자'가 되었고, 나는 두 분 으로부터 많은 학문적 은혜를 입었다. 히도츠바시 대학一橋大學의 저 명한 역사학자 나카무라 마사노리中村正則(2015년 8월 4일 작고) 선생 은 이 대학에서 열린 세미나 때, 나에게 〈일한대화〉는 1945년 8월 이후 한일 양국 지식인 사이에 처음 있는 장기 '논쟁'으로서 일본 역 사학자들이 주목하고 있다는 말을 직접 들려주었다.

〈일한대화〉의 파장은 일본 학자들로부터 주목을 받는 가운데 국 제 공동연구팀의 발족으로 이어졌다. 2000년 초 하와이 대학교의 한 국학 연구센터(Center for Korean Studies)와 국제 고려학회는 '새 천 년' 행사로서 "21세기 한국학이 나아갈 방향"이란 주제로 하와이 대학교 에서 공동 심포지엄을 열었다. 심포지엄이 끝나는 자리에서 북한 학 자들을 이 학술회의에 참여시키는 방안이 없는지가 화제에 올랐다. 당시 국제 고려학회의 임원이던 정광鄭光 교수가 《세카이》지의 〈일 한대화〉를 거론하며 이 주제라면 북한에서 전공자를 내보내지 않겠 느냐는 의견을 냈다. 이 제안을 지지하는 분들이 많아 당사자인 나 도 의견을 표하지 않을 수 없었다. 나는 이 주제는 한국, 북한, 일본 의 학자들만 모이면 충돌의 소지가 높으므로 제3자가 학술회의를 주관하게 하는 방식이 좋지 않겠느냐, 그렇다면 1935년에 하버드 대학교의 법과대학이 '조약법(Law of Treaties)'에 관한 연구를 수행하여 '1905년 보호조약'을 법적으로 효력을 가질 수 없는 조약의 하나로 규정한 사실이 있으므로 하버드대학교의 관련 연구기관들이 국제학술회의를 주관할 수 있게 하는 것이 어떻겠느냐는 의견을 냈다. 이 자리에 마침 하버드−옌칭 연구소의 부소장 에드워드 베이커Edward Baker 씨가 함께 하고 있어서 그를 중심으로 하버드대학교의 관련 연구소들과 교섭을 시도해 보는 방안이 즉석에서 채택되었다. 베이커 부소장을 비롯해 하와이 대학교의 강희웅Hugh Kang 교수, 서울대학교의 백충현白忠賢 교수(2007년 작고), 이태진, 그리고 북한과의 교섭에 대비해 독일 뮌스터 대학교의 송두율宋斗律 교수 등 5인이 추진위원으로 위촉되었다.

　추진위원들은 같은 해 6월에 하버드 대학교에서 첫 모임을 가졌다. 하버드−옌칭 연구소를 비롯해 한국연구소, 로스쿨의 동아시아 및 한국 법률 연구 프로젝트, 아시아 센터 등이 국제학술회의 "한국병합에 관한 역사적, 국제법적 재검토(The Reconsideration of Japanese Annexation of Korea in Historical and International Law Perspectives)"의 구성에 동의하고 한일 양국이 각기 관련 자료 설명의 기회로서 예비 학술회의를 가진 뒤 2001년 11월에 하버드대학교에서 본 회의를 열기로 합의하였다.(이 학술회의가 열릴 무렵에 이 대학교의 라이샤워 일본연구소도 참여를 희망하여 5개 연구기관의 공동주최의 형식을 취하였다) 이 주제는 사안이 중요한 만큼 서구 학자들의 이해를 위해 한, 일 양측이 먼저 각기 관련 자료를 설명하는 예비 학술회의를 한 차례씩 가진 다음에 본 회의를 개최하기로 하였다. 이 합의는 한국의 학술진흥재단, 한국연구재단, 그리고 일본의 어느 한 연구 재단으로부터 재정지원을 받아 이듬해에 바로 실행되었다.

　2001년 1월 하와이대학교 한국학연구센터 주관 아래 열린 첫 예비

회의에는 실제로 북한으로부터 리종현, 정남용 두 교수가 참석하였다. 그리고 4월에 다시 일본 도쿄 타마多摩에서 히라노 겐이치로平野健一郎 교수 주관으로 일본 측 자료 설명회의가 개최되고 이어 예정대로 11월에 하버드 회의가 열렸다. 《세카이》지의 〈일한대화〉가 결국 '한국병합'에 관한 최초의 대규모 국제학술회의의 개최를 가져왔던 것이다. 비록 하버드 회의는 제3자적 판단을 유보하였지만 한일 양국의 학계가 진지한 연구를 계속 수행할 필요성이 있다는 결론을 내려 지속적인 연구의 필요성을 재확인하는 자리가 되었다.

국제공동연구 "한국병합에 관한 역사적, 국제법적 재검토"는 이후 2007년까지 매년 한두 차례씩 한국, 일본, 하와이에서 번갈아 열리었다. 그러나 2005년 무렵부터 운노 후쿠쥬 교수, 사카모토 시게키坂元茂樹, 하라다 다마키原田環 교수 등 합법을 주장하는 학자들은 더는 참여하지 않았다. 이와 달리 아라이 신이치, 사사카와 노리가츠 두 선생은 연구 팀을 존속시키는 기둥 역할을 수행하였다. 2007년 8월 서울회의를 마치면서 두 분과 나는 총 9회에 걸친 회의성과를 출판에 붙이기로 하고 내가 관여한 다른 국제회의의 성과를 합쳐 총 26편의 글을 모아 《한국병합과 현대 – 역사적, 국제법적 재검토 –》란 서명으로 한국어본(2009. 3.)과 일본어본(2008. 12.)을 거의 동시에 출간하였다. 하와이 대학교의 한국사 전공의 강희웅, 에드워드 슐츠 교수, 국제법 전공의 반 다이크 교수(2012년 작고) 등 3인은 시종 자리를 함께 하여 연구팀의 국제성을 견지해 주었다.

2010년은 일본의 한국 강제병합 100년이 되는 해였다. 한국과 일본의 역사학자로서 이 해를 그냥 넘겨 보낼 수 없다는 생각을 가진 분들이 있었다. 그들의 노력으로 2010년 5월 7일에 서울과 도쿄에서 동시에 〈'한국병합' 100년 한일 지식인 공동성명〉이 발표되었다. 이 성명 발표에 관계한 사람들은 여럿이지만 한국의 김영호金泳鎬 교수,

일본의 와다 하루키和田春樹 교수 두 분이 견인차 역할을 하였다. 이 성명서에는 "병합조약 등은 원래 불의, 부당한 것이었다. 그런 의미에서 당초부터 'null and void'였다고 하는 한국 측의 해석이 공통된 견해로 받아 들여져야 할 것이다"라는 구절이 들어갔다. 이것은 내용적으로 한국병합은 불법이라는 것을 단정하는 것인데 놀랍게도 이 성명에 대한 일본 측 서명자는 무려 540인에 달하였다(한국 측 604인). 내가 《세카이》지에서 '일한대화'에 임할 때까지만 해도 일본 학계에서 한국병합이 불법이라는 견해를 표명한 연구자는 다섯 손가락을 꼽기 어려웠다. 이른바 양심적인 지식인들도 대부분 도덕적으로는 불의, 부당하지만 법적으로는 문제가 없다는 견해를 취하고 있었다. 10년 사이에 5명에서 540명으로 늘어난 변화는 어떻게 해서 일어난 것일까?

먼저 일본 정국의 변동을 들어야 할 것 같다. 2009년 9월 민주당의 집권에 따라 한일관계에도 자민당의 보수적 성향을 극복하려는 분위기가 지식인들 사이에 성숙되어 갔다. 한국병합의 법적인 문제에 관한 서울발 담론이 이에 기여했을 것은 굳이 지적할 필요가 없을 것이다. 이로부터의 영향 여부를 떠나, 2010년을 앞두고 일본의 저명한 역사학자들이 잇따라 '러일전쟁의 신화'를 비판하는 저서를 낸 사실은 주목할 만하다. 일본인들은 일반적으로 러시아가 한반도를 차지하려고 했기 때문에 메이지明治의 일본이 한국에 진출하여 이 나라를 보호하고 이어서 더 나은 발전을 위해 합병하기에 이르렀다는 역사인식을 가지고 있다. 이런 인식이 한국에 대한 진정한 반성과 사죄를 어렵게 하고 있는 것이다. 현대 일본인의 이런 역사인식에 가장 큰 영향을 준 것은 시바 료타로司馬遼太郎의 역사소설 《언덕 위의 구름坂の上の雲》이다. 이 소설은 러일전쟁의 가장 중요한 전투인 뤼순旅順 공략, 쓰시마 해전에서 공을 세운 두 형제의 애국 보훈의 정신을 그려 메이지 일본의 영광을 일본인들의 뇌리에 깊이 심어 주었다.

러일전쟁의 승리는 일본인들에게 러시아에 대한 두려움, 즉 공로
恐露 현상의 극복을 넘어 세계 일등국으로서의 자부심을 심어주었다.
그런데 시바 료타로의 소설에는 이 전쟁의 싸움터가 되고 전쟁의 결
과로 강제로 보호국이 된 한국이 없었다. 전쟁의 진정한 목표인 한
국 침략의 역사가 은폐되었던 것이다. 나카무라 마사노리 교수의
《'언덕 위의 구름'과 시바司馬 사관史觀》(岩波書店, 2009. 8.), 나카츠
카 아키라中塚明 교수의《시바료타로司馬遼太郎의 역사관歷史觀》(高文研,
2009. 11.) 등은 이 소설이 주는 역사 왜곡의 결과를 통렬히 비판하였
다. 와다 하루키 교수의《일로전쟁日露戰爭 – 기원과 개전 –》(상) (하)
(2009. 12.~2010. 2., 岩波書店)은 훨씬 더 결정적인 비판을 내놓았다.
　이 책은 저자 와다 교수가 10년 가까이 러시아의 주요 사료관에
서 러시아 측의 관련 자료를 섭렵하여 러시아는 한반도 점령을 목표
로 한 정책을 수립한 적이 한번도 없었다는 사실을 실증적으로 확인
하는 역저였다. 곧 메이지 정부의 수뇌부가 내세운 러시아가 내려오
니 일본이 진격하여 이를 막아 동양평화를 구축하자는 깃발은 일본
제국이 한반도와 만주 침략을 합리화하기 위해 만들어낸 허위 선전
일 뿐이었다는 것이다. 심지어 러일전쟁 직전의 러시아의 강경파 정
권이 뤼순에 견고한 진지를 구축하고 병력을 증파한 것조차 일본의
개전 의욕을 제압하려는 것으로 스스로 개전할 의사나 계획은 확인
할 수 없다고 밝혔다. 이 저서에 대한 서평은 "러시아의 새로운 사료
로 정설을 뒤엎는 대담한 의론", "설득력 있는 의론"이라고 평가하였
다(아사히신문朝日新聞 2010년 3월 21일, 미나미츠카 신고南塚信吾 법정대
교수). 각기 책을 낸 나카무라 마사노리中村正軌, 나카츠카 아키라, 와
다 하루키 세 분은 위와 같은 학문적 신념에 입각하여 새 저서를 내
는 한편〈'한국병합' 100년 한일 지식인 공동성명〉운동에서 일본 측
을 대표하여 중심적 역할을 수행하였다.
　2010년의 공동성명은 한일 양국의 각계에 상당한 영향을 끼쳤다.

그리고 추진위원회는 5년 후 2015년은 광복(일본은 종전) 70주년, 한일국교수립 50년이 되는 해인 것을 염두에 두고 "2010년의 약속, 2015년의 기대"라는 모토를 내걸고 매년 기념학술회의를 서울과 도쿄에서 번갈아 가지면서 결속을 다졌다. 그러나 2012년 말에 민주당이 실각하고 자민당의 아베 신조 정부가 들어서면서 일본사회에 극우화 현상이 심하게 일어났다. 아베 총리나 그의 각료들이 내뱉는 발언들은 한국 침략을 주도하던 메이지 정부의 수뇌부를 떠올리게 하는 것들이 많았다. 2010년 한일양국 지식인 공동성명 추진 팀은 결국, 2015년 7월 29일에 〈2015년 한일 그리고 세계 지식인 성명 – 동아시아의 '과거로부터의 자유'를 위하여 – 〉를 서울에서 발표하기에 이르렀다. 성명서는 아베 정부의 극우화를 비판하면서 동아시아의 진정한 평화 공존을 위해 진정한 역사 반성 위에 각국 정부가 시민의 소리를 듣는 '시빌 아시아(Civil Asia)'의 시대를 열 것을 촉구하는 내용을 담았다.

2015년의 성명은 한, 일 양국을 넘어 '세계' 지식인의 이름으로 발표한 것이 이전과 달랐다. 구미 지식인들의 동참은 성명서의 내용대로 이제는 동아시아 문제가 세계의 문제라는 새로운 시대 여건을 실감하게 해 주었다. 미국, 유럽 등지의 교수들이 "International Supporters"란 이름으로 이 성명에 참여하게 된 데는 미국 코네티컷 대학교의 알렉시스 더든Alexis Dudden 교수와 독일 하이델베르크 대학교의 볼프강 자이퍼트Wolfgang Seifert 교수의 활약이 컸다. 두 교수는 실은 2001년에 발족한 국제학술회의 〈'한국병합'에 관한 역사적, 국제법적 재검토〉에 몇 차례 참여한 적이 있는 '동행자'들이었다.

나는 성명서 건과는 별개로 광복 70년이 되는 2015년에는 오래 끌어온 조약에 관한 연구를 이제는 마무리해야 한다는 다짐을 여러 차례 했다. 1995년에 낸《일본의 대한제국 강점》을 토대로 하되 1904년 러일전쟁 개전과 동시에 강요된 〈한일의정서〉에서 〈한국병합조약〉에 이르기까지의 조약 강제의 전 과정을 체계적으로 정리하는 단독 저서로 마무리 지을 각오를 다졌다. 이를 위한 작업은 다행히 2015년의 성명을 발표할 즈음에 거의 마칠 수 있었다. 그러나 교정 중에 다른 일들이 겹쳐 한해를 넘겨 책을 세상에 내놓을 수 있게 되었다. 지식산업사 김경희 사장은 두 차례의 성명 추진의 한국 측 위원으로서 2013년에 〈'한국병합조약' 원천무효 한일지식인 공동성명 기념 논집〉으로 《한일 역사문제의 핵심을 어떻게 풀 것인가?》 한국어본 출판을 맡아주었다. 그래서 내 책도 같은 출판사에서 내는 것이 의미가 있을 것으로 판단하였다.

나는 1995년 《일본의 대한제국 강점》을 낼 때 "〈보호〉에서 〈병합〉까지 – 점철된 강제, 기만, 범법 –"이라는 제목으로 〈서론〉을 썼다. 2016년 이 책을 내면서도 "점철된 강제, 기만, 범법"이란 표현은 수정할 필요성을 전혀 느끼지 않는다. 1995년 이래 내 작업을 격려해준 모든 분들과 출판의 보람을 함께 나누고 싶다.

이 책은 시장성이 낮은 학술서이다. 그런데도 그 학술적 중요성에 깊은 관심을 가지고 출간을 맡아준 지식산업사 김경희 사장께 감사를 표한다. 편집부 김연주씨의 정성에도 감사한다. 사진 편집을 맡아준 다해 미디어의 최현사 사장, 신혜정 디자이너께도 고마움을 표한다. 그리고 2016년 5월부터 석오石梧 문화재단(이사장 윤동한尹東漢)의 지원으로 한국역사연구원의 상임 연구원이 되어 교정을 비롯한 제반 업무를 수행한 오정섭씨에게도 감사를 표한다. 서울대학교 대학원 국사학과 박사과정생 윤민경은 자료 찾기에 많은 도움을 주어 함께 감사를 표한다. 끝으로 오랫동안 일상이 된 나의 이 작업을 격려와 걱정으로 지켜봐 준 가족에게 고맙다는 말을 전한다.

2016년 8월 15일
이태진

차 례

사진으로 보는 조약 파행의 실태   5

일본의 한국 병합 강제 연구 기본 자료   7

책을 내면서-한국병합 불법성 추적, 4반세기-   23

제1장 연구의 계기 - 조약 강제의 흔적 발견

  1. 위조된 황제 서명, 형식을 못 갖춘 조약문들   39

    1) 황제 서명 위조 문건의 발견 - 조약 연구의 계기

    2) 절차와 형식을 무시한 조약들

    3) 명칭과 비준서가 없는 '1905년 보호조약'

  2. 통감부의 대한제국 조약 원본 압수와《한국조약유찬韓國條約類纂》(1908)

    간행   51

    1) 대한제국 조약 원본의 압수

    2) 조선, 대한제국의《약장約章》편찬 사업 - 성실외교론誠實外交論 -

    3) 통감부의 외교권 대행 위한《한국조약유찬》간행

제2장 조약 강제, 국권 탈취를 위한 군대 파견과 계엄령 발동

  1. 1876년 조 · 일 국교 수립 후 일본의 한반도 병력 파송   77

    1) 문제의 소재 - '1905년 보호조약' 강제 당시 한국주차군 동원

    2) 1880년대 일본군의 조선 출동의 법적 근거 만들기

    3) 1894년 '조선출병'의 명분과 법적 근거

  2. 러일전쟁과 일본의 한국주차군   91

    1) 개전과 한국임시파견대의 서울 진입

    2) 〈의정서〉 체결과 한국주차군 설치

    3) 주차군의 한반도 북부 지역 관할과 한 · 러 연합작전 모색

  3. 한국주차군의 한반도 진입 상주와 계엄령 발동 - 군사강점의 실태   104

    1) 계엄령 선포의 조건과 '의정서'

    2) 일본군의 계엄령 준비와 실행

    3) 한반도에 시행된 계엄령 실태

(1) 전시 요새 사령관의 계엄령 반포 권한

(2) 전쟁 종료에 따른 계엄령 보존 조치

제3장 1904~1905년 대한제국 국권 탈취를 위한 조약 강제

1. 〈의정서〉(1904. 2.)의 강제 – 군사기지 사용권의 획득　　　　　133

2. '제1차 일한협약'(1904. 8.) – 외교와 재정 침탈을 위한 허위 외교문서 142

　　1) 외교 · 재정 · 교통 · 통신 장악을 위한 '강령綱領' 수립

　　2) '각서'의 형식으로 진행한 '제1차 일한협약'

　　3) '각서'를 '협약'(Agreement)으로 변조

3. 조약의 명칭과 비준서가 없는 '1905년 보호조약'　　　　　159

　　1) 러일전쟁(1904. 2.)과 포츠머스 강화조약(1905. 9. 5)

　　　　(1) 일본군의 뤼순항 공략

　　　　(2) 러시아 태평양 함대의 전략적 실패

　　　　(3) 미국 정부의 포츠머스 강화회의 주선

　　2) 보호조약 강제 준비와 정식 조약(Treaty) 실현 실패

　　　　(1) 전쟁 중의 조약 강제를 위한 준비

　　　　(2) 포츠머스 강화 조약 후 '보호조약' 강제 실행

　　　　(3) 조약의 명칭이 빠진 '보호조약'

4. 한국 황제의 거부 투쟁 – 특사 이토와의 논쟁　　　　　174

5. 서방 외교용 영어 번역문의 정식 조약 가장　　　　　179

6. 종합: '조약'들에 남겨진 불법 일탈의 흔적들　　　　　185

제4장 고종황제 퇴위 강제와 통감부의 내정 장악

1. '헤이그 밀사 사건'(1907. 6.~7.)과 통감 이토의 황제퇴위 강제　191

　　1) 통감부의 한국 황제 감시와 친일내각의 구성

　　　　(1) 고종황제의 친서외교

　　　　(2) 니콜라이 2세 황제가 보낸 제2차 만국평화회의 초청

　　　　(3) 한국주차군 사령부의 고종 황제 감시

　　　　(4) 통감 이토의 이완용 친일내각의 구성 압박

　　　　(5) 친일내각의 국정장악

　　2) '헤이그 밀사 사건'에 대한 일본 정부의 대책 모색

(1) 제2차 만국평화회의, 3특사의 활약

(2) 통감 이토의 황제 퇴위 강제 제안과 일본정부의 수용

3) 황제 퇴위 강제와 황제 친위세력의 저항

(1) 이완용 내각을 앞세운 황제 퇴위 강행

(2) 환관의 대역代役으로 치른 양위식

(3) 황제친위세력의 저항과 어새 피탈

(4) 4개월 동안의 황실의 저항

2. '한일협약'(1907. 7.)[정미조약] 강제와 위조 조칙에 의한 군대해산   *212*

1) 내정 장악을 위한 '한일협약'

(1) 통감 섭정체제로의 전환

(2) 통감과 일본 정부 사이의 '협약' 문안 사전 확정

2) 대한제국 황제가 배제된 '협약' 체결

3) 통감부의 대한제국 어새 탈취와 위법 사용

4) 통감 이토가 작성한 거짓 조칙에 의한 군대해산

3. 순종 황제 서명 위조로 세운 통감부 '섭정' 체제   *228*

1) 이완용 내각의 괴뢰화와 통감 '섭정' 체제

2) '섭정'을 위한 법령 개정 기반 구축

3) 법령 개정의 실제 – 파행과 위조행위

(1) 섭정체제 수립 초기의 파행 사례

(2) 황제 서명 위조에 의한 법령 개정

(3) 서명 위조 대상 법령들

4) 황제 서명 위조 인물의 추적 – 마에마 교사쿠前間恭作의 경우

제5장 한국 의병의 봉기와 통감 이토의 사임

1. 통감 이토의 한국 통치 실패 자인과 사임   *281*

1) 정한론征韓論과 '대한정책對韓政策'

2) 통감 이토의 '자치육성' 정책 – 점진주의 식민체제

3) 고종황제 퇴위 강제 후 의병의 전국적 봉기

4) 순종황제를 앞세운 순행巡幸과 통감 이토의 사임

(1) 남순南巡(1909. 1.)–대구, 부산, 마산의 황제 환영 인파

36

(2) 서순西巡(1909. 1.~2.)—의주, 평양, 개성의 황제 환영 인파

(3) 통감 이토의 사임과 귀국(1909. 2.)

(4) 태황제(고종)의 항일 투쟁 독려 칙유(1909. 3.)

2. 일본제국 정부의 '한국병합' 결정   *318*

1) 통감 이토의 '병합' 동의와 사법권 일본 '위탁'의 처리

2) 일본 각의의 '한국병합' 방침 결정(1909. 7. 6)

3) 병합을 향한 '시설대강施設大綱' 실행과 이토 히로부미의 피격

제6장 한국병합의 강제 실행 - 조약의 형식을 빌린 군사강점

1. 통감 데라우치 마사타케寺內正毅의 부임과 병합 강제를 위한 준비   *337*

1) 황궁경찰서의 설치 - 한국 황제(순종)의 궁중 격리(1910. 5.)

2) '병합준비' 관련 문건 현황 - 육군성陸軍省이 앞장선 '병합' 준비

(1) '병합 준비'로 생산된 문건 상황

(2) 외무대신 고무라 주타로小村壽太郎의 '병합준비'안(1909. 가을)

(3) 육군성의 병합 준비—'조선총독부' 설립 방안

3) '한국병합준비위원회'의 역할(1910. 6. 하순)

4) 내각 의결을 통한 입안들의 공식화(1910. 7. 8)

5) 〈조건條件〉: 육군대신이 정리한 통감부의 병합 실행 수칙

2. 육군대신 겸 통감 데라우치 마사타케의 '한국병합' 실행(1910. 7. 30 ~ 8. 29)   *372*

1) 착임 후 데라우치의 한국 상황 점검과 조약문안 수정

2) 총리대신 이완용 초치 및 병합 방안 전달

3) 통감 데라우치의 지시에 따른 조약 체결 진행

4) 병합 공포에 관한 〈각서〉와 순종황제의 '칙유' 서명 거부

(1) 병합 공포의 형식에 관한 〈각서〉

(2) 한국 황제의 공포 '칙유' 서명 거부

3. 순종황제의 유언 - "나라를 내준 조칙은 내가 한 것이 아니다"   *404*

마치면서-드러난 진실의 줄거리-

     411

표 목차

제1장:

표 1. 1904~1910 한·일간 조약의 전권위원 위임과 비준 상태   *43*

표 2. 조선왕조, 대한제국의 조약집 편찬 간행 일람표   *66*

표 3. 《한국에 관한 조약 및 법령》과《한국조약유찬》의 편차 및 수록 건수
비교   *72*

표 4. 《한국에 관한 조약 및 법령》 제1편 수록 협정들의《한국조약유찬》
편차 이동 상황   *73*

표 5. 《한국조약유찬》 제1편 '정치상에 관한 조약'의 수록 협정들   *75*

제2장:

표 1. 〈한국주차군 군율〉과 〈한국주차군 군령〉의 내용 비교   *116*

〔부록 1〕 일본 육군성 시행 한국주차군 군율·군령

〔부록 2〕 통감부가 대한제국 정부 이름으로 공포한 치안 관련 법률 3건

〔부록 3〕 일본군의 계엄령 발동 상황 관련 사진

제3장:

표 1. 〈의정서〉의 '재안'과 '수정안' 내용 비교   *139*

표 2. 〈의정서〉의 조문이 준비된 과정 조견표   *141*

제4장:

표 1. 〈일한협약〉(1907. 7. 24) 직후 제정된 법률들의 날인 상태 일람표   *237*

표 2. 〈일한협약〉 후 발부된 칙령들의 날인 상태 일람표   *242*

표 3. 규장각 소장 조칙·칙령 연도별 건수   *248*

표 4. 순종황제의 서명을 위조한 법령 일람표   *257*

표 5. 마에마 교사쿠의 통감부 문서과 관련 이력 일람표   *273*

표 6. 통감부 통역관 마에마 교사쿠의 특별 사여금 수수 일람표   *275*

제5장:

표 1. 《매천야록》의 '의보義報'가 전하는 의병 발생 건수 집계   *291*

표 2-1. 순종황제의 남순(1909. 1. 7~ 13) 치제致祭 봉심奉審 순력巡歷 대상

명단   *300*

표 2-2. 순종황제의 서순(1909. 1. 27~ 2. 3) 치제 봉심 순력 대상 명단 *304*

표 3. 1907년 7월 12일 일본 묘의廟議 찬부 상황표   *319*

표 4. 일본 정부 각의의 '한국병합' 결정 문건의 명칭 부여 상태 비교   *328*

부록 목차

부록 1. 통감부가 압수한 대한제국 황제 소장의 조약 원본 및 사업계약서
목록(日文 번역)   *433*

부록 2. 1876년 이후 조선 · 한국이 외국과 맺은 중요 외교 협정 일람표*439*

부록 3. 통감부 문서과 직원 서임 · 사령 일람표   *443*

부록 4. 〈한국병합에 관한 서류〉의 목차   *446*

연표   *448*

인명색인   *459*

제1장 연구의 계기
-조약 강제의 흔적 발견-

1. 위조된 황제 서명, 형식을 못 갖춘 조약문들
1) 황제 서명 위조 문건의 발견 – 조약 연구의 계기

1992년 5월 12일 나는 서울대 규장각도서 관리 책임자로서 순종황제 칙령 문건에 서명이 위조된 사실과 '1905년 보호조약'〔을사조약乙巳條約〕의 조약문으로서의 결격 사항을 《동아일보》를 통해 발표하였다. 규장각에 소장된 원본 자료를 통해 확인한 새로운 사실들이었다. 이 발표에 대해 나라 안팎에서 많은 관심과 반응이 밀려들었다. 발표 당일 국내의 신문과 방송이 이를 크게 보도한 것은 말할 것도 없고, 그때 일본과 수교회담을 진행 중이던 북한이 큰 관심을 보인 것은 전혀 예상치 않았던 일이다. 첫 보도 후 한 달이 지나가던 6월 13일에 북한 측은 김일성대학 역사학 교수들도 《황성신문皇城新聞》에서 '을사조약'(1905년 11월)과 '정미조약'(1907년 7월)이 조약의 합법성을 담보할 수 있는 초보적인 절차도 거치지 않은 증거를 찾았다고 발표하였다. 북조선 외교부의 이름으로 나온 발표였다. 이를 바탕으로 그들은 6월 22일 총리회담 연락선을 통해 이 문제에 대한 남북의 공동 대응을 촉구해 왔고, 또 그해 11월 5일 제8차 북한·일본 수교회담에서 일본 측에 대해 을사·정미 두 조약은 국제법상 무효라는 것을 공식적으로 표명하였다. 북한의 이러한 적극적인 태도로 일본

언론도 이 사실을 보도하기 시작하였다. 11월 5일자 《아사히신문朝日新聞》이 〈"일한보호조약은 날조捏造" 일조교섭日朝交涉, 북조선이 보상 요구〉라는 제목으로 보도하면서 그동안의 경위까지 자세히 밝혔다.

　서울대 규장각도서 관리실의 발표에 대한 반응은 멀리 유럽에서도 날아왔다. 헝가리 무역대학(Hungarian College for Foreign Trade)에서 한국사를 가르치는 카롤리 펜들러Karoly Fendler 씨가 《코리아 헤럴드》지의 5월 13일, 17일자 관련기사를 읽고 자신이 수집한 같은 계통의 자료가 있다는 소식을 담당기자에게 전해왔다. 즉 그에 따르면 오스트리아 - 헝가리제국 문서관(An Archive of the Austro - Hungarian Empire)에 '1905년 보호조약' 당시의 한국주재 독일 외교관이던 폰 살데른Von Saldern이 사건 발생 후 3일 만에 독일 수상 베른하르트 퓌르스트 폰 뷜로우Bernhard Fürst von Bülow에게 보낸 보고서가 보관되어 있다는 것이다. 이 보고서는 고종황제가 이토 히로부미伊藤博文 특파대사의 제안에 대해 끝까지 "No"로 일관하였으며, 조약의 전권을 위임받은 박제순朴齊純도 황제 앞에서 자신은 조약에 서명한 일이 없다고 했으며, 황제의 한 측근이 몇 분 전에 살데른 자신에게 말하기로는 외부대신의 서명 날인은 일본 공사관 직원이 외부대신 관인을 강제로 빼앗아 찍은 것이라고 말했다는 것 등을 보고하는 내용이라고 하였다.

　그 후 밖으로부터 반응은 해를 넘겨서도 계속되었다. 1993년 2월 15일에 스위스 인권단체인 국제화해단체(IFOR; International Fellowship of Reconciliation)가 '한일합병'의 계기가 된 '을사조약'의 무효를 지적하고 종군위안부 문제에 대한 일본 정부의 대응을 비난하는 보고서를 제네바 인권위원회에 제출했다는 보도가 있었다(《조선일보》 1992년 2월 17일자).

　국내의 반응도 신문, 방송의 보도로 그치지 않았다. 신문들의 사설, 칼럼에 이어 여러 신문의 독자란에 실린 일반인들의 반응도 열정어린 것이 많았다. 특히 전북 남원의 이규호李珪浩씨는 규장각 자료 정리의 국가적 지원을 제창하면서 스스로 30만원의 성금을 동아일보사를 통해 규장각에 기탁해왔다. 그리고 일제 치하에서 여러 형태의 피해를 입은 사람들에게 법률적 도움을 주기 위해 발족한 모임인 대일민간법률구조회對日民間法律救助會의 반응은 진지하기 이를 데 없었다. 그러나 언론과 시민, 시민단체의 반응이 이처럼 뜨거웠던 것에 견주어 학계와 정·관계의 반응은 속도가 느린 편이었다. 정계의 반응으로 특별히 기억되는 것은 없으며, 관계로부터는 관련 부처에서 올해에 규장각 자료 정리를 위한 예산을 더 증액하였다는 소식이 있어 다행한 일로 여겼다. 학계에서도 개인적으로 성원과 격려를 보내준 분들은 많았다. 그러나 이 문제에 대한 공동연구나 학술회의는 그때까지 한 번도 기획된 적이 없었다.

규장각도서 관리실의 자료조사팀은 당시 순종 황제의 위조 서명들을 먼저 발견하였다. 필자는 1988년 5월에 규장각도서 관리실장을 맡아 1992년 5월 현재 2년 단위의 임기를 두 번째로 거의 다 채워가던 중이었다. 재임 때 중앙도서관에 소속되어 있던 규장각도서 관리실을 교내 독립기구로 승격시키고 또 항온항습 시설을 갖춘 신축 건물로 이전하는 일을 수행하였다. 당시 규장각도서 관리에서 가장 큰 문제는 시설에 못지않게 수장 자료를 정리하는 인력과 예산이 부족한 점이었다. 필자는 이에 필요한 최소한의 인력과 예산을 확보하기 위해 기구 독립을 시킨 뒤, 주요 자료 간행사업으로 문서 상태로 보관되어 있는 고종시대의 정부 공문서들을 편찬 간행하는 사업을 발족시켰다. 첫 사업 대상은 법령 종류였고, 황제의 칙령勅令이나 조칙詔勅은 그 가운데서도 첫 번째 순서에 올랐다. 이 분야를 담당한 학예연구사(이상찬李相燦, 현 서울대 교수, 규장각 한국학 연구원장)가 편집을 위해 복사지들을 한장 한장 다루다가 1907년 11월 중순부터 이듬해 1월 중순까지 2개월 동안의 조칙이나 칙령에 가해진 황제 서명署名이 서로 다른 몇 개의 필체로 되어 있는 것을 발견하였다(제4장 3절 참조). 당시 대한제국의 공문서 제도는 1907년 7월 '정미조약'으로 통감부가 대한제국의 내정까지 감독하게 되면서 모든 결재 방식도 일본 정부의 제도와 같게 하여 최종 결재 단계에서 황제가 이름자를 친필로 서명하게 하였다. 이 제도 아래서 필체가 서로 다른 서명은 위조 서명을 의미하는 것이므로 조사 팀은 이를 발견하고 경악을 금치 못하였다. 해당 문서들은 대부분 통감부가 대한제국의 내정과 사법에 관한 제도를 통감부 감독체제로 바꾸는 것에 관한 것들이었다.

황제 서명 위조라는 엄청난 사실을 앞에 두고, 필자는 '을사조약'을 비롯한 국권피탈 관련 조약문들을 먼저 떠올렸다. 황제의 서명이 위조되는 상황이라면 조약문들도 결코 정상이 아닐 것이란 예감이 들었다. 그 조약들의 대한제국 보관본은 모두 규장각에 소장되어 있었다. 〈의정서議定書〉(1904. 2. 23), 〈제1차 일한협약日韓協約〉(1904. 8. 22), 〈제2차 일한협약日韓協約〉(1905. 11. 17 이른바 을사보호조약)[1], 〈한일협약韓日協約〉(1907. 7. 24 이른바 정미조약), 〈한국 병합조약韓國倂合條約〉(1910. 8. 22) 등의 원본들이 서고에서 꺼내져 연구실 탁자 위에 펼쳐졌다. 아니나 다를까 '을사보호조약'으로 불리는 〈제2차 일한협약〉은 조약의 명칭이 들어갈 첫 줄이 비어 있었다. 한국 근현대사에서 이 조약만큼 큰 영향을 준 것은 없다고 해도 지나친 말이 아니다. 그런데 정작 조약문 자체는 표지도 없이 몇 장의 괘지가 끈으로 묶어져 초라하게 보일 뿐더러, 첫 장의 첫 줄이 비어 있는 상태였다. 일본은 '보호조약'을 토대로 한국을 강점하여 '식민지'로 만들었고, 한국인은 그 통치 아래서 수많은 질곡과 수모를 겪었다. 1945년 8월 15일로 그 체제는 끝났지만, 그 아래서 빚어진 질곡과 고통의 잔재, 잔영은 아직도 다 지워지지 않고 있다. 한 나라의 역사에 그렇게

---

1)   이 두 협정은 모두 정식 명칭이 붙여지지 않았다. 제1차, 제2차의 차수를 앞세운 명칭은 일본 정부가 추후에 붙인 것에 지나지 아니하므로 굳이 한국 측의 명칭이 될 '제1차 한일협약'과 같은 표현을 쓰지 않는다.

큰 악영향을 끼친 조약이 명칭조차 붙여지지 않은 것이었다면 누가 믿겠는가? 4년 동안의 임기를 마치고 연구실로 돌아올 때, 내 머리는 이 의문을 풀어야 하겠다는 생각으로 꽉 차 있었다.

2) 절차와 형식을 무시한 조약들

일본제국이 1904년 2월 6일에 일으킨 러일전쟁은 대한제국의 국권 탈취를 목표로 한 것이었다. 그래서 전쟁 초기부터 전시 군사력을 배경으로 국권과 관련된 조약들을 하나씩 강제하게 되는데, 그 조약들에 대한 점검에서 중대한 결함들이 여럿 확인되었다. 우선 국권피탈 관련 5개 조약의 문서 조건을 검토한 결과는 표 1과 같다.

표 1. 1904~1910 한 · 일간 조약의 전권위원 위임과 비준 상태

순번	연월일	협정 명칭	주요 협의사항	전권위임	비준서
1	1904. 2. 23	의정서	군사기지사용, 이 협약과 위배되는 제3국과의 조약 체결 금지	협정서에 표시	없음
2	1904. 8. 22	제1차 일한협약	일본 정부 추천 재정 · 외교고문 고용, 외국과 조약 체결시 사전 협의	없음	없음
3	1905. 11. 17	제2차 일한협약	외교권 이양	협정서에 표시	없음
4	1907. 7. 24	한일협약	통감의 내정 지도, 법령제정, 행정처분 등 감독	〃	없음
5	1910. 8. 22	한국병합 조약	모든 통치권과 영토 이양	○	(韓)없음 (日) ○

무엇보다도 1910년의 〈한국 병합조약〉 하나를 제외하고는 비준서 批准書에 해당하는 문건이 하나도 보이지 않았다. 없어진 것이 아니

라 애초에 갖추어지지 않았던 것이다. 한 나라의 외교권을 다른 나라에 이양하는 '보호조약'조차 국가 원수인 황제의 비준서가 없다는 것은 있을 수 없는 일이다. 외형상 필요조건을 가장 잘 갖춘 것으로 보이는 〈한국 병합조약〉조차도 한국 황제는 비준서에 해당하는 '칙유'의 발부를 거부하였다. 그렇다면 어느 하나도 조약으로서 온전한 것이 없게 된다.

앞 표 1에서 보듯이 5개 조약이 다룬 내용은 어느 것이나 대한제국의 국권에 직접 관련되는 사안들이다. 그런데 국권 관련 조약의 요건인 전권대신의 위임장과 주권자인 황제의 비준서를 구비한 것은 5의 〈병합조약〉 하나뿐이며, 이것도 한국 황제 측에서는 비준서에 해당하는 '칙유'를 발부하지 않았다. 약식 조약의 의미를 담고 있는 용어인 '의정서' '협약'이라고 이름을 붙이고 있는 것들도 의심을 자아내는 것이다. 국권에 관련되는 사항을 다루는 협정이라면 정식으로 '조약treaty'의 명칭을 붙여야 하는데 '의정서' '협약'과 같은 약식 조약에 해당하는 용어를 사용한 것은 정상적이지 않다. 약식 조약으로서 '협약'은 국교國交가 수립된 상태에서 국권에 관련되지 않는, 단순한 행정 처분에 관한 사안을 다룰 때 동원되는 용어요 형식이다. 그런데 1~4의 '의정서' '협약'은 모두 국권과 관련이 있는 사항들을 다룬 것이다. 국권 관련 협정이라면 최소한 무엇을 다룬 의정서, 협약이라고 밝혀야 마땅한데, 협정의 종류에 불과한 용어를 표제로 삼은 것은 많은 의심을 자아낸다. 이러한 여러 의문들이 필자로 하여금 조약강제에 대한 연구에 몰두하게 만들었다.[2]

조약이란 무엇인가? 미국의 저명한 법학 사전인 존 부비어John

---

2)   이 밖에 1907년 7월 24일 재판소 설치와 구성에 관한 것, 1908년 7월 12일 사법 및 감옥사무에 관한 것, 1910년 6월 24일 경찰제도에 관한 것 등이 있지만, 이 것들은 모두 〈각서覺書〉란 이름을 붙였기 때문에 필요한 부분에서만 참고 사항으로 언급하기로 한다.

Bouvier의 《부비어 법 사전》(Bouvier's Law Dictionary)의 1897년도 신판(A New Edition by Francis Rawle, 1897, The Boston Book Company)의 'Treaty' 항목은 정식조약으로서의 'Treaty'와 약식 협정으로서의 'Agreement'를 다음과 같이 구분하였다. 이 사전은 위의 5개 협정들이 강제된 시기에 바로 근접한 시기에 출판된 것이므로 준거로서 좋은 조건을 가지고 있다.

Treaty：
(1) 둘 또는 그 이상의 독립 국가들이 공공의 복리(Public Welfare)의 관점에서 만드는 협정(Compact)으로 영구 또는 상당한 시간을 위한 것이다. 한 차례의 결의(Single Act)로 이루어지거나 협정과 동시에 즉시 집행되는 것은 Agreements, Conventions, Pactions 등으로 이와 구분한다.
(2) Treaties는 정치나 무역에 관한 총체적 성격(general nature)의 국가 사이의 동의(agreements)이며, 영사협정(consular conventions)과 우편협정(postal conventions)과 같은 작은(minor) 또는 구체적인 주제들에 관한 동의는 Conventions로 구분한다.
(3) Treaties는 협상되거나 조인된 뒤에는 각국의 합당한 권력자(Proper authority)의 비준이 반드시 따라야 한다. 한 Treaty가 생존(life)에 위협이 되거나, 한 국가의 독립에 불편한 것이 되거나, 그 국가의 헌법의 발전 또는 그 국민들의 권리에 영원한 장애가 될 때는 폐기될 수 있다.

위 설명 가운데 (1)에 따르면 1905년 11월 17일자로 강제된 이른바 '보호조약'은 명백히 Treaty 즉 정식조약이어야 한다. 한국의 외교권에 관한 안건은 명백히 독립국가의 공공의 복리(Public Welfare)에 관한 것이므로, 이를 이양하는 문제일 경우 'Treaty'의 형식을 갖추어야 함은 두말할 것도 없다. 그것은 결코 Agreement, Convention, Paction 등의 단일 조례(Single Act) 형태의 사항이 될 수 없는 것이다. 'Convention'이 영사협정(Consular Conventions), 우편협정(Postal Conventions) 등과 같은 작은(minor) 주제를 다루는 격식에 해당한다면 '외교위탁', '외교대행'과 같은 큰 주제는 결코 이 형식을 취할 수 없다. 'Convention'이 아무리 구체적인 의제에 관한 것이라 하더라도 외교권 이양은 국가의 '총체성'을 결정하는 것이므로 이에 포함될 수 없는 것이다. 이 협정은 어디까지나 Treaty의 형식으로 다루어야 할 대상이었으며, 그렇게 되면 (3)에 명시된 것과 같이 반드시 '합당한 권력자'(Proper authority)에 의한 비준을 거쳐야 효력을 발생할 수 있다.

　조약에 대한 이러한 사전적 규정에 따라 이 책에서는 외교 관련 용어에 대한 규정을 다음과 같이 해둔다. 즉, 정식조약(Treaty)과 약식조약(Agreement, Protocol)의 구분을 분명히 하면서 양자를 포괄하는 광의의 조약이란 뜻으로는 협정(compact)이란 용어를 사용한다. 앞으로 위 5개 조약에 대한 검토는 일차적으로는 정식조약으로서 요건 미비를 지적하는 것에 초점을 두지만, 한편으로는 정식조약이든 약식조약이든 협정이 요구된 경위에서 확인되는 강요, 즉 일본 정부의 침략적인 의도나 의지가 일방적으로 대한제국 정부에 제시되는 측면에 대한 검토에도 큰 비중을 두고자 한다.

3) 명칭과 비준서가 없는 '1905년 보호조약'

　국가 사이의 협정은 당사국 쌍방의 국어로 각각 2부씩 작성하여 서로 한 벌씩 보관하는 것이 원칙이요 상례이다. 1905년의 '을사보호조약'의 경우도 예외가 아니다. 대한제국 측이 보관하게 된 한국문과 일본문의 조약 정문正文(이하 조약문이라고 함)은 현재 서울대학교 규장각도서 속에 수장되어 있다. 그리고 일본 측의 보관본은 일본외교사료관日本外交史料館에 소장되어 있다. 양측에 보관되어 있는 4통의 조

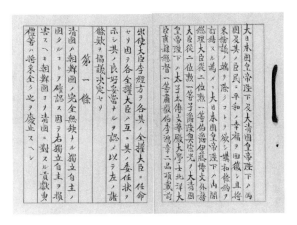

〈자료 1-1〉〈일청강화조약日淸媾和條約〉 일본어본 첫 부분.

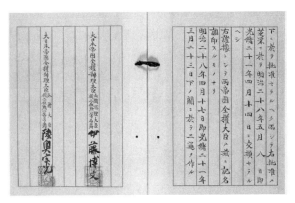

〈자료 1-2〉〈일청강화조약〉 일본어본 끝 부분. 일본 외교사료관 소장.

약문은 어느 것도 조약의 명칭을 기재하지 않았다(기본자료 3-1).
'을사조약(1905년 보호조약)'과 거의 같은 방식으로 체결된 '정미조약'
이 '한일협약'(한국어본) '일한협약'(일본어본)의 이름을 가지고 있는
것으로 보아도(기본자료 4-1, 2) 명칭 결여의 사실은 우연한 것으로
보기 어렵다. 우연이라기에는 사안이 너무나 중대하다.
  일본이 메이지 시대에 외국과 체결한 조약들을 참고로 검토한 결

과, 〈일청강화조약日淸講和條約〉(1895년 4월 17일 '약인約印')에 명칭
이 들어갈 첫 행이 비어 있다(자료 1−1, 2). 그러나 이 조약은 전문
(preamble)에 일본, 청의 양국 황제가 "강화조약을 정결訂結하기 위해
각기 전권대신全權大臣을 임명한다"고 밝혀 이를 조약의 명칭을 대신
하는 것으로 볼 수 있다. 반면에 '을사조약'은 전문에 전권위원 임명
에 관한 내용이 없이 "일본국 정부와 한국 정부는 두 제국을 결합하
는 이해 공통의 주의를 공고케 함을 바라므로 한국의 부강의 성과〔富
强之實〕를 인認할 때에 이르기까지 이 목적으로써 좌개左開(아래−필
자)에 기록된 조관을 약정함"이라고 하여 조약의 명칭에 해당하는 단
어를 찾을 수 없다. 그리고 기명 조인의 주체에 대해서는 협정문의
끝에 "오른쪽(위−필자) 증거로 하여 아래 이름은 각 본국 정부에서
상당한 위임을 받아 본 협약에 기명 조인함"이라고 하였을 뿐이다.
　　대한제국과 일본제국은 주권자가 모두 황제이다. 그렇다면 위 〈일
청강화조약〉처럼 협정문의 머리에 황제가 전권대신을 임명하는 주
체로 명시되어야 하는데도 "일본국 정부와 한국 정부"가 약정의 주
체가 되고 또 말미에 '각 본국정부'가 조인 기명자의 임명 주체로 명
기되어 있다. 조인 기명자의 표기도 일본 측은 "특명전권공사 하야
시 곤스케林權助"라고 하였지만, 한국 측은 "외부대신 박제순朴齊純"이
라고 하여 전권을 위임 받은 것이 표시되지 않았다. 이 점은 일청강
화조약이 '전권변리대신全權辨理大臣', '흠차두등전권대신欽差頭等全權大
臣'으로 각각 표기한 것과도 다르다. 이런 형식 차이는 곧 '보호조약'
의 문건을 미리 준비해 온 일본 측이 처음부터 편의적으로 처리하고
자 했다는 것을 의미한다.[3] 즉, 한국 황제나 대신들의 반대가 완강할
것을 예상하여 전권대신 임명이나 황제의 비준 절차를 생략하는 약
식 조약을 의도하였던 것으로 밖에 볼 수 없다.

---

3)　이 책 173~174쪽 참조.

그러나 한 나라의 외교권을 이양하는 조약이라면 위의《부비어 법 사전》의 조약에 관한 해석이 말하듯이 정식조약의 형식을 갖추지 않고서는 효력을 발생할 수 없다. 더 주목되는 것은 일본 정부가 사후에 이 협정의 내용을 서양 여러 나라에 알리기 위해 작성한 영어 번역본에서 협정의 명칭이 들어갈 첫 줄을 다른 단어로 임의적으로 채운 사실이다. 즉, 영어 번역본은 첫 행을 원문과 같이 비워 두지 않고 'Convention'이라는 단어를 넣었다(기본자료 3-3). 이 단어는《부비어 법 사전》의 규정에 따르면 외교에 관한 국권 이양의 협정에는 부적합한 것이지만, 일본 정부가 당시 프랑스가 튀니지 등을 상대로 체결한 보호조약들을 벤치마킹한 것과 관련되는 것으로 보인다. 즉, 프랑스어에는 'Treaty'란 단어 대신 'Convention'이란 단어를 정식조약의 용어로 써서 튀니지, 소시에테 아일랜드, 캄보디아 등과 체결한 조약문이 모두 이 단어를 쓴 것으로부터 영향 받은 것으로 보인다.[4]

'을사보호조약', 곧 '1905년 보호조약'은 1906년에 프랑스의 국제법 전문가 프란시스 레이Francis Rey에 의해 조약체결 과정에서 가해진 상대국 대표에 대한 위협을 근거로 하여 법적인 효력을 가질 수 없는 것이라고 비판받았다. 레이는 논문 서두에서 대한제국의 고문으로 활약한 프랑스인 크레마지의 논문(L. Crémazy, "Le code pénal de la Corée", Séoul, 1904)을 인용하고 있는 것으로 보아 일본 통감부에 의해 축출당해 프랑스로 돌아온 그로부터 조약 강제에 관한 정보를 일차적으로 얻은 것으로 보인다.[5] 앞으로 고찰하게 되듯이, 조약의 효

---

4) 일본 정부의 국제법 학자를 동원한 보호국, 보호조약의 사례에 관한 사전 조사 및 연구에 대해서는 아라이 신이치荒井信一, 〈한국 '보호국'화 과정에서의 군사와 외교〉, 《한국 병합과 현대》, 태학사, 2009(일본어판: 明石書店, 2008) 제2절 참조.

5) "La Situation Internationale de la Corée", Revue Générale de Droit International Public, Tome XVII, 1906, Paris. 이 논문은 이태진 편, 《일본의 대한제국 강점》, 까치, 1995에 남효순, 최종고가 번역하여 수록하였고, 1905년 11월 23일자《타임》지의 도쿄 특파원의 무력 동원에 관한 보도를 중요하게 다루고 있다(같은 책, 308쪽).

력에 관한 1935년 '하바드법대 보고서', 1963년의 유엔 국제법위원회 및 총회의 '조약법에 관한 보고서' 및 '결의(Resolution)' 등에서 이 주장이 채택되었다.[6] 나는 이에 더해 위에서 살핀 것과 같은 외교 협정의 형식과 체결 절차에 나타나는 문제점을 조약 무효의 사유로 주목할 필요가 있다는 것을 1993년에 처음 주장하였다.[7] 후자의 결함은 체결 과정에서 가해진 상대국 대표에 대한 위협 이전의 근본적 결격으로서 절대 무효의 뜻으로 '한국병합 불성립론不成立論'을 펴는 발판이 되었다. 다시 말하면 이 조약은 형식 절차 면에서 조건이 갖추어지지 않은 것으로 조인에 붙여질 수 없는 수준의 것이었다.

나의 위와 같은 문제제기에 대하여, 이 조약은 당초 일본이 '협약'의 형식으로 추진하여 처리한 것이므로 조약의 명칭이 빠진 것을 문제 삼는 것은 별로 의미가 없으며, 오히려 조인 과정에서 가해진 강제를 비판하는 것이 무효를 주장하는 데 더 유리할 것이라는 비판이 있었다.[8] 그러나 나는 이에 대하여 다음과 같은 이유로 동의할 수 없었다.

첫째, 일본이 '협약' 형식(약식 조약)을 취하였다는 것 자체가 일본의 대한제국 국권 탈취의 강제성과 의도성을 의미하는 것이므로 이를 문제 삼지 않으면 주요한 측면 하나를 간과 또는 묵인하는 결과가 되므로 조약 체결 과정에 나타난 강제에 대한 비판 또한 온전한 것이 될 수 없다.

둘째, 당시 한국이 자력으로 근대국가를 만들지 못해 열강이 서로

6)　戸塚悅郎, 〈'을사보호조약'의 불법성과 일본 정부의 책임〉, 《韓國倂合はいかになされたか?−いま考える 强制 '慰安婦' 强制連行問題−》, 國際シンポジウム實行委員會, 1993, 東京 참조. 1905년의 을사보호조약의 무효에 대한 유엔의 국제법위원회의 판단과 이의 총회 접수에 대해서는 이태진, 〈가교가 놓이지 않은 두 개의 한일협정: 1910년 병합조약과 1965년 한일협정〉, 2015. 3. 龍谷大學 안중근 평화센터 학술회의 발표문에서 자세히 다루었다.

7)　李泰鎭, 〈乙巳條約, '丁未條約の法的缺陷と道德性 問題〉, 국제 심포지엄 實行委員會 주최, 국제 심포지엄: 〈韓國倂合はいかにされたか?〉, 1993년 7월 31일, 日本 東京.

8)　海野福壽, 〈一九0五年 日韓協約無效論について〉, 《靑丘》 17号, 1993. 8.

노리는 대상으로 분쟁의 씨앗이 되어 일본이 동양평화를 위해 이 위험 요인을 제거하려고 보호국으로 만들 수밖에 없었다는 일본의 변명을 여전히 유효한 것으로 방치하게 하는 위험성이다. 즉, 일본의 보호국화나 병합은 국제적 선의가 계기가 되었으며, 다만 처리 방법이 나빴을 뿐이라는 일본의 전통적인 변론을 수용하는 결과를 가져올 위험성이 있는 것이므로 받아들이기 어렵다. 앞에서 살폈듯이 1905년의 보호조약에 명칭이 빠진 것은 그 자체에 강제의 의도가 내재된 결과로서, 대표 위협이란 강제의 측면을 논할 때도 강제 행위의 증거 자료가 될 수 있는 것이다.

2. 통감부의 대한제국 조약 원본 압수와 《한국조약유찬韓國條約類纂》(1908) 간행

1) 대한제국 조약 원본의 압수

일본 정부는 1905년 9월 5일 포츠머스 강화회의 후 10월에 러일전쟁의 진정한 목적인 대한제국의 외교권 탈취를 최종적으로 확인, 결정하고, 같은 해 11월에 추밀원 의장인 이토 히로부미를 천황의 특파 대사로 삼아 이 임무를 수행하도록 하였다. 11월 17일 당일 한국 대신들을 상대로 한 조약 체결 요구는 주한일본공사관의 하야시 곤스케林權助 공사가 맡아 추진하도록 하였지만 성공하지 못하였다. 이에 저녁 6시 넘어서부터 이토 특사가 한국 주차군 사령관 하세가와 요시미치長谷川好道와 그의 헌병대, 그리고 경찰 병력을 이끌고 황제와 대신들이 있는 경운궁慶運宮의 중명전重明殿으로 가서 한국 측이 이를 승인하도록 압박하였다. 한국 측의 반대는 여전히 완강하여 이토 특사 일행이 이곳을 물러났을 때는 하루를 넘겨 18일 새벽 1시 30분쯤이었다. 대한제국 고종황제는 이후 수교국 원수들을 상대로 한 친서

외교에서 일본이 보호조약을 강제한 날을 언제나 11월 18일로 명기하여 일본 측이 밝히는 공식 일자 11월 17일과 차이를 보였다. 고종황제는 이후 자신이 이 조약을 인정한 일이 없다는 것을 사후에 여러 차례 내외에 알리는 활동을 벌였다.

다보하시 기요시田保橋潔는 1920년대에 경성제국대학의 교수로 부임하여 조선사편수회朝鮮史編修會의 《조선사》 편찬에 참가하여 현대사 곧 고종시대 편(제6편)의 편찬을 담당하였다. 그가 남긴 《조선통치사논고朝鮮統治史論稿》(1944, 조선총독부 조선사편수회. 1942년 사망)에는 다음과 같은 두 가지 일화가 실려 있다. 하나는 이토 히로부미가 강제된 조약에 근거하여 외교권 수행을 위해 초대 통감으로 임명받고 (1905년 12월 20일) 1906년 3월 2일 경성에 도착했을 때, 고종황제가 그를 통감으로 인정하지 않았다는 것이다. 즉 이토가 황제를 알현하였을 때 그를 '통감각하'라고 부르지 않고 언제나 '이토 공작' 또는 '귀 공작'이라 불렀다는 것이다.[9] 이는 곧 협정의 강제성과 무효성에 대한 황제의 함축적 의사 표시였다.

다른 하나는 통감부가 황제에게 그동안 외국과 체결한 조약의 원본을 통감부에 넘기도록 요구한 사실이다. 다보하시 교수는 이에 관해 '재미있는 얘기'의 하나로 다음과 같은 일화를 소개하였다. 원래 외국과의 조약의 원본은 제도적으로 외부대신이 보관하는 것이 상례인데 한국 황제는 신변에 그것들을 비장祕藏하고 있었다. 통감부가 외교권 접수 때 조약 원본 전부를 인도해 줄 것을 요구하였지만, 황제는 1904년 4월 14일 경운궁慶運宮(현 덕수궁) 화재 때 전부 소실되었다고 답하였다. 통감부도 이를 사실로 여기고 더 추궁하지 않았

---

9)　田保橋潔, 《朝鮮統治史論稿》, 朝鮮總督府 朝鮮史編修會, 1944, 23쪽. 일본 정부는 1905년 12월 20일에 '한국통감부 및 이사청理事廳 관제를 공포하고 동시에 이토 히로부미를 통감으로 임명하였다. 그가 1907년 7월 19일 헤이그 특사파견을 이유로 고종황제를 강제 퇴위시킬 때까지 황제를 알현한 횟수는 14회 정도였다. 姜昌石, 《朝鮮 統監府 硏究》, 국학자료원, 1995, 246~249쪽.

는데, 사실은 외교권을 접수하는 사이에 황제는 심복인 궁내부의 한 관리에게 조약 원본들을 전부 건네주고 그것들을 숨기도록 하였다. 그는 이를 가지고 몰래 북한산성으로 갔다가 이어 강화도에 가서 숨 겼지만 이 섬도 이미 일본 군경의 손이 미쳐 위험하다고 판단하여 여 기저기 다니다가 최후로 치외법권을 믿고 서울에 있는 프랑스 교회 에 맡겨두었다. 나중에 이 궁내부 관리에게 '부정'이 있어서 한국 경 시청이 그를 체포하여 심문하였을 때, 조약문 원본 은닉 사실을 자 백받고 통감부가 프랑스 영사관에 교섭하여 회수, 압수하였다는 것 이다.[10] 서울대학교 규장각한국학연구원이 소장한 규장각 자료 가운 데 〈융희 4년 5월 12일 경시총감 와카바야시 라이조若林賚藏, 내부대신 박제순 각하 조약서류 진달의 건〉이란 일본어 공문 서류 한 벌(6매, 도서번호 奎 23154)이 있다. 그 내용은 곧 다보하시 교수가 말하는 조 약문 원본 압수에 관한 것이다. 이를 옮기면 아래와 같다.

> 융희 4년 5월 12일 경시총감 와카바야시 라이조若林賚藏,
> 　　　내부대신 박제순 각하
> 　　　　조약서류진달의 건
> 목하 사기로 재물을 취해(取財) 고발을 당한(被告) 사건에 관해 당청에서 취조 중인 피고인 조남승趙南升이 태황제 폐하가 명령했다고 칭하면서 일 찍이 불란서 교회 교주 민덕효閔德孝에게 부탁하여 보관하게 한 조약서류 이번에 발견한 데 대해 별지 목록 상첨相添 현품 및 진달조 영수증 교부해 주시기 바랍니다.

경시총감의 자리는 1907년 7월 24일자로 강제 체결된 '한일협 약'(정미조약)에 부속한 '각서' 5개조에 근거하여 대한제국 정부의 경 무청이 경시청으로 바뀌고(7월 27일 칙령) 일본인을 용빙傭聘하여 담

---

10) 田保橋潔, 앞 책, 23~24쪽.

당하게 하면서 생긴 것이다.[11] 위 '진달의 건'은 형식으로 보아 대한
제국 내부內部 경시청에 소속된 경시총감 와카바야시 라이조若林賚藏
가 내부대신 박제순에게 올린 것이다. 그러나 실제적으로 이 보고
의 주체는 통감부로 간주하는 것이 타당하다. 즉, 통감부에서 피고
인 조남승趙南昇을 취조하다가 그가 '태황제'(퇴위 중의 고종황제 – 필
자)의 명령을 받고 조약서류를 프랑스 교회 주교 민덕효(閔德孝, 뮈텔
Mütel, Gustave Charles Marie)에게 부탁하여 보관하게 한 사실을 알게
되었던 것이다. 그 목록을 별지로 작성하여 현품을 함께 보내니 이
를 확인하고 전달 받았다는 영수증을 발부해 달라는 것이다. 날짜는
1910년 5월 12일로 되어 있다.

압수 물품의 목록에는 "프랑스인 민덕효로부터 징수한 철궤鐵櫃 안
문서"란 제목 아래 〈재한조선일본민인통상장정〉(한문 일문 2건)을 비
롯해 87종의 문서의 명칭이 열거되었다.[12] 이 가운데 일본, 영국, 청
나라, 미국, 독일, 프랑스, 오스트리아, 벨기에, 러시아, 덴마크, 이
태리 등 여러 나라들과 체결한 조약서 원본 및 비준서 등이 포함되어
있다. 이는 곧 위 다보하시 교수의 소개가 사실이란 것을 그대로 말
해주는 것이다. 그리고 그가 말한 "복심인 궁내부 관리"는 이 문건에
서 "피고인 조남승"으로 확인이 된다.[13]

---

11) 재정, 경무, 군부, 궁내부의 고문, 학부 참여관 등이 통감부 설치 후 통감의 감
독 아래 한국 정부의 고문으로 각부에 배속되었다.

12) 철궤 건은《뮈텔주교 일기》4권, 한국교회사연구소 역주, 1998년 간행에도 기
록되어 있다. 이에 따르면 조남승이 와서 철제 가방을 맡긴 것은 1906년이며,
1910년 4월에 통감부 경시청의 부이사관 다카하시高橋가 와서 보관 여부를 확인
하였다. 이때 그는 조남승이 '공금 횡령 혐의'로 경시청에 체포되어 심문 중인
데 어떻게 이런 인물을 받아 도와주었느냐고 뮈텔 주교를 힐난하였다. 경시청
측은 5월 6일에 조남승을 직접 데리고 와서 그 '철제 가방'을 놀려받게 하였다.
모두 해당 날짜에 기록되었다.

13) 조남승은 풍양 조씨 집안 출신으로 고종에게 내종 조카로 아버지 조정구趙鼎九
와 함께 황실을 끝까지 지킨 인물이다.

일본 외교사료관에는 이 압수 사건을 더 자세히 전하는 다른 한 문건이 있다. 문건의 명칭은 다음과 같이 긴 문장으로 되어 있다.

〈한국태황제의 외국원수에 대한 친서원본 및 조남승에 내린 밀서 발견, 그리고 통감부가 (이전에) 청구했을 때 소실의 이유를 들어 인도하기를 거절한 한국 제조약본서諸條約本書로 경성 불란서 교회 감독 뮈텔로부터 회수한 일건, 책수 1책〉[14]

이 문서는 통감부 용지를 사용하였고, 메이지 43년(1910) 6월에 통감 자작 데라우치 마사타케寺內正毅가 외무대신 백작 고무라 주타로小村壽太郎에게 보낸 것으로 되어 있다. 위 경시총감의 '진달의 건'이 있은 다음 달에 보내진 것이다. 문서는 호외号外, 갑호 一·二, 을호 등 3부로 구성되어 있다. 먼저 문서 작성의 내역을 밝힌 호외号外를 옮기면 다음과 같다.

호외

지난번 한인 조남승이란 자, 태황제가 미국인 〈콜브란, 보스트윅〉에게 주었다고 하는 전기회사 주권매도위임장 위조 혐의로 한국 경시청에서 취조를 한 결과 그 자백에 의해 태황제가 발부한 외국 원수에 대한 친서 원본과 함께 조남승에게 내려진 밀서 등 별지 갑호 목록과 같이 발견되었으니 조사상 이를 압수해 두었다. 또 지난 메이지 39년(1906)에 한국이 각국과 체결한 조약본서(원본; 필자)를 인도하는 일을 통감부가 조회했던 바, 당

---

14) 《日本外交史料館所藏 外務省記錄 總目錄》戰前期 제1권 明治大正篇 第5類 帝國內政 4項 雜, 29쪽. 두 문건에 대해서는 이태진, 〈조선-대한제국 條約文 원본들과 중요 근대화 사업 계약문서들의 행방〉, 《한국문화》 33, 2004. 6에서 한 차례 분석·정리되었다.

시 소실되었다는 이유로 인도를 받지 못하였는데 이번에 위 조남승의 자백에 의하면 태황제(당시의 황제)의 명에 의해 이 사람이 경성 불란서 교회 감독 뮈텔에게 그 보관을 위탁했던 듯하다. 먼저 한국 정부에서 이를 회수하여 지난번에 그것을 인도하지 못한 이유 및 이번 발견의 사실을 갖추어 별지 을호 목록과 같이 다시 통감부에 인계 수속을 마쳐 두었다. 상세한 사실이 판명되었으니 본건의 처분을 결정해주실 수 있도록 통첩한다.

메이지 43년(1910) 6월

통감   자작   데라우치 마사타케

외무대신 백작   고무라 주타로   전殿

위 ‘호외’ 형식의 보고는 ‘진달의 건’의 내용을 본국 외무대신에게 더 자세하게 알린 것이다. 앞에서는 조남승이 사기로 재물을 취해 고발당해 취조받게 된 것이라고 하였는데 여기서는 구체적으로 고종황제가 미국인 콜브란과 보스트윅에게 주었다고 하는 전기회사 주권株券 매도 위임장을 위조한 혐의라고 밝혔다. 콜브란Collbran과 보스트윅Bostwick은 미국 샌프란시스코에 본사를 둔 Collbran & Bostwick Development Company의 사주들로서 당시 경인철도를 부설하고 있었다. 고종황제는 이에 이어 한성전기회사漢城電氣會社를 설립하여 서울의 전기, 전차 부설, 상수도 공급, 전화통신 등의 사업을 수행하면서 이 회사와 협력관계를 맺었다. 당시의 계약서 〈자료 2〉에 따르면 설립 사본금을 은 20만 원元으로 하고 이 가운데 황제가 10만 원을 직접 투자하고 경인철도 미국회사, 곧 콜브란·보스트윅사가 나머지 10만 원을 차관으로 내기로[借給] 하되, 경성전기회사 곧 한성전기회사의 물품과 재산을 담보로 삼았다. 이하 이 회사가 수행해야 할 사

〈**자료 2**〉 1901년 당시 탑골공원 근처 종로에 신축 중인 한성전기주식회사(위)와 한성전기주식회사 계약서(국사편찬위원회 소장).

업들을 열거하였다.[15] 1909년의 시점에서 고종황제는 자신이 소유
한 한성전기회사의 주권을 매도할 생각을 하여 매도건을 조남승에
게 맡겼는데 이것을 일본 통감부가 탐지하고 그를 주권 매도 위임
장 위조죄로 몰아 체포한 것이다.

　조남승은 고종황제의 생질로서 황제로부터 끝까지 신임을 받았
던 사람으로, 그가 위임장 위조죄로 몰린 사연은 다음과 같이 파
악된다. 고종황제는 1903년 12월 2일 금 23덩이(bars. 당시 일화日貨
15만 엔円 평가), 주권(stocks)과 공채 증서(bonds) 등을 상해에 있는
독일계 은행 Deutsch Asiatic Bank를 통해 베를린에 있는 Disconto
Bank에 보관하였다. 황제는 퇴위 중이던 1909년 10월 20일 이를 찾
고자 조남승을 통해 미국인 고문관 호머 헐버트Homer Bezaleel Hulbert
에게 친압親押 친서의 위임장을 전달하였다.[16] 헐버트는 이를 가지
고 상해에 갔으나 이미 보관중인 금의 값에 해당하는 15만여 엔이

15) 콜브란 · 보스트윅사는 주한 미국공사 앨런Allen이 주선한 것으로 알려지며 러일
　전쟁 이전에는 대한제국의 각종 근대화 시설에 중심적 역할을 수행하였다. 그
　러나 러일전쟁이 진행 중이던 1904년 말에는 갑산甲山 금광 채굴권을 따서 한성
　광산회사Seoul Mining Co,를 세운 것으로 보면 북한 지역의 금광에 큰 관심을 가지
　고 일본 측과 결탁하기 시작한 혐의가 있다. 1905년 11월 을사조약 강제 때는
　한성전기회사 소속 변호사 엘리옷이 고종황제가 미국 체류 중의 알렌 공사에게
　을사조약 무효운동을 부탁하는 밀지를 보낼 때 이를 가지고 상해로 가서 본사
　사주 콜브란에게 전달하는 역할을 수행하기도 하였다. 양면성이 보이던 시기였
　다. 이 회사에 대해서는 金基錫, 〈光武帝의 주권 수호 외교, 1905∼1907: 乙巳
　勒約 무효 선언을 중심으로〉, 앞《일본의 대한제국 강점》, 241∼242쪽.

16) 고종황제가 헐버트 고문에게 위임장을 써준 시점인 1909년 10월 20일이 안중근
　安重根이 대한의군大韓義軍 참모중장으로서 하얼빈에서 이토를 처단하기 6일 전
　이린 것은 주목힐 필요가 있다. 최근의 연구에 따르면, 러시아령 연해주에서
　대한의군 창설은 고종황제가 강제 퇴위를 당하면서 이곳으로 군자금을 보내 이
　루어졌다는 사실, 의거 후 일본측의 배후 조사에서 의거 직전 경성 궁중으로부
　터 자금 지원이 왔다는 정탐 보고 등으로 미루어 고종황제가 의거가 실행되
　면 연해주沿海州로 망명할 계획 아래 상해 덕화은행德華銀行의 예치금을 인출하
　려 한 것일지 모른다. 이태진, 〈安重根의 하얼빈 의거와 高宗皇帝〉,《영원히 타
　오르는 불꽃 - 안중근의 하얼빈 의거와 동양평화론》, 지식산업사, 2010, 73쪽.

1908년 4월 22일자로 통감부 통감에게 지출된 사실을 알게 되었다. 통감부가 대한제국 궁내부대신(이윤용李允用)을 동원해 그 직함으로 인출하게 만들었다.[17] 1908년 통감부는 대한제국에 대한 직접적인 지배권을 가지고 황제가 직접 관장하던 모든 황실 재산을 국유로 전환하여 사실상 일본 정부의 재산이 되게 만들었다. 그들은 황제가 자신의 명의로 비밀리에 외국은행에 예치해 둔 것조차 이렇게 부당한 방법으로 찾아내 앗아갔다.

1908년 4월에 이렇게 예치 재산을 현금으로 빼돌린 다음, 조남승을 "태황제가 미국인 콜브란과 보스트윅에게 주었다고 하는 전기회사 주권매도위임장을 위조한 혐의로" 몬 것은 아마도 같은 은행에 예치된 황제의 주권을 강제로 찾을 목적이 아니었을까 추정된다.[18] 어떻든 그를 잡아 문초하는 과정에 고종황제가 그를 통해 숨긴 중요 외교 및 계약 문서들이 압수당하게 되었던 것이다. 압수된 문서들은 크게 다음과 같이 분류되어 있다.

---

17) 이상은 1994년 1월에 외교안보연구원이 공개한 외교자료 〈대對독일 미청산채권의 청산요청 1951~55〉, 곧 분류번호 722.1 GE, 등록번호 48의 관련 자료를 통해 파악된 것이다. 1951년 미국, 영국, 프랑스 3국이 중심이 되어 2차대전 패전국인 독일에 대해 미청산채권이 있는 나라는 모두 신청하라는 통고가 있어, 이때까지 헐버트 씨의 유지遺志로 모든 관련 서류를 보관하고 있던 미국인 변호사 스태거Stagger 씨가 한국 외무부에 관련 서류를 제출했던 것이 바로 이 자료 모음이다. 헐버트 씨는 이승만 대통령에게 별도로 관련 자료를 보내 이 돈은 반드시 한국인, 한국 정부에게 돌아가야 한다는 것을 역설했던 것으로 보이지만, 당시 연합국은 식민지배 문제를 청구권 대상에서 제외하였기 때문에 채택되지 않았던 것으로 보인다.

18) 1905년 7월에 일본 도쿄와사주식회사東京瓦斯株式會社의 사원인 소네 칸지曾彌寬治란 청년이 서울에 와서 한성전기회사의 사업 성과를 보고 귀국하여 사장 시부자와 에이이치涉澤榮一에게 자금 동원을 요청하여 내락을 받은 다음, 1908년 9월에 서울에 일한와사주식회사를 설립하고 마침내 이 회사가 한성전기회사를 인수하게 만든다. 그는 당시 부통감이던 소네 아라스케曾彌荒助의 아들이었다. 이태진, 〈개화기 전기·전차 시설에 대한 바른 인식의 촉구〉, 《전기의 세계》, Vol.55-No.10, 2006, 51~59쪽.

갑호의 一. 4월 27일 청나라 사람으로부터 영치領置의 분分 색인 목록 43건
갑호의 二. 어御 친서에 기인한 조사 사건 목록 26건
을호 목록 87건

갑호 一의 분류사항의 의미는 현재로서는 알기 어렵다. 영치인으
로서 '청나라 사람'이 누구인지 알 수 없다. 갑호의 一, 二에는 부록 1
〈통감부가 압수한 대한제국 황제 소장 조약 원본 및 사업계약서 목
록〉에서 보듯이 각종 개발사업의 주식 매입, 외국인 용빙 계약서, 각
국 원수들에게 보낸 비밀 친서, 해외 건물 매입, 해외 은행 예치, 해
외 비밀 요원 파견 등에 관한 서류로서 총 69건에 달한다. 이 서류들
이 현전한다면 고종황제가 산업 근대화와 국권 수호를 위해 얼마나
노력을 기울였던가를 직접 증빙해 주기에 충분한 것으로 보인다. 을
호 목록의 87건은 앞의 '진달의 건'에 첨부된 목록과 내용이 같은 것
이다. 외국과 체결한 각종 조약의 원본들이 여기에 열거되어 있다.

다보하시 기요시田保橋潔는 같은 책에서 "황제는 조약서 원본을 흡
사 지나支那(중국)에서 전국傳國의 옥새라고 말하듯이 생각하여 이를
가지고 있으면 뒷날 이를 증거로 하여서 외교권을 회복할 수 있으리
라고 생각하고 있었던 것으로 판명되어 관계자 일동을 아연하게 하
였다"고 언급하였다.[19] 그리고 이런 '재미있는 일'은 한둘이 아니었다
고 하여 실소담失笑談으로 간주하였다. 그러나 국권을 빼앗기는 위치
에서는 조약서 원본은 결코 소홀히 할 수 없는 대상이었다.

2) 조선, 대한제국의 《약장約章》 편찬 사업 −성실외교론誠實外交論−

조선왕조는 1876년 2월 27일 최초의 근대적 국교관계로 일본과 '조
일수호조규'를 체결하였다. 이후 미국을 비롯한 서양 열강과 차례로

---

19) 田保橋潔, 앞 책, 24쪽.

아래와 같이 수호통상조약을 체결하였다.

1882년 5월 22일	미국
1883년 11월 26일	영국
1883년 11월 26일	독일
1884년 6월 26일	이탈리아
1884년 7월 7일	러시아
1886년 6월 4일	프랑스
1892년 6월 23일	오스트리아

서양 열강과의 국교 수립은 제국주의 체제에 흡인되지 않도록 하기 위한 자구自救의 길을 찾는 의미를 가지는 것이었다. 특히 조선왕조는 중국 중심의 전통적인 책봉조공 체제에 속해 있었기 때문에 이구질서에서 벗어나 독립국들과 조약을 맺음으로써 새로운 국제질서에 들어가야 하는 선택의 기로에 서 있었다. 1863년 윤12월 철종이 사망하고 고종이 즉위하였다. 그러나 새 군주는 나이가 11세밖에 되지 않았다. 왕통 승계 관리권을 가지고 있던 대왕대비 조씨趙氏는 고종을 자신의 부군夫君이었던 익종翼宗의 승계자로 한 다음, 새 왕의 아버지 흥선대원군興宣大院君에게 섭정을 위촉하였다.

대원군은 서양 세력의 개국 요구에 대해 부정적이었다. 청나라 중심의 책봉조공 질서가 여전히 유효하며, 서양 국가들에게 문호를 개방하면 천주교가 크게 확산될 위험성을 우려하였다. 문호를 개방하려면 조선이 준비할 것이 많다는 '선준비 후개방'의 원칙을 견지하면서 천주교의 포교활동을 탄압하였다. 탄압정책은 당사국으로부터 반발을 사서 프랑스 해군이 1866년(병인)에 서해안의 강화도를 침입하였다. 그리고 5년 뒤에는 미국 해군이 문호 개방을 요구하면서 같은 섬으로 들어왔다. 첫 번째 전투에서 프랑스 해군부대는 3개월 만에 조선군의 압박을 이기지 못하고 철수하였다. 조선군의 승리는 대원군의 배외정책을 용이하게 하였다. 그러나 1871년(신미) 미국 군과의 싸움에서 참패하면서 그의 섭정은 위기를 맞았다. 그런데도 그는 서울 종로거리를 비롯해 전국의 교통 요지에 척화비斥和碑를 세워 배외주의를 굽히지 않았다.

1873년 현재 군주는 21세의 청년이었다. 그는 이해 말에 친정에 나서면서 대원군의 배외주의로 빚어진 일본과의 국교 마찰의 현황을 점검하였다. 1872년 5월에 일본의 메이지 정부는 조선에 대해 국교 수립을 요청하는 국서를 동래부東萊府를 통해 전달하였다. 대원군은 그 국서에 전과 달리 황皇, 칙勅의 글자가 쓰여진 것을 문제 삼아 받지 않았다. 중국의 황제만이 쓸 수 있는 것을 썼다는 것이다. 군주는 미국, 일본과의 잇단 외교 마찰을 보면서 아버지의 섭정을 더는 지속시켜서는 안 되겠다고 생각하였다. 일본과의 교섭 창구인 동래부에 심복을 보내 경위를 조사하고 교섭 담당 실무자들(왜학 훈도倭學訓導 등)을 모두 교체하였다. 군주는 일본의 왕이 황제를 칭한 것에 대해서도 아버지와는 다르게 생각하였다. 한 나라가 황제를 칭하는 것은 그 나라 문제로서 타국이 간섭할 것이 아니라고 하였다.[20] 그는 문호를 개방하여 선진 문명을 속히 수용하는 것이 서양에 견주어 기술 문명이 현저하게 떨어진 조선을 구하는 길이라고 판단하였다.

고종의 개방정책은 1876년 2월 '조일수호조규'의 체결에도 직접 적용되었다. 이 조약에 대해서는 조선의 자발성보다 피동성이 강조되었다. 1875년 9월에 일본 군함 운양호雲揚號가 강화도 입구의 초지진草芝鎭에 접근하다가 포격을 당하는 사건이 발생하였다. 이 사건에 대

20) 田保橋潔《近代日鮮關係の硏究》上, 朝鮮總督府 中樞院, 1940, 363~365쪽. 이 저자는《日省錄》고종 을해년 12년 2월 5일조의 기록을 활용하였다. 필자는 그의 파악을 〈근대 한국은 과연 '은둔국'이었던가?〉에 소개, 활용하였다.《한국사론》 41·42합집, 서울대 국사학과, 1999, 740~743쪽:《고종시대의 재조명》, 2000, 태학사, 159쪽 참조.

해 일본 측은 지금까지 운양호는 식수가 떨어져 국제법에 따라 국기를 달고 접근하였는데 포대의 조선군은 국제법에 무지하여 포격을 가하였으며, 이에 일본은 이 사건에 대한 응징으로 조선 정부에 대해 문호개방을 요구하여 '조일수호조규'가 체결됨으로써 조선이 비로소 국제사회에 등장하게 된 것이라고 설명하였다. 그러나 최근의 연구에 따르면 운양호는 국기를 달지 않은 채 초지진에 접근하였다가 포격을 받은 것이었고,[21] 이듬해 1~2월에 진행된 양국의 협상에서 이 문제가 영향을 준 것이 없었으며, 조선정부는 일본 사절단이 가져온 13개조로 된 조약문 초안에 대해 최혜국 조관 1개 조를 삭제하고 9개 조에 걸쳐 부분 수정을 요구하는 능동성을 크게 발휘한 사실이 확인되었다.[22] '조일수호조규'는 일본의 뜻만이 아니라 조선 정부의 개방 의지가 크게 작용하여 이루어졌던 것으로, 과거의 해석은 어디까지나 1910년 병합 전후에 정치적 목적으로 조선에 대한 일본의 시혜론施惠論이 등장하였을 때 그 가운데 하나로 나온 왜곡된 설명이었다.

1882년 6월 대원군이 임오군란壬午軍亂을 일으켜 재집권을 노렸다. 군주가 일본과 수교에 이어 미국과 수호 통상조약 체결을 마친 직후였다. 미국과의 관세 규정에서는 수입품에 대해 최고 30퍼센트까지 적용하는 성과를 낼 정도로 성공적이었다. 그러나 군란에서 일본군 교관이 피살되는 불상사가 생겨 조선의 외교는 거의 모든 부면에서 수세에 몰렸다. 하지만 이런 가운데서도 군주는 다음과 같은 내용의 교유문敎諭文을 내려 개국·개화가 불가피한 점을 강조하였다.

밀려오는 외세를 과거처럼 척화斥和로 응대하면 전쟁만 하게 되고 그 결

---

21)　이태진, 〈운양호 사건의 진상 - 사건 경위와 일본 국기계양설의 眞僞 - 〉, 《조선의 정치와 사회》, 집문당, 2002, 461~463쪽 ; 鈴木淳, 〈'雲揚' 艦長 井上良馨の 明治8年9月29日付江華島事件報告書〉, 《史學雜誌》 111~112, 2002, 12쪽.

22)　이태진, 〈운양호 사건의 진상 - 사건 경위와 일본 국기계양설의 眞僞 - 〉, 2002, 438쪽.

과는 고립무원 끝에 스스로 흩어져 없어지게 될 것이며, 싸워서 일시 이
긴다고 해도 결국은 후회를 해도 돌이킬 수 없는 처지가 될 것이다. 그
리고 개국·개화를 하면 기독교가 퍼질 것을 우려하나, 우호를 맺는 것
〔聯好〕과 사교邪敎를 금하는 것은〔禁敎〕 별개 문제로서 만국공법萬國公法에
근거하여 입약통상立約通商을 해도 하루아침에 우리의 정교正敎〔유교〕를
버리는 사태는 일어나지 않을 것이다. 나아가 강약의 형세가 현저하게
차이가 나는데 서양의 우수한 기술을 배우지 않는다면 저들이 우리를 모
멸하고 넘겨보는 것을 막을 수가 없게 된다(1882년 8월 5일).[23]

　군주는 이 교서를 내리면서 동시에 수년 전에 대원군이 세운 척화
비를 모두 뽑아버리게 하였다.
　고종은 서양 열강 가운데 조선에 대한 침략의 가능성이 가장 낮은
미국을 첫 수교 대상으로 선택하였다. 청나라의 북양대신北洋大臣 리
홍장李鴻章은 뤼순旅順 − 다롄大連을 중심으로 양무운동洋務運動을 진행
하면서 조선에 대해 미국과 국교 수립을 권유하였다. 청나라의 권유
는 조선이 1882년 4월에 '조미수호통상조약'을 체결하는 데 도움을 주
었다. 그러나 청나라는 미국과 조약 체결로 조선에 대한 지금까지의
영향력을 잃지 않기를 바랐다. 서양의 조약 관계는 독립국 사이에 이
루어지는 것이므로 청나라의 소망은 이루어질 수 없는 것이었다.
　청나라는 이 조약의 체결을 앞두고 조선이 '왕래사신往來使臣' 제도
즉 책봉체제를 '상주사신常駐使臣' 제도 곧 공사관公使館 제도로 바꿀
것을 제안하는 것을 보고 조선에 대한 태두를 바꾸었다. 때마침 임
오군란이 일어나자 주모자 색출이란 명분으로 천자의 친병 수천을
조선에 파견하고 이를 배경으로 지난날 책봉체제 때보다 더 강하게
조선의 내정에 간섭하려 들었다.[24] 군주 고종은 이에 맞서기 위해서

---

23) 《고종황제실록》 권19, 고종 19년 8월 5일.
24) 이태진, 앞 논문, 2004, 139~140쪽.

라도 서양 열강과 국교수립을 지속시킬 필요가 있었다. 1882년의 '조
미수호통상조약' 이후 1892년까지 서양 열강 7개국과 수호통상조약
체결이 집중적으로 이루어진 것은 이 때문이었다. 고종의 대외 개방
정책은 궁극적으로 조선을 근대적인 자주 독립국가로 거듭나게 하는
목표를 가지고 있었다. 그는 1897년 10월에 조선왕조를 대한제국大韓
帝國으로 바꾸었다. 왕조의 국호 '조선朝鮮'은 왕조 수립 초기에 책봉
국인 명나라로부터 선정받는 형식을 취한 것이므로 자주 독립 국가
의 시대에 그대로 답습할 수 없는 것이라고 하여 내린 결단이었다.
이어서 1899년 9월 11일에 청나라와 대등한 관계에서 국교를 재수립
하는 형식으로 '대한국·대청국수호통상조약大韓國大淸國修好通商條約'
을 체결함으로써 숙원을 이루었다. 이어서 벨기에(1901. 3. 23), 덴마
크(1902. 7. 15) 등과도 조약을 체결하는 성과를 거두었다. 조선, 대
한제국은 1905년 11월에 일본에게 외교권을 빼앗기기 전까지 모두
11개국과 수호통상조약을 체결하였다.

새로운 국교로서 조약 관계에 대한 조선왕조 정부의 인식과 자세
는 형식적인 것이 아니었다. 표 2는 조선왕조 및 대한제국 정부가 외
교업무를 제대로 수행하기 위해 각 시기마다 외국과 체결한 조약들
을 정리해 활자본으로 간행한 사례를 모은 것이다. 일본제국의 조약
체결 실태에 대한 보고서인 1881년의 〈일본각국조약〉 이후 1885년부
터 조선 정부는 자그마치 6차에 걸쳐 그간에 체결된 조약에 관한 편
간사업을 계속 추진하였다.

《각국약장합편》의 1887년 서문은 편찬 사업의 목적과 용도를 자
세하게 밝히고 있다. 당시 외부대신에 해당하는 독판교섭통상사무督
辦交涉通商事務 조병식趙秉式이 1887년 10월 12일자로 된 이 서문을 썼
다. 서두에 "우리나라는 동해의 물가에 위치하여 500년 동안 예의로
백성을 이끌어 외모치레(冠冕)가 아름답고 문물이 번성한" 가운데 유
교문화의 모범인 삼대三代를 이상으로 삼아 나라를 지키면서 상무商務

표 2. 조선왕조, 대한제국의 조약집 편찬 간행 일람표

순번	명칭	연도	유형책수	편찬자	수록내용
1	일본각국조약	1881	필사 7책	閔鍾默	각국조약, 거류조례, 무역칙류, 개장, 세관규례, 각국세칙, 일본상세론례
2	조일약장합편	1885	활자 1책	통리통상 사무아문	수호조규(1876) 釜山口沿海低電線條款(1885) 10개건
3	각국약장합편	1887 1890	활자 1책	위와 같음	조약연표, 조약간 동이대조, 각 조약부속통상장정, 稅則, 인천제물포 각국조계장정, 조미조약, 朝俄육로 통상조약
4	중조약장합편	1887	활자 1책	위와 같음	商民水陸貿易章程 中國允讓朝鮮自設 釜山至漢城埋路電線合同 9종
5	조일약장합편	1889	활자 1책	위와 같음	2의 증보판, 조일전보약서, 통어장 정 등 추가
6	약장합편	1898	활자 2책	외부	**제1권** 한일약장합편; 5의 내용 전체, 한미조약, 각국조약이동합편, 부속통상장정 **제2권** 韓俄육로통상장정, 韓奧 조약, 인천·목포·증산 3항 조계장정 진출구세칙 범례
7	대한국대청국 통상조약	1899	활자 1책	위와 같음	본조약 15관과 조회문

에 관계하지 않은 것을 솔직히 고백하였다. 그러나 그것이 어찌 지력 智力이 모자라 한 일이겠는가라고 반문한 다음, 지금은 시국이 크게 변하여 다른 나라 사람들의 왕래가 빈번한 가운데 서로 이권을 고르 게〔均權〕 구하는 세상이 되었는데, 우리 군주가 적절하게 마땅한 조 치를 취하여 재위〔御極〕 13년에 처음으로 천하 각국과 통교함으로써 동으로 대화大和(일본 − 필자)로부터 서쪽으로 구미歐美까지 사신이 빈 번하게 왕래하고 상선이 모여드는 변화가 일어났고, 이에 통리통상

사무아문統理通商事務衙門을 세워 각국과 '교섭통상사무'를 관장하게 되었다고 밝혔다. 이 서술에서 일본을 '대화'라고 부른 점은, 군주 고종이 일본이 황제를 일컫는 것[稱帝]을 그 나라의 문제로서 타국이 관여할 일이 아니라고 한 것과 일맥상통하는 표현이다.[25] 이어서 교린交隣 곧 외교는 신뢰가 중요하다는 점, 그리고 약속에 대한 성실한 이행이 곧 신뢰를 얻는 길이란 점, 바로 이 성실한 약속의 이행을 위해 《각국약장합편》을 편찬하게 된 점을 다음과 같이 그 이치와 필요성을 거듭 강조하여 밝혔다.

> 무릇 교린의 길[道]은 믿음[信]으로 하고 믿음을 중하게 함[重信]은 예의를 근본으로 하니 예의를 강구하지 않고 믿음이 어떻게 생기겠는가. 그러므로 비록 언어 문자가 서로 다르더라도 예로써 대하고 믿음으로써 닦고, 이리하여 조약 맺음[訂約]의 문서를 문서고[盟府]에 간직하고 약조라고 하고, 세칙이라 하고, 장정이라고 한다. 거기에 실린 일들의 수가 많고 글이 또한 번다하여 이에 같고 다름을 참고[叅攷]하여 주註를 달아 분명히 하고 종류별로 나누어[彙別] 1책으로 만들어[裒成] '약장합편'이라고 하여 일을 담당하는 사람[手民]들에게 당부하여 맡기고 세상[一世]에 드러내어 쓰게 한다. 오직 보는 사람이 생각하여 열람하기[考閱]에 편하도록 할 뿐만 아니라 우리가 이로써 각국에 믿음을 얻고, 각국이 이로써 우리에게 믿음을 가져 기둥나무[柯]가 된다면 영원히 우의가 돈독해 질 것이다. 그리고 약장을 보태거나 깍아내어[增刪] 민을 위해 이익을 구하면[爲民求益] 이는 곧 때에 맞추어 변통함의 일단이다. 무릇 우리 동맹이 예의를 돈돈히 숭상하여 믿는 근거[憑信]를 영원히 밝히 비추는 것은 실로 우리나라의 행복이자 천하 각국의 행복이다.

《각국약장합편》에 다루어진 '각국'은 미국을 비롯한 서양 각국을

---

25) 이는 한국 역대 사서에서 쉽게 찾아볼 수 없던 지칭이다.

뜻한다. 위 표2에서 보듯이 일본과 중국과의 수교 관계는 2, 4, 5, 7로 따로 모아졌다. 1887년 이전에 조선과 조약을 체결한 나라, 즉 미국, 영국, 독일, 이탈리아, 러시아, 프랑스 등 6개국이 '각국'에 해당한다. 이 나라들과 체결한 조약의 내용은 대동소이하기 때문에 '종류별로 나누어[彙別]' 정리가 가능하였다. (1) 〈세칙稅則〉 (2) 〈세칙장정稅則章程〉 (3) 〈인천제물포각국조계장정仁川濟物浦各國租界章程〉 등이 주요 분류 항목이다. (1)에서는 수입품[進口貨]에 대한 관세 부과 6등급의 관세율과 대상 종류를 열거하였다. 제1등은 면세화물, 제6등은 수입금지화물로서 그 종류를 열거하였다. 수출품[各出口貨]은 3등으로 나누었다.[26] (2)에서는 세칙장정 3관款, 선후속약善後續約 등이 제시되고 (3) 〈인천제물포각국조계장정〉에서는 조계지 경계표시 요령, 조계지 정지整地 요령, 조계지 해안 부두 도로 정비 요령, 가도街道 수구水溝 청소, 가로등 점등, 순찰 등 업무 요령을 자세히 지적하여 제시하였다. 3개 사항은 6개국에 거의 비슷한 내용으로 적용되었기 때문에 이런 구별[類聚]이 편리한 것이 될 수 있었다. 조약의 사례로는 6개국 가운데 제일 앞서는 미국과의 조약이 제시되고 이 책을 편찬하다가 러시아와 체결한 '조아육로통상조약'(1888. 8.)을 뒤에 붙였다. 이런 편찬 방식은 우선 중앙의 관련 관서나 개항장에 근무하는 외무 관리들의 업무 수행에 큰 도움을 줄 수 있는 것으로[27] 다른 나라에서 예를 쉬이 찾기 어려운 것이다. 일본은 1875년(메이지 7)에 《조

---

26) 第一等 免稅貨物: 紋足金銀 등 5종 第二等 値百抽五貨物: 第一等外 一切他項出口土貨 第三等 紅蔘不准運載出口.

27) 《궁내부안》 1책 2호 조회照會는 1896년 1월 15일에 궁내부 외사과장이 외부 문서과장에게 "궁내부에 각국 약장이 지금 갖추어 가지고 있는 것이 없어 이의 배포를 바라마지 않으니 이 문서를 보신 후 귀부가 가지고 있는 약장 각건을 분송하여 비열備閱케 해줄 필요가 있다"고 요청하고 있다. 규장각 자료총서 금호시리즈 궁내부 편, 《宮內府來案 · 宮內府案 1》, 서울대학교 규장각, 81쪽 참조. 이 밖에도 해관안, 총관세사안 등의 거래안에 보면 각국 조약의 규정들이 일일이 과세에 활용되고 있는 사실을 확인할 수 있다.

약휘찬條約彙纂》을 처음 간행, 1885년의 수보修補를 거쳐 1899년에 개
정판改訂版을 냈지만, 통상항해, 영사직무, 거류지 등 7개 부분으로
나누어 관련 협정들을 연월일 순으로 모았다. 6의 《약장합편》은 《각
국약장합편》의 추보판追補版이며, 7은 앞서 언급한 청나라와 대등한
독립국으로 처음으로 체결한 이른바 한청조약이다. 한청조약은 군주
고종이 조약체계를 통해 실현하려 한 가장 중요한 대상이었다.

3) 통감부의 외교권 대행 위한 《한국조약유찬》 간행

일본 메이지정부를 주도한 이른바 번벌藩閥 세력은 '대일본제국'을
꿈꾸면서 타이완에 이어 한반도를 장악하기 위해 모든 외교 전략을
이에 집중하고 있었으므로 한국이 체결한 조약에 대한 관심이 많을
수밖에 없었다. 다만 일본과 체결한 조약뿐만 아니라 다른 서구 열
강과의 협정들에 대해서도 예의주시하였다. 외교는 서로 영향을 주
는 것이기 때문에 한국이 다른 외국과 체결한 조약들에 대해서도 관
심을 가졌다. 메이지정부는 그 독특한 팽창주의 때문에 한국이 외국
과 체결한 협정들을 한 자리에 모아 간행하는 사업을 펼친 유일한 외
국이었다.

1905년 11월 17~18일에 '일한협약〔을사늑약〕'을 통해 일본 정부는
대한제국의 외교권을 강제로 빼앗았다. 대한제국 측의 강한 반대,
반발에도 불구하고 일본 정부는 이듬해 1906년 2월 1일 서울에 외교
권 대행 기구로 통감부統監府를 설치하고 이토 히로부미가 초대 통감
으로 부임하였다. 통감부는 외교권을 대행하면서 조선, 한국이 일본
을 비롯한 외국과 체결한 각종 협정들을 모아 1908년 11월 15일자로
《한국조약유찬韓國條約類纂》을 간행하였다. 이 책은 본문 962쪽, 부록
(각국 관세 대조표) 20쪽의 총 982쪽에 달하는 큰 규모로서, 한국 관
련 대소의 협정이 모두 모아졌다고 해도 지나친 말이 아니다. 그러

나 편찬의 유래에 대해서는 1908년 10월자로 통감부 명의로 제시된 일러두기 형식의 4개 사항을 통해서만 알 수가 있다.

먼저 편찬의 배경에 대해서는 다음과 같이 말하고 있다.

一. 지난날 집무상 일시의 편람에 이바지할 목적으로《한국에 관한 조약 및 법령韓國ニ關スル條約及法令》을 편찬하였지만, 이후 조약의 체결, 법령의 발포 그 수를 거듭함에 따라 조약과 법령을 따로따로 같은 종류의 것을 엮을(類纂) 필요를 인식하여 이에 이 책를 편성함에 이르렀다.

즉 이전에 업무 집행의 편의를 위해《한국에 관한 조약 및 법령》이란 자료집이 편찬된 것이 있었는데, 조약과 법령의 건수가 갈수록 많아져 두 가지를 분리하여 따로 편찬할 필요가 생겨 이에 조약에 관한 자료만 따로 모은 것이 바로《한국조약유찬》이라고 하였다. 《한국에 관한 조약 및 법령》은 현재 전하는 것이 있지만 편찬의 주체가 밝혀져 있지 않다.[28] 아마도 재조선일본공사관(1897년 10월 대한제국 이전), 주한일본공사관 때부터 자료를 수집한 것을 1906년 2월에 통감부가 설치되면서 이를 정리하여 편찬 간행하게 된 것으로 보인다. 아래에서 보듯이 이 간행물은 제1편 '정치상에 관한 조약'에서 1905년 11월의 '일한협약'(보호조약)까지 들어 있고 1907년 7월의 '일한협약'(정미조약)은 포함되지 않았다. 이것으로 보면 통감부의 업무 확대, 곧 1907년 7월 이후 내정 감독권까지 가지게 되면서 '조약과 법령'을 분리해야 할 필요성이 생겨 새 편찬 사업이 수행된 것으로 보인다. 법령 관계 자료로는 1910년 8월 20일자로 내부內部 지방국이

---

28) 필자는 국사편찬위원회가 확보한 복사본을 먼저 열람한 다음, 서울대학교 중앙도서관이 소장한 원본을 보았다. 원본에도 편찬 및 출판에 관한 소개는 전무하였다. 국사편찬위원회의 복사본은 부산시립도서관 수장본을 복사한 것으로서 목차의 첫 면에 '부산이사청'의 낙관과 대외비를 뜻하는 '비秘' 도장이 찍혀 있다.

2. 통감부의 대한제국 조약 원본 압수와 《한국조약유찬韓國條約類纂》(1908) 간행   **71**

주관하여 간행한 《법령유찬法令類纂》이 따로 확인된다.[29]

요컨대 통감부는 1907년 7월에 제2차 헤이그 만국평화회의에 특사를 보낸 것을 구실로 대한제국의 고종황제를 강제로 퇴위시키고 '내정 감독' 체제를 만들면서 '외교와 내정' 관련의 규정들을 분리 편찬하여 업무의 효율성을 기하고자 하였던 것이다. 일러두기의 두 번째는 체제 변화에 관한 것이다.

一. 《한국에 관한 조약 및 법령》에서는 오로지 간편을 위주로 하였기 때문에 한 면에 양국문兩國文 혹은 여러 국문國文을 병렬하고 또는 독, 불, 이 삼국 조약 같이 피차 동일한 것은 이를 일괄하여 공통의 한국문을 제시했는데, 이 책에서는 대요大要 동일한 조약이라 할지라도 이를 국별로 열거한 다음 해당 외국문을 추가하고 또 여러 나라 국문을 대재對載하는 방법을 고쳐 먼저 각 조약의 일본문 혹은 한국문을 싣고 다음으로 외국문을 드러내는 것으로 하고, 지난날에 생략한 의정서, 세목, 왕복 공문 등은 모두 수록하여 전체적으로 완벽을 기하였다.

먼저, 《한국에 관한 조약 및 법령》은 각 조약을 소개하면서 조약 체결 당사 양국의 문자로 된 것을 함께 볼 수 있도록 상하 양단으로 조판하였다. 《한국조약유찬》에서는 이를 해체하고 매건을 통면統面 체제로 바꾸고 한 조약(정식조약)에 부속되는 협약 및 부대 규정이 있으면 이를 후속해서 부록으로 붙였다고 하였다. 이러한 편집 방침의 변화는 전자의 분량이 302쪽이던 것이 후자에서 982쪽으로 크게 늘어나는 결과를 가져왔다. 표 3은 두 간행물에 실린 수록 협정들의

---

29) 국립중앙도서관 마이크로 필름 자료. 이 책의 '범례'에 따르면 이 사업은 "한국 법령 가운데 내부 및 지방행정 사정에 관계있는" 법령들을 모은 것으로 말미에 "일본 법령 가운데 한국에 관계있는 것을 모아 부록으로" 붙여 총 916쪽에 달하여 《한국조약유찬》과 거의 비슷한 규모이다. 그리고 '범례'는 1910년 8월 1일 이후 공포 법령은 따로 모아 매년 1회씩 발행한다고 하였다.

표 3. 《한국에 관한 조약 및 법령》과 《한국조약유찬》의 편차 및 수록 건수 비교

편차	《한국에 관한 조약 및 법령》	《한국조약유찬》
제1편	정치상에 관한 조약(16건)	정치상에 관한 조약(7건) 부록(2건)
제2편	통상항해에 관한 조약(35건)	수호통상 및 항해에 관한 조약(28건) 부록(32건)
제3편	어업에 관한 조약(5건)	거주에 관한 조약(16건) 부록(25건)
제4편	거류지에 관한 조약(15건)	여행에 관한 조약(2건) 부록(7건)
제5편	내지여행에 관한 조약(3건)	어업에 관한 조약(4건)
제6편	표류선 및 난파선구조비용 상환에 관한 조약(11건)	선박구조에 관한 조약(5건)
제7편	범죄인 인도에 관한 조약(1건)	특별조약(8건)
		추가(3건)
		부록: 각국관세대조표(일, 영문)
계	86건	111건(각국관세대조표 제외)

건수를 정리한 것이다.

《한국조약유찬》은 각 조약의 부대 협약, 규정이 부록으로 들어가 수록 문건에서 큰 차이가 생겼다(표 3). 최종의 부록으로 들어간 〈각국관세대조표〉는 조선의 《약장합편》에서 추구한 것이 발전한 형태이다.

《한국조약유찬》에서는 편차에서도 큰 조정이 있었음은 위 표에서도 드러나지만 세 번째 일러두기에서 다음과 같이 언급하였다.

一. 이 책에서 종류에 따라 구별〔類別〕 및 편차編次의 빙법을 징징한 깃이 적지 않다. 예를 들면 '정치상에 관한 조약' 1편 가운데에는 일한 양국 사이의 특수 관계를 규정하는 것에 한해 이를 등재하고 제물포조약, 한성조약 그리고 절영도 및 월미도 지소 차입 역서와 같이 일시 혹은 지방적인 성질에 속하는 것은 '특별조약'이란 편을 하나 새로 설정하여 이를 집록하고, 또 일영조약, 일러강화조약 같은 한국에 관계있는 것은 이를 부록으

로 편입하고, 또 수호통상 및 항해에 관한 조약의 순서에서는 이와 밀접한 관계가 있는 여러 조약을 편차하고, 거주 및 여행에 관한 조약을 우선하고 어업에 관한 조약을 뒤로 돌려 바로잡았다.

이는 제1편 '정치상에 관한 조약'에서 특히 큰 변화가 가해진 점을 밝힌 것이다. 표 4는 제1편에서 일어난 변화를 정리한 것이다.

표 4. 《한국에 관한 조약 및 법령》 제1편 수록 협정들의 《한국조약유찬》 편차 이동 상황

순번	《한국에 관한 조약 및 법령》	《한국조약유찬》
1	제물포 조약	제7편 특별조약
2	호위병 파견의 권리보류에 관한 재한제국공사로부터의 편지〔往翰〕	제7편 특별조약 (호위병파견의 권리보류에 관한 왕복)
3	同上 건에 관한 독판교섭통상사무로부터의 편지〔來翰〕	위와 같음
4	한성조약	제7편 특별조약
5	절영도지 소차(所借)입약서(지도첨부)	위와 같음
6	월미도지 소차(所借)입약서(지도첨부)	〃
7	잠정합동약관	제1편 정치상에 관한 조약
8	일한의정서	위와 같음
9	일한협약(1904년 8월)	〃
10	한국통신기관위탁의 취극서	〃
11	일한협약(1905년 11월)	〃
12	통감부 및 이사청관제	?
13	통감부통신관서관제	?
14	이사청의 위치 및 관할구역 선정 건	?
15	일영동맹조약	제1편 부록
16	일로강화조약	위와 같음

표 4를 보면《한국에 관한 조약 및 법령》제1편에 들어갔던 협정들 가운데 1~6은《한국조약유찬》에서 제7편 특별조약을 새로 설정하여 여기에 넣었다. 그래서 후자의 '정치상에 관한 조약'으로는 청일전쟁 때 생긴 '잠정합동약관' 이하 러일전쟁 이후 '체결'된 4개 협약(8~11) 만 대상으로 하였다. 12~14의 통감부 및 이사청의 관제는 아마도 법 령으로 간주되어 제외한 것으로 보이며, 15~16의 '일영동맹조약', '일로강화조약' 등 제3국과 체결한 관련 배경 조약은 제1편의 부록으로 옮겼다. 결과적으로 '정치상에 관한 조약'에 남은 것은 모두 일본 제국이 조선, 대한제국의 국권 탈취를 시도하거나 실현하는 데 직접 적으로 관련되는 협정들이다. 이를 '정치상에 관한 조약'으로 표현한 것은 이 조약집의 편찬자 또는 일본제국의 정책 결정자들의 의식을 그대로 보여주는 것으로 주목할 필요가 있다. 조선, 대한제국의 국 권 이양을 그들은 국교 관계(외교)가 아니라 '정치상'의 문제로 인식 하였던 것이다.《한국조약유찬》제1편 '정치상에 관한 조약'에 오른 협정들을 모두 제시하면 표 5와 같다. 이것들은 곧 강요된 협정들로 이 책에서 앞으로 하나 하나 차례로 다룰 대상들이다. 부록 2에 수록 된 제3국과 체결된 관련 협정들까지 '협약'이란 단순화된 명칭을 많 이 사용한 점도 주목된다.

　최종적으로 네 번째 일러두기는 다음과 같이 조선, 한국이 직접 체결하거나, 한국과 관련된 모든 외교적 협정과 규정들이 새로 편찬 한《한국조약유찬》에 망라되었다는 점을 아래와 같이 밝혔다.

　一. 이 책에서는 메이지 39년(1906년 − 필자) 이래 체결된 여러 조약은 물 론 각국 거류지 회규會規 같은 조약에 근거하여 규정한 것과 아울러 내외 여권 규칙과 같은 조약에 관련하여 제정된 것은 모두 망라하여 남는 것 이 없게 하여 색람索覽 참조의 자료로서 유감이 없도록 기하였다.

　　　　　　　　　　　　　　　　　　　　메이지 41년 10월 통감부

표 5. 《한국조약유찬》 제1편 '정치상에 관한 조약'의 수록 협정들

순번	협정 명칭	언어	체결 연월일	비고
1	잠정합동약관	한문	1894년 8월 20일	
2	일한의정서	일문 및 한역문	1904년 2월 23일	
3	일한협약	위와 같음	1904년 8월 22일	
4	한국통신기관위탁에 관한 취극서	〃	1905년 4월 1일	
5	일한협약	〃	1905년 11월 17일	
6	일한협약	〃	1907년 7월 24일	추가
7	경찰사무집행에 관한 취극서	〃	1907년 10월 29일	추가
부록				
	일영협약	일, 영문*	1902년 1월 30일	
	일영협약(전문前文)	위와 같음	1905년 8월 12일	추가
	한로조약 폐기칙선서 및 이유서문	일문 및 한역문	1904년 5월 18일	추가
	일로강화조약	일문 및 영문	1905년 9월 5일	
	일로협약	일문	1907년 7월 30일	추가
	일불협약	〃	1907년 6월 10일	

* 목차에 일, 한문으로 표기되었지만 본문에 실린 것은 한문이 아니라 영문이다.

통감부가 외교권을 넘어 내정 감독까지 수행하게 된 시점에서 대한제국의 국권과 관련되는 대소의 협정들을 망라하는 편찬사업은 곧 일본제국이 한국의 국권을 사실상 이양하였다는 것을 의미한다. 이 자료집을 편찬하던 기간에 일본제국 정부는 자국 관료들을 대상으로 한국 정부의 행정 업무 종사 희망자들을 모집하고 있었다. 한국 정부 초청이란 이름으로 진행된 이 공모로 근 1,900명에 달하는 일본인 관리들을 채용하였다. 조약이나 법령의 분류 편찬은 곧 이들이

집무에서 사용할 매뉴얼로 기능하게 되었다.[30]

　대한제국의 《약장합편》과 통감부의 《한국조약유찬》은 한국 근대의 조약 체결을 통한 국제관계의 진행과 결과를 담은 것이다. 그러나 두 가지는 내용적으로 정상과 비정상, 곧 파행이란 엄청난 차이를 가지고 있다. 전자는 약속의 성실한 이행이란 외교의 진정성을 담은 편찬물인 반면, 후자는 일본이 한국의 외교권을 완전히 대행하기에 이른 '정치적' 성과를 모아 '보호'의 근거로 삼은 간행물이다. 후자 곧 《한국조약유찬》이 완성될 무렵 전자의 기반이 된 조선 · 대한제국과 외국의 조약 원본들이 모두 통감부에 압수되어 '식민통치'의 시간 속에 흩어져 없어지거나 낱으로 겨우 몇 점이 남게 된 것은 우연이 아니었다. 제2장 이하는 《한국조약유찬》의 편간 주체 곧 통감부의 통치체제가 만들어지는 그 파행의 역사에 대한 심층적 고찰이다.

---

30) 일본 국립공문서관에 수장된 《공문잡찬公文雜纂》의 내각 및 궁내성, 외무성, 내무성, 사법성, 문부성, 농상무성, 육군성, 해군성, 체신성, 통감부, 회계검사원 등 각 부 처리 공문 속에 '한국정부 초청' 한국 근무 희망 관리 모집에 관한 결재 자료가 포함되어 있다. 일본 관리들이 한국 정부에 고문정치란 이름으로 차관, 국장 급으로 '초빙'된 것은 이미 알려진 사실이지만, 1907년 8월 이후의 공모는 '서기書記'들을 대상으로 한 것으로 지금까지 잘 알려지지 않은 사실이다. 필자는 현재 이 자료들을 수집하여 전체 인원수만 집계한 상태이다.

제2장 조약 강제, 국권 탈취를 위한 군대 파견과 계엄령 발동

1. 1876년 조·일 국교 수립 후 일본의 한반도 병력 파송
1) 문제의 소재 - '1905년 보호조약' 강제 당시 한국주차군 동원

보호조약으로 불리는 1905년 11월의 조약이 한국 측 대표에 대한 무력 위협이 있으므로 무효라는 주장이 조약이 강제된 이듬해에 프랑스의 국제법 학자 프란시스 레이Francis Rey에 의해 제기되었다. 그는 한국 정부 측의 동의 표시의 결함과 일본 측이 한국에 대해 확약하였던 독립 보장 의무를 위반한 점 두 가지를 조약의 무효 사유로 들었다. 첫 번째 동의 표시의 결함에서 무력 위협은 다음과 같이 언급되었다. 즉 "극동의 소식통에 따르면, 이 11월의 조약은 일본과 같은 문명국으로서는 부끄러운 정신적, 육체적 폭력(une violence)으로 한국 정부에 대해 조약을 강요하여 체결되었다고 한다. 조약의 서명은 전권대사全權大使(plénipotentiaires)인 이토 후작과 하야시 공사가 일본 군대의 호위를 받으면서 그 압력 아래 대한제국 황제와 대신들로부터 얻은 것일 뿐이다. 대신회의는 이틀 동안 저항한 뒤 체념하고 조약에 서명하였지만, 황제는 즉시 강대국, 특히 워싱턴에 대표를 보내 일본이 가한 강박에 대하여 맹렬히 이의를 제기하였다"고 서술하였다.[1]

---

1) 프란시스 레이Francis Rey, 崔鍾庫·南孝純 번역, 〈大韓帝國의 國際法的 地位〉, 이태진 편, 《일본의 대한제국 강점》, 까치, 1995, 308쪽.

프란시스 레이의 해석은 다 알 듯이 나중에 국제연맹(The League
of Nations)의 국제법 법전화(Codification) 사업의 일환으로 이루어
진, 1935년의 하버드 법대의 조약법에 관한 보고서에 1905년 보호
조약이 효력을 발생할 수 없는 조약들의 하나로 들어지는 근거로 채
택되었다. 이 보고서의 주장은 또 1963년에 유엔의 국제법위원회
(International Law Committee)의 조약법(Law of Treaty)에 관한 보고서
에 수용되어 같은 해 총회의 결의(Resolution)는 '1905년 보호조약'을
조약의 역사에서 효력을 발생할 수 없는 4개 조약의 하나로 규정하
였다.[2] 레이가 위 글에서 언급한 폭력의 주체인 '일본군대'는 곧 한국
주차군이었다. 특파대사 이토 히로부미는 조약 강제 당일 하루 종일
한국주차군 사령관 하세가와 요시미치長谷川好道와 함께 사령관저 대
관정大觀亭에 머물다가,[3] 저녁 6시 반 경에 특명전권공사特命全權公使인
주한일본공사 하야시 곤스케가 자신에게 직접 지휘를 요청해오자 하
세가와 사령관이 지휘하는 헌병대의 호위를 받으면서 마차를 타고
도보 10분 거리의 현장인 중명전으로 갔다. 조약에 대한 승인을 받
아내기 위해 무력을 동원한 사실 하나만으로도 조약의 법적 무효의
사유로는 충분하지만, 일본의 한국 보호국화의 본질적 문제점의 해
명을 위해서는 한국주차군韓國駐箚軍의 실체에 대한 구명이 필요하다.

---

2) *Report of Commision to the General Assembly.* DocumentA/5509. *Report of the
    International Law Commission covering the work of its fifteenth session,* 6 May~12
    July 1963, Vol. VII. *Yearbook of the International Law Commission* 1963, United
    Nations, 1964, P.188, 한국 국립민속박물관의 섭외교육과 김종섭金宗錫 씨가 제
    공한 이 자료에 따르면 1963년의 국제법위원회가 올린 무효조약 사례들을 총회
    가 채택, 곧 adopt한 것으로 되어 있다.

3) 대관정大觀亭은 대한제국의 영빈관으로 독일의 하인리히 세자Prince Heinrich가 금성
    金城의 독일 금광회사를 방문하고자 1899년에 한국에 왔을 때 이곳에 머물렀다.
    일본 측은 러일전쟁을 일으키면서 대한제국의 허락 없이 한국임시파견대가 이곳
    을 무단으로 점거, 군사령관의 관저 겸 사령부로 사용하였다. 이곳은 한국 황제
    가 기거하는 경운궁(현 덕수궁)을 내려다보면서 감시할 수 있는 위치였다.

한국주차군이란 군사력의 실체는 무엇이며, 이 부대의 병력이 어떤 근거로 한국의 수도에 상주하면서 조약 강제에 동원되었던가를 살펴야 무력 위협의 성격이 제대로 드러날 수 있다.

한반도는 전통적으로 국교관계에서 중국으로부터 많은 영향을 받아 왔다. 중국의 역대 왕조는 동아시아의 중심 국가로서 주위의 대소 국가들에 대해 책봉 조공의 형식을 적용하여 중국 중심의 국제질서를 확립, 유지하였다. 조선왕조 때도 예외가 아니었다. 이와 달리 일본은 중국과 바다를 사이에 두고 떨어져 있는 지리적 조건 때문에 이 질서에서 벗어나 있었다. 메이지유신 이후 일본제국은 일본 천황이 지배하는 새로운 동양을 꿈꾸면서 이웃 나라들에 대한 침략정책을 대외정책의 근간으로 삼고 이에 필요한 군사력을 키웠다. 유신 초기에는 막부 지지 세력을 타도하고 천황 호위에 주력하면서 내치의 안정을 목표로 한 군사력 확보에 힘을 기울였다. 1880년대 중반을 전후하여 천황제 중앙집권 국가의 기틀이 잡히는 가운데 징병령의 시행과 개정으로 병력을 증강시켜 조선을 비롯한 이웃 나라에 대한 청나라의 영향력을 밀어내기 위한 군사정책을 추진하기 시작하였다. 일본의 이러한 팽창주의는 본원적으로 군사력에 의해 가능한 것이었으며, 따라서 새로운 근대적 국제관계인 조약 체결에서도 무력이 동반되었다. 특히 조선 · 한국과의 관계에서는 정치적 '사변'을 거듭하면서 동원 군사력의 규모가 갈수록 커지는 양상이었다.

2) 1880년대 일본군의 조선 출동의 법적 근거 만들기

근래, 근대 한일관계사 연구에서 주요한 사건들에 대한 기존의 해석이 새로운 자료의 발굴을 통해 반대로 뒤집히는 현상이 자주 나타나고 있다. 1875년의 운양호雲揚号 사건에 관한 최근의 연구 성과가 좋은 예이다. 운양호 사건은 운양호가 식수를 구하기 위해 일본 국기를 달고 강화도 해안으로 다가왔는데 조선 포대가 일본 국기를 무시하고 발포하여 일어난 사건으로 알려져 있다. 그런데 최근 일본 방위연구소 자료실에서 발견된 운양호의 함장 이노우에 요시카井上良馨의 제1차 보고서에는 국기를 게양하지 않고 접근하다가 초지진 포대의 포격을 받은 것으로 기술되어 있다.[4] 1894년 7월 23일의 일본군의 경복궁 침입 사건도 마찬가지이다. 이 사건은 지금까지 조선군과 단 20분 동안 충돌한 것으로 알려졌지만, 새 자료에 의한 연구로 이 사건은 새벽 0시 30분부터 아침 7시경까지 약 7시간가량 진행된 것으로 밝혀졌다.[5] 조선군과도 무려 3시간에 걸친 교전이 있었다. 더 중요한 것은 침입의 목적이다. 청나라와 전쟁을 앞두고 일본육군 참모부의 수뇌부가 조선 반도에 이미 시설된 전신망電信網을 강점하여 일본군의 관리 아래 두고자 국왕을 포로로 잡아둔 상태에서 경복궁 일원에 위치한 조선전보총국朝鮮電報總局을 점거하기 위해 병력을 궁 안으로 투입하였다는 것이다.[6] 두 가지 사례만으로도 알 수 있듯이 앞으로 새로운 자료 발굴을 통해 근대 한일관계사의 주요한 사건들에 대한 연구가 새로이 심층적으로 이루어진다면 근대 한일관계의 역사상은 크게 달라질 것으로 예상된다. 이 새로운 역사의 발굴에서 일본군의 한국 출병의 역사는 가장 중요한 것으로 드러나게 될 것이다.

　일본은 1876년 2월에 조선과 수호조약을 체결하였고, 1880년 4월에 서울(경성)에 공사관을 설치하였다. 이때 일본 공사관에 배속된 군인은 2명에 지나지 않았다. 즉 무관 보병대위 미즈노 가츠키水野勝

---

4)　李泰鎭, 〈雲揚号事件の眞相 – 사건의 경위와 日本國旗 게양설의 眞僞 – 〉,《朝鮮의 政治와 社會》, 集文堂, 2002. 12 ; 鈴木淳, 〈雲揚' 艦長 井上良馨の明治8年9月29日付江華島事件報告書〉,《史學雜誌》 111～112, 2002. 12.

5)　中塚明,《歷史の僞造をただす》, 高文硏, 1997. 11.

6)　金文子,《朝鮮王妃殺害と日本人》(高文硏, 2009), 52쪽. 1880년대 한반도에는 서로전선西路電線(인천 – 서울 – 의주, 1885), 남로전선南路電線(서울 – 부산, 1887), 북로전선北路電線(서울 – 원산, 1891)이 이미 시설되어 있었다.

毅와 조선정부의 군대를 신식으로 훈련시켜줄 교관 육군공병陸軍工兵
중위 호리모토 레이조堀本禮造 두 사람뿐이었다. 그런데 1882년 임오
군란이 일어나 일본 공사관이 불타고 호리모토 중위가 피살되는 사
건이 발생하면서 공사관을 보호하기 위한 병력의 수가 급증하였다.
일본 정부는 이 사건의 처리 과정에서 피해에 대한 '문죄問罪'를 요구
하기 위해 하나부사 요시모토花房義質 공사를 다시 조선에 보내면서
큰 규모의 호위병력을 동원하였다. 즉, 육군소장 다카시마 도모노스
케高島鞆之를 사령관으로 삼아 고쿠라小倉 연대(제14연대)의 보병 1대
대(대대장; 소좌少佐 데라우치 마사타케寺內正毅)를 해군 함정 4척(금강金
剛, 일진日進, 부상扶桑, 청휘淸揮)에 분승시켜 보냈다. 하나부사 공사는
이 병력의 지원 아래 8월 30일 제물포조약濟勿浦條約을 체결한 뒤 귀
환하였고 보병 1개 대대의 병력은 거의 1년 동안 서울에 주둔하였다.
고쿠라 연대는 9월 29일 나고야名古屋 제3사단의 보병 1대대로 교체
되었지만 여전히 1개 대대 병력이 거의 1년 동안 서울에 주둔하면서
공사관 호위의 임무를 수행하였다.[7]

　1883년 1월에 다케조에 신이치로竹添進一郎가 조선주재공사로 부임
한 뒤 8월에 주차보병 1대대가 1중대로 축소되었다. 사건 후 1년이
경과하였는데도 큰 규모의 병력을 주둔시키는 것이 국제적으로 명분
이 서지 않은 데 따른 감축으로 보인다. 그런데 이듬해 12월에 조선
정부의 우정국郵政局 개국식 때 '갑신정변甲申政變'이 일어났다. 다케조
에 공사는 부임 후 중국과의 관계를 염려하여 김옥균金玉均, 박영효朴
泳孝 등을 멀리 했으나 8월에 본국 소환으로 도쿄를 다녀온 뒤 김옥
균 등을 불러 거사를 지원할 것을 약속하였다. 그러나 일본 공사관
수비 병력은 이미 1개 중대 정도로 크게 감축된 상태였다. 당시 서

---

7)　일본 측 기록은 이 부대부터 주차대駐箚隊란 명칭을 사용하고 있다. 당시 병영은
　　남산, 왜성대倭城臺 아래 한 대신大臣의 집이었다. 金正明 編, 《朝鮮駐箚軍歷史》,
　　日韓外交資料集成 別册 1, 巖南堂書店, 1967, 7~8쪽.

울에는 임오군란 때 파송된 청나라 병력이 4천명 남짓 남아 있었는
데, 다케조에 공사가 1개 중대 150여 명 정도 밖에 되지 않는 수비대
병력으로 '정변'을 지원하겠다고 약속한 것은 납득하기 어려운 점이
많다. 실제로 정변은 군사력의 절대적 열세로 실패하여 일본공사관
의 요원들과 병력은 인천으로 피신하였다. 그리고 이번에도 공사관
이 불타는 피해가 발생하였다. 이 피해를 수습하기 위해 외무경外務
卿 이노우에 가오루井上馨가 특사의 자격으로 해군 소장 가바야마 스
케노리樺山資紀가 지휘하는 군함 수척에 보병 2개 대대를 분승시켜 호
위를 받으면서 서울로 들어 왔다. 이 병력은 1885년 3월에 청나라와
텐진조약天津條約을 맺으면서 공동 철수하게 되었다.[8] 그런데 일본 측
은 이 공동 철수 과정에서 조선반도에 유사시에 다시 출병할 수 있는
근거를 만들었다. 이 무렵 일본은 내각제도가 출범할 정도로 내정이
안정된 가운데 조선에 대한 청나라의 영향을 밀어내기 위해 군부(육
군)에서 군사력 증강계획을 착수하고 있었다.

　1885년 7월 18일에 대리공사 다카히라 고고로高平小五郎는 대조선
국 독판교섭통상사무大朝鮮國 督辦交涉通商事務 김윤식金允植 앞으로 "호
위병파견의 권리 유보에 관한 왕복護衛兵派遣權利保留照會"이란 제목의
서한을 보냈다. 그 내용은 다음과 같다. 즉 일본 호위병이 7월 21일
에 전수全數 철회〔撤收〕하는데 이것은 메이지 15년 제물포조약에서

---

8)　金正明 編,《朝鮮駐箚軍歷史》, 10쪽. 이 책은 현재 일본군의 한반도 진출에 관한
　　유일한 저술이다시피 하다. 이 책은 자료 중심의 편저로서 이 부면 연구에 중요한
　　자료적 근거가 된다. 하지만 편자는 활용한 자료의 출처를 명시하지 않았다. 그는
　　《일한외교사료집성》 12책의 편자인 이치무라 마사아키市村正明와 동일인으로서 후
　　자의 편간에서 일본외교사료관 소장의 자료를 포함해 많은 한일 관계 사료를 열
　　독한 사실이 인정되고 있다. 나는 위《조선주차군역사》에 활용된 사료들의 출처를
　　확인하고자 2007년에 서울에서 도쿄 자택에 있는 金正明 씨와 전화로 대화할 수
　　있었지만, 그는 건강이 악화되어 와병 중이므로 도쿄에 오더라도 만나기 어렵다
　　고 하였다. 이후 달리 접촉할 기회를 얻지 못한 상태에서 그의 사료 섭렵의 경력
　　을 믿고《조선주차군역사》의 내용을 논문에 활용하기로 하였다.

정한 양국의 조약을 지켜 경비가 필요하지 않게 된 것이 인정되어 잠시 철회하는 것으로 장래에 (어떤) 사태가 발생하여 다시 호위해야 하게 되면 마땅히 파병 호위해야 할 것이다. 그런데 이번 철수로 전약前約이 폐멸하는 것으로 잘못 알아서는 안 되므로 이 뜻을 조선정부에 성명聲明하여 알린다고 하였다.[9] 이에 대해 조선 정부는 이 조회照會를 '안외案外' 즉 정식으로 접수하지 않는 것으로 처리하였다.[10]

후술하듯이 이 '왕복' 서한의 제안은 1894년 6월의 일본군의 조선 출병의 근거로 다시 문제가 된다. 그 출병은 동학농민군 진압을 명분으로 한 것이지만 진출지進出地는 동학농민군이 활동하고 있던 곳이 아니라 조선의 정치 중심인 서울이었다. 이때 벌어진 사태는 이전처럼 일본 측이 직접 피해를 입은 것이 아니라 동학농민군의 봉기와 같은 소요가 다시 일어나지 않도록 하기 위해 조선정부에 대해 내정개혁을 요구하기 위한 '출병'이므로, 설령 일본 측의 파병권의 불소멸설不消滅說을 인정한다 하더라도 적용이 될 대상이 못된다.

여기서 주의해야 할 사실은 1882년과 1884년의 일본 공사관 방화 소실이 조선인들에 의한 것이 아니라 일본 공사관의 직원들이 스스로 방화한 것이란 지적이다. 1882년의 경우, 무관 보병대위 미즈노 가츠키水野勝毅의 보고문에 "불을 공당公堂(공사관의 본관)에 놓아 사가와 아키라佐川晃가 석石(탄炭)유油를 가져와 이에 붓고 발[簾]을 걷어 여기에 던져 화염이 병풍으로 옮았다. 이에 무리가 죽음을 각오하고〔決死〕 고함을 지르며〔吶喊〕 뛰쳐나왔다"고 하였다.[11] 1884년의 경우, 사후 처리에서 조선통상사무(외무) 독판 조병호趙秉鎬가 이번 공사관 실화失火는 공사관 직원들이 스스로 방화하는 것을 많은 조선인들이 보았다고 공박하여 다케조에 공사가 궁지에 몰려 답변을 제대로 하

---

9) 《한국조약유찬》, 통감부, 1908, 922쪽.

10) 《고종실록》권22, 22년 6월 초 8일.

11) 金正明, 《朝鮮駐箚軍歷史》, 解題 3쪽.

지 못했다.[12] 이러한 사실들로 보면 일본 측은 두 차례의 정변에서 스스로 피해자로 만들어 그것에 근거해 일본군이 조선에 진출할 수 있는 빌미를 만들었다는 뜻이 된다. 전자에서 1개 대대 병력의 주둔을 비롯해 조선정부에 많은 배상금까지 요구했을 뿐만 아니라 수호조약의 속약에서 최혜국조관권을 얻는 등, 최대의 권익을 획득했다. 후자에서는 톈진조약을 통해 한반도에 어떤 사태가 발생하면 청나라와 동시 출병할 수 있는 권한을 획득했다. 이런 각종 외교적, 군사적 이득이 자체 방화의 기만행위로 획득되었다는 것은 놀라운 사실이 아닐 수 없다. 설령 도주를 위해 방화가 불가피하였다고 하더라도 사후 처리에서 그것을 유리한 협상의 수단으로 삼은 것은 '악용'의 행위라는 비판을 면할 수 없다.

3) 1894년 '조선출병'의 명분과 법적 근거

1894년 2월에 일본 측이 지지하던 '갑신정변'의 지도자 김옥균이 홍종우洪鍾宇에게 살해되고, 3월에 동학농민군이 봉기하는 사태가 발생하였다. 청나라의 주차조선통리통상사의駐箚朝鮮統理通商事宜 위안스카이袁世凱는 이를 조선에 대한 청나라의 영향력 재강화의 기회로 삼고자 조선정부에 대해 농민군 진압을 위한 병력을 청나라에 요청할 것을 강요하였다. 이에 대해 조선정부는 거듭 거부의 의사를 밝혔지만 위안스카이의 집요한 요구로 동학농민군이 움직이지 않으면 상륙하지 않는다는 조건으로 청나라에 출병을 요청하는 절차를 밟았다.[13] 조선주재 일본공사관은 탐문을 통해 위안스카이의 파병 요청 과정을 예의 주시하던 끝에 6월 4일 조건부 출병 요청이 이루어지는 것을

---

12) 市川正明 編, 《日韓外交史料》, 原書房, 1979. 3, 115~131쪽, 〈變亂事實〉.
13) 李泰鎭, 〈1894년 6월 淸軍出兵 과정의 진상 - 자진 請兵說 비판 -〉, 《고종시대의 재조명》, 太學社, 2000.

보고 히로시마廣島의 제5사단에 출병 대기령을 내렸다. 이어 청나라
가 톈진조약의 규정에 따라 주일 청나라 공사가 6월 7일에 일본 정부
에 출병 사실을 통고하자 일본 정부는 선제先制의 효과를 노려 곧 해
군소좌 무코야마 신키치向山愼吉의 육전대陸戰隊가 오토리 게이스케大
鳥圭介 공사를 호위하여 6월 10일에 서울로 들어가게 하였다. 동시에
히로시마로부터 제5사단 혼성여단混成旅團(여단장 오시마 요시마사大島
義昌 소장)을 출동시켰다.[14]

한편, 조선주재 일본공사관은 6월 7일 조선정부에 일본군의 출병
을 통고하였다. 조선정부는 이에 대해 엄중 항의하면서 출병 중지를
강력히 요청하거나 서울 진입을 저지하였지만 일본군은 이를 무시하
였다. 조선정부의 이러한 항변에 대해 오토리 공사는 제물포 조약에
서 언제라도 출병할 수 있는 관련 규정이 있다고 주장하였다.[15] 제물
포조약의 제5조는 "만약 조선국의 병민율兵民律을 지킨 1년 뒤에 일
본 공사가 경비가 필요하지 않다고 인정할 때는 철병해도 무방하다"
고 했으므로 이 조약문은 재출병의 근거가 될 수 없는 것이다. 이보
다는 앞에서 거론한 1885년 7월 18일의 대리공사 다카히라 고고로가
조선국 독판교섭통상사무 김윤식에게 보낸 '호위병 파견의 권리 유
보에 관한 왕복'을 가리키는 것으로 보인다.

그러나 앞에서 지적했듯이 이 요청은 조선정부가 '안외案外'로 처
리했을 뿐더러[16], 과거의 일본공사관 방화와 같은, 일본 측이 특별히
피해를 입은 사태가 이번에는 없는 상태이다. 오토리 공사가 제시한
서울 진입의 목적은 앞으로 동학농민군 봉기와 같은 사태가 재발하
지 않도록 하려면 내정개혁을 해야 하므로 일본 측이 이를 촉구하기

---

14) 金正明,《朝鮮駐箚軍歷史》, 13쪽.

15) 朴宗根,《日淸戰爭と朝鮮》, 1982, 靑木書店, 18~20쪽.

16) 朴宗根은 앞 책에서 조선정부가 이에 대해 "아무런 반론도 하지 않았다"고 했으
나 실제로는 주 10에서 지적하였듯이 조선정부는 이를 "안외"로 처리하였다.

위한 것이라고 했다. 이 예방적 조치 같은 것이 과연 타국에 진입하는 출병 사유가 될 수 있는지는 극히 의문스럽다. 오토리 공사 측도 이 사유의 한계를 의식한 듯 더는 구차한 답변을 만들어 제시하지 않았다.

그런데 일본 측은 조선 측이 일본의 제안을 계속 거부하자 끝내 무력 행사를 취했다. 조선정부는 일본 측의 내정개혁의 요구는 내정간섭으로 간주하여 거부하는 한편, 농민군의 요구는 조선정부가 얼마든지 타협적으로 수용할 수 있는 것이므로 외국이 간여할 일이 아니라고 반박하면서 7월 14일에 개혁 기구로 교정청校正廳을 발족하였다.[17] 그리고 일본군이 철수하면 일본이 요구하는 차원의 개혁도 착수하겠다는 의사를 밝혔다. 조선정부의 이러한 강경한 태도에 일본 측은 당혹하여 청나라 측에 공동으로 내정개혁을 추진할 것을 제안하기도 하였지만 청 측이 이를 받아들일 리가 없었다. 일본 측은 조선정부에 대해 7월 21일까지 청군 철수부터 요청하라는 최후통첩을 보낸 다음, 이것이 이루어지지 않자 7월 23일 새벽 0시 30분에 경복궁 침입을 자행하였다. 오오시마大島 여단의 병력 전체가 서울의 성곽을 둘러싼 가운데 1개 대대 병력이 공병 1개 소대를 앞세워 경복궁의 문을 부수고 들어갔다. 이 침입사건은 조선 조정 안의 청나라의 사주를 받는 세력을 제거한다는 구실 아래 감행된 것으로, 조선군과 약 3시간 동안 교전을 벌이기도 하면서 아침 7시가 넘어서야 끝났다. 군주를 완전히 '사로잡은〔擒〕' 상태에서 개혁을 강요하기 시작하였다.[18] 청일전쟁은 이틀 뒤인 7월 25일에 청군에 대한 일본군의 공격으로 시작되고 '내정개혁'의 주관기구인 군국기무처軍國機務處도 27일에 일본 공사관이 대원군을 앞세운 가운데 강제로 발족되었다.

메이지유신을 주도한 조슈長州, 사쓰마薩摩, 도사吐佐, 히고肥後 등

---

17) 李泰鎭, 앞 책, 227쪽.

18) 中塚明, 앞 책, 61쪽.

4개 번藩 세력은 1871년 2월에 1만 명 남짓의 인원으로 천황 호위군 (근위대)을 편성하여 도쿄 일대에 병영들을 설치했다. 이어 1873년에 징병령을 실시하여 1만 5천의 장정을 확보하여 6진대鎭台를 편성하고 목표 병력을 3만 명으로 잡았다.[19] 1880년대 일본 정부는 청나라 군사의 수를 100만 정도로 파악하고 있었다. 이에 비해 6진대의 평시 총원은 3만 1,440명, 근위병 3,300여 명에 지나지 않았다. 일본 정부는 이러한 열세를 획기적으로 만회하고자 1889년 1월에 징병령을 개정하였다. 이 개정에 따라 병역의무자가 36만 357명으로 크게 증가하였다.[20]

일본의 유신세력은 처음부터 한반도에 대한 영향력을 행사하고 싶었지만, 1880년대에는 아직 군사력의 현격한 차이로 청나라와 대립하는 어떤 군사적 행동도 취하지 않았다. 1889년의 징병령의 개정으로 1890년대에 들어와 병력이 7개 사단으로 늘어나고 병기 생산에도 큰 발전이 이루어지면서 정면 대결로 나아갔다.[21] 1894년의 출병은 이와 같은 장기간의 군비 증강을 배경으로 내려진 결단이었다. 일본은 이런 군사력 증강을 배경으로 조선에 대한 청나라의 영향력을 척결하고 대신 일본이 조선을 보호국으로 삼는 것을 목표로 하였다. 그 정책은 본질적으로 침략행위였으나 국제사회에 대해서는 '문명'이 '야만'을 축출하는 것으로 호도하여 청나라와의 전쟁을 의전義戰이라고 선전하였다.[22] 야만국에 의해 통제받는 조선을 구제하고자 청군을 내몰고 '내정개혁'을 실행토록 한다는 것이 조선에 출병하는 명분이었다. 일본군은 이런 구실 아래 조선 왕궁을 침범한 이틀 뒤 7월

---

19)　藤原彰 著, 嚴秀鉉 譯,《日本軍事史》, 1994, 時事日本語社, 70쪽.

20)　위 책, 83쪽.

21)　위 책, 75, 83~85, 85~92쪽.

22)　中塚明, 앞 책, 37쪽 ; 李泰鎭, 〈한국 근현대사의 왜곡과 착란〉,《역사가는 지금 무엇을 어떻게 논해야 하는가?》, 제6회 한일역사가회의, 2006. 10, 145쪽:《都留文科大學研究紀要》第73輯, 2011.3, 日譯 수록, 159쪽.

25일에 충청도 풍도豊島 앞바다에서 청나라의 해군과 해전을 벌이고 29일에 성환成歡에서 육전을 벌여 청일전쟁을 시작하였다. 육군 7개 사단의 병력과 해군에 대한 총동원령을 내린 뒤인 8월 1일에 선전포고의 조칙이 내려졌다.

일본 정부는 청나라와 전쟁을 일으키면서 조선정부를 상대로 두 가지 조약의 체결을 요구하였다. 8월 20일자의 〈잠정합동조관暫定合同條款〉과 8월 26일자의 〈대일본 · 대조선 양국맹약大日本大朝鮮兩國盟約〉이 그것이다.[23] 전자는 전시 상황을 이용하여 7월 23일의 침입사건을 불문에 붙이고 각종 이권을 획득해 두려는 것으로 그 내용은 아래와 같다.

(1) 일본 정부가 요구하는 내정개혁을 조선정부가 수용하여 순서대로 시행할 것

(2) 경부, 경인 사이의 철도 건설은 일본 정부 또는 일본회사에게 권한을 부여할 것

(3) 일본 정부가 이번에 경부, 경인 사이에 가설한 군용 전신에 대한 영구 관리권을 보증할 것

(4) 전라도 연안에 통상항(구) 한 곳을 열 것

(5) 지난 7월 23일에 왕궁 근방에서 일어난 양국 병원兵員의 우연한 충돌 사건은 서로 근본을 캐묻지〔追究〕 말 것

(6) 일본 정부가 조선의 독립자주를 공고히 하기 위한 사의事宜는 양국 정부가 위원을 뽑아 회동하여 의정議定할 것

(7) 위의 잠정 조관이 서명날인〔畵押蓋비〕을 거친 뒤에 시일을 백해 대궐을 호위하고 있는 일본 병력을 일률적으로 철수시킴.

요컨대 대궐(경복궁)을 장악한 일본군의 철수를 조건으로 일본 측

이 요구한 내정개혁의 추진, 철도 · 군용전신 · 서해안 개항 등의 이권을 보장받는 한편, 경복궁 침입사건을 불문에 붙인다는 약속을 받아내고자 하였다. 이 조약문은 일본 정부의 특명전권공사 오토리 게이스케와 조선국 외무대신 김윤식이 서명 날인하는 형식을 취했으나 서명 날인이 된 원본은 아직 확인이 되지 않는다.[24]

둘째, 〈대일본대조선 양국맹약〉은 7월 25일(음 6월 23일)에 조선정부가 청군을 조선으로부터 철수시키는 것을 일본특명전권공사에게 위탁하면서 양국 정부는 청나라에 대해 이미 공수 동맹의 관계가 이루어졌다고 밝혀 조선반도에서 일본군의 군사 행동에 대한 법적 근거를 획득하려고 하였다. 이 조약도 오토리 게이스케, 김윤식 두 사람이 서명 날인하는 형식을 취하여 그것이 이루어진 원본이 조선정부 측에 보관되어 있는 것이 확인된다.[25] 그러나 조선 국왕이 발부한 전권위임장이나 비준에 관한 문서는 발견되지 않는다. 일본 측은 당시 궁중, 부중의 분리가 근대국가의 요건이란 주장으로 조선정부에 내각제를 도입하여 모든 정치의 실권을 일본 측이 앞세운 총리대신이 가지도록 시도하였다. 그렇더라도 총리대신이 발부한 전권위임장이나 비준서가 있는 것도 아니다.

일본 정부는 상황의 중대성을 고려하여 1894년 9월에 조선주재 공사를 외무경의 경력을 가진 이노우에 가오루井上馨로 바꾸었다. 당초에 계획했던 사안들이 조선 군주 측의 탄력적 대응으로 성과를 내지 못하고 보호국화 문제도 미국의 개입으로 실패하자 노련한 이노우에를 투입하여 상황을 호전시키려고 했던 것이다. 이노우에는 1895년 1월에 주미조선공사관의 폐쇄를 기도하면서 앞의 〈잠정합동조관〉을 정식조약으로 바꾸어 내용을 강화하는 한편, 청일전쟁의 종료 때까

---

24) 서울대학교 규장각 소장 고종시대의 공문서 가운데 〈대일본대조선양국맹약〉의 원본은 확인이 되지만, 〈잠정합동조관〉의 원문인 조인문은 확인되지 않는다.

25) 서울대학교 소장 규장각 도서 奎23010.

지 유효한 〈맹약〉을 대체시킬 장기적 군사조약을 체결하고, 나아가 청일전쟁 뒤에도 일본군이 계속 조선에 주둔할 수 있는 권리를 문서 형식으로 확보하고자 하였다.[26]

〈잠정합동조관〉은 〈일한조약〉(가칭)으로 이름을 바꾸어 내용을 더 구체화 하는 한편[27], 〈맹약〉을 대신하는 〈대일본국 · 대조선국 동맹비밀조약〉(가칭)은 조선군을 일본군에 완전히 예속시킴과 동시에 조선의 한 항구를 일본해군이 조차租借하는 것을 골자로 하였다. 그러나 주미공사관 폐쇄는 미국정부의 반발이 컸고, 조선정부 안의 친일 분자들도 보호국을 노린 이런 협약안을 돕지 않았다. 이노우에 공사는 조선정부의 미온적 태도로 청일전쟁이 끝날 때까지 이를 위한 협상을 시도조차 못했다.

이노우에 공사는 청일전쟁 종결 뒤에도 일본 수비대가 조선에 계속 주둔하는 권리를 확보할 목적으로 〈주병駐兵에 관해 조선정부가 (일본 정부에) 제출할 외교 통지서〉란 것을 조선정부로부터 받아내는 임무를 띠고 있었다. 그 초안은 조선의 외무대신이 일본 정부에 대해 조선의 병비가 갖추어질 때까지(10년 이상) 일본군 2개 연대 이상의 병력을 파견하여 주재시키는 것을 희망하는 것을 골자로 하였다. 그러나 이것도 성사되지 못하고, 다만 1895년 4월 19일(음 3월 25일)에 외무대신 김윤식으로부터 "일본군 약간의 부대를 각 지방에 분주分駐 · 잠류暫留케 하여 3남과 경기 · 황해 지역에 있는 비요匪擾의 잔당(餘孽)을 탄압해 달라"는 요지의 공문을 받아내 일본군이 당분간 조선에 주둔할 수 있는 법적 근거를 확보하였다.[28] 1895년 4월 17일에 강화조약으로 시모노세키조약下關條約이 성립한 뒤, 일본군은 이

---

26) 柳永益, 앞 책, 57쪽.

27) 中塚明, 《日淸戰爭의 硏究》, 靑木書店, 1968, 191~193쪽.

28) 《舊韓國外交文書》 제3권, 日案 3, #3565, 241~242쪽 ; 국사편찬위원회 편, 《高宗時代史》 III, 799, 908쪽 ; 柳永益, 앞 책, 60쪽.

공문에 근거하여 한국 거주 거류민의 보호와 군용 전신선의 엄호를 구실로 임시 헌병대와 보병 1개 대대를 서울, 부산 및 원산에 주둔시켰다. 일본은 1896년에 러시아와 협상을 통해 각서로서 이 부대들의 주둔을 용인받기도 하였다. 보병대대 본부 및 병원은 서울에, 보병 각 1중대는 부산, 원산에 배치하여 공사관 및 거류민의 보호를 담당하게 하고, 전신대 및 헌병대는 서울과 부산 사이의 전신선의 엄호에 노력하도록 하였다.[29]

2. 러일전쟁과 일본의 한국주차군
1) 개전과 한국임시파견대의 서울 진입

일본은 청나라와 전쟁에서 크게 승리하여 시모노세키조약으로 많은 것을 얻었지만, 5일 만인 4월 23일에 독일, 프랑스, 러시아 등 3국이 이른바 삼국간섭을 해옴으로써 타이완에 대한 지배권을 제외한 대부분을 잃었다. 일본은 요동반도를 '포기'하게 되자 조선반도에 시설된 전신선에 대한 관리권 확보를 강하게 주장하였으나, 조선 군주가 강력하게 반대하면서 조선의 철도·전신·광산에 대한 이권도 무효가 되었다. 조선이 전군 철수를 요구하자, 대본영의 참모차장 가와카미 소로쿠川上操六(현역으로는 최고위) 주도 아래 조선에 비상사태를 만들어 일본군이 서울을 장악하여 친일정부를 수립하여 부대 잔류를 승인하게 한다는 전략을 세웠다. 그 가운데 비상사태로 상정된 것이 곧 왕비살해사건이었다.[30] 일본은 백인국가들 특히 러시아에

---

29) 金正明,《朝鮮駐箚軍歷史》, 21쪽.

30) 金文子, 앞 책, 2009는 청일전쟁 후 전신선 관리를 위한 부대 잔류와 조선왕비 살해사건과의 관계를 밝혔다. 앞 책 제2, 3장 참조. 1895년 4월부터 이노우에 공사의 일본군 잔류에 관한 조치는 조선 국왕의 반대 속에서 강행된 것으로 보인다.

대한 적개심을 높이면서 같은 해(1895) 10월에 조선의 왕비를 시해하
는 만행을 저질렀다. 조선 군주 고종高宗은 1896년 2월 11일에 러시아
공사관으로 이주하여 군주권을 회복한 다음, 1897년 10월에 대한제
국으로 국체를 바꾸어 자주 독립국으로서 위상을 높이면서 자력 근
대화 사업에 박차를 가하였다. 일본은 1896년부터 1900년까지 '타이
완 정복전쟁'에 국력을 쏟아 한반도에 대해 간여할 여유가 없었다.

1900년에 베이징에서 의화단義和團 사건이 일어난 것을 계기로 러
시아군이 만주로 진출하기 시작하면서 일본은 1901년부터 러시아군
과 싸울 수 있는 군사력 증강에 국력을 쏟기 시작하였다. 1904년 2월
4일, 일본은 러시아와 국교를 단절하고 2월 8일 밤 구축대를 뤼순항
에 보내 정박 중인 러시아 군함을 습격하고 9일에는 인천 앞 바다에
있던 러시아 군함 2척을 포격하여 침몰시켰다. 그리고 2월 10일에 천
황이 〈선전宣戰의 조칙〉을 내렸다. 일본은 청일전쟁 후 육군 5개 사
단을 더 창설하여 전 12개 사단을 4개 군단으로 나누어 투입하였다.

제1군은 한국에 상륙한 병력으로 제12사단이 주력이었고 이것이
곧 한국주차군의 이름을 가지게 된다. 제1군은 5월 1일에 압록강변
의 가벼운 전투에서 러시아군 동부지원대를 격파하고 주롄청九連城,
안둥安東 일대를 점령하였다. 이어서 제2군은 5월 5일 염대오鹽大澳에
상륙하여 진저우반도金州半島의 목줄에 해당하는 남산의 러시아군 진
지에 대한 정면공격을 감행했다. 제2군은 병력수로는 러시아군에 비
해 3배였고, 해상으로부터의 엄호 포격을 받고서도 전투에서 극심한
고전 속에 빠져 하루 전투에 4,300명의 사상자를 내기도 하였다. 하
지만 끝내 남산을 점령, 뤼순을 고립시켰다. 제1군, 제2군의 위치 중
간인 다구산大孤山에 독립 제10사단을 상륙시키고, 6월 6일 제3군을
편성하여 뤼순 요새를 포위한 다음 제2군은 북진하여 더리시得利寺에
서 러시아군을 맞이하여 싸워 승리하였다. 7월 중순 오야마 이와오大
山巖 총사령관, 고다마 겐타로兒玉源太郎 참모장의 만주군 총사령부가

현지에 도착한 가운데 독립 제10사단을 증강시켜 제4군을 편성, 8월 말부터 랴오양遼陽의 러시아군 진지에 대한 공격을 개시하였다.[31]

제1군으로서의 한국주차군은 이 전쟁에서 가장 전초적 임무를 수행한 전시 편제였다. 러일전쟁에서 일본은 한반도에 대한 배타적 지배권을 확립하는 것을 최대의 목표로 삼았던 만큼 한반도의 전역을 작전 구역으로 부여받은 제1군의 임무는 가장 중대한 것이었다.

일본 정부는 1903년 12월에 청일전쟁 이후 한국에 주둔하고 있던 모든 부대를 통솔하는 지휘부로 한국주차대 사령부를 결성하여 서울에 두고 공병대좌工兵大佐 사가와 고사쿠佐川耕作를 사령관으로 임명하였다. 이듬해 1월에는 서울의 남산 자락 왜성대倭城址 아래에 병영을 신축하여 주차대 사령부를 이곳으로 옮기고 주차대 사령관을 보병 장교(중좌 사이토 리키사부로齋藤力三郎)로 교체하였다. 한국주차대 사령부의 발족은 곧 있게 될 일본군의 한국 진주進駐를 원활하게 수행하기 위한 조치였다.[32]

한국주차대의 발족과 거의 동시에 일본 육군참모본부는 규슈 구루메久留米에 있던 제12사단의 보병 제4대대(대대장; 보병대좌 마쓰이시 야스하루松石安治, 나중에 제1군 참모부장이 됨)로 한국임시파견대를 편성하였다. 러시아와 전쟁을 하게 되면 한국의 서울〔京城〕을 작전의 근거지로 삼아야 하므로 이 부대를 서울로 파견하여 앞으로 있을 군사작전에 필요한 여러 가지 조사와 설비를 담당하게 하기 위한 것이었다. 이는 별도의 파견이 아니라 서울에 있던 기존의 주차대의 대대병력(보병 38연대 제3대대)과 교체하는 방식을 취한 것이었다.[33]

일본 육군성은 주요 지방에서 필요한 사전 준비를 위해서는 민간인 조직을 비밀리에 운용하기도 하였다. 1904년 1월 상순부터 미쓰

---

31) 藤原彰, 앞 책, 126~129쪽.

32) 金正明, 《朝鮮駐箚軍歷史》, 21~22쪽.

33) 위와 같음.

〈자료 1〉 러일전쟁 초기 서울 남대문로를 활보하는 일본군. 길바닥에 1898년에 한국 정부가 자력으로 시설한 전차궤도가 보인다.

이三井 물산회사로 하여금 서울과 부산 사이의 주요 지역(부산, 마산, 하동, 진주, 남원, 전주, 공주, 천안)에서 물자를 매수하는 방식으로 거래 건을 만들어 놓고, 그 감독으로 경리관 6명(팀장[主座]; 3등 주계主計)을 이곳으로 보내 필요한 조사와 준비를 하게 하였다. 이어서 변장한 선봉[先遣] 징발대(경리관 15명, 호위대 장교 이하 166명)를 편성하여 한국으로 보내 전문적 일을 수행하게 했다.[34]

2월 4일 러시아와 국교를 단절한 직후 육군소장 기고시 야스쓰나 木越安綱는 제12사단장으로 임명되어 보병 제14연대 제1대대, 제47연대 제2대대, 제24연대 제1대대, 제46연대 제2대대 등 4개 대대를 이끌고 6일에 사세보佐世保 항을 출발하였다.[35] 이 편대가 한국임시파견대의 본대였다. 경성에 있는 한국주차대 사령관은 이 임시파견대의

---

34) 金正明,《朝鮮駐箚軍歷史》, 22~23쪽.

35) 金正明, 위 책, 23쪽.

본대와 제12사단 병참부의 상륙지의 설비, 철도수송 및 숙영에 관한 준비를 수행하였다. 제12사단은 2월 16일에 서울에 집중 진입하였다. 병력 2만 수 천, 군마 7,400여 필이 동시에 서울로 진입하여(자료 1) 경복궁, 창덕궁을 비롯해 수많은 병영과 관사, 공사립의학교 등을 무단 점거하여 임시 막사로 사용하였다.[36] 또 2월 6일 해군 군령부장의 훈령에 따라 러시아로 통하는 한국 내의 주요한 전선을 절단했다. 한국임시파견대는 해군 제4전대의 호위를 받고 2월 8일 밤에 인천에 상륙하여 2개 대대는 인천에서 해안 경계의 임무를 수행하고, 다른 2개 대대는 기고시 사령관의 인솔아래 철도를 이용해 서울로 갔다. 기존의 한국주차대도 그의 지휘 아래로 배속되었다.

2월 18일에는 인천에 남아 있던 임시파견대의 2개 대대도 서울로 집합하고, 19일에 육군중장 이노우에 미쓰루井上光가 새로이 제12사단장으로 명령을 받고 서울로 들어와 임시파견대를 재편성하였다. 인천 상륙과 서울 진입의 임무가 일단 완료되었으므로 북진을 위한 편제 재편이 필요했던 것이다. 제12사단은 6개 제단梯團으로 나뉘어 2월 27일부터 서울을 출발하여 평양으로 향하였다.[37]

2) 〈의정서〉 체결과 한국주차군 설치

일본 정부는 제12사단의 재편과 거의 시기를 같이 해 2월 23일에 한국 정부를 상대로 한국 안에서 일본군의 기지 사용권을 확보하는 조약 체결을 강요하였다. 주한 일본공사 하야시 곤스케가 서울에 진주한 제12사단의 무력을 배경으로 한국 정부와 〈의정서〉를 체결하

---

36) 金正明,《朝鮮駐箚軍歷史》, 23쪽. 이 사실은 1904년 7월 11일자로 한국주차경성 병참사령관 다츠나가 가츠사부로立永勝三郎가 사후처리로 한국 외부대신 이하영에게 보낸 〈표례서表禮書〉(규장각도서23141)에 기술되어 있다.

37) 金正明, 위 책, 24쪽.

〈자료 2〉 용산에 처음 자리 잡은 일본의 한국주차군 병영(엽서 필자 소장).

였다. 이 협정의 제4조는 대한제국 황실의 안녕과 영토의 보전에 위험이 있을 경우에 이를 방어하는 조치와 관련하여 "군략상 필요한 지점을 필요한 때에〔隨機〕 수용할 수 있다"고 하였다. 한국 정부가 이를 받아 들였다면 아마도 제3조에 "대일본제국정부는 대한제국의 독립 및 영토 보전을 확실히 보증한다."고 한 것에 일루의 기대를 걸었을지도 모른다. 그러나 이 규정들은 프란시스 레이가 지적했듯이 1년 남짓한 시간이 흐른 뒤 '보호조약'을 강제함으로써 기만으로 드러났다. 제12사단 전체의 병력이 서울을 위협한 상황도 한국 정부에 대해 상당한 압박을 주었을 것이다.

　일본 정부는 2월 23일 〈의정서〉의 체결 이전에 이미 서울 남쪽 용산 일대에 대규모 병영을 건설할 것을 계획하였다(자료 2). 육군성에서 파견된 기사 미야자키宮崎嘉積의 감독 아래 구축 중이던 용산창사龍山廠舍는 3월 6일에 준공을 보아 경성 병참사령부가 이를 인수하여 이후 병참 통과 부대의 숙영으로 사용할 정도로 용산의 기지화는 일본군의 진입과 동시에 추진되고 있었다.[38] 〈의정서〉 체결 이전에 이미 군사기지 건설이 임의적으로 착수되었다는 것은 명백한 영토 침략행위였다. 〈의정서〉 체결로 기지 건립이 '공인'된 뒤인 3월 10일에 한국주차군사령부를 발족시킨 것은 그나마 국제사회의 이목을 의식한 행위였다.[39] 지금까지의 한국주차대, 한국임시파견대의 조직이 임시적인 것이었다면 '한국주차군사령부'란 명명은 '항구적인' 주둔을 명시하는 의미가 있었다.

1904년 3월 9일, 참모총장 후작 오야마 이와오大山巖는 한국주차군사령관 앞으로 다음과 같은 훈령을 내렸다.

1. 귀관貴官은 대본영大本營에 직예直隷한다.
2. 한국주차군을 한국에 주차토록 하는 목적은 제국의 공사관·영사관 및 거류민의 보호를 맡고 또 경성의 치안을 유지하여 우리 작전군의 배후에 있는 모든 설비를 안전하게 하여 그 운동을 용이하게 하는 데 있다.[40]

이 훈령에 따르면 한국주차군은 천황을 대원수로 하는 대본영에 직속하는 특별한 위치에서 앞으로 예상되는 한국과의 마찰을 제압할 업무로서 '경성의 치안'을 수행하는 한편, 전시 작전군의 기능도 함께 수행하는 임무를 부여받았다. 후술하듯이 한국주차군은 당시 치안 유지란 구실로 계엄령을 군 내부에 발령하고 있었다. 주차군사령부 예하에는 기존의 주차대, 보병 6대대 반, 병참감부兵站監部와 그 관할의 병참사령부, 보조수졸대補助輸卒隊, 임시군용철도감부臨時軍用

---

38) 金正明, 《朝鮮駐箚軍歷史》, 24쪽.

39) 金正明, 위 책, 25쪽.

40) 표제 : 韓國駐箚軍司令官へ訓令の件(메이지 37년 〈滿密大日記 메이지 37년 3월〉)
　　작성자 : 대본영 작성년월일 : 메이지 37년 3월 9일.

鐵道監部, 주차전신대, 주차헌병대 및 주차병원 등을 소속시키고, 그 관할구역(管區)은 대동강을 거슬러 양덕陽德, 덕원德原의 선 이남으로 하였다. 제1군의 전진에 맞추어 관구를 차례로 확장하여 5월에는 압록강안에 미치고 동시에 보병 1대대 반을 증강하여 원산元山 수비대로 삼고, 보병 제37연대 제3대대는 후비後備 보병 1대대 및 동 야전포병 1중대와 교대했다.[41]

군사령부의 편성은 3월 20일에 도쿄에서 완결 지워지고 서울(경성)의 사령부는 4월 30일에는 한국 황제의 거처인 경운궁에서 도보 10분 미만의 거리에 있는 대관정大觀亭(현 웨스틴조선호텔 건너편 공터)으로 들어갔다.[42] 이곳은 경운궁을 내려다볼 수 있는 위치로서 궁 안의 황제의 동정을 감시하기 위해 무단 점거한 것이었다. 당시의 군사령관은 육군 소장 하라구치 켄사이原口兼濟였고, 10월에 하세가와 요시미치로 교체되었다.[43] 한국주차군은 사령부를 서울에 두었지만, 전시편제의 제1군으로서 전진함에 따라 관구의 범위를 확장하여 5월에는 압록강 연안에 미치고 동시에 보병 1대대 반을 증강하여 원산 지역의 병력도 증강시켰다.[44] 대본영은 1905년 1월 21일자로 압록강군을 한국주차군에 예속시켜 한국 서북 국경을 방위하는 임무를 수행하도록 하기도 하였다.[45]

한국주차군은 이와 같이 전시편제의 제1군으로서 한반도 전역을 작전지구로 하면서 한국의 황제정이 이루어지고 있는 서울을 주요한 감시 지역으로 삼아 필요할 때 병력을 동원하여 정치적 목적을 달성

---

41) 金正明, 《朝鮮駐箚軍歷史》, 25쪽.

42) 金正明, 위 책, 33쪽.

43) 金正明, 위 책, 36쪽.

44) 金正明, 위 책, 26~27쪽.

45) 표제 : 韓國駐箚軍司令官ヘ訓令の御裁可書移牒の件(明治 38年〈滿密大日記 메이지 38년 1월 2일〉), 작성자 : 참모총장, 작성년월일 : 메이지 38년 1월 21일.

하는 데 이바지하였다. 관할 구역 안에서는 전쟁 발발과 동시에 경의선 철도공사가 이루어지고 있었다. 일본 정부는 1901년에 외무대신 고무라 주타로小村壽太郎의 이름을 따서 '고무라小村 노선'이란 이름으로 대한정책을 세웠다. 이는 지금부터는 한국에 대한 정치, 경제, 군사의 모든 정책을 경의선 철도부설권 탈취에 집중한다는 것이었다. 일본육군참모본부는 1904년 2월 21일자로 임시군용철도감부를 편성하고 임시군용철도 부설사업을 실행하였는데, 이 공사는 바로 한국주차군 구역 안에서 진행되어 주차군의 엄호 아래 추진되었다.[46] 군용철도로서 경의선 부설을 그만큼 중요시했던 것이다.

3) 주차군의 한반도 북부 지역 관할과 한·러 연합작전 모색

한반도에서 전개된 상황으로 특별히 주목되는 것은 함경도 일대에서 벌어진 전투상황이다. 일본은 1896년 청일전쟁에 동원한 병력을 한반도에서 철수시킬 때부터 잔류 주차부대를 서울, 부산, 원산 3개 지역에 배치하였다. 셋 가운데 부산과 서울 사이의 교통로는 일본에게 더 언급할 필요가 없을 정도로 중요한 것이지만, 원산은 러시아 세력의 남하를 상정할 때 예상되는 요충지였기 때문에 일본 정부의 러시아 정책에서 항상 중요시되었다.

러일전쟁의 개전 초기에 대본영은 러시아군이 파서도波西圖(함경도 경흥 대안 러시아령 '한시') 지방에 집합한다는 정보를 입수하여 원산의 수비대를 증강하여 이곳의 점령을 확실히 하였다. 즉 제4사단으로부터 보병 제37연대 제3대대를 차출하여 2월 19일 인천에 상륙하여 제12사단장의 지휘를 받으면서 육로로 원산으로 향해 3월 1일 이곳에 도착하여 현지에 있던 보병 제38연대 제11중대와 함께 원산의

---

46) 《고종시대사》 6집, 광무 8년 2월 21일.

수비를 맡도록 했다.[47] 중대 병력을 대대 병력으로 증강시킨 것이다. 그런데 전쟁이 계속되면서 5월 상순, 러시아군의 기병부대가 초산楚山 방향으로부터 남하하여 안주安州에서 일본군의 병참선을 위협하기 시작했다. 8월 상순에는 선두부대가 원산의 북방까지 와서 도로를 개수하고 전선을 가설하는 일을 착수하기까지 하였다. 이에 한국주차군 사령관은 서울에 있는 보병 1개 대대를 원산에 증파하고, 안주~평양 사이의 수비대에서 1대대 반을 할애하여 원산·안주 양 방면에서 움직일 수 있도록 했다.[48]

러시아군이 한반도 북부지역에서 벌인 활동은 뤼순旅順, 다롄大連이 공략 받음으로써 여기서 밀린 병력이 한국 북부로 이동한 것으로 짐작할 수 있다. 그러나 이와는 별도로, 한반도 북부 특히 함경도는 일본군이 만주, 러시아 지역으로 북상하는 것을 방지하는 전초지가 될 수 있는 지역이다. 러시아군은 후자에서 한국인들의 지원에 대한 기대도 가졌을 가능성이 없지 않다. 후술하듯이 한반도 서북, 동북 지역에서 일어난 전투는 이 전쟁에서 가장 늦게까지 끝나지 않은 곳이다. 이 상황은 간도間島, 연추煙秋 등지에서 한국인들이 항일 무력항쟁을 시작한 것과 무관하지 않다. 즉 한국 독립 의병군이 이미 두만강 바깥 지역에서 항일전선을 펴고 있었기 때문에 러시아군이 이들과 연락을 가지면서 한반도 동북 지역으로 진입했을 가능성이 있다. 그리고 그 저항세가 쉽게 꺾이지 않았기 때문에 포츠머스강화조약이 성립한 뒤에도 일본군의 철수가 쉬이 이루어질 수 없었던 것이다. 이 점에서 보면 전쟁이 발발하기 반년 전에 한국의 황제가 러시아 황제에서 보낸 밀서는 대단히 주목된다.

고종황제는 1903년 8월 15일에 다음과 같은 요지의 친서를 비밀리

---

47) 金正明, 《朝鮮駐箚軍歷史》, 24쪽.
48) 金正明, 《朝鮮駐箚軍歷史》, 26쪽.

에 니콜라이 2세 황제에게 보냈다.[49] 즉 현재의 형세로 보아 러시아와 일본은 끝내 전쟁을 하게 될 것 같다. 전쟁이 실제로 일어나면 서울은 바로 일본군의 수중에 들어가고 말 것이며, 그때는 아무런 대책도 세울 수 없게 될 것이므로 지금 미리 비밀 군사동맹을 맺어두기를 바란다고 제안하였다. 그리고 전쟁이 치열하게 전개되던 1905년 1월 10일에 다시 친서를 러시아 황제에게 보냈다. 이번에는 한반도 북부 지역에서 러시아와 한국이 연합작전을 벌일 것을 제안하였다. 즉 이 지역에 훈련된 한국의 병력은 없지만 러시아군이 이곳으로 온다면 지리에 밝은 이곳의 한국인들이 러시아군을 도울 것이라고 하였다. 시간적으로 이미 러시아군이 한반도 북부에서 활동하고 있는 시점에서 비밀리에 보내진 이런 내용의 친서가 가지는 의미에 대해서는 달리 검토해야 하겠지만[50], 우선 한국 황제 측에서도 이 지역의 중요성을 깊이 인식하고 있었던 것을 확인할 수 있다.

일본군은 9월 중순, 북한에서의 점령구역을 북방으로 확장하기 위해 원산의 후방〔後備〕 여러 부대를 함흥으로 전진시키면서 서북쪽의 부대 일부를 원산으로 돌렸다. 9월 하순, 평안도의 용암포龍巖浦 일대에 일본군이 상륙하여 거점을 확보, 한국 서북 국경 엄호를 강화하여 '만주군滿洲軍'(일본군의 작전 지역 군단 명칭)의 작전을 원활하게 하면서 러시아군의 좌측, 즉 함경도 일원으로 진출할 준비를 했다. 1905년 1월 중순 일본군은 '압록강군鴨綠江軍'을 편성하여 그 '동군'은 한국주차군의 예하에 속하게 하고 러시아군의 영향이 서쪽으로 미치지 못하게 하여 서군으로서의 '만주군'의 작전을 용이하게 하는 임무

---

49) 두 개의 친서는 1994년 서울시립대학교 서울학연구소가 발굴하였다.

50) 와다 하루키和田春樹 교수는 역저《日露戰爭》下, 岩波書店, 2010, 383쪽에서 이 밀서는 '공약속空約束'에 지나지 않는 것이었지만, "자신의 나라에 대한 일본의 간섭, 지배, 침략에 일관하여 항거한" 사실은 역사의 중요한 요소로서 "그것을 알지 못하면 이 시대의 동북아시아 역사를 제대로 안다고 할 수 없다"고 평가하였다.

를 부여했다. 이때 압록강군의 여러 부대를 집중시켜 2월 하순 칭허
청青河城 및 웨이지유葦子峪의 러시아군을 공격하여 격전 끝에 3월 상
순에는 푸순撫順까지 밀어붙였다. 일본군은 이 작전의 성공이 펑톈奉
天의 대회전에 '위대한 효과'를 '만주군'에 주었다고 평가하였다.[51] 한
국 황제측의 1월 10일자 친서의 제안은 곧 이런 상황이 전개될 것에
대한 대책이었던 것을 짐작할 수 있다.

1905년 4월 중순, 압록강군은 한국주차군의 예하를 벗어나 만주
군총사령관의 예하로 들어가고 동시에 후비後備 보병 제16여단이 한
국 주차군의 예하에 속하였다. 주차군 예하의 여러 부대는 압록강군
이 서측에서 러시아군을 공격할 때 일본 본토로부터 1개 사단(후비
제2사단)의 증강 지원을 받아 북상하여 2월 하순에 함경도 성진城津
에 도달하는 전과를 거두었다. 4월 하순에는 이 병력이 모두 주차군
의 편제에 들어온 상태에서 함경도를 거의 대부분 장악하였다.[52] 이
작전은 러시아 제2 태평양함대(발틱 함대)의 동진 이후 이 일대를 중
심으로 벌어질 전투 상황에 대비한 것이었다. 5월 하순에 동해 울릉
도 앞 해상에서 러시아 함대가 괴멸되어 해상으로부터 위협이 없어
지면서 후비 제2사단은 경성鏡城 부근으로 이동하고, 대신 안둥현安東
縣 방면의 다른 병력(후비 보병 제16여단)이 6월 하순 원산 방면으로
와서 병력을 증강했다. 이 방면의 전투는 7월 하순에도 계속되었고,
8월 상순에 도문강圖們江 우안右岸에서 약 1만으로 추정되는 러시아군
과 대치상태가 계속되었다. 9월에도 폭풍우가 계속되는 가운데 두만
강 바깥 일대에서 양측 군의 전투는 계속되고 있었다.[53] 5월 29일 러
시아 제2 태평양 함대의 돈스코이 호의 자침自沈으로 러일전쟁은 막
바지에 이르렀지만 함경도, 연해주 방면의 육상 전선에서는 전투가

---

51) 金正明, 《朝鮮駐箚軍歷史》, 26~27쪽.

52) 金正明, 위 책, 27~28쪽.

53) 金正明, 위 책, 27~29쪽.

아직 계속되고 있었다. 이 지역에서 간도, 연해주 일원의 한국 독립군 전력이 러시아 군과 어떤 관계 아래 움직였는지는 앞으로의 연구 과제이다.

1905년 10월 러일 강화조약이 발포된 뒤 주차군 예하의 여러 부대는 하나씩 일본 본토로 귀환하고 제13사단과 제15사단만 남았다. 제13사단은 함경도 방면의 수비를 전담하고 제15사단은 안둥현 - 펑톈 사이의 철도 수비, 의주 부근의 진지 유지 및 함경도 방면의 사단의 수비구역 이외의 한국 전역의 수비에 임하였다. 이후 안봉安奉 철도 수비의 임무는 곧 관동도독부關東都督府로 넘겨졌지만 다른 큰 변화는 없었다. 야전병기창野戰兵器廠(1904. 11) 진해만 요새사령부鎭海灣要塞司令部(1905. 4)와 요새포병대대要塞砲兵大隊(1904. 11) 영흥만永興灣 요새사령부와 요새포병대대(1905. 5) 군용목재창軍用木材廠(1905. 10) 등도 상설부대로 한국주차군에 속했다.[54]

요컨대 보호조약이 강제된 1905년 11월 현재, 한국주차군은 제13사단, 제15사단 등 2개 사단 병력을 주축으로 하여 진해만, 영흥만의 요새 사령부와 포병대대, 기타 군용시설을 갖춘 대규모 지구군이었다. 연혁으로는 러일전쟁의 전시편제 가운데 한반도에 대한 전시적 지배를 위한 군사력의 유지 조직으로서 대본영에 '직예(직속)한' 특수한 지위를 누리고 있었다. 이 부대가 전시편제에서 평시편제로 바뀌는 것은 1907년 7월에 한국 황제 고종高宗 광무제光武帝를 강제로 퇴위시켜 저항적 요소를 제거한 뒤인 10월 9일이었다.[55]

한국주차군은 이후에 다음과 같은 변천을 거쳤다. 1907년 2월 6일, 〈만한주차부대파견요령〉의 발포에 따라 주차사단 1개로 감축되어 제15사단이 본국으로 귀환하고 제13사단은 주둔지 배치를 새로 하고 서울에 사단 사령부를 두었다. 7월 이후 한국 황제 강제 퇴위로

---

54)　金正明,《朝鮮駐箚軍歷史》, 29~30쪽.

55)　金正明, 위 책, 39쪽.

각지에서 의병이 봉기하여 이를 진압하기 위해 보병 제12여단을 한국에 파견하고, 9월에는 또 임시파견 기병대가 도착하였다. 이 부대는 주로 서울 이남의 수비, 제13사단은 오로지 서울 이북의 수비를 맡는 것으로 하였다. 10월 9일, 군령으로 평시편제로 개정함과 함께 주차군사령부의 편제를 새로 발표하였다. 1908년 9월, 주차사단 교대로 제6사단이 오고, 10월에는 군사령부를 용산의 신축 청사로 옮겼다. 1909년 5월, 의병 봉기가 지속되어 임시파견부대가 장기 주둔하게 되자 임시한국파견대를 창설하여 보병 2개 연대 약 2천명을 소속시키고 그 주둔 기간을 약 2년으로 잡고 사령부를 대구에 두었다. 1910년 6월 25일에 헌병대를 한국주차군에서 독립시켜 한국주차헌병대를 창설하고 아카시 모토지로明石元二郎 소장을 사령관으로 임명하였다.[56]

3. 한국주차군의 한반도 진입 상주와 계엄령 발동
- 군사강점의 실태 -
1) 계엄령 선포의 조건과 '의정서'

러일전쟁 때 일본, 러시아 양군의 교전지역은 러시아령 가라후토樺太(사할린)를 제외하고 교전 당사국의 영토가 아니라 중립국인 청국과 제3국 한국의 영토였다. 교전국이 아닌 영토에서 전쟁을 벌일 때, 법적인 문제가 따르기 마련이다. 청국 영토는 러시아가 조차지로 얻은 요동반도 남부였다. 즉 러시아가 청국으로부터 조차지로 얻은 지역을 일본군이 공격하여 전장으로 삼았고, 1년 남짓 뒤 승전하여 이 지역을 점령지로 삼았다. 러시아가 입법, 사법, 행정의 통치권을 시행하던 조차지로서 청국의 관리는 없었지만 영유권이 변동된

---

56) 金正明,《朝鮮駐箚軍歷史》, 44~47쪽.

것은 아니었다. 일본군이 승전 후 원래 러시아 영토인 가라후토를 차지한 것과는 성격이 달랐다.

이 전쟁에서 법적으로 주목할 다른 하나는 계엄령의 선포와 적용의 문제이다. 일본군은 출병 전 출동지역의 계엄령 선포 건을 준비하여 출동지역에서 이를 실행하였다. 일본군의 출동지역은 위에서 보았듯이 교전 상대국의 영토만이 아니라 적국의 조차지, 적국과는 무관한 제3국 등이 있었지만, 계엄령은 다 같이 적용되었다. 조차지까지는 적국의 통치 지역에 속하므로 전시 계엄령이 선포될 수 있다고 하더라도 제3국에는 해당국의 양해 또는 승인 없이 적용될 수 없다. 이는 법적 근거를 운위할 것도 없이 상식적으로도 있을 수 없는 일이다. 일본군은 자의적으로 제3국인 한국을 작전 지역으로 삼아 다른 지역과 마찬가지로 준비한 계엄령을 적용하였다. 대한제국은 전쟁이 일어나기 직전 1월 하순에 (전시) 중립국을 선언하였다. 일본은 이를 무시하고 한반도의 북부 지역 일대에 제1군을 진입시켰다. 제1군의 선발대는 앞에서 살폈듯이 서울에 사령부를 두고 한국 주차대 또는 주차군이란 이름으로 상주하였다.

1904년 2월 23일, 일본군이 서울에 주둔한 상황에서 일본정부는 한국정부에 대해 '의정서'의 체결을 요구하였다. 이 협정은 제3조에 대한제국의 "독립과 영토 보전을 확실하게 보증할 것"으로 규정하면서 제4조에서 "제3국의 침해나 혹은 내란 때문에 대한제국의 황실의 안녕 혹은 영토의 보전에 위험이 있을 경우는 대일본제국 정부는 속히 그때그때[臨機] 필요한 조치를 취하며 (중략) 대일본제국 정부는 전항의 목적을 달성하기 위해 군략상 필요한 지점을 임시 수용할 수 있다"는 내용을 넣었다. 한국의 독립과 영토 보전을 조건으로 영토 보전에 위험이 생기면 필요한 조치를 취한다고 한 것은 한반도에 진입한 일본군이 내부적으로 이미 실행 중이던 계엄령에 대한 근거를 얻기 위한 혐의가 짙다.

일본군은 한반도 북부, 특히 함경도 일대에서 일본군의 기밀이 러시아 측으로 유출되는 것을 방지한다는 구실로 주민들에게 가혹한 형벌을 적용하였다. 그것은 병사 개개인이 저지른 만행이 아니라 일본 전군에 내려진 계엄령의 실행이었다. 제3국에 무단 진입하여 그 나라 황실의 안녕과 영토 보전의 임무 수행을 구실로 그 나라 사람들에게 이적 행위 방지란 이유를 붙여 계엄령을 적용하는 것은 언어도단의 행위가 아닐 수 없다. 한편, 잘 알려져 있듯이 '의정서'는 제3조에 대한제국의 '독립 및 영토 보전'을 확실하게 보증한다고 규정하였다. 이것은 계엄령 실행의 가장 주요한 변론이었지만 뒤이어 요구된 '제1차 일한협약' '제2차 일한협약'은 이와는 반대로 대한제국의 독립 주권을 크게 침해하였다. 일본군의 계엄령은 한국에 대해서는 어디까지나 주권 침탈의 무력적 수단이었다.

2) 일본군의 계엄령 준비와 실행

일본육군이 러일전쟁에 관해 공식적으로 편찬한 역사서는 아래 세 가지가 대표적인 것으로 알려진다.[57]

　(1) 참모본부 편 《明治三十七八年日露戰史》(전 10권, 附圖 10권, 1912~1914)

　(2) 육군성 편 《明治三十七八年戰役 陸軍政史》(전 10권, 1911)

　(3) 육군성 편 《(軍事機密)明治三十七八年戰役統計》(전 6권, 1911)

일본 육군의 참모본부는 전시 군령 통수 최고 기관이다. (1)은 이 기관이 그 본무수행의 성과를 밝히는 취지에서 편찬한 것이다. 한편, 육군성은 군령체계 외 군정軍政의 중심 부처로서 전시에 이루어

---

57) 大江志乃夫 著, 《明治三十七八年 陸軍政史》 해설, 湘南堂書店, 1983년, 7쪽.

진 군정 전반을 정리하여 (2)를 편찬하고, 통계에 관한 것은 별도로
모아 (3)을 간행하였다. 계엄령 발동과 적용에 관한 사실은 (2)《명치
삼십칠팔년전역 육군정사明治三十七八年戰役 陸軍政史》(이하《육군정사》)
에 유일하게 실려 있다. 위 예시에서 보듯이 이 책은 전 10권으로 육
군성이 1911년 8월에 간행하였다.

육군대신 백작 데라우치 마사타케寺內正毅가 서문을 쓰고 그 외에
는 누구도 글을 붙이지 않았다. 1911년 8월 당시 조선 총독인 데라우
치 마사타케는 일본 정부의 육군대신을 겸하고 있었다. 그는 1902년
부터 1916년 6월 총리대신이 되기 전까지 일본 정부의 육군대신이었
다. 조선총독부 관제는 총독부는 천황에게 '직예直隷'하고 총독은 육
군대신 또는 해군대신이 겸하게 하는 것으로 규정하였다. 데라우치
마사타케는 러일전쟁 중에 육군대신으로 일본 육군의 군정을 주관
한 주체로서 전후에 예하 각 부대 및 부서로부터 자료를 제출받아 편
찬에 착수하여 1911년 자신이 육군대신으로 조선총독을 겸하고 있을
때《육군정사》를 출간하였던 것이다.

일본제국은 1882년(명치 15) 태정관太政官 포고 제36호로 〈계엄령〉
을 정하였다. 이에 따르면 계엄령은 "전시 혹은 사변에 제하여 병비
兵備로서 전국 혹은 한 지방을 경계하는 법"이라고 하고(제1조), 계엄
은 임전지경臨戰地境과 합위지경合圍地境(포위지역) 두 가지로 나누었
다(제2조). 이에 따르면 계엄 선고는 천황의 대권이므로, 러일전쟁의
경우 메이지 천황의 〈노국露國에 대한 개전開戰의 선고宣告〉로 전시 상
황이 되어 그 자체로서 계엄령 선포의 조건이 갖추어지는 것으로 해
석되었다.《육군정사》는 제1권 부록 제2 〈계엄령실행에 관한 대방
침〉에서 계엄령은 천황의 정식 선고 외에 조칙을 기다릴 경황이 없
어 임시 조칙을 내릴 필요가 있을 때 이를 행할 수 있는 직책으로 군
단장, 사단장, 여단장, 진태영소鎭台營所, 요새 사령관, 경비대 사령
관, 분견대장, 함대사령장관, 함대사령관, 진수부鎭守部 장관 및 특명

사령관 등을 들었다. 전시에 임한 각종 지휘관에게 지역 계엄령 선
포의 권한이 있다는 뜻이다. 《육군정사》 제1권의 '총설'은 이 〈대방
침〉이 나오게 된 내력을 다음과 같이 설명하였다.

　　총설은 이 전쟁의 준비 사항을 인원 보충, 마필 보충, 병기, 철도,
　　전신, 우편, 보임補任, 은급恩給, 특별사금特別賜金, 행상行賞, 정기서
　　훈, 서위敍位, 경리, 피복, 양말糧秣(식량과 사료), 건축, 위생, 마필
　　위생, 법무, 황실의 인자仁慈, 국민의 후원, 외(국)인의 동정同情 등
　　에 대해 개략적으로 설명하였다. 이 가운데 법무 부분에서 계엄령을
　　설명하였다. 이에 관한 사항은 매우 중요하고 복잡다단하지만 그 규
　　정은 비교적 간단하여 현행령은 실제 계엄을 선포하는 데 지장이 없
　　지 않으나, 전쟁을 시작하기 전에 당국자의 배려로 각급 계엄 사령
　　관에 대한 조정이 이루어졌다. 또 지방행정, 사법사무에 관한 것도
　　문제가 없지 않았지만, 해석상에서 대략 해결을 볼 수 있었다고 하
　　였다. 다만 사령관의 권한 가운데 인권에 관한 사항의 경우, 전시에
　　도 헌법상의 신민臣民의 권리로 존중되어야 한다는 학설이 있지만 시
　　국 상황에 비추어 계엄선포의 목적과 취지 달성을 우선하여 계엄 사
　　령관이 "임기응변 책임으로써 적당한 조치를 취할 수 있는"것을 우
　　선한 내용을 적었다. 요컨대 "이런 주의에 따라 계엄령을 실행하기
　　로 결정하고" 개전 시기가 다가오면서 내무성, 사법성, 외무성, 해군
　　성 등과 교섭하여 부록 제2의 〈대방침〉을 결정하게 되었다고 하였다
　　(24~25쪽).

　　이에 따르면 러일전쟁 때 일본군은 개전과 동시에 전투가 벌어진
지역에서 지역별 지휘관의 책임 아래 계엄령이 바로 실행되었던 것
이다. 〈대방침〉은 그 후 러시아 해군 함대가 올 수 있는 지역으로 나
가사키長崎, 하코다테函館, 타이완 등지에도 계엄령을 선포한 것을 밝
혔다. 이로 보면 계엄령은 러시아군과 교전 가능성이 있는 모든 곳
에 발령되었던 것이다. 〈대방침〉은 아래와 같은 주제에 따라 국제법

과 현실적 해석을 각각 제시해 놓고 있다. 그 내용을 보더라도 개전
과 동시에 계엄령이 실행되었던 것은 명백하다.

一. 시기가 절박하여 조칙이 내리기를 기다릴 겨를이 없을 때 임시 계엄
  을 선포하는 것은 어떤 관직의 직권인가?
二. 계엄지역 안에서 사령관이 관장해야 하는 지방행정 여하
三. 계엄지역 안에서 사령관이 관장해야 하는 사법사항 여하
四. 인권의 보장에 미치는 계엄령 시행의 영향 여하
五. 계엄선고 준비의 건
 (1) 계엄지역 사항
 (2) 계엄사령관 사항
 (3) 지방행정 및 사법사무 사항
 (4) 헌병 사항
 (5) 군법회의 사항
 (6) 이사理事 녹사錄事 사항
 (7) 인권문제에 관한 사항
 (8) 외국인에 관한 사항
 (9) 계엄사령관의 예속 계통 사항

3) 한반도에 시행된 계엄령 실태
(1) 전시 요새 사령관의 계엄령 반포 권한

《육군정사》제8권 부록 제1에 다음과 같은 군율, 군령, 행정규칙
등의 사례가 실려 있다.

 (1) 뤼순요새 군율旅順要塞軍律(1905. 4. 15 발령)
 (2) 뤼순요새지대旅順要塞地帶의 취체取締에 관한 군령(1905. 7. 15 발령)

　(3) 뤼순요새 군령위범심판수속(1905. 7.15 발령)

　(4) 요동수비군 군율遼東守備軍軍律(1904. 12. 1 발령)

　(5) 요동수비군 행정규칙(1905. 1. 1 시행)

　(6) 요동수비군 군율(1905년 6월 21일 발령)

　(7) 한국주차군韓國駐箚軍 군율(1905년 7월 3일 발령)

　(8) 한국주차군 군율 위범심판규정(1905. 7. 3 발령)

　(9) 진해만요새 군율(1905년 8월 1일 발령 즉일 시행)

　(10) 진해만요새 행정규칙(1905년 8월 13일 발 즉일 시행)

　(11) 영흥만요새 군율(1905년 7월 13일 발령)

　(12) 대련만요새 방어영조물 구역 취체 규칙(1905년 9월 25일 발령)

　(13) 한국주차군 군령 및 동 위범심판규정안(1906년 5월 28일 승인)

　위 예시의 발령 또는 시행의 시점은 1905년 7월을 기준으로 이전과 이후로 나뉜다. 전쟁은 1905년 5월 말에 러시아의 제2태평양 함대(발틱 함대)가 동해에서 패함으로써 사실상 종료되었다. 일본군의 계엄령은 전시에는 전투 지역의 각급 사령관에 의해 내부적으로 발동되어 성문成文으로 제시되지 않거나 자료로 싣지 않은 것으로 보인다. 위에 적시된 것은 전투 또는 전쟁이 끝난 지역에서 성문화가 필요한 사례로 간주된다.

　위 사례 가운데 1905년 5월 말 이전 곧 전쟁이 끝나기 전의 것은 (1)과 (4), (5) 셋이다. (1)은 "뤼순 요새 관할 지역 안에서 일본제국 신민 이외의 자에 적용"하기 위해, (4)는 "요동수비군 관할지역 안에 거주하는 인민 가운데 일본제국 신민이 아닌 자에게 적용"하는 것이었다(각 제1조). 어느 쪽이나 러시아군과의 교전 끝에 일본군이 점령한 지역에 대한 계엄령 실행을 위해 세운 군율이다. 이 군율에서는 전투 시설의 훼손 행위에 대한 처벌을 앞세우고 있다. 이에 반해 1905년 5월 말 이후에 발령된 것들은 점령지역에서의 보안과 치안 유지를 위한 것들이 태반이다. (5)는 같은 점령지역에 관한 것이지만 군정 실시의 행정 규칙으로 보안·치안 유지와는 다르다.

(7)~(11)과 (13)은 모두 한반도 지역에 실행된 것들로서 1905년 5월 말 이후에 발령되었다. (7)의 '한국주차군 군율'이 1905년 7월 3일에 발령되어 가장 빠르다. 이 군령의 제1조는 "한국에서 (일본)제국의 군사행동에 저해를 가하는 것을 방지하기 위해" 다음과 같은 규정을 둔다고 하였다. 한반도는 일본, 러시아군 사이에 교전이 이루어진 곳은 아니다. 그러나 제1군의 한국주차대 또는 한국주차군 소속의 부대 가운데 일부가 압록강 연안을 따라 배치되고 또 함경도 일대에도 러시아군의 남하에 대비해 병력이 파송되었다. 적어도 이 부대들은 실제 발동 여부와 관계없이 전시 계엄령을 내부적으로 가지고 있었다.

《육군정사》제8권의 제18장 '잡건'(편년기록) 가운데 1905년 6월 26일자로 '요새 군율 발령에 관한 질의'에 다음과 같은 내용이 실려 있다.

> 지금[目下] 한국 주차군 사령관의 명령 아래[슈下]에 있는 요새지역 안에 군율을 명령하는 것은 당연히 요새 사령관의 권능인지 아니면 (주차군) 군 사령관의 권능에 속하여 그 위임 없이는 요새 사령관은 발령할 수 없는 지, 같은 군(한국주차군)의 이사理事로부터 질의가 있었다. 요새 사령관은 특별히 위임을 받은 것 없이 요새지역 안에 필요한 군율을 포고하는 것은 할 수 있어도 각 요새를 통하여 일반에 시행하는 것은 주차 사령관이 정하는 것이라는 내용을 법무국장이 회시回示하였다(법발法發 제118호, 173쪽).

전쟁이 시작되어 군이 작전 상황에 돌입하는 상황에서는 지휘체계의 명령이 곧 군율로서 계엄령이나 마찬가지이다. '일반'(일반민)과의 관계가 생길 때는 별도의 계엄령 차원의 명령 또는 규정이 필요하였다. '잡건'은 6월 27일자로 위의 질의와 회시가 벌어진 배경에 대해 다음과 같이 좀 더 구체적인 내용을 싣고 있다.

전시 지휘관의 지휘 아래에 있는 요새 사령관은 위수 근무와 함께 계엄령에 근거하여 행정 및 사법사무 시행에 관해서는 해당 지휘관의 구처(처분)를 받는 것으로 하고, **한국 내[在韓國] 요새는 사실 계엄의 선고가 있는 것과 같으므로** 군율 발령의 권능은 해당 지휘관에 전속하고 군사령관이 관장해야만 하는 것은 아니라는 설이 있다. 현재 한국에는 군사령관, 요새 사령관 이외에 해당 지휘권이 실재하지 않음으로써[내지 계엄령의 특명사령관과 같은 것이 없다는 뜻 – 필자] 다시 훈시를 청하는 뜻으로 한국주차군 이사로부터 전보가 있었다.

여기서 주목되는 것은 러일전쟁 동안 한국 안의 일본군 요새는 "사실 계엄의 선고가 있는 것과 같다"고 한 점이다. 압록강, 두만강 연안을 낀 평안도, 함경도 지역에 설치된 요새들에 실제로 계엄령이 선포되었다는 뜻이다. 이 요새 지역에서 일반 한국인에 대한 계엄령의 적용에서 경성(서울)에 있는 주차군 사령관의 지시를 받아야 하는 문제가 검토된 것이다. 이 권한은 전적으로 요새 사령관에게 있다는 설이 있지만 한국주차군 이사가 육군성에 이를 확인해 달라는 전보 요청이 있었다는 것이다. 아래는 이에 대한 육군성 법무국장의 답변이다.

원래 내지에서는 전시 지휘관을 계엄사령관으로 정할 때 이를 계엄령에서 말하는 특명사령관으로 하여 그 지방의 행정 사법을 관상함과 동시에 육해군 회의도 역시 전시 지휘관을 공동의 장관으로 하니 이 취지대로 개전 전에 이미 해군과(도) 이렇게 하는 것으로 협정하였다. (그래서) 뤼순, 진해만도 역시 전적으로 내지의 '계엄지경' 안에서와 같은 상태로 전시 지휘관은 계엄 사령관과 동일한 권한을 장악하였다.

즉, 내지의 계엄령(1882년 태정관 포고)이 계엄사령관을 특명사령관으로 하여 해당지역의 행정 사법의 권한을 다 부여하는 것에 준하여 개전 준비 단계에서 해군과의 협의에서도 전시 지휘관(요새 사령 관-필자)에게 같은 권한을 부여하기로 합의하여 뤼순, 진해만에서 해군은 그렇게 실행하였다는 뜻이다. 이하, 뤼순에서도 육군, 해군 의 사령관이 군법회의 공동 장관제도를 추구했지만 현실적으로는 개 별적인 권한 행사가 업무 수행상 편의가 많으므로 특별한 변개를 취 하지 않은 것으로 대본영 막료 측도 동의한다고 법무국장이 훈전訓電 하였다고 밝혔다(법발法發 제128호). 즉, 내지 계엄령에서 말하는 계 엄사령관(특명사령관)은 행정, 사법을 관장하는 것으로 규정되어 있 지만, 요새 사령관 등 전시 지휘관은 현실적으로 작전 지역에서 그 때그때 필요한 군령을 반포할 수밖에 없다고 하였다(173~174쪽).

(2) 전쟁 종료에 따른 계엄령 보존 조치

위에 예시한 한국주차군 및 진해만 요새, 영흥만 요새 등지의 군 율과 군령, 행정규칙 등은 1905년 7월 3일부터 1906년 5월 28일 사이 에 발령되거나 승인된 것들이다. 이것들은 시간적으로 '전시'가 끝나 고 '평시'로 바뀌는 상황에 대비하여 취해진 것들이다. 앞에서 살폈 듯이 계엄령은 러시아와의 전쟁이란 '전시' 상황에 즉하여 발동된 것 이다. 그 상황이 끝나고 '평시'가 되면 계엄령은 철회되어야 마땅하 다. 그러나 일본군은 러시아군이 항복한 뒤에도 한반도에 계속 주둔 하였다. 7월 이후의 군율, 군령, 행정 규칙 등은 곧 그 주둔군이 계속 계엄령을 유지하였다는 것을 의미한다. 전시의 군령, 군율은 전쟁 중에 사용하던 군사 시설, 사망 시체, 의복, 시간 통제 등에 관한 것 들이 대부분이던 반면, 이후 평시의 것들은 해당 지역 안에서 발생 한 간첩 행위, 교통 시설 파괴행위, 군량 군수 훼손 행위, 반항 행위 등을 적발하여 심판 처벌하는 것에 관한 것들이 다수를 차지한다.

표 1은 1905년 7월 3일 발령의 〈한국주차군 군율〉(A)과 1906년 5월

28일 시행의 〈한국주차군 군령〉(B)의 내용을 비교해 본 것이다[부록 1, 2 참조]. 전자(A)는 조문의 순서대로, 후자(B)는 전자와 내용이 같은 것들을 조항 순서에 관계없이 재배치한 것이다. A 가운데 1, 3, 6, 7, 8, 9, 11, 12 등은 (1) (4) (5)와 같은 전시 군율에서는 보지 못하던 것들이다. 일본 내지용으로 1882년에 반포된 〈계엄령〉에서는 제11조에서 황실에 대한 죄, 국사에 대한 죄, 정밀靜謐을 해치는 죄, 신용을 해하는 죄, 관리 독직의 죄, 모살 고살故殺의 죄, 강도 방화 결수決水 등의 죄가 다루어지고, 제14조에 집회 또는 신문 · 잡지 광고 등이 시세를 방해하는 것을 다스리고, 군수에 이바지 할 수 있는 민간 소유의 모든 물품 조사를 방해하거나 못 가져가게 하는 것, 총포, 탄약, 병기, 화구, 기타 위험물품의 소유자가 있을 때 이를 검사 압수하는 것, 우편, 전보 개함開緘, 출입 선박 및 제 물품을 검사하고 육해통로를 정지하는 것 등을 규정하였다. 이런 종류의 규정들은 군인들이 아니라 일반 한국인들을 다스리기 위한 것이 명백하다. 1905년 7월 3일의 한국주차군 군율의 목적은 이로써 저절로 드러난다.

그런데 1906년 5월 28일에 제정된 군령에서는 표 1에서 보듯이 1, 3, 6, 8 등 치안 관련 주요 사항들이 빠진다. 이 군령이 제정된 시점은 1905년 11월 17~18일에 '보호조약'을 강제하여 1906년 2월 초 통감부가 들어선 뒤이다. 통감부가 치안 유지를 감당할 수 있는 것을 한국주차군 군령에서 제외시킨 것으로 보인다. 그러나 한국인의 저항이 부단히 계속되는 속에 1907년 6월에 헤이그 특사 파견 사건이 일어난 다음, 7월 20일쯤 통감부가 한국 황제를 강제 퇴위시키고 통감이 한국의 내정을 통섭하기 위해 '한일협약'(정미조약, 7월 24일)을 강제한 뒤, 통감부는 바로 그 다음 날 '신문지법'과 '보안법', '총기단속법'을 제정하였다[부록 2 참조]. 이를 참작하면 위 표 1에서 확인되는 가감은 곧 한국주차군과 통감부가 치안 유지 문제에서 서로 역할 분담을 조정하는 과정이었다고 볼 수 있다. 결론적으로 러일전쟁 후,

일본의 한국 지배는 계엄령 상황을 그대로 유지하고 있었던 것이다.

일본정부는 일본군이 한반도에 진주한 상태에서 계엄령을 선포하는 방침을 세웠다.[58] 일본군은 1904년 2월 6일 전쟁을 일으키면서 한반도에 제일 먼저 진출하여 서울에 1개 사단을 상주시켰다. 타국에서 계엄령을 선포하는 것은 국제적으로 문제가 될 수 있으므로 이를 공표하지는 않았지만, 일본군 내부에는 계엄령을 발동한 상태에서 서울의 많은 시설을 일본군이 장악하여 사용하면서 의도한 여러 조치를 하나씩 착수하였다. 한국인 가운데 러시아와 통모하는 자들이 군기를 누설할 수 있다는 이유로 전보사電報司와 우체사郵遞司를 빼앗았다. 전쟁이 끝나면 돌려준다고 하였지만 이후 계속 점거하고 돌려주지 않았다.[59] 통신시설은 전시나 평시나 국가 운용에서 가장 중요한 시설이다.

전쟁 중인 11월에 하야시 공사와 하세가와 사령관은 한국의 경찰력은 치안 유지는 커녕 오히려 방해가 되므로 지금부터 전국의 경위권警衛權을 일본군이 담당한다는 문건을 만들어 한국정부와 각국 공사에게 알렸다. 이후 한국인과 외국인 모두 일본 군사경찰의 명을 따라야 한다면서 19개조를 반포하였는데, 어기는 자에게는 일본 사령관이 직접 형사 처분을 한다고 하였다. 원래 계획한 계엄령을 실제로 선포한 것이다. 그 가운데 제4조는 무리를 지어[結黨] 일본이나 일본군에 항적抗敵하는 자, 제15조는 결집회사結集會社하거나 신문 잡지 광고, 또는 다른 수단으로써 치안질서를 문란하게 하는 자, 제17조는 군사령관의 명령을 위반하는 자를 처벌한다고 하였다.[60]

---

58) 稲葉千晴, 〈日本による韓国占領1904年2月〉, 을사조약110주년기념국제학술회의 : 1905년 '보호조약', 그 세계사적 조명, 2016. 11. 20.

59) 《매천야록》 권4, 국사편찬위원회 한국사료총서 제1, 301쪽.

60) 《매천야록》 권4, 325쪽.

표 1. 〈한국주차군 군율〉과 〈한국주차군 군령〉의 내용 비교

	A. 한국주차군 군율 (1905년 7월 3일)	B. 한국주차군 군령 (1906년 5월 28일)
1	간첩 행위 또는 이를 유도하고 돕거나 은닉한 자	
2	군대, 함선정艦船艇의 동정, 배비配備, 교통 선로, 병기, 탄약, 식량, 피복 등 군수품의 저장, 집적, 위치 기타 군기 군정 누설	(2) 보루, 포대 기타 제반 방어영조물 측량, 모사, 촬영 또는 녹취錄取하는 자 (3) 허가없이 보루, 포대 기타 제반 방어영조물, 금지 장소에 들어가는 자 (4) 요새, 병기 탄약 제조장 또는 저장소 등의 금지 제한을 위범하는 자
3	포로를 도망시키거나 빼앗아간 자	
4	군대, 함선정, 관청 또는 관원에 반항을 기도하거나 위해를 가한 자	(7) 보초, 순찰, 정찰, 전령 등의 군무이행자에 폭행과 위해를 가하는 자
5	군용 전신, 전화, 전등, 철도, 차량, 선박, 도로, 교량, 가옥, 창고 기타 영조물營造物을 훼손, 소각, 훔친 자	(5) 군용 공창, 선박, 군수품의 저장장, 집적集積의 병기, 탄약, 군량, 진영구陣營具, 피복 등을 훼괴毁壞, 소훼燒燬하는 자
6	독극물 투입, 기타의 수단으로 하수, 정천井泉, 수도 등의 음용수를 유해하게 만든 자	
7	군사 비밀도서, 병기, 탄약, 군량과 마초馬草, 피복, 기타 군수품 또는 군사우편물을 훼손, 소각, 훔친 자	(1) 군사상 비밀 도서, 병기 탄약의 제법製法, 기타 군사 기밀을 탐지, 수집하거나 이를 누설하는 자
8	언어, 문장, 도서 등으로 우리 군에 불이익인 보도 전설을 유포한 자	
9	군사상 통신, 교통 또는 수송을 방해한 자	(6) 군사 전용의 통신 교통 또는 운수를 방해하는 자
10	군 징발에 불응하거나 이를 방해한 자	

11	이상 기재 외에 군의 행동을 방해하거나 군사경찰 및 군정에 관한 영달(令達)에 위반한 자	(10) 이상 각호 기재 외 군사상 위해를 가하는 자, 군헌(軍憲)이 발하는 영달에 위배하는 자
12	본 군율 위반자를 은닉하고 빼앗아 가거나 도망시킨 자, 그 범행 증거의 인멸을 도모한 자 및 불신고자	(9) 본령 위범자를 은닉하거나 빼앗아 도망하게 하는 자 및 범행 증거 인멸 도모자
13		(8) 제국 군헌이 건설하는 제종(諸種)의 표석, 표목(標木), 표찰류를 이전하고 또는 훼괴하는 자

[부록 1] 일본 육군성 시행 한국주차군 군율·군령

1. 한국주차군 군율(1905년 7월 3일 발령)

제1조: 한국에서 제국의 군사행동에 저해를 가하는 자를 방지하기 위해 다음의 규정을 둔다.

제2조: 본군 군율을 위반한 자에게 부과할 벌목罰目은 다음과 같다.

① 사형 ② 감금 ③ 추방 ④ 태형 ⑤ 과료

전항 제2호의 벌목罰目은 적절하게 병과併科할 수 있다.

제3조: 감금은 일정한 장소에 유치하여 신체의 자유를 구속한다. 다만 시의에 맞게 할 수 있다. 추방은 일정 기간 동안 일정 지역으로부터 내쫓는 것으로 한다.

제4조: 다음에 해당하는 행위가 있을 때는 사형에 처한다.

① 적을 위해 간첩행위를 한 자 또는 이를 유도하고 돕거나 은닉한 자

② 함선정艦船艇의 동정, 배비配備, 교통의 선로, 병기, 탄약, 식량, 피복 등 군수품의 저장, 집적, 위치, 기타 군기 군정을 누설 또는 적

에게 알게 하거나 혹은 적병을 유도하고 또는 군대, 함선정을 위해
사기의 시도示導를 하는 등 모든 적의 행동을 방조하거나 또는 편의
를 제공한 자

③ 포로를 도망시키거나 또는 빼앗아간 자

④ 우리 군대, 함선정, 관청 또는 이들 소속의 관원에 반항을 기
도하거나 혹은 위해를 가한 자

⑤ 군용 전신, 전화, 전등, 철도, 차량, 선박, 도로, 교량, 가옥,
창고, 기타 영조물營造物 또는 이것들에 필요한 재료를 훼손 또
는 소각하거나
훔친 자

⑥ 독극물을 투입하거나 또는 기타의 수단으로 하수, 정천井泉, 수
도 등의 음용수를 유해하게 만든 자

⑦ 군사상 비밀인 도서, 병기, 탄약, 군량과 마초馬草, 피복, 기타
군수품 또는 군사우편물을 훼손 또는 소각하거나 훔친 자

⑧ 언어, 문장 또는 도서 등으로 우리 군에 불이익인 보도 전설을
유포한 자

⑨ 군사상 통신, 교통 또는 수송을 방해한 자

⑩ 우리 군의 징발에 응하지 않거나 또는 이를 방해한 자

⑪ 이상의 각 호에 기재된 것 외에 우리 군의 행동을 방해하거나
또는 군사경찰 및 군정에 관한 영달令達을 위반한 자

⑫ 본 군율의 위반자를 은닉하고 빼앗아 가거나 또는 도망시킨 자,
그 범행의 증거 인멸을 도모한 자 및 그 사정을 알고도 고하지 않
은 자

제5조: 앞 조항에서 든 것 외에 우리 군에 유해한 행위를 한 자는
제국의 법규 또는 한국의 법령 관습에 준거하여 처분한다.

제6조: 앞 조항들의 범행은 정범, 종범, 교사, 기수, 미수, 예비, 음
모에 관계없이 처벌한다. 다만 정황 또는 시세 형편의 필요에

따라 본 벌을 과하거나 혹은 감등 처분한다. 전 항에 따라 감등
할 수 있는 자는 감금, 추방, 태형 또는 과료에 처한다.

제7조: 앞 조항들에 규정한 것 말고도 사단장, 병참감 및 요새사령
관은 필요에 따라 각기 소관지구 내에서 시행할 군율을 발할
수 있다.

부칙: 종래의 벌령罰令 가운데 본 율에 중복 또는 저촉하는 조항은
폐지한다.

2. 한국주차군 군령(1906년 5월 28일)

ⓐ 1906년 5월 28일
한국주차군 군령 및 동위범심판규정안 승인
만밀발滿密發 제200호
(갑호甲號)

대한국 황실의 강녕을 도모하고 대한국 국토의 방위에 임하는
한국주차군은 군대 군아軍衙 및 요새의 안고安固를 확보하고
군사의 기밀을 방호防護하기 위해 종전의 군율을 폐하고 다시
대한국정부의 승인을 거쳐 해당 국인國人에 적용할 좌의 군령을
발포한다.

연 월 일 군사령관

한국주차군 군령

제1조: 아래에 게재하는 것은 제국 및 한국의 법규에 의조依照하고
소범所犯의 성질 및 그 경중에 따라 본령이 정하는 바의 벌목을
과한다.

一. 군사상 비밀을 요하는 도서, 병기 탄약의 제법製法, 기타 군사에
관한 기밀을 탐지 수집하고 또는 이를 누설하는 자

二. 보루, 포대, 기타 제반의 방어영조물을 측량, 모사, 촬영하고 또는 그 상황을 녹취錄取하는 자

三. 허가를 얻거나 또는 사위詐僞의 수단으로 거가를 얻고 보루, 포대, 기타 제반의 방어영조물 또는 특히 금지의 장소에 들어가는 자

四. 요새, 병기 탄약의 제조장 또는 저장소 등을 위해 특별히 정해진 금지 제한을 위범하는 자

五. 군용의 공창工廠, 선박, 군수품의 저장장, 집적集積의 병기, 탄약, 군량, 진영구陣營具, 피복 등을 훼괴毀壞 또는 소훼燒燬하는 자

六. 군사 전용의 통신 교통 또는 운수를 방해하는 자

七. 보초, 순찰, 정찰, 전령 등 군무를 행하는 자에 대해 폭행위해를 가하는 자

八. 제국 군헌軍憲이 건설하는 제종諸種의 표석, 표목標木, 표찰류를 이전하거나 또는 훼괴하는 자

九. 본령의 위범자를 은닉하고 겁탈하고 또는 도망케하는 자 및 범증犯證 인멸을 도모하는 자

十. 이상 각호에 기재한 자 외 군사상에 위해를 가하는 자 및 필요에 기하여 군헌軍憲이 발하는 영달令達을 위배하는 자

제2조: 사람을 교사하여 본령을 범하게 하는 자 및 본령을 범하는 자를 방조하는 자 모두 본령에 의하여 처벌한다.

제3조: 본령에 의해 처벌되어야 하는 자에 과하는 벌목은 다음과 같다.

一.감금 二.추방 三.태쑘 四.과료科料

제4조: 감금은 1일 이하로 하고 옥내에 구금하고 시의에 따라 고역苦役에 취就하게 한다.

제5조: 추방은 일정한 지역 외로 방축하고 일정 기간 다시 그 지역 내에 들어오는 것을 금한다.

제6조: 태는 10 이상으로 하고 소형조少荊條로 둔부臀部를 때린다.

제7조: 과료는 50전 이상으로 하고 일정한 기간 내에 완납하게
한다. 기간내에 완납하지 못할 때는 이를 감금 또는 태로
바꾼다. 감금으로 바꿀 때는 50전을 감금 1일로, 태로 바꿀
때는 50전을 태 10으로 절산折算한다.

제8조: 벌목의 집행은 시의에 의해 한국 관헌으로 하여금 실시케
한다.

제9조: 벌목은 병과併科할 수 있다.

제10조: 2개 이상의 범행에 대한 것은 각개에 벌목을 과하거나 또는
무거운 쪽을 따라서 처단한다.

제11조: 아래에 기재한 물건은 이를 몰수한다.

 一. 본령을 범하는 데 사용한 물건으로 범인의 소유에 계係한 것

 二. 본령을 범하여 얻은 물건으로서 소유주가 불명한 것

제12조: 본령을 범하여 얻은 물건으로서 이미 소비한 때는 시의에
따라 그 액을 추징한다.

제13조: 개전의 정이 현저한 자, 정상情狀 원량原諒할만한 자에 대한
것은 이미 벌목의 집행에 착수했는가 아닌가를 물어서 이를
감면할 수 있다.

부칙:

一. 본령은 메이지 39년(1906) 4월 1일부터 시행한다.

二. 제국신민으로서 본령에 저촉한 자 있을 때는 제국의 법령에 의해
처벌해야만 할때에 한해 본령을 적용한다. 단 해군 소속의 자는
이에 한하지 않는다.

 한국과 체맹締盟(관계) 있는 외국인에게는 본령을 적용하지
않는다.

 三. 본령은 제국 해군 관헌이 발하는 병령의 효력을 방해하지 않는
것으로 한다.

四. 메이지 38년 7월 한주참韓駐參 제313호 한국주차군 군율은 본령 시행의 날부터 이를 폐지한다.

ⓑ 군령위범軍令違犯 심판 규정

제1조: 군령위범사건을 심판하기 위해 군 및 사단에 심판위원회를 두고, 그 관할은 군 및 사단의 임시 육군군법회의의 관할과 같다.

제2조: 심판위원회는 위원장 1명, 이사 1명, 녹사錄事 또는 하사下士 1명으로 구성한다. 위원장, 위원은 장교로 충한다.

제3조: 위원장, 위원, 이사, 녹사 및 하사는 군에 있어서는 군사령관, 사단에 있어서는 사단장이 그 부하 가운데에서 이를 명한다.

제4조: 심판에는 한국 관리 1명으로 하여금 열석列席, 방청하게 한다. 이를 위해 심판위원회는 심판 개정開廷의 일시를 미리 한국 상당 관헌에게 통고한다. 단 열석의 유무에 따라 이 일시를 변경할 수 없다.

제5조: 군령 위법사건이 중요하므로 그 증적이 명료한 때는 서면 심리만으로써 판결할 수 있다.

제6조: 군령위범사건을 구신함에 당하여 필요하다고 인정되면 범인을 송치해야 한다.

제7조: 벌목(죄목)의 집행은 위수감옥장衛戍監獄長 또는 군령위범사건을 구신한 제관으로 하여금 편의대로 하게 한다.

세8조: 본 규정에 정하는 것 외에 군령위범사건의 검거 및 심판에 관한 수속은 사정이 한하는 한 육군치죄법 및 육군치죄법 집행규칙의 규정에 준거한다.

부칙:

一. 이 규정은 메이지 39년(1906) 4월 1일부터 시행한다.

二. 메이지 38년 7월 한주일명韓駐日命 제27호 군율위범심판규정은 본 규정시행의 날부터 이를 폐지한다.

(을호乙號)

군령 제1조 「제국 및 한국의 법규에 의조依照하여」를 삭제하고 제14조로 하여 좌의 1조를 둔다.

본령 제1조의 처벌에 관하여는 앞 제조諸條에 정한 것 외에 제국 또는 한국의 법령을 참작 적용한다.

(이유)

「의조依照」의 말뜻이 명확하지 않고 군령에 의함과 동시에 제국과 나란히 한국의 법령에 의하여야만 하는 것으로 해석되어 본조 규정이 정확하지 않으므로, 심판 규정안의 예에 비추어 본안의 말단에 특별히 동양同樣의 1조를 설해야 하는 까닭[所以]이다.

동同 위범심판규정 제7조 가운데 「위수감옥장衛戍監獄長」을 「육군사옥관陸軍司獄官」으로 바꾼다.

(이유)

한국에서는 아직 육군 감옥이 설치되지 않았고, 또 설사 이를 설치하더라도 이를 위수감옥으로 일컬을지 여부는 미정이다.

[부록 2] 통감부가 대한제국 정부 이름으로 공포한 치안 관련 법률 3건

1. 법률 제1호 신문지법新聞紙法(1907년 7월 25일)

제1조: 신문지를 발행하고자 하는 자는 발행지發行地를 관할하는 관찰사[경성에서는 경무사警務使]를 경유하여 내부대신內部大臣에게 청원하여 허가를 받아야 한다.

제2조: 앞 조항의 청원서에는 아래[左開] 사항을 기재하여야 한다.

    1. 제호題號

    2. 기사의 종류

    3. 발행의 시기

    4. 발행소 및 인쇄소

    5. 발행인 · 편집인 및 인쇄인의 성명 · 거주 · 연령

제3조: 발행인·편집인 및 인쇄인은 연령 20세 이상의 남자로 국내
에 거주하는 자에 한한다.

제4조: 발행인은 금 300원圓을 청원서에 첨부하여 내부에 납부하여
야 한다. 보증금은 확실한 은행의 임치금任置金 증서로써 대납할
수 있다.

제5조: 학술·기예技藝 혹은 물가 보고에 관한 사항만을 기재하는 신
문지는 보증금을 납부할 필요가 없다.

제6조: 제2조의 제1호, 제2호, 제5호의 사항을 변경하고자 할 경우
에는 미리 먼저 청원하여 허가를 받아야 하되, 기타 각호의 사
항을 변경하고자 할 경우에는 1주일 이내에 신고하여야 한다.
발행인·편집인 혹은 인쇄인이 사망하거나 제3조의 요건을 상
실할 경우에는 1주일 이내에 후계자를 정하여 청원하여 허가를
받아야 하되, 그 허가를 받을 때까지는 담임자擔任者를 가정假定
하여 신고한 후에 발행을 계속할 수 있다.

제7조: 발행을 정지하는 경우에는 기한을 정하여 신고하여야 하며,
발행정지기간은 1년을 넘을 수 없다.

제8조: 앞 2개 조의 청원 및 신고는 제1조의 절차에 따라야 한다.

제9조: 발행 허가일 또는 신고에 따른 발행 정지의 최종일로부터
2개월이 넘도록 발행하지 않을 경우에는 발행 허가의 효력을 상
실한다. 신고 없이 발행을 정지하여 2주일을 초과할 경우에도
동일하다.

제10조: 신문지는 매회 발행에 앞서 먼저 내부와 그 관할 관청에 각
2부를 납부하여야 한다.

제11조: 황실의 존엄을 모독하거나 국헌國憲을 문란하게 하거나 국제
교의國際交誼를 저해하는 사항을 기재할 수 없다.

제12조: 기밀에 관한 관청의 문서 및 의사議事는 당해 관청의 허가를
얻지 아니하면 상략詳略에 상관없이 기재할 수 없다. 특수한 사

항에 관하여 당해 관청에서 기재를 금지한 때에도 동일하다.

제13조: 범죄[罪犯]를 왜곡해서 비호하거나, 형사피고인 혹은 범죄인을 구호하거나, 상휼賞恤을 위하는 사항은 기재할 수 없다.

제14조: 공판에 넘기기 이전에 공개하지 아니한 재판사건은 기재할 수 없다.

제15조: 남을 비방[誹毁]하기 위하여 허위 사항을 기재할 수 없다.

제16조: 어떤 사항의 기재 여부나 정정 또는 삭제[緻濟] 여부를 조건으로 보수를 약속하거나 수령할 수 없다.

제17조: 신문지는 매호에 제호, 발행 시기와 발행소, 인쇄소, 발행인·편집인·인쇄인의 성명을 기재하여야 한다.

제18조: 기사에 관하여 재판을 받은 경우에는 다음 회에 발행하는 지상紙上에 선고宣告 전문全文을 기재하여야 한다.

제19조: 관보를 초록한 사항에 관해서는 관보에서 정오正誤한 경우, 다음 회에 발행하는 지상에 이를 기재하여야 한다.

제20조: 기사에 관하여 관계자가 정오正誤를 청구하거나 정오서正誤書·변박서辨駁書의 게재를 청구한 경우에는 다음 회에 발행하는 지상에 기재하여야 한다. 정오서 또는 변박서의 글자 수가 원기사의 글자 수에 2배를 초과하는 경우에는 그 초과 글자 수에 대하여 보통 광고료와 동일한 금액을 요구할 수 있다. 정오 또는 변박의 취지나 문구[辭句]가 본법으로 기재를 금한 것이거나, 요구자의 성명·거주를 명기치 않은 자의 요구는 불응할 수 있다.

제21조: 내부대신은 신문지가 안녕질서를 방해하거나 풍속을 문란[壞亂]하게 하는 것으로 인정될 경우에는 그 발매·반포를 금지하여 이를 압수하며, 혹은 발행을 정지 또는 금지할 수 있다.

제22조: 보증금은 신문지의 발행을 폐지하여 발행 허가의 효력을 상실하거나, 또는 발행을 금지한 경우에는 환부還付한다.

제23조: 기사에 관하여 재판에 회부되고 재판확정일로부터 1주일 이내에 재판비용 및 벌금을 완납하지 않는 경우에는 보증금으로 충당하고 부족한 금액은 형법 징상처분徵償處分에 따른다.

제24조: 보증금으로 재판비용 및 벌금에 충당한 경우, 발행인은 그 통지를 받은 날로부터 1주일 이내에 보증금을 보충[補塡]할 수 있다. 만약 기일 내에 보충하지 아니한 경우에는 이를 보충할 때까지 신문지의 발행을 계속할 수 없다.

제25조: 제11조를 위반한 경우에는 발행인 · 편집인 · 인쇄인을 3년 이하의 역형役刑에 처하고 그 범죄에 사용한 기계를 몰수한다.

제26조: 사회질서 또는 풍속을 문란[壞亂]하게 하는 사항을 기재한 경우에는 발행인 · 편집인을 10개월 이하의 금옥禁獄 또는 50원 이상 300원 이하의 벌금에 처한다.

제27조: 제12조, 제16조를 위반하는 경우에는 편집인을 10개월 이하의 금옥 또는 50원 이상 300원 이하의 벌금에 처한다.

제28조: 제21조에 기초하여 행한 처분을 위반한 경우에는 발행인 · 편집인 및 인쇄인을 50원 이상 300원 이하의 벌금에 처한다.

제29조: 제13조, 제14조를 위반한 경우에는 편집인을 50원 이상 200원 이하의 벌금에 처한다.

제30조: 제1조의 허가를 받지 아니하고 신문지를 발행하거나, 제23조를 위반하여 발행을 계속하거나, 또는 보증금을 납부하지 아니하고 신문지로 제5조의 사항 이외의 기사를 게재한 경우에는 발행인을 50원 이상 100원 이하의 벌금에 처한다.

제31조: 제18조, 제19조, 제20조 제1항을 위반한 경우에는 편집인을 10원 이상 100원 이하의 벌금에 처한다.

제32조: 제3조, 제6조, 제10조, 제17조를 위반한 경우에는 발행인을 10원 이상 50원 이하의 벌금에 처한다.

제33조: 제15조를 위반한 경우에는 형법 조언율造言律에 의하여 처단

하되, 피해자 또는 관계자의 고소를 기다려 그 죄를 논한다.

제34조: 신문지의 기사에 관하여 편집인을 처벌하는 경우, 해당 기사에 서명하는 자는 모두 편집인과 같이 그 책임을 지도록 한다.

제35조: 본법을 어기는 자는 자수한 죄인을 경감하여 처분하는 이죄二罪 이상 처단 예 및 수속收贖 처분의 예를 적용하지 않는다.

부칙附則:

제36조: 본법의 규정은 정기 발행하는 잡지류에도 이를 준용한다.

제37조: 본법은 반포일로부터 시행한다.

제38조: 본법 반포 전에 발행된 신문지는 본법 반포 후 2개월 이내에 본법의 규정을 따라서 상당하는 절차를 행해야 한다.

광무光武 11년 7월 25일 봉奉

칙勅 내각총리대신內閣總理大臣 훈이등勳二等   이완용李完用

　　　내부대신內部大臣　　　　　　　　　임선준任善準

2. 법률 제2호 보안법保安法(1907년 7월 25일)

제1조: 내부대신內部大臣은 안녕 질서를 유지[保持]하기 위하여 필요할 경우 결사結社의 해산을 명할 수 있다.

제2조: 경찰관은 안녕 질서를 유지하기 위하여 필요할 경우 집회 혹은 다중의 운동이나 군집群集을 제한, 금지, 해산할 수 있다.

제3조: 경찰관은 앞 2조의 경우, 필요하다고 인식될 때에는 흉기戎器, 폭발물, 기타 위험한 물건의 휴대를 금지할 수 있다.

제4조: 경찰관은 가로街路나 기타 공개된 장소에서의 문서·도화圖畵의 게시·배포·낭독이나, 또는 언어·모습[形容]·기타 행위[作爲]가 안녕 질서를 문란하게 할 우려가 있다고 인식될 때에는 그 금지를 명할 수 있다.

제5조: 내부대신은 정치에 관하여 불온한 행동[動作]을 할 우려가 있
　　　다고 인식되는 자에 대하여 그 거주 처소에서 퇴거를 명하고,
　　　또 1년 이내의 기간을 특정하여 일정한 지역 내에 허가 없이 들
　　　어가는 것[犯入]을 금지할 수 있다.

제6조: 앞 5조에 의한 명령을 위반한 자는 40 이상의 태형笞刑 또는
　　　10개월 이하의 금옥禁獄에 처한다. 제3조의 물건이 범인의 소유
　　　인 경우에는 정상情狀에 따라 몰수한다.

제7조: 정치에 관하여 불온한 말[言犯入論]과 행동[動作]을 하거나,
　　　또는 타인을 선동, 교사하고 혹은 조종하거나, 또는 타인의 행
　　　위에 간섭하여 치안을 방해한 자는 50 이상의 태형이나 10개월
　　　이하의 금옥, 또는 2년 이하의 징역에 처한다.

제8조: 본법의 공소시효는 6개월 동안으로 한다.

제9조: 본법의 범죄는 신분 여하를 불문하고 지방 재판소 또는 항시
　　　港市 재판소의 관할로 한다.

제10조: 본 법령은 반포일로부터 시행한다.

　　광무光武 11년 7월 27일 봉奉

　　칙勅　내각총리대신內閣總理大臣 훈이등勳二等　　이완용李完用
　　　　　　내부대신內部大臣　　　　　　　　　　임선준任善準
　　　　　　법부대신法部大臣　　　　　　　　　　조중응趙重應

3. 법률 제5호 총포 및 화약류 단속법(1907년 7월 25일)

제1조: 총포 및 화약류를 판매, 영업하고자 하는 자는 관찰사[한성
　　　내에서는 경시총감警視總監, 이하도 같다]의 허가를 받아야 한다.
　　　총포 · 화약류를 제조하고자 하는 자도 이와 같다.

제2조: 총포 · 화약류를 주고받거나 운반하고자 할 때에는 경찰관서
　　　의 허가를 받아야 한다.

제3조: 총포 · 화약류는 경찰관서의 인가를 받지 아니하면 이를 소유
　　　할 수 없다.

제4조: 내부대신內部大臣은 안녕 질서를 유지하기 위하여 필요하다고
　　　인식될 경우에는 기간과 지역을 한정하여 총포 · 화약류를 주고
　　　받거나 운반, 휴대, 소유하는 것을 제한하거나 금지할 수 있다.

제5조: 화약류는 경무관서의 검사를 받은 창고가 아니면 이를 저장
　　　할 수 없다. 경찰관은 언제든지 화약고를 임검臨檢하고, 필요하
　　　다고 인식될 때에는 이를 개선하도록 명하거나 또는 화약류의
　　　저장을 정지 혹은 금지하고 그 화약류를 영치할 수 있다.

제6조: 총포 · 화약류를 사사로이 저장한 혐의가 있는 경우 및 기타
　　　경찰관이 필요하다고 인식하는 경우에는 언제든지 그 가택을 임
　　　검하거나 또는 총포 · 화약류를 영치할 수 있다.

제7조: 관찰사나 경시총감은 필요하다고 인식하는 경우, 총포제조
　　　자 · 총포상 · 화약상의 허가를 취소[繳消]할 수 있다.

제8조: 제1조, 제5조, 제7조를 위반하는 자는 금옥禁獄 · 태형笞刑 또
　　　는 50원圜 이하의 벌금에 처하고, 총포 · 화약류는 몰수한다.

제9조: 총포제조자 · 총포상 · 화약상의 정원과 화약류의 저장 분량
　　　은 내부대신이 정한다.

제10조: 제4조 및 제6조의 규정은 도검창과류刀劍槍戈類에도 준용한다.

부칙附則:

제11조: 본법은 반포일로부터 시행한다.

　융희隆熙 원년 9월 3일 봉奉

칙勅　내각총리대신內閣總理大臣 훈이등勳二等　　　이완용李完用

　　　내부대신內部大臣　　　　　　　　　　　임선준任善準

군부대신軍部大臣 육군부장陸軍副將 훈삼등勳三等   이병무李秉武

법부대신法部大臣   조중응趙重應

[부록 3] 일본군의 계엄령 발동 상황 관련 사진

(1911년 1월 1일 발행《일본의 조선》수록 사진)

(す處に刑死を人鮮朝るたし壞破を道鐵用軍中爭戰露日)殺　銃
Executing Koreans who destroyed a portion of railwa
track during the Russo-Japanese war.

〈사진 1〉 러일전쟁 당시 군용 철도 파괴 혐의로 한국인을 사형에 처하는 장면.

(後　殺　銃)　視　　檢
Inspecting the remains after execution.

〈사진 2〉 총살 후 검시하는 장면.

〈사진 3-1〉 1907년 6월 10일 일본 육군대신 데라우치 마사타케寺內正毅의 대포 헌상. 화살표는 2층에서 한국황제가 앉아서 내려다보는 모습. 당시는 그의 지휘 아래 한국주차군에 계엄령으로 '군령'이 발동되고 있었다.

す明說を法用使其ら自てに殿他懐軍將內寺、ご獻に家王李を門數砲大年九十三治明

General Teranchi explaining the u e of field guns presented to the Korean Emperor in 1906.

〈사진 3-2〉 러일 전쟁 후 만주시찰을 마치고 헤이그 특사 사건 발생 직전 한국에 육군대신 자격으로 온 데라우치 마사타케는 러일 전쟁 중에 새로 개발된 중화기의 사용법을 돈덕전 마당에서 직접 설명하면서 '무위'를 과시하였다.

제3장 1904~1905년 대한제국 국권 탈취를 위한 조약 강제

1. 〈의정서〉(1904. 2.)의 강제 - 군사기지 사용권의 획득

일본제국은 앞에서 살핀 대로, 1894년 청일전쟁 때 이미 조선을 보호국으로 삼으려고 하였다. 조선에 대한 청나라의 전통적인 영향력을 밀어내려면 청나라를 상대로 한 전쟁을 피할 수 없다는 판단 아래 군비를 확장하여 전쟁을 일으키고 조선을 일본의 보호국으로 삼으려고 하였던 것이다. 그러나 이때는 미국의 클리블랜드Stephen Grover Cleveland 대통령이 조선 군주의 제지 요청을 받아들여 개입함으로써 그 계획은 중단되었다. 일본은 청나라와의 전쟁에서 승전국이 되었지만 국제적으로는 고배를 마셨다. 청나라로부터 요동을 할양받기로 하였지만 러시아가 주동하여 프랑스, 독일과 함께 이른바 삼국간섭을 단행하자 요동을 '포기'하였다. 천황이 지배하는 새로운 동양 건설이란 과제 실현을 위해 메이지 정부의 주도세력이 제거해야 할 대상은 이제 러시아로 바뀌었다.

1899년 일본은 유신 전후에 서양 열강과 체결한 조약들의 불평등 조건을 갱신하는 '조약 개정'에 성공하였다. 이 해에 의화단義和團 사건이 발생하여 이듬해 베이징이 포위되자 8개국이 연합하여 출병하였다.[1] 이때 일본은 '극동의 헌병'으로 가장 많은 병력을 보내고 병사들로 하여금 국제법적으로 모범이 되게 행동하도록 하여 열강들의 환심을 샀다. 일본제국 스스로 열강의 위치에 올라서 러시아와 대립적인 영국, 미국과 유대를 가지려는 뜻이었다.

1900년부터 러시아가 만주 일대의 철도 시설 사업의 수행을 조건으로 뤼순, 다롄을 조차지로 얻어 요동 진출을 활발히 하자, 일본 정부는 이에 대한 적극적인 대응의 필요를 느껴 이전부터 추진해온 군비확장에 박차를 가해 1904년 2월에 드디어 전쟁을 일으켰다. 이 전쟁으로 일본은 10년 전에 노렸던 '조선 보호국화'를 실현하고 나아가 만주 진출의 교두보를 얻고자 하였다. 1904년 2월 6일에 일본이 러시아를 상대로 일으킨 이 전쟁은 전적으로 대한제국의 국권 탈취를 목표로 하였다.[2]

러일전쟁을 일으키면서 일본이 한국에 대하여 가장 먼저 요구한 조약은 1904년 2월 23일자의 〈의정서議定書〉(한국 측 명칭은 한일의정서韓日議定書)였다. 러일전쟁 후의 외교 협정들은 부록 2에서 살필 수 있듯이 모두 상호 밀접한 관계의 연속성을 가지고 이루어진 것이기 때문에 개별적으로 파악할 대상은 아니다. 일본 정부는 한반도 장악을 목표로 한 치밀한 사전 계획을 세우고 〈의정서〉를 필두로 8월 22일자의 〈일한협약日韓協約〉, 1905년 11월 17일자의 '보호조약' 등으로 하나씩 차례로 실행에 옮겼다.[3] 이 일련의 외교 협정들의 구체적인 진행 과정은 일본 외무성이 편찬, 간행한 《일본외교문서日本外交

---

1) 영국, 미국, 러시아, 독일, 프랑스, 오스트리아, 이태리, 일본 등 8개국. 베이징 입성에 동원된 각국의 병력은 일본이 9,000명으로 러시아, 영국, 미국의 3,500명, 2,500명, 2,000명에 비해 월등히 많았다.

2) 和田春樹, 앞《日露戰爭》의 주요 논지이다.

3) 이의 연속성에 관한 구체적인 연구로는 尹炳奭, 〈乙巳五條約의 신고찰〉(《國史館論叢》 23, 1991)을 들 수 있다.

文書》[4](이하《일외문日外文》으로 줄임)의 해당 시기 자료들에서 파악할 수 있다. 이에 바탕하여 아래 각 협정들이 이루어진 과정을 차례로 살피기로 한다.

〈의정서〉는 1904년 2월 23일자로 조인되었다. 《일외문》에 따르면 2월 23일 오후 4시 32분에 주한 일본공사 하야시 곤스케林權助는 본국 고무라 주타로小村壽太郎 외무대신에게 다음과 같은 전문을 보내었다.[5]

의정서는 오늘 조인되었습니다. 어제 밤에 한 차례 좌절이 있었지만 드디어 조인의 운運에 이르렀음을 함께 기뻐하십시오. 그 내용은 곧 전보하겠습니다.

즉 한 차례 좌절이 있었으나 오늘 드디어 조인되었다는 사실을 먼저 전하고 협정 내용은 곧 알린다고 하였다. 하야시 공사는 5시간 뒤(오후 9:25)에 보낸 후속 전보문에서 협정의 추진이 이용익李容翊과 그를 지지하는 현상건玄尙建, 이학균李學均, 길영수吉永洙 일파의 강력한 반대로 일시 어려움이 있었던 것을 보고한 다음, 그동안에 두 차례 제시되었던 문안들을 모두 부기附記로 함께 보냈다. 이를 제시하면 아래와 같다.[6]

〔인용 1〕

(부기 1) 메이지 37년 2월 13일 초草

공사관 재안再案

---

4)　이 책들은 일본 외무성 조사부가 편찬하여 1949~63년에 간행되었다.

5)　《日外文》 제37권 제1책, 事項 5 "일한의정서 체결의 건", 375, 2월 23일 "일한의정서 조인제의 건", 경성 하야시 공사가 고무라 외무대신에게, 제176호.

6)　《日外文》 제37권 제1책, 事項 5, 376, 2월 23일 "일한의정서 조인사정의 보고의 건", 재한 하야시 공사가 고무라 외무대신에게, 제177호.

의정서

제1조. 양 제국은 항구 불역不易의 친교를 보지保持하여 동양의 평화를 확립
　　하기 위해서 한국은 일본을 신뢰하여 조언을 받아 내치외교를 개량할 것.
제2조. 대일본제국 정부는 대한제국 황실의 안전 강녕을 보증할 것.
제3조. 대일본제국 정부는 대한제국의 독립 영토를 확실히 보전할 것.
제4조. 제3국의 침해 혹은 내란에 당하여 대일본제국 정부는 상황에 따라
　　〔臨機〕 필요한 조치를 취할 것.
제5조. 이 조약에 위반하는 협상을 제3국과 맺을 수 없음.

(부기 2) 메이지 37년 2월 17일 초
수정안

의정서

제1조. 일한 양 제국은 항구 불역의 친교를 보지하여 동양의 평화를 확
　　립하기 위해서 대한제국은 대일본제국을 확실히 믿고 시정개선施
　　政改善에 관하여 대일본제국 정부의 충고 및 조력을 받을 것.
제2조. 대일본제국 정부는 대한제국 황실을 안전 강녕하도록 할 것.
제3조. 대일본제국 정부는 대한제국의 독립 및 영토를 확실히 보전할 것.
제4조. 제3국의 침해 혹은 내란에 당히여 대일본제국 정부는 그때 필요
　　한 조치를 취하고 군략상 필요한 지점을 상황에 따라〔隨機〕 수용
　　할 수 있을 것.
제5조. 이 조약에 위빈하는 협싱을 제3국과 맺을 수 없음.
제6조. 미완의 조항은 뒤이어 의정할 것.

　위의 〔인용 1〕에 따르면 1904년 2월 6일에 러시아와 전쟁을 일으
킨 일본은 한국 임시파견대 등의 병력으로 서울을 군사적으로 장악

한[7] 직후인 2월 13일에 '공사관 재안'으로 의정서 체결을 요구하였으며, 나흘 뒤인 17일에 다시 '수정안'을 제시하였던 것이다. 그런데 여기서 먼저 설명이 필요한 것은 일본 측이 2월 13일에 처음 제시한 안을 '공사관 재안'이라고 한 점이다. 마땅히 '초안初案'이라고 하여야 할 것을 '재안'이라고 한 것이다. 이 의문스런 문제에 대해서는 이미 자세히 밝힌 연구가 있다.[8] 일본은 러일전쟁 전인 1903년 10월에 러시아와 교섭회담을 벌이는 한편으로 비밀리에 주한 일본공사 하야시 곤스케가 매수공작금을 투입하여 이지용李址鎔, 민영철閔泳喆, 이근택李根澤 등을 조종하여 밀약으로 '한일의정서' 체결을 추진하여 러일전쟁 발발 전인 1904년 1월 24일에 의정서의 초안初案을 마련하여 조인 직전에까지 이른 사실이 있었다. 여러 차례의 접촉을 거쳐 이때에 마련된 협정안의 내용은 다음과 같다.[9]

〔인용 2〕

대한제국 외부대신은 대일본제국 대표자와 협상〔妥商〕하여 좌개左開(왼쪽
=아래에 열거 – 필자)하는 안건을 의정할 것.
1. 한일 양국은 나라 사이 장애를 엄중히 조처하야 서로의 뜻〔情誼〕을
　완전하게 소통할 것.
1. 동아대국東亞大局 평화에 관하여 만일 시변時變이 일어나면〔際當〕 한일
　양국이 성실한 우의友誼로 서로〔互相〕 제휴하야 안녕질서를 영구히 유
　지할 것.
1. 미비세목은 외부대신과 일본 대표가 때에 따라〔隨機〕 협의하여 정〔妥定〕할 것.

7)　러일전쟁 발발과 동시에 일본군의 한국 진주, 배치에 관해서는 제2장 제2절 러
　　일전쟁과 일본의 한국 주차군 참조.
8)　崔永禧, 〈露日戰爭前의 韓日秘密條約에 對하여〉, 《白山學報》 제3호, 1967. 11.;
　　〈韓日議定書에 關하여〉, 《史學研究》 20, 1968.
9)　崔永禧, 위 논문, 1967, 478쪽.

〔인용 2〕는 최종적으로 한국의 대안으로 제시된 것이라고 한다.[10] 주한일본공사관 측은 이것을 '초안'으로 간주하여 2월 13일의 것을 '재안'으로 표시하였던 것이다. 날짜상으로 기껏해야 20일 차이밖에 없으므로 공사관 측으로서는 '초안', '재안'으로 부를 만큼 연속성이 인정된다. 그러나 양자는 내용적으로 큰 차이가 있다. 이 밀약안은 전쟁을 일으키기 전에 제시된 것이므로 강압성이 훨씬 약한 편이다. 밀약은 러시아 쪽으로 기운 대한제국을 일본 편으로 돌려세우는 것이 목적이었다. 다시 말하면 비밀리에 동맹관계를 맺어 곧 일어날 러시아와의 전쟁에서 한국에서의 여건을 유리하게 하려는 것이 목적이었다. 일본 공사관 측은 이 밀약에 대하여 황제가 관심을 가지도록 하기 위해서 그간 황제에게 "반역적인" 행위를 범하여 일본에 망명해 있던 이준용李埈鎔, 박영효朴泳孝, 조의연趙義淵, 유길준俞吉濬, 장박張博, 이두황李斗璜, 이범래李範來, 이진호李軫鎬, 조의문趙義聞, 구금수具金壽, 권동진權東鎭, 정난교鄭蘭敎, 이규완李圭完, 신응희申應凞 등 14명(갑신정변 가담자, 왕후시해 사건 연루자 등)을 일본 밖으로 방출하겠다는 처분안을 제시하기까지 하였다.[11] 그러나 이 제안은 이용익李容翊 등의 강력한 반대로 불발로 끝나고 1월 26일자로 불성립으로 종결 처리되었다. 그 후 일본은 러시아에 대한 선전포고로 정면 승

---

10) 필자는 이 내용을 처음 다룬 〈조약의 명칭을 붙이지 못한 '을사보호조약'〉에서 이 〔인용 2〕에 '한일의정서(안)'이란 명칭이 있는 것으로 소개하고, 또 전문前文을 "대한국大韓國 외부대신 임시서리 육군참장 이지용과 대일본大日本 황제폐하익 특명전권공사 하야시 곤스케는 각각 상당한 위임을 받아 왼쪽〔아래〕에 열거하는 조관을 협정함"으로 되어 있는 것으로 소개하였다. 이태진 편《일본의 대한제국 강점》, 까치, 1995, 73~74쪽 참조. 그러나 이번에 이것이 최영희의 위 논문에 소개된 것과 달라 이를 취하여 바로잡는다. 최영희는 이 문안의 출처를 《日館記錄》, 〈議定書〉, 51~52쪽으로 밝혔다.

11) 《日外文》제37권 제1책, 事項 3 "伊藤特派大使 滯韓의 件", 313, 부속서 2 別紙機密 "林公事對韓私見槪要", 284, 290쪽. 事項 3, 326, "在日韓國亡命者處分問題ニ關スル件", 308쪽.

부를 걸면서 앞의 〔인용 1〕과 같이 내용이 전혀 다른 〈의정서〉를 제
시하였던 것이다.

전쟁 발발 후에 제시된 13일의 '재안'과 17일의 '수정안' 사이의 내
용이 다른 것을 정리하면 다음 표 1과 같다.

표 1. 〈의정서〉의 '재안'과 '수정안' 내용 비교

해당 조관	재안(2. 13)	수정안(2. 17)
제1조	조언을 받아 내치·외교 개량	시정개선에 관해 충고 및 조력
제4조	제3국의 침해 혹은 내란에 대한 필요 조치	필요한 조치를 위한 군략상의 지점 사용
제6조		미완의 조항 추후 의정

'재안'은 제1조에서 내치뿐만 아니라 외교의 개량까지 언급한 것
과 달리 '수정안'에서는 외교가 빠졌다. 그 대신 제4조에 군략상 필요
한 지점은 필요한 때 수용할 수 있는 권한을 넣었다. 이대로 되면 대
한제국은 일본의 강압에 직면하여 외교에 대한 간섭을 배제하는 대
신에 군사기지 사용권을 허용해주는 결과가 된다. 일본은 대한제국
이 러시아와 전쟁을 각오하고 있는 일본의 동향을 살펴 1904년 1월
21일 국외중립局外中立을 선언한 일이 있으므로, 이에 대한 제동을 걸
고 보호국화를 전망하면서 '재안'에서 '외교의 개량'을 제시하였던 것
이며, 대한제국 측이 이를 반대하자 이를 빼고 대신 필요한 지점을
군사기지로 사용하는 것을 요구한 것이 된다. 그러나 일본 측이 외
교권에 대한 관여를 철회한 것은 포기가 아니라 다음 기회로 미룬 것
에 지나지 않았다.

하야시 공사가 〈의정서〉의 조인을 알린 다음 그 내용을 본국 정부
외무대신에게 전보로 보낸 것은 2월 25일 오후 0시 30분(2시 08분 도

착)이었다.[12] 최종 협정문은 '수정안'에 큰 변동 없이 수식어가 부분적으로 더 들어갔다. 전보문은 "제1란의 표제에 '의정서' 3자를 쓰고 제2란부터 시작하여 '대일본제국 황제폐하의 특명전권공사 하야시 곤스케 및 대한제국 황제폐하의 외부대신 임시서리 육군참장 이지용 李址鎔은 각각 상당한 위임을 받아 왼쪽(아래)의 조관을 협정한다'의 62자를 쓰고 이로부터 제1조로 옮겨 제6조에서 끝낸다."고 하였다. 즉 '재안'이나 '수정안'에 없던 전권 위임에 관한 사항을 협정문의 머리에 쓰게 된 사실을 알리는 것이었다. 본문은 대동소이하므로 생략한 형태이다. 그리고 마지막 기명날인의 사항에 해당하는 것을 "최후로 날짜(日附) 및 조인자(調印者)를 '메이지 37년 2월 23일 특명전권공사 하야시 곤스케林權助 광무 8년 2월 23일 외부대신 임시서리 육군참장 이지용李址鎔'이라고 하고 날인하였다"고 하였다.[13]

표 2는 '재안' '수정안' '확정문' 사이의 차이 여부를 확인하기 위해 만든 것이다. 이를 보면 '확정문'은 '수정안'의 골격을 그대로 유지한 것이다. 다만 제4조의 군략상의 필요한 지점 확보에 관한 사항에 한하여 명분을 더 강화하기 위한 수식적 문구가 추가되었다. 여기서 언급된 한반도를 침해할 제3국은 말할 것도 없이 러시아를 지목한 것이다. 그리고 이에 근거하여 진해의 해군기지, 용산의 육군기지가 건립된 것은 다 아는 사실이다.

대한제국 정부가 일본 정부에 대해 상당한 경계를 가지고 있으면서도 그 요구를 최종적으로 허용하였다면 "대한제국의 독립과 영토를 보전한다"는 제3조의 내용 때문이었을 것이다. 〈의정서〉는 러일

---

12) 《日外文》 제37권 제1책, 事項 5, 381, 2월 25일 "日韓議定書 前文及 記名 回報의 件", 재한 하야시 공사가 고무라 외무대신에게.

13) 필자는 이 전보문의 발신, 수신의 관계를 반대로 읽고 장황한 설명을 붙인 적이 있다. 이태진 편저, 《일본의 대한제국 강점》, 까치, 1999, 76~77쪽 참조. 이에 대해 운노 후쿠주海野福壽 교수가 잘못을 지적해 주었다. 이 책에서는 이 부분을 대폭 수정하여 바로잡았다.

표 2. 〈의정서〉의 조문이 준비된 과정 조견표

조관	재안再案	수정안	확정문
제1조	항구 불변 친교, 동양 평화 확립 위해 일본의 조언 받아 내치 외교 개량	항구 불변 친교, 동양 평화 확립 위해 일본의 조언 받아 시정 개선	수정안과 같은 내용
제2조	대한제국 황실 안전 강녕 보증	대한제국 황실의 안전 강녕하도록	수정안과 같은 내용
제3조	대한제국 독립과 영토 보전	대한제국 독립과 영토 보전	수정안과 같은 내용
제4조	제3국 침해 또는 내란 시 일본 정부는 필요한 조치	제3국 침해 또는 내란 시 일본 정부 필요한 조치, 군략상軍略上 필요한 지점 수용	제3국 침해 또는 내란 시 일본 정부 필요한 조치, 일본 정부의 행동을 용이하게 하기 위한 충분한 편의, 이를 성취하기 위한 군략상 필요한 지점 수용
제5조	조약에 위반하는 협상 제3국과 맺지 못함	조약에 위반하는 협상은 제3국과 맺지 못함	수정안과 같은 내용
제6조		미완 조항은 추가 의정	미비한 사항은 일본 대표자와 대한제국 외무대신 사이에 때맞추어 협정

전쟁 후 한·일 사이의 협약 가운데 유일하게 문서상으로 대한제국 정부의 자발성이 표시되어 있다. 즉 사용한 협정문의 용지에 '대한국 大韓國 외부外部'란 문구가 인쇄되어 있고 협정문을 묶은 끈도 일본 측 의 자주색과 다른 황색으로 되어 있다.[14] 그러나 일본은 러시아와 전 쟁을 단행하려는 상황에서 대한제국을 제 편으로 붙잡아 놓기 위한 전략으로 이 조항을 세웠을 뿐 실제로는 '독립의 보전'과는 정반대의

14) 의정서 용지 및 묶음 상태는 이 책 5쪽 참조.

상황을 목표로 삼고 있었다.[15] 일본 정부는 전황이 일본에 유리하게
전개되자 실제로 이 조항과 관련되는 문제, 즉 대한제국의 국권을
위협하는 협정을 하나씩 내놓는 형태로 태도를 바꾸어 갔다.

2. '제1차 일한협약' (1904. 8.) - 외교와 재정 침탈을 위한 허위
외교문서

1) 외교·재정·교통·통신 장악을 위한 '강령綱領' 수립

〈의정서〉가 체결된 뒤 3개월이 되어가는 시점인 1904년 5월 20일
에 하야시 공사는 고무라 외무대신에게 다음과 같은 내용의 전보문
을 보냈다.[16]

한국 정부의 태도도 점차 우리를 신뢰하는 경향을 보이고 있다. 이때 시
기를 보아 〈일한의정서〉의 조항에 기초해 한국 경영에 관한 계획의 대체
를 (한국)외부대신과 본관本官과의 사이에 협정하여 두는 것으로 협의를

---

15) 하야시 공사는 이에 대해 다음과 같이 보고하고 있다. 곧 한국의 대관들은 이 〈의
정서〉가 제국정부가 '선전조칙' 가운데 언급한 한국의 독립부식獨立扶植의 주의를
실현시킨 것이라 하여 이 약정(訂立)을 대단히 환영하여 서로 다른 사람에게 전파
하고 있다. 이는 우리에 대한 감정이 선량하다는 것을 보여주지만, 깊은 생각(遠慮)
없이 조약문의 비밀을 깨는 것은 본관으로서도 곤란하다. 《日外文》제37권 제1책,
事項 5, 374, 2월 22일 "일한의정서 내용 누설에 관한 건". 이 협정이 반대의 중심인
물이 이용익을 일본으로 압송한 가운데 이루어졌던 것을 유의할 필요가 있다. 일본
측은 이용익의 '출유出遊' 조치와 동시에 그가 관장하던 서류장부와 전곡 등을 모두
압수하였다고 하는데, 이는 그가 맡고 있던 궁내부 내장원을 일본 측이 강제로 장
악하였다는 것을 의미한다. 《日外文》제37권 제1책, 事項 5, 378, 2월 24일 "我對韓
策을 방해하는 한국요인 離國 方法 조치의 건".
16) 《日外文》제37권 제1책, 事項 6 "일한협약체결의 건 ; 부附 한국에서 재정외교고
문초빙의 건", 388, 5월 20일 "일한협약 기초안에 관한 청훈의 건", 재한 하야시
공사가 고무라에게.

개시한다. 이(右) 교섭의 기초에 관한 본관의 견해를 우송한다. 가능한
대로 전보로 청훈에 대한 회답(回訓)을 주기 바란다. 이 협정을 미리 성
립시켜두는 것은 앞으로 고문관 등의 손을 거쳐 우리의 희망을 달성(遂
行)하는 데 필요하다고 믿는다. ……

위 전보문에서 한국 정부의 태도가 점차 달라지고 있다는 것은 표
현 그대로라기보다도 러일전쟁 때 일본 측이 대한제국에게 가한 압
박이 점차 효력을 드러내고 있다는 뜻으로 해석해야 할 것이다. 어
떻든 주한 일본 공사가 위와 같이 구체적인 지침을 달라고 요청한 지
열흘 뒤인 5월 31일에 일본 내각회의는 '대한對韓 방침'과 함께 '대한
시설강령'이라는 것을 결정하였다.[17] 이 결정은 정부 내의 강령으로
5월 말 현재 바로 주한 일본공사관에 하달되지는 않았다. 8월에 전황
이 호전되면서 주한 일본공사관을 통해 실행에 옮겨졌다. 어떻든 이
는 일본 정부가 한반도 장악을 위해 〈의정서〉 이후 3개월 만에 본론
에 해당하는 치밀한 사전 계획을 수립한 것을 보여준다. 이 가운데
기본 취지에 해당하는 '제국의 대한방침'이라는 것은 다음과 같이 한
마디로 표현되어 있다.

제국은 한국에 대해 정사상政事上 및 군사상으로 보호의 실권을 거두고
경제상으로 더욱 우리 이권의 발전을 도모한다.

이 방침은 일본이 전쟁을 일으킨 목적을 가장 간명하게 표현한 것
이라고 할 수 있다. 한국에 대하여 정치적, 군사적으로 "보호의 실
권"을 장악하고 경제적으로 이권을 최대로 확보하려는 것이 바로 전
쟁을 일으킨 목적이었던 것이다. 일본의 이러한 목표는 앞에서 언급

---

17) 《日外文》제37권 제1책, 事項 6, 390, 5월 31일 "대한방침 아울러 대한시설강령 결
정의 건". 이는 메이지 37년, 곧 1904년 5월 30일 원로회의서 결정되고, 31일 각의
에서 결정을 본 것이며, 6월 11일에 천황의 결재(御決裁)를 받을 것이라고 표시되어
있다.

한 대로 청일전쟁 때 이미 세워진 것이었으나 삼국간섭으로 저지되고, 이후 러시아의 한국에 대한 영향력이 커지는 한편, 대한제국이 이 상황을 활용하여 자주국가로서의 기반을 확립하려 함에 따라 실현될 기회를 얻지 못하였다. 이제 러일전쟁을 통해 그 목적을 다시 실현시키고자 한 것이다. 뒤따라 표출되는 일본의 이러한 본연의 모습은 곧 〈의정서〉 단계에서 보였던 유화적 태도가 허위, 기만이라는 것을 그대로 말해 준다. 일본의 방침이라는 것은 "대한제국의 독립과 영토를 보전한다"고 명기한 〈의정서〉의 제3조에 정면으로 위배되는 것이었다. 그런데도 이렇게 하는 "이유"로 일본 측은 "한국의 존망이 (일본) 제국의 안위에 관계되기" 때문이라고 하면서 '대한시설강령'이란 것을 다음과 같이 열거하였다.[18]

1. 방비를 온전히 할 것.
2. 외정外政을 감독할 것.
3. 재정을 감독할 것.
4. 교통기관을 장악할 것.
5. 통신기관을 장악할 것.
6. 척식拓植을 도모할 것.

위의 6개 강령들은 각각에 자세한 설명이 길게 붙여졌다. 그것들은 곧 한국에 대한 일본의 실질적인 지배체제를 목표로 하는 것으로 이에 관해서는 앞으로 하나하나에 대한 엄밀한 검토가 필요하다. 여기서는 단지 8월 22일에 '조인'되는 〈일한협약〉과 관련하여 2항의 외정 감독, 3항의 재정 감독에 관해서만 구체적으로 살피기로 한다.

먼저 제2항 '외정 감독'의 필요성은 다음과 같이 설명하였다. 곧 한국 정부는 〈일한의정서〉의 제5조에 따라서 이 협약의 취지에 위

---

18) 위와 같음.

반하는 협약을 제3국과 체결할 수 없다고 하였지만, 그 이외의 사항
에 관해서는 마음대로 다른 나라와 조약을 체결하고 혹은 각국 인민
에게 각종의 특권을 양여할 수 있으며, 그런 가능성은 대한제국 황
제의 궁중(宮內府)의 지금까지의 행동으로 보면 가능성이 많다고 지
적하였다. 그러므로 한국 정부로 하여금 외국과의 조약체결 등 기타
중요한 외교 안건 처리는 미리 일본제국 정부의 동의를 받도록 하여
야 하며, 이를 위한 방안으로 다음과 같은 두 가지를 실현하여야 한
다고 하였다.[19]

(갑) 외국과의 조약 혹은 외국인에 대한 특권 양여는 모두 외부아문을 경유
　　하도록 해 음밀陰密 운동을 두절시키도록 해야 한다.[20]
(을) 외부아문에 한 명의 고문관을 두도록 하여 이면에서 그 정무를 감독 지휘
　　케 하고, 그 고문관은 외국인으로 충원하여 일본제국 공사의 감독 아래 그
　　직무를 집행하게 하여 내외에 대해 원활히 우리(일본 정부)의 목적을 달
　　성할 수 있게 해야 한다.

　제3항 '재정 감독'에 대해서는 다음과 같은 이유를 들었다. 즉 한
국의 행정은 전면적 개선이 필요하지만 급격한 개선은 오히려 심한
반항을 불러일으킬 우려가 크므로 모든 행정이 관련되는 재정제도
개선부터 착수하는 것이 가장 좋은 방법이며, 될 수 있는 대로 빨리
일본인 고문관을 투입하도록 하여 징세법 개량, 화폐제도 개혁 등에
착수해 한국 재무에 대한 실권을 우리 손에 넣어야 한다고 하였다.
그리고 한국 재정 문란의 원인은 여러 가지이지만 군대를 위한 과다
한 비용이 가장 큰 원인으로 작년도(1903) 예산의 경우 경상세출 총

---

19) 위와 같음.
20) 여기서 '음밀 운동'은 전후 관계로 보아 궁중, 곧 황제 친위세력의 반일 움직임
　　을 가리킨다.

969만 7,000원 가운데 412만 3,000원이 군대 비용이며, 그 병사의 수가 1만 6,000명에 달하니 한국의 방어를 우리가 담당하도록 하고, 한국 군대는 친위대를 제외하고는 모두 줄여야 한다고 하였다.

일본 정부의 5월 31일 결정 '제국의 대한방침' 실행을 위한 후속 조치는 한국 황제가 추밀원 의장 이토 히로부미를 한국에 초빙하고 이때 이토가 내정개혁 차원에서 위 두 가지 사항의 실행을 건의하는 방식으로 검토되었다. 하야시 공사가 도쿄에 갔을 때 외무대신 고무라와의 사이에 이 방안이 의논되었다. 즉 한국 황제가 일본 천황에게 이에 대해 '간청'하는 전보를 보내게 하고, 이토에게는 한국 외무대신이 협의하는 것으로 계획이 세워졌다. 그러나 7월 20일 지방에 가 있던 이토가 외무대신에게 전보로 이에 대해서는 의견이 있으므로 귀경 후 상담하기를 요청하였다.[21] 이 방안은 한국 측으로부터 도쿄 주재 한국공사를 경유하는 간접 방식이 검토되기도 하였지만[22] 8월 1일자로 이토 측으로부터 도한渡韓이 곤란하다는 의견이 전해져 취소되었다. 이 취소 조치는 8월 6일에 한국 정부에 전해졌다.[23]

추밀원 의장 이토 히로부미가 한국 황제의 초빙을 받아 한국으로 가서 위 (갑) (을)의 사항을 실현시키는 방안이 철회된 바로 그날(8월 6일), 주한공사 하야시는 고무라 외무대신에게 한국 외부대신을 공

---

21) 《日外文》 제37권 제1책, 事項 6, 391. 7월 20일 이토 추밀원의장이 고무라 외무대신에게전보, "伊藤候ヲ韓國ニ招聘セントスル韓帝親電ニ關スル件" 및 이에 대한 주 참조.

22) 한국 측에서는 이토 의장 초청의 건을 주한 일본공사관으로부터 협의 받았을 때, 아직 일본 측의 비밀 계획을 모르는 상태였기 때문에 〈의정서〉의 한국 독립 보장과 관련하여 우호적인 대화의 기회로 받아들였을 가능성이 높다.

23) 《日外文》 제37권 제1책, 事項 6, 397. 8월 1일 고무라 외무대신이 하야시 공사에게 전보, "伊藤候渡韓困難ノ旨內報ノ件". 같은 책, 事項 6, 401. 8월 6일 고무라 외상이 하야시 공사에게 전보, "伊藤候招請ノ韓帝親電傳奏方在本邦同國公使ヨリ依賴アリタルニ付之ヲ取消サシメタル件."

사관으로 초청하여 아래와 같은 사항을 제시하겠다고 보고하였다.[24]
즉, 현지에서 공사 자신이 현안을 해결하겠다는 뜻을 전한 것이다.

제624호 (6일 오후 9시 40분 발신, 7일 오전 1시 00분 착신)
본관本官은 오늘 (한국) 외부대신의 내방을 청하여 아래의 3건을 내의內議함.
1. 한국 정부는 일본 정부가 추천하는 일본인 1명을 재무감독으로 하여
   탁지부에 고빙하여 재무에 관한 일은 모두 그 의견을 물어 시행할 것.
2. 한국 정부는 일본 정부가 추천하는 외국인 1명을 외교고문으로 하여
   외부外部에 고빙할 것.
3. 한국 정부는 외국과의 조약 체결訂結 및 기타 중요한 외교 안건, 즉
   외국인에 대한 특권 혹은 계약 등의 처리에 관해서는 미리 일본 정부의
   대표자와 협의할 것.

(한국) 외부대신은 하나의 의견으로서 위에 동의하였으나 본관은 황제를
알현하여 위 제안의 주의主義를 확정할 예정이며, 알현은 바로 지금 심상
훈沈相薰 참정이 병에 걸려 그 회복을 기다려 할 수 있게 될 것이다.

하야시 공사가 한국 외부대신에게 제시하였다고 하는 위 협약의
3개조 내용은 앞의 5월 31일의 일본제국 정부의 '대한시설강령'의 제
2항, 제3항, 그리고 그 앞의 필요성 설명에서 언급된 사항이 그대로
반영된 것이다. 이 3개 사항은 아마도 하야시 공사가 도쿄에 가서 외
무대신 고무라와 회동했을 때 전해 받은 것일 가능성이 높다. 그 사
이에 왕래한 전보문에는 이 내용이 나오지 않기 때문이다. 하단에
한국 정부의 외부대신이 이에 일단 동의한 것처럼 보고되어 있으나
이후의 과정은 그렇게 간단하지 않았던 것으로 나타난다.

---

24) 《日外文》 제37권 제1책, 事項 6, 402, 8월 6일 "한국 정부에 재무감독 및 외교고
　　문고빙의 교섭을 부탁하는 건", 재한 하야시 공사가 고무라에게.

2) '각서'의 형식으로 진행된 '제1차 일한협약'

하야시 공사는 8월 12일 본국 외무대신에게 보낸 전보문에 이날 오후에 대한제국 황제를 알현한 사실을 보고하였다. 이 보고에 따르면 공사는 이 자리에 3개 조의 각서를 가져가 황제의 채납採納을 거쳤으며, 이 '각서'(표점 – 필자)는 황제의 의견에 따라 배석한 외부대신으로 하여금 일단 참정대신 및 담당 대신인 탁지대신度支大臣에게 보여준 다음에 자신과 외부대신 사이에 기명 조인하는 것으로 내정하였다고 하였다.[25] 그러나 하야시 공사의 이 보고가 과연 정확한 상황을 전달하고 있는 것인지는 의문스럽다. 적어도 황제의 채납이라고 한 것은 상황을 제 편에서 유리하게 해석한 감이 없지 않다. 후술하듯이 하야시 공사는 며칠 뒤 황제가 제3항에 대하여 강력한 거부의 뜻을 표시한 것으로 보고하고 있다.

하야시 공사는 8월 18일자 전보문에서 다음과 같은 사실을 밝히고 있다. 즉 대한제국 외부대신은 황제의 명에 따라 해당 '각서'를 참정 및 탁지대신에게 보이니 대체로 동의하면서도 재무감독이라고 한 것을 고문으로 고쳐야 한다고 주장하였다고 한다. 그는 이날 정식 각의에서도 모두 '감독'에 대해서는 반대 의견이었으므로 이를 조정하는 것이 좋겠다고 요청하였다.[26] 그러나 이보다 더 심각한 상황이 19일에 벌어졌다. 하야시 공사의 19일자 전보문은 외부대신이 내방하여 제3항에 대하여 이의를 제기하는 자들이 많아 자신으로서는 결정하기 어려운 곤란한 처지에 빠져 있다는 것을 알려왔다고 하였다. 그리하여 하야시 공사는 우선 제1항, 제2항만을 기명 날인하여 처리

---

25) 《日外文》 제37권 제1책, 事項 6, 405, 8월 12일 재한 하야시 공사가 고무라 대신에게, "한국 정부에 재무감독 및 외교고문고빙의 교섭에 붙이는(付) 건."

26) 《日外文》 제37권 제1책, 事項 6, 406, 8월 18일 재한 하야시 공사로부터 고무라 대신에게, "재무감독의 명칭을 재무고문으로 變更方 한국측으로부터 希望伸出의 件."

하고 제3항에 관해서는 황제를 다시 알현하여 의견을 확인하여 처리하겠다고 본국 외무대신에게 보고하였다.[27] 8월 20일자 전보문은 8월 19일자로 '재무 및 외교 양 고문에 관한 각서'가 외부 및 탁지 양 대신이 조인하고 그것을 공사가 송부 받아 날인하는 형식으로 처리되었다는 것을 보고하였다. 이때 통보된 내용 즉 '각서'의 전문全文은 다음과 같다.[28]

1. 한국 정부는 일본 정부가 추천하는 일본인 1명을 재무고문으로 하여 한국 정부에 용빙傭聘하여 재무에 관한 일은 모두 그의 의견을 물어 시행해야만 한다.
2. 한국 정부는 일본 정부가 추천하는 외국인 1명을 외교고문으로 하여 외부에 용빙하여 외교에 관한 요무要務는 모두 그의 의견을 물어 시행해야만 한다.

메이지 37년 8월 19일　　특명전권공사　하야시 곤스케林權助
　　　　　　　　　　　　　외부대신　　　이하영李夏榮
　　　　　　　　　　　　　탁지대신　　　박정양朴定陽

여기서 주의하여야 할 것은 8월 22일자의 '일한협약'이 협약(Agreement)이 아니라 각서(Memorandum)의 형식으로 이루어진 점이다. 앞의 전문은 분명히 이 협의에 관한 건의 문안을 '한국 재무 및 외교 고문 용빙에 관한 (일한) 각서'라고 하였다. 각서는 어디까지나 양국 정부 실무대표자 사이의 약속으로 외교 협정인 의정서

---

27) 《日外文》 제37권 제1책, 事項 6, 407, 8월 19일 재한 하야시 공사로부터 고무라 대신에게, "한국이 중요외교안건에 일본대표자와 협의를 약속하는 조항에 대하여 한국요인 반대의 건."
28) 위와 같은 사항, 408, 8월 20일 "한국재무 및 외교고문용빙에 관한 일한각서조인의 건", 재한 하야시 공사로부터 고무라 대신에게.

(Protocol), 협약(Agreement), 조약(Treaty) 등과는 달리 제3국과의 외교관계에 영향을 줄 수 없는 것이다. 그리고 문서 형식으로 보면 '각서'에는 정부를 대표하는 위임사항이 표기되지 않는다. 전보로 전해진 것뿐만 아니라 일본 외무성의 일본외교사료관에 보관되어 있는 이 '각서'의 원본의 내용도 위에 인용된 대로이며 위임사항에 대한 기재는 전혀 찾아볼 수 없다. 이 각서에 대한 영어 번역문은 " The following memorendum was……"로 시작하였다(기본자료 2 - 1, 2).[29]

　그리고 일본 측의 당초의 제안 가운데 외교에 관계되는 제3항이 한국 측의 이의 제기로 이에서 일단 제외된 사실은 주목된다. 하야시 공사의 보고는 제3항에 대한 이의가 전적으로 대한제국 황제폐하의 뜻에서 나온 것으로 확인되었다고 밝히고 있다. 즉 "폐하 스스로 내심 이에 반대하여 은연한 수단으로 그 내의內意를 모모 대신에 통함에 의정부의 구성원이 반대하게 된 것이 확실하다"고 하였다.[30] 이 반대는 후술하듯이 며칠 안에 다시 약간의 표현을 수정해서 조정 처리되지만, 여기서 다시 확인해둘 필요가 있는 것은 일본 측의 협정 진행 방식이다. 그들은 일본제국 정부내각이 내린 결의를 실현시킨다는 목표 아래 준비된 제안을 대한제국 당사 직임(외부대신)에게 일방적으로 제시하고 이에 대한 이의가 있으면 적절한 선에서 조정하는 방식으로 일을 진행시키고 있다. 이것은 결코 정상적인 외교협상이라고 할 수 없으며, 일본의 군대가 한반도에 다수 투입된 전시 상황을 참작하면 이는 처음부터 의도된 강요라는 데 의심의 여지가 없다.

　8월 23일자 하야시 공사의 전보문에 따르면 제3항의 유보는 8월 22일자로 다음과 같이 처리되었다. 하야시 공사는 외부대신 이하영

---

29) 《日外文》 제37권 제1책, 事項 6, 410, 8월 21일 "한국 재정 및 외교고문용빙에 관한 일한각서조인에 부付한 통보의 건", 런던의 하야시 공사, 북경의 우치다 공사 수신.

30) 위와 같음.

李夏榮이 병을 핑계로 뒤로 미루기만 하고 협판協辦 윤치호尹致昊도 '대신서리大臣署理'로 명을 받고서도 이 건을 결정할 권능이 없어 보여,[31] 이날 서기관과 함께 사이토齋藤 중좌中佐를 대동하고 궁중으로 들어가 황제를 알현하여 심상훈沈相薰 참정, 궁내부 대신 등이 함께 참석하기를 요청하여 제3항의 필요를 거듭 말하고 폐하의 동의 재가를 직접 앙청하였다고 밝혔다. 그 결과, 한국 정부는 23일에 외부대신 서리를 파견하여 3항도 동의를 하되 단지 제3항의 마지막 자구 "대표자"의 3자를 삭제하는 뜻을 제의하여 이를 받아들여 22일자로 3항도 다음과 같은 내용으로 기명 조인한 것으로 보고되었다.[32]

一. 한국 정부는 외국과의 조약체결 그 밖의 중요한 외교안건, 즉 외국인에 대한 특권 양여 혹은 계약 등의 처리에 관해서는 미리 일본 정부와 협의한다.

3) '각서'를 '협약'(Agreement)으로 변조

1904년 8월 22일자의 〈일한협약〉은 대체로 위와 같은 경위로 확

---

31)　한국 측 서명자 윤치호는 자신의 영문 일기에서 하야시 공사가 내놓은 일본 측 초안에 대해 " 일본 정부 대표와의 사전 협의"를 일본 외교부가 모르는 어떤 조약도 체결할 수 없다는 내용으로 바꿀 것을 제안하였다고 밝혔다. 이어 한국 내각의 심의가결 과정을 요구하기도 했지만 참정대신 심상훈이 이를 받아들이지 않고 병을 핑계로 윤치호 자신을 외부대신 서리로 서명자로 밀어 넣어 자신은 이후 관직을 멀리하게 되었다고 밝혔다. 이어서 그는 심 참정이 "일본 감독관" 곧 대표와의 협의 문제에 대해 "일본 정부 대표representative of the Japanese Government"로 문구를 바꾸면 동의하겠다고 말해버려 낭패를 당했다고 적었다. 그러나 실제로 최종 결정 안은 당초의 "일본 정부의 대표자 "에서 '대표자'를 빼고 "일본 정부"로 결정되어 윤치호의 진술은 맞지 않다. 그러나 그 자신이 양측의 협의 과정의 소용돌이에 휩싸였던 것은 사실이다. 《윤치호 일기》 1904년 8월 22일자.

32)　《日外文》 제37권 제1책, 事項 6, 414, 8월 23일 "중요외교안건에 관해 일본 정부와 협의를 약속하는 일한각서조인의 건", 재한 하야시 공사가 고무라 대신에게.

정되었다. 그러나 지금까지 보았듯이 8월 23일까지 그것은 협약 (Agreement)이 아니라 각서(Memorandum)의 형식으로 처리되고 있었 다. 나중에 세 가지 사항을 합쳐서 재작성한 협정 원문(일본 외교사 료관 소장)도 〈기본자료 2 - 2〉에서 보듯이 대표의 위임사항이 없어 서 외교협정이 아니라 '각서'로밖에 볼 수 없는 단순한 형식으로 되 어 있다. 그런데 이렇게 3개 조항에 대한 처리가 다 이루어진 뒤에 일본 측은 이를 협약(Agreement)으로 바꾸는 왜곡 작업을 후속시켰다 (기본자료 2 - 3).

하야시 공사는 8월 25일자로 고무라 외무대신에게 '일한협약 공표 에 관한 청훈請訓'의 전보문을 다음과 같은 내용으로 보냈다.[33]

우리 쪽(當方) 제656호 전보(위 8월 23일자 - 필자)의 협정 본서本書는 우 편으로 부친다. 그러나 동 협정서의 내용은 벌써 한국 측으로부터 세간 에 누설되었을 뿐만 아니라 제3조와 같은 것은 공연한(공적인) 방법으로 세간에 발표하는 쪽이 제3국에 대해서 효력을 강하게 발휘할 것이므로 아래 협정서의 전부를 당국 정부로 하여금 관보에 발표하게 하려고 한 다. 제국정부의 형편(都合)을 곧 전보해주기를 바란다.

즉 협정 원문을 우편으로 본국에 보내는 문제와 함께, 이미 협정 의 내용에 대한 소문이 퍼지고 있으므로 한국 정부로 하여금 결과를 관보에 발표하게 하는 것이 국제적인 선전효과가 더 있지 않겠느냐 는 의견을 내면서 지시를 요청하였다. 이에 대한 고무라 외무대신의 다음과 같은 답이 같은 날짜로 도착하였다.[34]

---

33) 《日外文》 제37권 제1책, 事項 6, 415, 8월 25일 "일한협약 공표에 관한 청훈의 건", 하야시 공사가 고무라 외무대신에게, 제659호.

34) 《日外文》 제37권 제1책, 事項 6, 416, 8월 25일 "일한협약 공표에 暫時 着控方 訓令의 件", 고무라가 하야시 공사에게, 제290호.

귀 전보문 656호(8월 23일자) 및 659호(8월 25일자)에 관함. 협약 타결이 이렇게 신속히 이루어진 것에 본 대신은 깊이 만족하는 바이다. 그래서 협약 사본은 지급至急으로 우송하고, 원본[本文]은 안전한 인편[幸便]에 부쳐 보내도록 할 것이며, 본 협약은 공적으로 발표할 생각이라도 그 시기는 크게 주의를 요하니 뒤이어 어떤 뜻을 내기 전까지 한국 정부에도 발표하지 않도록 미리 대책을 세우시오.

하야시 공사의 전날의 요청에 대하여 공개적인 발표를 일단 보류하도록 하고 협정 사본 및 원본의 송부 문제에 대하여 특별한 지시를 내리고 있다. 재한 공사로부터 협정의 내용을 전달받은 뒤로 보이는 8월 29일에 고무라 외무대신은 영국 주재 하야시 다다스林董 공사, 청나라 주재 우치다 사다츠치內田定槌 공사 두 사람에게 다음과 같은 영문 전보문을 보냈다.[35]

Sent Aug. 29, 1904, noon.

Hayashi London No. 417, Uchida, Peking No. 504

In reference to my telegram(397, to the Minister to Great Britain) (483, to the Minister to China), besides the two articles mentioned in the memorandum, a third articles was subsequently added, and this three articles were put together in the form of an agreement which was signed by the Japanese and Korean representatives at Seoul on the 22nd of August, 1904. The text now stands as follows: (밑줄 - 필자)

이 8월 29일자 영문 전보문은 앞에서 살핀 것과 같이 8월 19일자, 22일자로 체결된 2개항, 1개항의 각서(memorandum)를 하나의 협약

---

35) 《日外文》 제37권 제1책, 事項 6, 417, 8월 29일 "일한협약 공표에 내용 통보의 건", 고무라가 재영국 하야시 공사, 재청 우치다 공사에게.

(agreement)으로 전환시켜 보내는 것이라고 밝혔다. 고무라 외무대신
은 이 변개를 좀 더 체계화한 것을 재한 하야시 공사에게 9월 4일자
전문으로 보냈다("일한협약 공표의 건"). 그 전체 내용을 옮기면 다음
과 같다.[36]

제294호

8월 22일 타결의 일한협약을 다음날인 5일의 관보에 발표할 것. 그리고
우리 측은 우右(아래 – 필자) 협약을 열국정부에 통첩通牒하면서 한국 정
부로부터도 그 주재 열국 대표자에게 통지하도록 조치한다.

(부기 1)

일한협약

1. 한국 정부는 일본 정부가 추천하는 일본인 1명을 재무고문으로 한국 정
   부에 용빙하여 재무에 관한 사항은 모두 그 의견을 물어 시행해야 한다.

1. 한국 정부는 일본 정부가 추천하는 외국인 1명을 외교고문으로 외부
   에 용빙하여 외교에 관한 요무는 모두 그 의견을 물어 시행해야 한다.

1. 한국 정부는 외국과의 조약 타결 및 기타의 중요한 외교안건 즉 외국
   인에 대한 특권양여 혹은 계약 등의 처리에 관해서는 미리 일본 정부와
   협의해야 한다.

　　　　　　메이지 37년 8월 22일 특명전권공사　하야시 곤스게 (인)

　　　　　　광무 8년 8월 22일　　　외부대신 서리 윤치호 (인)

위 전문의 본문은 8월 25일에 보류하라고 시시한 공표의 방식을
9월 5일자로 한국 정부 관보에 게재할 것을 지시하는 한편, 열국 정
부에 알리는 것도 일본 정부가 직접 통첩하는 한편 한국 정부도 주한

---

36) 《日外文》제37권 제1책, 事項 6, 418, 9월 4일 "일한협약 공표의 건", 고무라가
　　경성 하야시 공사에게.

각국 대표자 공사公使들에게 알리도록 하라는 것이다. 그리고 부기의 내용은 그 사이에 협의된 내용을 '일한협약'이라는 명칭을 머리에 붙여 정리한 것이다. 물론 이것은 현재 일반적으로 알려져 있는 "제1차 일한협약"의 전체 내용 바로 그것이다.

그런데 이 전보문 통지가 주는 큰 의혹은 쌍방 사이에 당초 '각서' 수준에서 합의된 것이 '협약'이란 이름을 머리에 붙여 형식을 완전히 바꾼 점이다. 당초 각서이던 것을 이렇게 협약으로 둔갑시킨 것은 쌍방의 의견을 조정하는 것을 원칙으로 하는 외교협정의 방식에서 완전히 일탈하는 것이다. 흔히 제1차 일한협약이라고 일컬어지는 이 협정은 〈기본자료 2 - 1, 2〉 외에 다른 문서가 따로 없다. '일한협약'이라고 이름을 붙인 협정문은 일본 외무대신이 재한 하야시 공사에게 보낸 위 전보문의 지시문뿐이다. '일한협약'이라는 명칭을 붙인 협정문이 따로 실물로 존재하지 않는다는 뜻이다. 지시자 측에서도 이 변개의 법적 문제를 의식해서인지 같은 전문의 말미에 비고 난을 만들어 "오른쪽(아래) 협약은 처음에 제1항 및 제2항을 전문全文으로 하여 8월 19일 우리 하야시 공사와 외부대신 이하영 및 탁지부대신 박정양朴定陽과의 사이에 일단 조인을 마쳤는데 22일 다시 제3항을 더해 오른쪽(아래)과 같이 조인을 본 것이다"라는 경위를 적어 놓았다.[37] 그리고 이 전보문에서 일본 외무대신이 요구한 한국 정부 관보 게재도 '협정서'라는 이름을 취하였지 일본 정부가 택한 '일한협약'으로는 나오지 않았다(《관보官報》 2927호, 광무 8년 9월 9일자). 이는 대한제국 정부가 양자의 차이를 분명히 변별하여 일본 측의 요구를 피한 것이라고 볼 수도 있다. 그렇다면 일본 측이 '각서'를 '협약'으로 둔갑시킨 것은 명백한 기만이요 위법이라고 하지 않을 수 없다. 국

---

37) 그러나 이 부기도 한국문의 "협약문"인 협정서에만 부기되었고 일문의 '일한협약'과 영문 'Agreement'에는 실리지 않았다. 협정서는 1908년 12월 통감부 간행 《한국조약유찬》 참조.

가 사이의 외교 협정에서 있기 어려운 이러한 강제의 경위는 서울에 진주한 한국주차군의 계엄령을 상기하지 않고서는 납득하기 어렵다.

각서와 협약은 국가 사이의 협정 형식으로는 큰 차이가 있다. 즉 각서는 당사국 정부 사이에 책임을 지는 선에서 그치는 것인 반면, 협약은 제3국과의 관계에서도 효력이 발생하는 정식 외교 협정에 속한다. 더 자세히 말하면 위 협약의 제3항과 같이 앞으로 한국 정부와 외국의 모든 관계가 일본 정부와 협의 아래 이루어진다는 것이 제3국에 통보되면 제3국은 한국과의 외교관계에서 일본 정부의 의견을 크게 고려하게 되는 것으로 상황이 바뀌게 된다. 일본 측이 8월 29일 이후 열국 정부에 이를 통보하는 일에 온 신경을 쏟고 있는 것은 바로 이러한 효력화가 바로 목표였기 때문이었다. 이 전보문은 일한협약에 관한 일본 정부 성명을 영문으로 작성하여 제시하고 있다 (부기 2).[38] 이런 엄청난 차이를 가져오는 협정의 변개를 당사국의 한쪽인 일본정부가 일방적으로 행한다는 것은 있을 수가 없는 일이다. 이 '각서'의 원본은 일본 외교사료관에 일본어로 작성된 것만 보관되어 있고, 한국 측에는 소장된 것이 없다. 러일전쟁 이래 일본 정부가 강요한 한일 사이의 국권 관련 협정들은 양국어로 각각 작성되어 각기 1벌씩 보관하여 한국 정부 보관본은 규장각奎章閣 자료 속에 남아 있다. 그런데 이 '제1차 일한협약(한일협약)'만은 빠져 있다. 만약 한국 정부가 이를 정식 외교협정으로 인식하였다면 한, 일 양국어본은 갖추어 보관하였을 것이다.

요컨대 일본은 한국 정부와는 '각서' 형식으로 동의를 받아낸 다음, 열강에 알리는 공표 과정에서는 협약(Agreement)으로 격을 높여 한국 정부의 외교권이 일본 정부에 넘겨진 것과 같은 상황을 만들어

---

38) 제명을 "STATEMENT OF THE JAPANESE GOVERNMENT REGARDING THE AGREEMENT OF AUGUST 22ND, 1904, BETWEEN JAPAN AND COREA"라고 한 성명은 9월 5일자로 되어 있다.

놓았다. 한국 정부가 외국과의 조약체결 기타 중요한 외교 안건, 즉 외국인에 대한 특권 양여 혹은 계약 등의 처리에 관해서는 미리 일본 정부와 협의한다는 것을 협약(Agreement)으로 하는 데에 동의하였다는 통보를 제3국이 받았다면, 그 제3국은 앞으로 일본 정부와 한국에 관한 문제를 협의할 일이 생겼을 때에는 일본 정부를 직접 상대하게 되는 상황이 가능하게 된다. 이후에 일본이 미국, 영국 등과 한국의 보호국화에 관한 협의를 비밀리에 추진하여 '가쓰라 - 태프트 밀약'(1905. 7. 29), '제2차 영일동맹'(1905. 8. 12) 등으로 '포츠머스 강화조약'(1905. 9. 5)에 앞서 일본에 의한 한국의 보호국화에 대한 동의를 사전에 받아낸 것으로 보면 '일한협약'이라는 것이 얼마나 계획적으로, 의도적으로 추진된 것인가를 짐작할 수 있다. 그들은 '1905년 보호조약'(을사보호조약)이란 것에서 본격적으로 실현하는 보호국화, 완전한 외교권(국권) 박탈의 발판을 이렇게 '각서'를 '협약'으로 바꾼 공문서 변조의 범법 행위를 통해서 미리 확보하였던 것이다.

지금까지 일본이 러일전쟁을 일으킨 직후에 한국에 요구하여 체결한 의정서와 "일한협약" 두 개의 협정이 이루어진 과정을 살펴보았다. 여기서 그 협정들이 추진된 과정을 다시 정리해보면 다음과 같다.

첫째, 일본 각의의 결정으로 해당 요구사항에 대한 방침이 마련되고, 둘째, 그 방침의 실현을 위한 방안을 본국 정부 또는 현지 공사가 만든 다음, 셋째, 현지 공사가 한국 정부의 주무 대신大臣 및 황제의 의사를 확인하여 필요한 조정을 거쳐 주무 대신과의 조인을 마치고, 넷째, 조약의 형식 및 공표 절차에 대한 본국 외무대신의 최종적인 점검 지시가 내려졌다.

위와 같은 일방적인 절차는 한국주차군의 무력(계엄)을 전제로 기획되고 실행되었다. 조약은 어떤 경우라도 쌍방의 국가 원수가 대표를 선정, 위임하여 그 대표자들이 대등한 처지에서 협의를 거쳐 조약문을 작성하여 조인하는 절차를 밟는 것이 정상적인 순서이다. 그런 다음에 국가원수의 추인으로 비준批准이 필요한 것은 절차를 별도로 가져야 한다. 위에 정리된 것과 같은 '의정서', '(제1차) 일한협약' 등에서 취해진 절차는 일본 측의 요구가 일방적으로 합해진 것으로 이는 조약 대표를 위협하는 것 이상의 불법성을 가지는 것이다.

일본이 러일전쟁을 일으킨 목적은 한국의 국권을 장악하기 위한 것이었다. 일본 정부는 이 목적을 달성하기 위해서 계엄령을 동원할 정도로 수단 방법을 가리지 않았다. 이런 상황에서 한국 측의 저항은 결과적으로 무력한 것이 될 수 밖에 없었다. 영어 번역문 작성도 규식에 따른 것이 아니라 일본의 위법성을 은폐하기 위한 도구로 활용되었다. 당시 한일 사이의 조약체결에서는 영역문을 따로 작성하는 관례나 규정은 없었다. '의정서'는 한국문과 일본문으로 작성되어 양국 정부가 각각 1벌씩 소장하였다. 영역문은 체결 2일 후인 2월 25일에 본국 외무대신이 하야시 공사에게 서울에 주재하는 영국, 미국 양국 공사에게 줄 목적으로 따로 보냈다. '일한협약'의 영역문은 일본 정부 안에서 비밀리에 추진되어 열국 정부에 전달되었기 때문에 '각서'가 '협약'으로 바뀐 사실을 대한제국 정부가 알 길이 없었다.

이상과 같은 문제점을 살피면, 두 개의 협정, 특히 '(제1차) 일한협약'은 법적 효력을 가질 수 없는 것이다. 이에 근거한 재정고문 메가다 다네타로目下田種太郎, 외교고문 스티븐스Durham White Stevens 등의 용빙에 의해서 이루어진 모든 내정 상의 조치는 불법적인 행위이다. 가쓰라 - 태프트 밀약과 제2차 영일동맹 등에서 한국에 관한 밀약들에 따른 여러 가지 피해도 국제법상으로 문제가 되지 않을 수 없다. 후술하듯이 미국과 영국 정부는 각서에서 외교협정문으로 변조된 영어 번역본을 보고 대한제국 정부가 1904년 8월 22일 현재로 외교 교섭권을 일본 정부에 넘긴 것으로 판단하여 비밀협약에 임했다.

3. 조약의 명칭과 비준서가 없는 '1905년 보호조약'

1) 러일전쟁(1904. 2.)과 포츠머스 강화조약(1905. 9. 5)

(1) 일본군의 뤼순항 공략

1903년 6월에 일본 정부가 대러시아 교섭을 결정할 때 오야마 이와오大山巖 의견서와 고무라 주타로 의견서는, 전쟁을 한다면 시베리아 철도가 완성되지 않은 지금이 최후의 기회라고 주장하였다. 이 의견은 제안 측인 참모본부의 판단과 같았다고 한다.[39]

그러나 1904년 2월 6일 기습적으로 일어난 러일전쟁은 당초 일본 정부의 의도대로 진행되지 않았다. 일본군의 첫 번째 주요 공격목표는 뤼순이었다. 러시아군은 이곳에 세계 최초로 콘크리트 벙커를 구축하고 제1 태평양함대를 배치해 놓고 있었다. 일본군은 먼저 뤼순항 폐색작전을 펼쳐 뤼순항의 러시아 제1 태평양함대를 무력화시키려고 하였다. 일본군의 기습으로 러시아 함대는 큰 타격을 입었지만, 4월에는 전력을 회복하였다. 그러나 새로 부임한 함대 사령관이 기함을 타고 일본 연합함대 사령관 도고 헤이하치로東鄕平八郞의 기함을 찾아 나섰다가 기뢰에 걸려 폭발하면서 다시 큰 전력 손실을 입었다. 이 소식에 접한 러시아 황제 니콜라이 2세는 북해에 있는 해군 함대의 주력을 제2 태평양함대(발틱 함대)로 편성하여 극동으로 보내기로 결심하였다. 일본 해군은 5월부터 뤼순 폐색작전을 다시 펼치고 8월에 승기를 잡고자 육군은 뤼순 총공격을 시작하였다. 일본 정부는 이 총공격이 시작된 8월에 한국 정부에 대해 '제1차 일한협약'의 체결을 요구하였다. 뤼순은 해를 넘겨 1905년 1월에서야 함락될 정도로 전황은 어려웠다. 일본 대본영은 발틱 함대의 동진東進을 예의 주시하면서 뤼순 함락 전후인 1월에 러시아 제2 태평양함대와의 대결에 대비

---

39) 和田春樹, 앞 책, 下, 382쪽.

하여 동해의 독도를 무단으로 시마네島根 현에 편입하였다.

(2) 러시아 태평양 함대의 전략적 실패

러시아의 제2 태평양함대 파견은 1904년 4월 하순에 결정되었지만, 실제로 이 함대가 북해의 레발 기지를 출항한 것은 1904년 10월 11일이었다. 니콜라이 황제는 레발 기지로 직접 와서 출정을 독려하기도 하였지만, 이후 전쟁 지휘에 몇 가지 판단 착오를 범하였다. 러시아에게 가장 큰 부담은 황제가 있는 곳과 전선이 형성된 곳이 거리가 너무 먼 점이었다. 1891년 5월에 극동과의 빠른 교통을 위해 시베리아 철도 부설을 시작하였지만 13년이 지난 이때까지 준공을 보지 못했다. 바이칼호 일대에 난공사 구간이 많아 모스크바에서 만주까지 군수물자나 병력이 직접 수송되지 못하였다. 일본 정부가 1년여 전에 파악한 시베리아 철도 상황은 1년여가 지난 후에도 거의 진전이 없었던 것이다. 그나마 치타-하얼빈-우수리스크, 그리고 하얼빈-뤼순을 잇는 동청철도東淸鐵道가 개통된 것이 힘이 되었다. 이렇게 육상 교통이 불편한 여건이 발틱 함대의 동원을 불가피하게 하였다.

제2 태평양함대는 50척의 전함으로 구성되었다. 대함대의 항진은 빠를 수 없었다. 함대는 수에즈 운하의 좁은 통로는 위험하다고 판단하고 주력은 아프리카 남단을 도는 먼 항로를 택하여 1904년 12월 29일에서야 마다카스카르에 도착하였다. 함대 사령관 로제스트벤스키는 마음이 바빴지만 상트 페테스부르크의 황제는 오히려 마다카스카르에서 대기하라는 명령을 내렸다. 1905년 1월 1일에 뤼순항이 함락되자 황제는 더 많은 전함을 보내야 승산이 있는 것이 아닐까 망설이면서 사령관에게 제3 함대 편성 여부가 결정될 때까지 기다리라는 명령을 내렸다. 본국에서 갑론을박이 계속되는 가운데 제2 태평양함대는 3월 16일에서야 마다카스카르를 떠날 수 있었다. 로제스트벤스

키 사령관은 이 때 이미 패전을 예상하였다고 한다.[40] 함대가 마다카
스카르에 정박하고 있던 중에 뤼순이 함락되었다는 소식을 접하였을
때, 그는 자신의 병사와 전함은 모두 긴 항해에 지친 반면, 일본군은
뤼순의 승리로 쉬면서 재정비 할 시간을 벌게 된 차이가 곧 승패를
결정짓게 될 것에 대한 두려움에 휩싸였다. 제2 태평양함대는 1905년
4월 8일에 인도차이나 해역에 들어선 뒤 1905년 5월 14일에 태평양
해역에 접어들었다. 로제스트벤스키 사령관은 50척의 함선이 너무나
긴 항해를 해왔기 때문에, 도고 헤이하치로의 연합 함대가 대한해협
에서 기다리고 있을 것을 뻔히 알면서도 이 해협으로 항로를 선택하
지 않을 수 없었다. 전함 가운데는 수리를 해야 할 것들이 많아서 블
라디보스토크로 가는 최단거리를 택하지 않을 수 없었다. 대한해협
은 암초가 없는 바다였기 때문에 밤중에 모든 함선이 불을 끄고 통과
하는 것이 최선이라고 판단하였다. 도고 제독은 러시아 함대가 이곳
을 통과할 것을 예상하고 만전의 대비를 마치고 기다리고 있었다. 발
틱 함대는 5월 25일 안개가 낀 날씨 속 야간에 해협에 들어서서 5월
26일 새벽, 일본의 무전 교신을 들었다. 안개가 자욱하여 배는 보이
지 않았다. 일본 함대의 공격이 곧 시작되어 5월 27~28일 사이에 러
시아 전함들은 일본 연합함대에 의해 차례로 무너졌다. 블라디보스
토크로 향한 러시아 전함 가운데 울릉도와 독도 근처를 넘어선 전함
은 없었다. 돈스코이호가 함대 사령관의 항복 명령을 거부하고 울릉
도 근해에서 자침自沈하는 것으로 해전은 끝났다.

　일본 육군은 1904년 8월, 10월, 11월 세 차례에 걸쳐 뤼순 총공격
을 펼쳤다. 그리고 만주의 다른 한 요지인 랴오양遼陽에 대한 공격도
8월 말부터 시작하였다. 이곳은 1주일 만에 일본군이 승기를 잡았다.
러시아군은 북쪽으로 퇴각하여 펑톈奉天에 집결하였다. 1905년 1월

---

40)　제2 태평양함대에 관한 서술은 콘스탄틴 플레샤코프 지음, 표완수 · 황의방 옮
　　　김,《짜르의 마지막 함대》, 중심, 2003 참조.

마침내 뤼순을 함락시킨 일본군은 이제 모든 병력을 펑톈奉天으로 집 결시켰다. 3월 1일부터 이른바 펑톈 회전이 벌어졌다. 일본군이 힘 겹게 우세를 확보하면서 러시아군을 밀어냈다. 러시아 측은 이제 동 진하는 제2 태평양함대에 마지막 기대를 걸었지만 바다에서도 제대 로 싸워보지도 못하고 패하였다. 그러나 러시아군은 거듭하는 패전 에서도 육상의 전투에서는 아직 자신감을 가지고 있었다. 장기전에 들어가면 러시아군이 유리하다고 판단했다. 실제로 뤼순 함락에 이 어 펑톈 회전에서도 일본군의 사상자는 러시아군보다 더 커서 이 무 렵 이미 내부적으로 강화론이 강하게 대두하였다. 3월 20일 펑톈에 서 도쿄로 돌아온 고다마 겐타로兒玉源太郎 대장은 "빈핍한 나라가 더 는 전쟁을 계속할 수 없다"고 전쟁 종료론을 폈다.[41] 그는 러일전쟁 을 승전으로 이끄는 데 가장 큰 공로자였다.

(3) 미국 정부의 포츠머스 강화회의 주선

도고 사령관의 연합함대가 러시아 제2태평양 함대를 격파한 승전 보가 전해지자 일본 정부 수뇌부는 5월 31일에 바로 시어도어 루즈 벨트Theodore Roosevelt 미국 대통령에게 강화의 알선을 의뢰했다.[42] 가쓰 라 내각으로서도 국민들에게 수년간 계속 부과된 과중한 징세, 내채 內債 6억 엔円뿐만 아니라 외채外債 7억 엔의 빚을 생각하면 전쟁 비용 을 더 동원할 길도 없었다. 루즈벨트 대통령은 1902년 마쓰가타 마 사요시松方正義 대장대신이 외채를 얻기 위해 미국에 왔을 때, 일본의 승리를 내다보면서 그를 도와 미국의 여러 대기업들로부터 차관을 얻어갈 수 있게 했다. 그 일본이 장기전으로 패전국이 된다면 미국 의 기업들에게도 유리할 것이 없었다. 그는 마쓰가타를 지지하는 입

---

41) 岡崎久彦,《小村壽太郎 時代》, PHP研究所, 1998, 266~267쪽.

42) 위 책, 268쪽.

장을 지켜 마쓰가타가 카네기재단, 쿤 - 뢰브 회사의 제이콥 시프Jacob Henry Schiff, 존 피어폰 모건John Pierpont Morgan, 존 D. 록펠러, 로스차일드Rothschilds 등으로부터 거액의 돈을 얻어가게 하였다. 마쓰가타는 런던으로 가서 워버그스 앤 배링스Warburgs and Barings로부터도 큰 돈을 얻고 1903년에 귀국하였다.[43] 그는 러시아 측에 대해서도 강화에 임할 것을 적극적으로 섭외했다.

루즈벨트 대통령은 일본, 러시아 사이의 강화회담 장소를 뉴햄프셔 주의 군항도시 포츠머스로 잡았다. 특명전권공사로 임명된 외무대신 고무라 주타로는 7월 8일에 도쿄를 출발하였다. 러시아의 니콜라이 2세 황제는 적임자를 찾지 못하다가 그간 극동정책에서 2선으로 물러나 있던 비테Sergei Yulyevich Witte를 특명전권공사로 기용하였다. 그는 시베리아 철도의 기획과 건설 착수에 공로가 많았지만 1900년 이래 만주 문제에서 베조브라조프의 강경 신노선新路線에 밀려 1903년부터 실권이 없는 러시아 각주 장관회의(Council of Ministers of Russia)의 의장으로 물러나 있었다. 고무라나 비테나 각기 국가 원수로부터 영토와 배상 문제에서 조금도 후퇴가 없어야 한다는 명령을 받고 포츠머스로 향하였다.

포츠머스 강화회의는 8월 10일부터 열렸다. 그런데 이를 전후하여 일본이 미리 미, 영으로부터 한반도에 대한 배타적 지배권을 보장받는 비밀조약을 체결한 사실을 상기할 필요가 있다. 1905년 7월 29일

---

43) 미국의 26대 대통령 시어도어 루즈벨트는 1901년 9월 부통령 재임중 매킨리 대통령의 피살로 대통령직을 승계하였다. 이때 그는 42세로 최연소 미국 대통령이 되었다. 그는 단순하면서도 왕성한 의욕의 소지자로서 영어로 쓰여진 니토베 이나조新渡戸稲造의 *Bushido*武士道를 읽고 감동을 받아 60책을 사서 친구들에게 돌릴 정도로 일본인의 무사 기질에 매료되었다. 그는 1904년 11월에 대통령에 재선되어 일본 정부의 반러시아 정책, 한국보호국화 정책을 지원하였다. Carole Cameron Shaw, *The Foreign Destruction of Korean Independence*, Seoul National University Press, 2007, pp. 66~68. Yoshimura Akira, *The Shogakukan Japanese History Series*, No. 26, 1976.

에 체결된 가쓰라桂 – 태프트Taft 밀약[44]과 8월 12일의 제2차 영일동맹英日同盟이 바로 그것이다. 두 협정에 대해서는 정식 조약 여부 및 그 구속력에 대한 견해가 엇갈리고 있다. 전자의 경우, 육군 장관 태프트의 '의견서(Memorandum)'에 불과하며 이것이 일본의 한국 보호국화에 끼친 영향을 소극적으로 평가하는 견해가 있다.[45] 그러나 이 밀약이 일본정부가 5월 31일에 미국 대통령에게 강화회의의 알선을 의뢰하고 특명전권공사가 미국으로 출발한 후의 시점에 이루어진 사실은 주목할 필요가 있다. 마지막 세 번째 '협의'(discussion) 조항에서 가쓰라는 일본에 의한 한국의 식민지화는 대단히 중요한 문제로서, 그것은 러일전쟁의 직접적인 원인 문제에 해당하는 것인 동시에 전쟁의 논리적 귀결(logical outcome)이라고 하였다. 만약 한국이 신중하지 않게 다른 열강과 협약이나 조약을 체결한다면 그것은 곧 새로이 근본적인 문제를 만드는 것이므로, 일본은 일본을 새로운 전쟁으로 몰아넣는 어떤 조건도 창출되지 않도록 한국을 방지하는 조치를 취하지 않을 수 없다고 하였다. 이에 대해 태프트는 한국에 대한 일본의 보호체제의 수립이 곧 동아시아의 안정에 직접적으로 기여할 것이라고 동의하고, 루즈벨트 대통령도 이 점에서는 자신의 견해에 동의할 것이라고 하였다.

이런 정도의 견해 표명이라면 강화회의에 임하는 일본 정부로서는 소기의 목적 달성을 보장해 주는 것이라고 해도 지나치지 않다. 태프트의 일본 방문은 사실은 루즈벨트 대통령의 지시에 따른 것이므로 가쓰라와의 이러한 의견 교환은 곧 포츠머스 강화회의에서 일본의 목적이 달성되도록 미국정부가 돕겠다는 약속이나 마찬가지였다.

---

44) 이 '밀약'은 1924년에 미국의 역사학자 타일러 데닛에 의해 처음으로 그 존재가 알려졌다. "President Roosevelt's Secret Pact with Japan", Tyler Dennett, The Current History Magazine, October, 1924.

45) Esthus, Raymond A.(1959). "The Taft – Katsura Agreement—Reality or Myth?", Journal of Modern History 31.

이보다 14일 후에 체결된 제2차 일영동맹 또한 "일본은 한국에서 정사상, 군사상 및 경제상의 탁절卓絶한 이익을 가짐으로써 영국[大不列顚國]은 일본국이 해당 이익을 옹호 증진하기 위해 정당하고 또 필요하다고 인정되는 지도指導, 감리監理 및 보호保護의 조치를 한국에서 가지는 권리를 승인한다(제3조)."고 밝혔다. 이 조관은 러일 강화조약의 제2조의 그것과 거의 같은 내용으로[46] 영국으로부터 사전 보장을 받는 것에 불과하였다. 일본은 이와 같이 러일전쟁을 일으킨 진정한 목적인 대한제국의 보호국화를 강화회의를 통해 차질 없이 달성하기 위해 미국과 영국을 상대로 치밀한 사전 공작을 다졌다. 두 나라를 각각 대표한 고무라와 비테는 특명전권대신으로서 황제로부터 영토와 배상금 문제에서 조금도 양보해서는 안된다는 명령을 받고 있었다. 루즈벨트 대통령은 양국의 이런 교착관계를 일본에 의한 한국의 보호국화를 타결의 출구로 삼는 분위기를 이끌었다.

그런데 1905년 7월 밀약이나 8월의 동맹은 모두 1904년 8월 22일자의 거짓 협약인 '제1차 일한협약'으로부터 영향을 받은 것이었다. 미, 영 양국 정부의 수뇌부는 일본 정부로부터 제1차 일한협약의 영어 번역문을 전달받고 대한제국 정부가 이때 일본 정부에 외교권을 넘겨 준 것으로 이해하였기 때문에 러일전쟁을 마무리 하는 강화 협상을 앞두고 '전승국' 일본의 요구를 쉽게 들어주고 있었던 것이다.[47]

---

46) 제2조: "러시아[露西亞] 제국정부는 일본국이 한국에서 정사상, 군사상, 및 경제상의 탁절한 이익을 가지는 것을 승인하고, 일본제국정부가 한국에서 필요하다고 인정하는 지도, 보고 및 감리의 조치를 가질 수 있게 하여 이를 가로막거나 간섭하지 않는 것을 약속한다." 앞에서 언급하였듯이 일본 정부는 1904년 5월 31일 채택한 '제국의 대한방침'에서 "일본 제국은 한국에 대해 정사상 및 군사상으로 보호의 실권을 거두고 경제상으로 더욱 우리 이권의 발전을 도모한다"고 하여 이와 거의 비슷한 표현을 썼다.

47) 이 책 155~156쪽 참조.

2) 보호조약 강제 준비와 정식 조약(Treaty) 실현 실패

(1) 전쟁 중의 조약 강제를 위한 준비

1905년 3월 펑톈奉天 대회전 승리 직후인 4월 8일에 일본 정부는 전시 각료회의를 열고 한국 보호국화에 관한 결의를 채택하였다. 이 결의는 그 취지를 다음과 같이 밝혔다.[48]

> 한국에 대한 시책은 기정의 방침과 계획에 기초하여 보호의 실권을 장악하는 견지로써 점차 그 발걸음을 내딛는다. 당해국(한국)의 국방·재정의 실권을 우리 손에 넣고 동시에 당해국의 외교를 우리 감독 아래 두고 또 조약 체결권을 제한할 수 있게 한다. …… 후자에서도 역시 본디 장래 보호권의 확립에로 향해서 …… 대보무大步武를 내딛는 것을 의심하지 않는다. …… 한국 정부와 왼쪽(아래)과 같은 보호조약을 체결하도록 한다.

앞에서 살폈듯이 일본 정부는 1904년 5월 31일의 각의에서 이미 이와 비슷한 방침이 제시된 적이 있었다. 즉 '대한방침'과 '대한시설강령'이라는 것을 채택하여 "제국은 한국에 대해 정사상, 군사상에서 보호의 실권을 거두고 경제상으로 더욱 우리 이권의 발전을 도모한다."는 취시를 밝혔나. 위의 각의 결정은 이 취지를 더욱 구체화시킨 것이었다. 이제 승전을 눈앞에 두고 보호권 확립, 조약 체결권에 대한 간섭 등을 좀 더 직접적으로 언급하였다. 각의 결정은 바로 이어 앞으로 체결할 보호조약의 요건을 다음과 같이 규정하였다.

> 제1, 한국의 대외관계는 전적으로 제국에서 이를 담임하고 재외 한국신민

---

48) 《日外文》 제38권 제1책, 事項 11 "일한협약체결 및 통감부설치의 건", 250, 4월 8일 각의 결정, "한국 보호권 확립의 건", 메이지 38년 4월 8일 각의결정 동년 동월 10일 御裁決.

은 제국의 보호로 돌릴 것.

제2, 한국은 직접 외국과 조약을 체결하지 못하게 할 것.

제3, 한국과 열국과의 조약의 실행은 (일본) 제국이 그 책임을 질 것.

제4, (일본) 제국은 한국에 주차관을 두어 한국 시정施政의 감독 및 제국신

　민의 보호에 임하게 할 것.

위의 4개 사항은 나중에 제시되는 "1905년 보호조약(을사보호조약)"의 기본 골격을 다 담은 것이다. 특히 제4에서 언급한 주차관은 나중의 통감에 해당하는 것으로 이 직책은 외교만이 아니라 '제반 시정의 감독' 담당자로 설정되어 있었다. 그리고 이 조약을 체결하게 되면 "(러일전쟁) 개전 이래 제국과 한국과의 사이에 정립한 협약은 어느 것이나 한국과 열국과의 조약상의 관계에 직접적인 영향을 미치지 않는 범위를 설정한 것에도 보호권의 확립은 이들의 관계를 일변―變하게 되는 것"으로 전망하였다.

1905년 4월 8일의 각의 결정은 "1905년 보호조약" 체결의 방침 확정이었다. 일본은 이 방침의 실현을 위해서 미국에 대해 강화조약의 알선을 의뢰하면서 미국, 영국 양국으로부터 지지를 받아내는 작업부터 착수하였던 것이다. 일본 정부 수뇌부는 앞에서 언급하였듯이 미국과 7월 27일부터 31일까지 사이에 가쓰라 – 태프트 비밀각서, 8월 12일에 영국과 제2차 영일동맹을 각각 체결하였다.

(2) 포츠머스 강화조약 후 '보호조약' 강제 실행

포츠머스 강화회의는 9월 5일에 양국 전권대신의 서명으로 종결되었다. 일본 측은 이 조약의 제2조에 "러시아제국 정부는 일본국이 한국에서 정사상, 군사상 및 경제상의 탁절한 이익을 가지는 것을 승인하고, 일본제국 정부가 한국에서 필요하다고 인정되는 지도, 보호

및 감리의 조치를 집행하더라도 이를 저애沮礙하거나 또는 이에 간섭하지 않는 것을 약속한다"는 문구를 넣는 데 성공하였다. 일본 정부는 전쟁 초기인 1904년 5월 31일 각료회의에서 채택한 '제국의 대한방침'에서 표현한 의지를 전쟁 종료의 시점에서 미국, 영국 정부를 상대로 '밀약' '협약'의 형식을 통해 다짐 받은 뒤, 이제 마지막 수순으로 러시아 정부로부터 승인받는 절차를 마쳤다. 미국, 영국과의 밀약이 비준을 하지 않은 '정부 간의 협약'의 형식을 취한 것과 달리,[49] 러시아와의 조약은 양국 국가 원수의 비준을 거친 정식 조약(treaty)이었다. 이제 남은 것은 대한제국을 상대로 보호국화의 절차를 밟는 것뿐이었다. 특명전권공사 고무라 주타로는 귀국 길에 앞서 다카히라 고고로高平小五郎 주미 공사와 함께 9월 9일 루즈벨트 미국 대통령을 방문하였다. 루즈벨트는 이 자리에서 일본의 한국 보호국화에 대한 지지를 다시 분명히 약속하였다.[50]

일본 정부는 특명전권공사 고무라가 귀국한 뒤, 10월 27일에 각료회의를 통해서 '보호권 설정의 방침'을 결정하였다. 그리고 11월 2일에 조약 체결을 위한 한국 파견 특파대사로 이토 히로부미가 임명되었다. 주한 일본공사 하야시 곤스케를 특명전권공사로 삼되, 외교뿐만 아니라 한국주차군에 대한 지휘까지 총괄할 직임으로 그를 특파대사에 임명하였던 것이다.

10월 27일 각료회의가 결정한 '보호권 설정의 방침'은 8개 사항으로 구성되었다.[51] 이 가운데 제1항은 "별지와 같은 조약을 한국과 체

---

49) 荒井信一, 〈일본의 對韓外交와 국제법 실천〉, 사사가와 노리가쓰 · 이태진 편, 《韓國併合과 현대》, 태학사, 2009, 323~329쪽; 일본어판, 明石書店, 2008, 266~270쪽.

50) 《日外文》제38권 제1책, 事項 11 "일한협약 체결 및 통감부 설치의 건", 251, 9월 15일 "미국대통령 일본의 한국보호에 찬성하는 건", 가쓰라 외무대신이 재한 하야시 공사에게.

51) 위 책, 259, 10월 27일 "한국보호권확립실행에 관한 각의결정의 건".

결하여 그 외교관계를 완전히 우리 수중에 넣을 것"이라고 언명하고, 제2항에서 실행의 시기를 11월 초순으로 밝혔다. "별지의 조약"의 내용은 다음과 같았다.

(별지)

일본국 정부 및 한국 정부는 양 제국을 결합하는 이해공통의 주의를 공고케 하는 것을 바라 이 목적으로 왼쪽〔아래〕의 조관을 약정한다.

제1조: 일본국 정부는 도쿄 주재 외무성을 거쳐 금후 한국의 외국에 대한 관계 및 사무를 완전히 스스로 감리 지휘하며 일본국의 외교대표자 및 영사는 외국에 있는 한국의 신민 및 이익을 보호해야 한다.

제2조: 일본국 정부는 한국과 타국과의 사이에 현존하는 조약의 실행을 온전히 할 의무를 지며 한국 정부는 금후 일본 정부의 중개를 거쳐서 국제적 성질을 가지는 어떠한 조약 혹은 약속을 가질 것을 약속한다.

제3조: 일본국 정부는 그 대표자로서 한국 황제폐하의 궐하에 1명의 통감(Resident General)을 두고 통감은 경성에 주재하여 친히 한국 황제폐하를 내알內謁할 권리를 가진다. 일본국 정부는 또 한국의 각 개항장 및 기타 일본국 정부가 필요하다고 인정하는 곳에 이사관(Resident)을 두는 권리를 가진다. 이사관은 통감의 지휘 아래 종래 한국 주재 일본영사에 속하는 일체의 직권을 집행하고 아울러 본 협약의 조관條款을 완전히 실행하기 위해서 필요한 일체의 사무를 장리掌理한다.

제4조: 일본국과 한국의 사이에 현존하는 조약 및 약속은 본 협약의 조관에 저촉되지 않는 한 모두 그 효력이 계속되는 것으로 한다.

오른쪽〔위〕 증거로서 하명下名은 각 본국 정부로부터 상당하는 위임을 받아 본 협약에 기명 조인하는 것으로 한다.

(3) 조약의 명칭이 빠진 '보호조약'

특파대사 이토 히로부미는 위와 같은 일본 정부의 사전 준비안을 가지고 11월 10일에 서울에 들어왔다. 그는 한국 대신들을 미리 만나 형세를 살핀 다음 11월 15일에 한국 황제를 알현하고 이번 조약에 대한 일본의 뜻을 설명하였다. 황제는 이때부터 강한 거부 의사를 표하였다.[52] 그러나 일본 정부가 정한 예정일 11월 17일 아침부터 특명전권공사 하야시 공사가 나서서 먼저 한국 정부 대신들을 압박하기 시작하였다. 이 압박 강제는 한국 측의 저항으로 조약문 작성 자체도 계획대로 이루어지지 못하였다.

위 "별지의 조약"은 "1905년 보호조약(을사보호조약)"의 초안이었다. 이에 근거해서 실제로 종결을 본 조약문은 두 곳에 수정 또는 첨가가 가해졌다. 첫째로 조약 전문前文을 "일본국 정부 및 한국 정부는 양 제국을 결합하는 이해공통의 주의를 공고케 하는 것을 바라 '한국의 부강의 실實을 인認하는 때에 이르기까지' 이 목적으로 왼쪽[아래]의 조관을 약정한다."라고 고쳤다. ' ' 안의 부분이 새로 삽입되었다. 둘째로 "일본 정부는 한국 황실의 안녕과 존엄을 유지할 것을 보증함"이란 구절이 제5조로 새로 삽입되었다. 두 부분의 수정 모두, 강제 협상 현장에서 일본의 앞잡이가 된 학부대신 이완용李完用이 찬성파의 체면을 위해서 특파대사 이토 히로부미에게 부분적인 수정을 제안해 받아들여진 것이라고 한다. 이러한 부분적인 수정은 한국 측의 저항을 무마하기 위한 최소한의 후퇴로 큰 의미가 없다. 중요한 것은 조약에 명칭을 붙이지 못한 사실이다.

'1905년 보호조약(을사보호조약)'은 한국 근현대사에서 가장 큰 악영향을 끼친 '조약'이다. 지금까지 보았듯이 일본의 메이지 번벌 세력들은 이를 실현하기 위해 수년 동안, 그것도 힘에 부치는 전쟁을 수행하면서 치밀한 준비를 거쳐 실현시켰다. 그런데 그렇게 공을 들인 외교 협정 문서에 문서의 명칭이 빠져 있다. 명칭이 들어갈 난이

---

52) 이 과정에 대해서는 이 책 174~176쪽 참조.

그대로 비어 있다. 명칭은 원안인 "별지의 조약문"에도 없었다. 그러나 그것은 초안이기 때문에 그럴 수도 있으나 정식으로 모든 것이 종결된 상황에서는 명칭이 붙어야 온전한 문서라고 할 수 있다. 이전의 '의정서'나 '제1차 일한협약'도 사후에 본국 외무대신의 지시에 따라 명칭이 붙여졌다. 이번에는 이토 히로부미가 특사로 현지에 와 있었는데도 명칭이 들어갈 자리가 공란으로 남겨졌다. 한국 황제와 대신들의 강한 반대에 부딪혀 특파대사의 지시에 따라 통역관과 헌병들이 한국 외부로 직접 가서 외부대신의 관인을 가져와 날인하는 단계에서 명칭을 붙일 기회는 충분히 있었지만 끝내 그 자리는 채워지지 않았다(기본 자료 3 - 1, 2).

대한제국의 외교권을 앗아가는 중차대한 협정에 명칭이 붙여지지 않은 것은 우연한 일로 볼 수 없다. 초안인 "별지의 조약문"은 내용적으로 약식 조약인 협약(Agreement)의 형식에 해당한다. 끝 부분의 위임 사항의 형식이 바로 협약에서 취하는 형식일뿐더러 위임 사항에 대한 기술에서도 "하명下名은 각 본국 정부로부터 상당하는 위임을 받아 본 협약에 기명 조인하는 것으로 한다."고 하여 '협약'이라고 구체적으로 언급하기까지 하였다. 이 형식은 제2차 영일동맹이 취한 것과 같은 것으로 그것은 어디까지나 정부 사이의 약속으로 국가원수가 인정하는 사안은 아니다. 한 나라의 외교권 이양과 같은 중대사가 당사국을 상대로 이런 형식 곧 정부 사이의 합의로 처리될 수는 없는 것이다. 이 점은 일본 측도 분명히 의식하고 있었지만 대한제국의 국가 원수인 황제의 서명을 받아낸다는 것이 거의 불가능하다는 판단 아래 형식 문제를 유동적인 상태로 둔 것이 최종 상태가 되어 버린 것이다.

일본 측에서도 당시 보호국에 관한 협정이 정식 조약(Treaty)의 형식을 취해야 한다는 것은 의식하고 있었다. 11월 17일 실제 상황이 전개될 때, 일본 측의 책임 있는 관리들 사이에 오간 전보문에는 해당 안건을 '한국외교위탁조약'이라고 일컬은 사실이 확인된다. 이날 오전 1시 당일의 현지 진행의 첫 보고로 하야시 특명전권공사가 가쓰라 외무대신(11월 4일에 만주에 관한 청나라와의 조약 체결 문제로 고무라 외무대신이 청나라 파견 특명전권공사로 임명되어 총리대신이 외무대신을 겸임함)[53]에게 보낸 첫 전문에서 이 용어가 처음 보인다. 이 전보문은 "한국외교위탁의 협약체결의 필요에 따른 한국 외부대신과의 교섭의 건"으로 이름이 붙었다.[54] 그리고 문제의 협정을 의도한 대로 강제로 진행시킨 직후인 11월 18일 하야시 특명전권공사가 다시 본국 외무대신에게 보낸 전문도 다음과 같이 '한국외교위탁조약'이라는 명칭을 썼다(《日外文》 제38권 제1책, 事項 11, 264. 11월 18일 "일한협약 조인체결과 협약전문全文의 보고의 건").

 '한국외교위탁조약'은 곤란한(어려운-필자) 교섭 끝에 다소의 수정을 가해서 어제 17일부로 오늘 새벽〔本朝〕 1시 궁중에서 외부대신 박제순과의 사이에 조인을 끝냈다. 자세한 것은 나중에 전보한다.

 이 전보문은 그 경위 설명과 함께 협정문 전체 내용을 보냈다. 그리고 하야시 공사가 같은 날 바로 뒤이어 보낸 '일한협약 조인 사정 보고의 건'에서도 다음과 같이 같은 용어를 사용하였다.[55]

 어제 17일 오전 11시 정부 각 대신은 본관本官의 부름에 응하여 모두 당관當館(주한일본공사관-필자)에 참진參進하여 하기와라萩原守一, 고쿠분國分象太郎 두 서기관 및 시오카와鹽川一太郎 통역관을 열석시켜 16일에 외부

---

53) 《日本外交年表竝主要文書》上, 原書房, 1965, 160쪽.
54) 《日外文》 제38권 제1책, 事項 11, 263. 11월 17일 오전 1:00 경성발, 8:50 도쿄 着 하야시 전권공사가 가쓰라 외무대신에게.
55) 《日外文》 제38권 제1책, 事項 11, 268. 11월 18일 "일한협약 조인사정 보고의 건", 하야시 공사가 가쓰라 대신에게

대신에게 건네준[手交] 공문(일본 정부가 준비한 협정 초안을 뜻함-필자)을 기초로 "외교위탁조약안"에 대한 공연公然(공개적)한 토의에 들어가……"

11월 19일 하야시 공사가 한국 주재 영국, 미국 공사와 접촉한 뒤의 보고에서도 마찬가지이다.[56]

단지 영·미 양국 공사는 '외교위탁조약'의 성립에 관해서 어제 본관에 대하여 친히 축하의 뜻을 말했다.

이상의 사실로 보면 일본 측은 1905년 11월 17일자로 제시한 외교권 이양에 관한 협정에 당초 '한국외교위탁조약'이라는 명칭을 붙이려는 계획을 가지고 있었던 것이 분명하다. 그들로서도 조약의 명칭이나 격식이 이 정도는 되어야 국제적으로 인정받을 수 있다고 생각하였던 것이다. 국제법상으로도 외교권 이양과 같은 한 나라의 주권에 관계되는 조약은 대표의 위임, 조약문의 체결, 비준 등의 절차를 모두 갖추는 정식 조약(Treaty)이어야 한다는 것을 일본 외무성 관련자들이 몰랐을 리 없다. 그러나 그들로서는 한국 측의 반대가 심할 것이 불 보듯 하므로 그 방식을 취할 수가 없었다. 그래서 최악의 상황에 대비하여 협약의 형식으로 준비하되 실제 진행에서는 정식 조약에 가까운 것으로 시도하는 계획을 가졌던 것으로 보인다. 그렇지 않고서는 현장 진행 총책인 특명전권공사가 '한국외교위탁조약'이라는 용어를 되풀이해서 사용할 리가 없다. 최고위의 거물 정객인 이토 히로부미가 특파대사로 현지에 온 목적도 바로 이런 상황 대처를 위한 것이었다. 그는 실제로 15일의 황제 알현 때, 황제가 조약 대표

---

56) 《日外文》 제38권 제1책, 事項 11, 273, 11월 19일 "일한협약 성립에 따른 재한 영미공사표축表祝의 건", 재한 하야시 공사가 가쓰라 대신에게.

를 위임하는 칙명을 문서로 내릴 것을 거듭 촉구하였다.

4. 한국 황제의 거부 투쟁 - 특사 이토와의 논쟁

특파대사 이토 히로부미의 한국 황제 알현은 11월 15일 오후 3시에 이루어져 7시까지 계속되었다. 알현시의 두 사람 사이의 대화는 〈이토대사 내알현 시말〉이란 제목으로 《일본외교문서》에 실려 있다.[57] 이토 특사가 고쿠분 쇼타로國分象太郎 서기관을 대동하고 황제는 통역으로 박용화朴鏞和를 배석시켰다. 무려 4시간이 걸린 알현 시간에 견주면 〈시말〉은 장문은 아니지만 내용은 비교적 자세하고 구체적이다. 이토 히로부미 대사가 황제에게 칙명으로 대표를 위임할 것을 요구하는 내용은 중반부에 들어 있다.

〈시말〉은 기본적으로 이토 특사의 입장에서 정리된 보고서이다. 그런데도 한국 황제의 거부 의사는 강하게 표시되어 있다. 황제와 대사의 대담은 황제가 일본 정부의 그동안의 조치에 대하여 유감을 표시하는 말로써 시작되었다. 황제는 지난번 협약에 따라 메가다 다네타로 재정고문이 초빙되어 왔으나 일본이 약속한 것과는 달리 그는 한국 재정과 금융을 오히려 파탄지경으로 만들어놓고 말았다고 지적하였다. 그리고 대사가 이번에 제시한 '대외관계 위임의 건'은 "이를 절대로 거부하는 것은 아니라 할지라도 (외교의) 형식을 존속시키고 내용 같은 것에서 어떻게 협정하게 한다면 잘라서 이의가 있는 것은 아니다"라고 완곡한 표현으로 의견을 표시하였다. 이에 이토 대사가 '형식'이 무엇을 의미하는지를 물었을 때 황제는 "사신 왕

래의 사례와 같은 것(공사 교환을 뜻함)"이라고 답하였다. 황제는 어떤 일이 있더라도 기존의 수교국과의 공사 교환 체제는 유지하면서 내용적으로 일본의 강요를 어느 정도 들어주는 쪽으로 가닥을 잡아보고자 하였다. 그러나 이토 특사는 외교에는 '형식'과 '내용'이 따로 구분될 수 없다고 하였고, 황제는 다시 지금 대사가 띠고 온 사명, 즉 "소위 외교 위임의 일과 같은 것은 '형식'을 존치시키지 않는다면 그것은 필경 오스트리아奧地利와 헝가리匈牙利의 관계와 같거나 혹은 가장 열등한 국가 서열의 사례로서 저 열국이 아프리카阿弗利加를 대함과 같은 것이 되어버리는 감이 없지 않지 않느냐?"고 반문하고, 이는 있을 수 없는 일이라고 반대 의사를 분명하게 표하였다.

황제는 자신의 생각을 이렇게 피력하면서 오히려 이토 특사에게 "귀국 황실 및 정부에 (자신의 뜻을) 알려 다소 변통을 볼 수 있도록 해줄 것"을 당부하였다. '형식'은 존속시키고 '내용'에 대한 타협을 해보자는 것이었다. 이 대담을 정리한 배석자는 "이상과 같이 폐하의 애소적哀訴的 정실담情實談은 거의 몇 번인가 반복되어 그칠 줄 몰랐다"고 당시의 무거운 분위기를 전하였다. 황제의 요청이 이렇게 절실하고 완강하였지만 이토 특사는 일본 정부의 방침은 바뀔 수 없는 것이라고 거듭 천명할 뿐이었다. 그리고 그는 국제적 대세도 이미 돌이킬 수 없게 된 점을 주지시키면서 "귀국의 지위는 이 조약을 체결하지 않으면 더 심각한 어려움에 처하여 한층 더 불리한 결과를 각오하셔야만 한다"고 황제를 압박하였다.

이에 황제는 "짐이라고 어찌 그 이치를 모르겠는가. 그렇더라도 중대한 일이어서 짐은 지금 혼자 이를 결정[裁決]할 수 없다. 짐이 정부 신료들에게 물어보고 또 일반 인민의 의향도 살펴야 한다"고 하였다. 황제의 이러한 반응은 특사 이토를 크게 자극하였다. 그는 다음과 같은 말로서 황제를 궁지로 몰아 붙였다. 즉 폐하가 정부 신료에게 자순諮詢을 구한다고 하는 것은 한국과 같은 전제국가에서는 이치에 맞지 않으며 일반 인민의 의향을 살핀다고 하신 것은 "인민을 선동하여 일본의 제안에 반항을 시도하려는 생각"으로밖에 간주할 수 없다고 하였다. 노골적인 협박이었다. 한국과 만주에는 일본군이 아직도 완전히 철수하지 않은 상황이었다. 황제로서는 일본군에 맞설 만한 군사력이 없는 것이 안타까울 뿐이었다. 그간 황성皇城(서울)을 지키는 시위대, 친위대를 정예화하여 1개 여단(4개 대대)으로 편성하고 징병제 시행을 선포하여 지방군의 정예화를 계획하고 있었지만, 그 규모는 청나라, 러시아와의 대결을 작정하고 군비 증강에 온 국력을 집중해온 일본을 당할 수는 없는 것이었다.[58] 황제는 "아니, 아니 결코 그런 의미는 아니다. (폐하는 자못 낭패한 모습으로) 또 직접 민론民論을 듣겠다는 뜻이 아니라 우리나라에 중추원中樞院[59]이란 것이 있어 중대사는 일단 그 의견을 구하는 제도가 있기 때문에 짐이 정부에게 물음과 동시에 여기에도 자순시키려는 뜻에 지나지 않는다"고 답하였다.

---

58) 고종황제는 1903년 3월 15일 전통적인 오위제도五衛制度의 취지와 서양 열강의 징병제를 절충하여 군제의 일대 경장을 도모하여 육·해군을 발전시키려 하므로 이를 위해서 모두 정성을 다해줄 것을 당부하는 조칙을 내렸다(서울대 규장각자료 총서 금호 시리즈 근대법령편《詔勅·法律》, 314~315쪽 참조). 일본이 1904년 8월 재정 고문제도를 강제로 결정하여 대한제국 재정 실태를 파악할 때, 1903년도 경상세출 총 969만 7천 원 가운데 군대비용이 412만 3천 원에 달하고 있는 것을 지적하고 있는 것을 보더라도 이 무렵 대한제국이 군대 양성에 많은 노력을 기울이고 있었던 것을 알 수 있다(《日外文》제37권 제1책, 事項 6 "일한협약 체결의 건", 353쪽 참조). 대한제국의 군사제도 개혁은 중립국을 목표로 하여 이에 필요한 최소한의 국방력 3~5만을 목표로 하고 있었다. 고종황제는 1907년 6월경, 제2차 헤이그 만국평화회의에 보호조약의 강제를 폭로하기 위해 특사를 보내는 한편으로 법률로서 '모병령募兵令'을 정하였다(법률 제3호, 1907년 6월 27일 참조). 이토 히로부미는 이를 예의 주시하였던 듯, 특사 파견을 이유로 황제를 강제로 퇴위시키면서 동시에 대한제국의 군대를 모두 해산시켰다(이태진,〈한국 軍事史 연구의 성과와 과제〉,《한국 군사사》, 경인문화사, 2012, 총설 41쪽 참조).

59) 1898년 황제가 독립협회를 비롯한 각종 사회단체의 건의를 받아들여 최초의 국회로서 중추원을 발족하여 관선, 민선 각 25명의 의원 구성을 받아들인 것은 입헌군주제로의 지향으로서 주목할 만한 일이었다.

특파대사 이토 히로부미는 이 대목에서 황제에게 다시 확실한 일 처리를 요구하면서 압박을 가하였다. 곧 황제가 직접 내각 신료들에게 일본 정부의 제안은 시국 대세상 불가피하다는 의견을 내려주어야 한다고 다잡았다. 그렇게 해야 대신들도 의논을 할 수 있을 것이며, 그렇지 않으면 "폐하는 책임을 정부에 돌리고, 정부는 또 그 책임을 폐하에게 돌려 군신君臣이 서로 책임을 피하여" 헛되이 시간만 보낼 것이다. 이렇게 될 경우 "귀국을 위해서 손해가 되면 되었지 이로울 것은 없다는 것을 기억하시라"라고 기를 꺾으려 들었다. 이에 대하여 황제는 다시 "대사가 하야시 공사로 하여금 외부대신에게 제출토록 한다는 일이 잘되면 외부대신은 공사와 교섭을 거듭하여 그 결과를 정부에 제의하고 정부는 그 의견을 결정한 후에 짐의 재가를 구하기에 이를 것이다"라고 답하였다. 이 발언은 실제로 〈의정부관제〉가 정한 외국과의 개전開戰, 강화講和, 약조約條를 의정議定하는 법적 절차를 말한 것으로서, 황제가 임시방편으로 둘러댄 것이 아니었다.[60] 특사 이토는 이에 대하여 다시 '칙령'을 내려달라는 자신의 요구를 되풀이 하였다.

일이 늦어지는 것은 사정이 허락하지 않는 바이니 오늘밤 바로 외부대신을 부르셔서, 하야시 공사의 제안에 근거해서 협의를 시작하여 조인이 되도록 일을 추진해야 한다는 요지의 칙령을 내리십시오.

특사 이토는 이번의 조약이 어떻게 하든 대한제국의 국가 원수인 고종황제의 찬성의 뜻을 담은 칙명에 따라 출발되기를 바랐다. 그는 황제가 외부대신을 이 조약 체결의 특명전권공사로 임명해 줄 것을 요구한 것이다. "한국외교위탁조약"을 정식 조약으로 추진하려면 최

---

60) 1896년(건양 원년) 9월 24일 칙령 제1호 〈의정부관제〉. 규장각자료총서 금호시리즈 근대법령편《議案 · 勅令(上)》, 서울대학교도서관, 1991, 326~332쪽.

소한 특명전권공사의 임명이 필요했던 것이다. 이로써 보면 일본 측이 당초에는 이 조약을 정식조약으로 체결하려고 했던 것이 분명하다. 황제와 특사, 두 사람의 대화는 다음과 같이 똑같은 문제를 다시 한 번 반복하는 것으로 끝나고 있다.

> 황제: "어쨌든 외부대신에게는 교섭 타협의 길로 힘써야 한다는 뜻(旨)이 전해질 것이오."
>
> 특사: "앞서 여러 번 신술申述한 것과 같이 본안은 절대로 시일이 늦추어져 내버려질 수가 없는 것입니다. 극히 속결을 요함으로 당국 대신은 물론 정부 대신으로 하여금 대체의 주의主義를 다 알도록(知悉) 하여 신속히 타협을 마무리 지을 것을 요지로 하는 칙명을 조속히 내리셔야 합니다. 만약 그렇지 않으면 내일 하야시 공사가 제안을 할 때 외부外部 당국이 아직 폐하로부터 하등 칙명을 배승拜承하지 못했다고 할 것입니다. 이와 같은 불편함은 있을 수 없으니 이에 확실하게 약속을 해두고 싶습니다."

그런데 특사 이토의 이러한 거듭된 종용과 단속에도 불구하고 황제는 끝내 칙명을 내리겠다는 응답을 주지 않았다. 황제는 경황이 없는 가운데도 이토의 속셈을 읽고 있었다. 황제는 외부대신을 대표로 임명하는 칙령을 끝까지 발부하지 않았다. 황제는 "어쨌든 외부대신에게는 교섭 타협의 길로 힘써야 한다는 뜻이 전해질 것이오"라고 하여 구두 전지傳旨 정도로 밖에 약속하지 않았다.

'1905년 보호조약'은 이상과 같이 특사 이토 히로부미가 황제를 설득하는 데에 실패함으로써 조약의 명칭을 붙이지 못하는 결함을 남겼다. 이 결함은 단순한 착오가 아니라 대한제국 측에 대한 강요 끝에 남겨진 하자로서 조약 강제의 명백한 증거이다. 이 '조약'은 명칭을 붙이지 못했을 뿐만 아니라 주한일본공사 하야시 곤스케가 일본 측 대표로서 '특명전권공사'란 직임을 표시한 것과 달리, 한국 측 대표는 '외부대신 박제순'으로만 기명되어 있다. 이는 곧 황제가 끝까지 조약 체결의 대표를 칙령으로 명하지 않았다는 증거이다.

5. 서방 외교용 영어 번역문의 정식 조약 가장

'1905년 보호조약(을사보호조약)'은 일본 측이 예정한 날짜 11월 17일을 넘겨 18일 새벽 1시 즈음에 현장 상황이 종료되었다.[61] 그러나 일본 측으로서는 필요한 절차가 이로써 모두 끝난 것은 아니었다. '조약'이 체결된 것을 국내외에 알리는 일이 남아 있었으며, 이를 처리하는 과정에서 일본 측은 이 조약의 문서가 가지고 있는 결함을 지우려는 호도행위를 자행하였다. 제목이 들어갈 첫 행이 비어 있는 것을 채워 정상적으로 처리된 정식조약처럼 보이게 하는 문제가 남아 있었다.

하야시 주한공사와 본국 가쓰라 외무대신(총리로서 겸직) 사이의 왕복 전문은 11월 19일까지도 '한국외교위탁조약'이라는 용어를 썼으나 11월 20일부터 갑자기 '일한협약'으로 명칭을 바꾸었다. 11월 20일자 가쓰라 외무대신이 영국 주재 하야시 다다스林董 공사와 미국 주재 다카히라 고고로高平小五郎 공사에게 영, 미 양국 정부에 각각 협정의 전체 내용을 전하는 절차에 관한 전보문을 보내면서 해당 협정을 '일한협약'이라고 하였다(《日外文》 제38권 제1책, 事項 11, 276. 11월 20일 "일한협약전문 영미정부에 몰래 알리는(內示) 건", 가쓰라 외무대신이 재영 하야시 전권공사가 재한 고무라 전권공사에게). 그리고 11월 21일자 이 협정에 대한 각국 신문 보도에 관한 보고로 독일주재 이

---

61) 1905년 11월 17일 아침부터 시작된 조약 강제와 저항의 상황에 대해서는 필자의 〈1905년 '보호조약'에 대한 고종황제의 협상지시설 비판〉, 《역사학보》 185, 2003. 3. 및 이태진·사사가와 노리가쓰 공편, 《한국병합과 현대》, 태학사, 2009 참조.

노우에 가쓰노스케井上勝之助 공사가 외무대신에게 보낸 전문에서 '일한협약', '보호협약'이라는 용어가 쓰였고,[62] 11월 21일자 다카히라 주미 공사가 본국 외무대신에게 해당 협정을 미 국무장관에게 보인 결과 보고에서도 '일한협약'이라는 용어를 썼다.[63] 22일 미국을 비롯한 각국 정부에 이 협정 체결을 정식으로 통보하는 방법에 관해서 가쓰라 외무대신이 하달한 전보문에서도 모두 '일한보호협약', '일한협약'이라는 용어를 썼다.[64]

협정 추진에 깊이 관여하던 고위직의 관리들이 11월 20일을 기해 이렇게 협정의 명칭을 갑자기 바꾸고 있는 것은 심상한 일이 아니다. 지금까지 경위로 볼 때 협정의 추진이 계획대로 되지 않음으로써 사후 처리에서 이러한 변화가 생긴 것이 분명하다. 정식조약(treaty)에 필요한 요건을 구비하지 못하였다 하더라도 대외 공포는 늦출 수 없는 것이기 때문에 빠른 대처가 필요하였다. 그래서 정식조약으로서의 구비조건을 더 보강할 수 없는 한, 관계자들은 일단 협정이 종결된 상태대로 공식 명칭을 내놓지 않을 수 없었다. 황제로부터 전권 위임장이나 비준서가 확보되지 못한 현재 상태에서는 이 협정의 추진 초기 단계에서 준비했던 '별지의 조약문'의 안案대로 '협약'으로 처리하여 '일한협약'이란 명칭을 사용하게 되었던 것이다.

그러나 이것은 일본 정부 내부용으로는 몰라도 다른 열국에 보이는 것까지 그렇게 하는 것은 석연치 않았다. 한 나라의 외교권을 이양받는 협정을 협약 곧 약식 조약의 형식으로 내놓을 수는 없는 문제였다. 최소한 정식 조약처럼 보이게 할 특별한 조치가 필요

---

62) 《日外文》제38권 제1책, 事項 11, 277, 11월 21일 "일한협약에 관한 신문기사 및 논설보고의 건", 독일 주재 이노우에 전권공사가 가쓰라 대신에게.

63) 《日外文》제38권 제1책, 事項 11, 278, 11월 22일 "일한협약을 미국무장관에 몰래 알리는(內示) 건", 고무라 공사가 가쓰라 대신에게.

64) 《日外文》제38권 제1책, 事項 11, 280, 11월 22일 "日韓協約并 淸 · 英 · 佛 · 奧 · 伊 · 伯 · 丁 등 帝國宣言 各任國政府에 通報方에 關한 件 (1)(2) ."

하였다. 서양 열국을 위한 영어 번역문 작성이 남은 기회였다. 대
외용으로 영어 번역문에서 결격을 감추는 행위는 이전에 한차례 해
본 것이기도 하였다. 1904년 8월 22일자로 만든 '일한협약'은 각서
(Memorandum)를 협약(Agreement)으로 둔갑시켜 영, 미 양국 정부에
통보하여 양국만의 약속인 '각서'가 아니라 제3국과의 외교관계에도
영향을 줄 수 있는 외교협정의 형식이 되도록 만들었던 것이다. 이
번에는 약식조약으로서 '협약'을 한 등급 높은 '정식조약' 처럼 보이
게 하는 것이 과제였다.

협정의 영어 번역문은 본래 준비되지 않았던 것이다. 당시의 외교
협정에는 국제적으로 당사국 언어본 외에 영어본을 작성하는 관례
가 생겨 있지 않았다. 일본은 오히려 서양 열강을 상대로 특정한 목
적을 달성하기 위해 영어본을 만들어 악용하고 있었다. '1905년 보
호조약'의 영어 번역문은 일본 정부가 추천하여 대한제국의 외교 고
문이 된 스티븐스Durham White Stevens에 의해 작성된 것으로 알려진다.
1904년 8월 22일자 '협약'이 정한 "일본 정부가 추천하는 외국인 외
교고문"으로 대한제국 정부에 부임한 자였다. 그는 대한제국 외교
고문이면서도 일본 정부의 요구에 따라 '1905년 보호조약'을 영어로
번역하는 작업을 수행하였다. 영어 번역문은 협정이 강제된 후 5일
이 지난 11월 23일부터 사용되기 시작하였다.[65] 한국어, 일본어로 된
원본에는 비어있는 첫 행에 'Convention'이란 단어가 넣어졌다(기본자
료 3-3). Convention은《부비어 법 사전》의 규정에 따르면 Treaty와
마찬가지로 정식 조약의 용어이되, 영사협정(Consular Conventions),
우편협정(Postal Conventions) 등과 같은 구체적인 주제를 다루는 다
자 조약에 흔히 사용되지만, 일본 정부가 한국의 보호국화를 위해 벤
치마킹한 프랑스의 보호조약들이 Treaty의 뜻으로 많이 사용한 용어

---

65) 위와 같은 책, 같은 사항, 附記 一, "Signed at Seoul, in Japanese and Corean, November
    17, 1905(38th Year of Meiji). Published November 23, 1905. 이하 번역은 생략.

였다. 튀니지, 소시에테 아일랜드, 캄보디아 등과 체결한 보호 조약
문이 모두 이 단어를 썼던 것이다(예: Convention Entre La France et La
Tunisie). 그런데 제목은 정식조약을 뜻하는 용어로 'Convention'을 사
용하였지만 본문 가운데서는 '이 협약'을 'this Agreement'라고 번역해
놓고 있는 착란이 발견된다. 제4조와 마지막 위임사항 부분에서 이것
이 확인된다. 관련 부분을 뽑아 제시하면 아래와 같다(밑줄 – 필자).[66]

Convention
(Signed, November 17, 1905)

The Governments of Japan and Corea, desiring to strengthen the principle of
solidarity which unites the two Empires, ······

Aritcle I
······

Article Ⅳ

The stipulation of all Treaties and Agreements existing between Japan and Corea,
not inconsistent with the provisions of this Agreement, shall continue in force.

Article V

······In faith whereof, the undersigned duly authorized by their Governments
have signed this Agreement and affixed their seals······

영문으로 번역된 협정의 명칭은 Convention인데도 제4조(Article
Ⅳ)와 마지막 위임 사항에서 '이 조약'을 'this Agreement'라고 번역하
였다. 원문에 있는 대로 번역하다보니 새로 붙인 제목과 모순, 충돌
이 생긴 것이다. 영문 번역자는 제4조의 "일본국과 한국 사이에 현
존하는 조약 및 약속은"이라고 한 부분에 대한 번역에서 Treaty와
Agreement란 용어를 정확히 구별해 정식 조약과 협약의 차이를 분명

---

66) 위와 같음. 《한국조약유찬》, 통감부, 1908. 12, 23~24쪽.

히 인식한 것을 보여주기까지 한다.[67] 영어 번역문은 국제사회의 실
용도 면에서는 원본인 당사국 어문본語文本보다도 훨씬 더 큰 영향을
끼치기 마련이다. 그런 영어 번역문에 이처럼 의도적인 용어 선택이
가해진 것은 공문서 위조행위라는 비판을 면하기 어렵다.

 '1905년 보호조약'은 이 협정을 강제로 추진한 일본 측에 의해서
다음과 같이 3원화된 상태가 되었다.

 첫째, '일한협약'이라는 용어는 일본 정부 자체의 공용어로 채택
했던 것으로 판단된다. 한국의 외교권을 처음 다룬 것이 1904년 8월
22일자의 '일한협약'이며 이번 것은 바로 그것을 뒤잇는 것으로 맥락
을 잡으면서 이렇게 명칭을 부여한 것으로 보인다. 1906년 1월 통감
부 설치 전에 편찬한 《한국에 관한 조약급법령》이나 1908년 12월에
간행된 《한국조약유찬》이 모두 두 협정을 '일한협약'이라고 이름 붙
이고 있다(부록 2). 그러나 동일한 명칭은 혼란을 주는 점이 없지 않
았으므로 이후 전자를 '제1차 일한협약', 후자를 '제2차 일한협약' 또
는 '일한신협약'이라는 명칭이 생기기도 하였다.[68]

 둘째, 한국 정부는 뒤늦게 '한일협상조약'이라는 명칭을 사용하였
다. 이 용어는 1905년 12월 16일자 《관보》를 통해 처음 등장하였다.[69]
이 《관보》가 나오자 주한 일본공사관의 하야시 공사는 같은 날 오후

---

67) 《日外文》 제38권 제1책, 事項 11, 276, 11월 20일 "일한협약 전문全文 영미정부
　　에 內示의 건", 가쓰라 외무대신으로부터 영국 주재 하야시 전권공사 미국 주재
　　고무라 전권공사에게. 전보문의 본문에 붙인 Memorandum에도 "……In bringing
　　this Agreement to notice of the Powers having treaties with Corea, the Imperial
　　Government declare that in assuming charge of the foreign relations of Corea, ……"
　　라고 하여 이 협정을 Agreement라고 표현하였다.

68) 신협약이라는 말은 위 "日韓協約幷帝國宣言各任國政府에 通報方에 關한 件"
　　에 "귀관貴官은 이상의 내용으로 신협약 및 선언을 미국정부에 통지함에 당하
　　여……"라고 한 것에서 처음 확인된다. 그러나 이 용어의 보급에 대해서는 별도
　　의 조사가 필요하다.

69) 《官報》 光武 9년 12월 16일 "교섭사항"란 게재.

1시에 바로 가쓰라 외무대신에게 즉각 전보문으로 보고하였다. "한국 정부는 오늘 관보로서 보호조약을 발표하였다(韓國政府ハ本日ノ官報ヲ以テ保護條約ヲ發表セリ)"는 보고의 전보문을 '한국협상조약'이란 제목으로 실린 협정 전체 내용을 첨부하여 보냈다. 한국 정부의 《관보》는 당시 2주에 1회씩 발간되었으므로 이는 1회를 건너뛴 발표였다. 11월 18일 이후 일본 측이 한국 측의 반대를 억압적으로 통제하여 협정 성립을 기정사실화하는 데 전력을 기울인 점을 감안하면 1개월 만에 등장한 '한국협상조약'은 주한 일본공사관의 압박에 의해 친일로 돌아선 각료들이 내놓은 것으로 보아야 할 것이다. '협상'이란 표현이 들어간 것은 강요된 것이 아니라 협의에 의해 이루어진 것이란 점을 드러낼 의도를 가진 명명인 것은 말할 것도 없다.[70]

셋째, 일본 측이 국제사회를 상대로 쓰고자 만든 영역문에서 날조된 'Convention'이라는 용어가 있다. 이는 순전히 일본 정부가 '1905년의 보호조약'이 정식 조약으로 체결되었다는 것을 영국, 미국 등 주요 열강들에게 보이기 위해 날조된 명칭으로, 영어 번역문안에서도 같은 협정을 두고 약식조약을 뜻하는 'Agreement'란 단어가 동시에 사용되는 혼동을 보이고 있는 점이 주목되었다. 1882년 5월 22일에 체결된 〈조미수호통상조약〉의 경우, 영문 명칭은 "Treaty of Amity and Commerce Between The United States of America and Corea"라고 되어 있고, 제2조(Article II)에서 "이 통상수호조약이 성

---

70) 윤병석尹炳奭 교수는 1964년 국사편찬위원회에서 《韓國獨立運動史》 1 편찬을 담당하면서 보호조약에 관한 명칭이 '한일협약', '제2차 한일협약', '을사보호조약' 등 여러 가지가 있지만, 한국 측의 공식적인 명칭으로는 《관보》에 실린 '한일협상조약'으로 사용하는 것이 좋다는 견해를 표명하고 이 자료집의 목차 설정에도 '한일협상조약'이란 용어를 많이 사용하였다. 윤 교수는 1991년에 〈을사5조약의 신고찰〉(《국사관논총》 23)을 발표하면서, '5조약'의 내용을 소개하는 부분에서 《관보》에 실린 내용을 그대로 전재轉載하면서 이에 대한 견해를 주석(60)에서 밝혔다. 그러나 필자는 그의 이런 논평은 이 용어 등장의 이면을 잘 읽지 못한 것이라고 본다.

립한 뒤”라고 한 부분은 “After the conclusion of this Treaty of Amity and Commerce”라고 되어 있다. 이에 비추어 보면 제목과 조항 중의 표현이 Convention과 Agreement로 서로 다른 용어가 쓰이고 있는 것은 결코 정상적인 것이라고 할 수 없다. 이것은 어디까지나 정식 조약의 조건을 갖추지 못한 강제 협정을 정식조약으로 위장하는 가운데 생긴 혼란, 혼동으로 이는 명백한 문서 위조의 범법행위라고 하지 않을 수 없다. 프랑스가 튀니지, 베트남, 캄보디아, 마다가스카르, 소시에테제도와 체결한 보호조약도 “Convention – ”(예: Convention conclue à Papeete Le 5 Adut 1847, La France et La Reine des Iles de La Sociéte, pour Régler Léxercice du Protectorat)이라고 조약의 내용을 명시하였지, “Convention”이란 단어만 내세우지 않았다.

6. 종합: ‘조약’들에 남겨진 불법 일탈의 흔적들

1904년 일본이 러일전쟁을 일으키면서 노렸던 최대의 목표는 한국에 대한 보호국화였다. 보호국화는 청일전쟁 승리 후에 이미 대두하였지만 그 사이 한국이 러시아를 비롯한 열강과의 다변 외교를 통해서 자주와 자립의 기반을 구축해가자 전쟁을 통한 승부를 걸지 않을 수 없게 되었던 것이다. 전쟁 초반 2월 23일자로 체결된 〈의정서〉에서는 한국의 독립을 보장한다고 명시하였지만 전황이 점차 유리해지면서 같은 해 8월 22일자로 ‘일한협약’을 강요하여 한국이 일본 정부와 협의 아래 모든 외교관계를 가질 것을 규정하였다. 그들은 1905년 9월에 전쟁이 마침내 승리로 종결됨에 따라 이를 더 강화하여 11월 17일자로 ‘1905년 보호조약’을 강제하였던 것이다. 일본은 대한제국 보호국화의 목적을 전황의 호전에 따라 한 단계씩 진전시켜 나갔다. 그런데 이를 위해서 강요된 여러 협정들은 한결같이 절차나 형식면에서 큰 결함을 가지고 있었다.

전황이 불투명한 시기에 맺어진 〈의정서〉의 경우, 형식상의 결함이 그래도 가장 적은 편이었다. 일본은 이 협정에서 한국에서의 군사기지 사용권을 얻기 위해 한국 측의 반발을 예상하고 한국의 독립과 영토의 안전을 보장한다는 구절을 명시하였다. 아직 전황이 불투명한 상황이었기 때문에 일본으로서도 한국을 자국 편으로 잡아두는 전략상의 목적에서 이런 정도의 보장을 명시할 필요가 있었던 것이다. 그러나 이 협정에서도 이미 국제협정의 정상적인 절차는 무시되고 있었다. 쌍방의 대표가 대등한 입장에서 협의에 들어가는 원칙은 이 〈의정서〉에서부터 지켜지지 않고 있었다. 일본 측은 협정을 다음과 같은 방식으로 추진하였다. 즉 각의가 "기본방침"과 구체적인 협정 내용을 미리 정하여 외무대신의 지휘 아래 현지의 일본공사가 대한제국의 주무대신을 공사관으로 초치하여 그것을 일방적으로 요구하는 방식으로 진행시켰다.

〈의정서〉 후 6개월 만에 추진된 '일한협약'에서 일본의 침략 의도는 노골적으로 표면화했다. 전황이 그만큼 유리해진 데 따른 것이었다. 이 협정은 (1) 일본인 재정고문의 용빙傭聘 (2) 일본 정부가 추천하는 외국인 외교고문의 용빙 (3) 대한제국 정부의 외교관계는 미리 일본 정부와 협의할 것 등을 규정하였다. 이 협정은 이와 같이 세 가지 사항을 규정하였는데도 일반적으로 용빙조약이라고 불리는 경우가 있을 정도로 (1), (2)가 부각되고 (3)은 숨겨지고 있었다. 일본 정부의 목적인 보호국화 실현 측면에서는 (3)이 가장 중요한 것이었다. 진행 과정을 보더라도 일본 측이 당초 세 가지를 제시하자 대한제국 정부 측은 (3)에 대하여 이의를 크게 제기하였으며 이로 말미암아 이 협정은 당초 (1) (2)만을 대상으로 이루어지고 (3)은 나중에 다시 협상하여 자구를 수정하여 반영시켰다.

그런데 이 협상은 일반적으로 '일한협약'(1차)이라고 알려지나 당초에는 각서(Memorandum)의 형식을 빌리고 있었다. 각서를 협약으로 바꾼 것은 전적으로 일본 정부의 고의적인 처사였다. 즉 각서로 이루어진 사항을 일본 정부가 영국, 미국 등 열강 정부에 협약(Agreement)으로 바꾸어 번역하여 알리게 하였다. 뿐더러 이것이 탈 없이 받아들여지자 9월 5일에 외무대신이 '일한협약'이라는 이름을 붙인 8월 22일자의 협정 문안을 다시 정돈해서 이를 주한 일본공사에게 지시하여 한국 정부 《관보》에 게재하게 하였다. 《관보》에 게재된 협정문은 일본이 요구한 '일한협약'이 아니라 '협정서'로 되었지만 그 진행 과정은 기만적이고 범죄적인 것이라고 하지 않을 수 없다. 흔히 제1차 일한협약으로 불리는 이 협정은 일본 측에 각서 형식(협정 대표의 위임사항이 표시되지 않은 형식)의 문서만 남아 있을 뿐 '일한협약'이라는 이름을 붙인 협정문은 어디에도 남아 있지 않다. 그것은 외교문서로서 존재하지 않는 것이었다.

각서는 어디까지나 당사국 사이에서만 효력을 가지는 것과 달리 협약은 국제적 효력을 가지는 것으로 공문서 성격에서 큰 차이가 있다. 일본 정부는 실제로 자신들의 목표인 한국의 보호국화에서 가장 중요한 고비였던 영·미 양국 정부로부터 사전 용인을 받아내는 데 이 '각서'를 교묘하게 이용하였다. 8월 22일자의 주한 일본공사와 한국 외무대신(서리) 사이에 이루어진 '각서'가 '협약(Agreement)'으로 영역되어 영미 양국 정부에 전달되었을 때, 양국 정부는 이를 과거 조선 국왕과 체결한 수호통상조약이 주는 부담의 굴레로부터 쉽게 벗어나는 근거로 삼았던 것으로 보인다. 한국에 대한 보호국화에 결정적인 계기가 된 것으로 알려지는 가쓰라-태프트 밀약(1905. 7. 29), 제2차 영일 비밀동맹(1905. 8. 12) 등은 모두 이와 같이 일본의 기만정책을 뒷받침하여 이루어지고 있었다.

1905년 9월 러일 강화조약이 체결된 직후인 10월 28일 일본 정부 각의는 한국에 대한 보호국화를 위해서 모든 계획을 완료하여 11월 17일을 시행일로 잡았다. 이 조약체결을 위해서는 이토가 특사로 현지에 파견되었다. 사안의 중요성에 비추어 지금까지 본국 외무대신이 현지 공사에게 전보문으로 지시를 내리던 것과 달리 특사를 현지에 보내 그가 모든 것을 지휘 처리하게 하였던 것이다. 그런데 예정일을 넘겨 다음 날 새벽 1시 즈음에 이토 특사가 중명전重明殿 현장을 물러날 때까지 협정문은 머리에 명칭을 써넣어야 할 자리를 비워두고 있었다. 그 까닭은 다음과 같이 밝혀졌다.

일본 정부는 이 협정의 실현을 위해서 당초 두 가지 형식을 설정하고 있었다. 하나는 양국 주무대신의 합의와 서명으로 효력을 가질 수 있는 협약(Agreement)의 형식, 다른 하나는 정식 조약(Treaty)의 형식을 취하는 것이었다. 10월 28일 각의에서 결정한 협정문 초안은 전자였다. 그러나 11월 17일부터 19일까지 협정 주도자들 사이에 오간 전보문에는 '한국외교위탁조약'이라는 용어가 공식적으로 사용되었다. 최악의 사태에 대비해서 전자로 준비하되 국제적 공신력을 높이기 위해서는 될 수 있는 대로 현지에서 후자의 형식으로 협정이 이루어지도록 한다는 양동 작전 아래 진행된 것으로 보인다. 이러한 유동성 때문에 준비한 협정문의 첫 줄의 명칭이 들어가야 할 자리는 비어 놓고 있었다. 그러나 대한제국의 황제를 비롯한 대신들이 이 협정에 강하게 반대함으로써 외부대신의 날인을 받는 데에도 급급하여 이 첫 줄은 끝까지 빈 상태로 남았다. 외부대신 날인이 이루어질 때까지 공식 명칭을 정하지 못하였다. 외부대신 관인을 일본 측이 강제로 가져온 만큼 외부대신(박제순)이 스스로 날인한 것인지도 불확실하다.[71] 대한제국 측의 강한 반대가 결국 협정의 격식을 제대로 갖출 수 없게 만든 것이다. 이렇게 남겨진 결함에 대하여 일본 정부는 다른 기만행위로 이를 가리고자 하였다.

일본 측 관계자들은 11월 20일부터 '외교위탁조약'이라는 용

---

71) 강성은, 〈1차 사료를 통해서 본 '을사5조약'의 강제 조인 과정〉, 이태진·사사가와 노리가쓰 공편, 《한국 병합과 현대》, 태학사, 2009. 3, 229쪽.

어 대신에 '협약' 또는 '신협약'이라는 용어를 썼다. 그러나 협약
(Agreement)이라는 이름으로는 국제사회에 알리는 공표에서 공신력
을 얻기에 미흡한 점이 많았다. 이런 우려 때문이었는지 23일자로 발
표된 영어 번역은 Agreement대신에 Convention이라는 단어를 택하여
첫 줄을 채웠다. Convention은 다자 조약이나 프랑스가 튀니지 등 약
소국을 보호국으로 만들 때 사용한 용어로서 일본 측은 이를 사용하
여 대한제국의 보호국화가 정식 조약을 통해 이루어진 것처럼 보이
게 하려고 했다. 그러나 이는 어디까지나 문서위조 행위로서 조약의
법적 근거를 상실케 하는 것이다. 이 협정은 한 나라의 외교권 이양
에 관한 것인 한, 전권위임장, 협정문, 비준서 등 세 가지를 모두 갖
추어야 성립할 수 있는 것이었다. 그러나 실제로 갖춘 것은 협정문
하나, 그것도 명칭이 빠져 있었다. 전시戰時 및 전승戰勝을 배경으로
강제된 국권 탈취의 어지러운 행보는 각종 협정의 형식에 숱한 불법
의 자국을 남겨 놓았던 것이다.

제4장' 고종황'제 퇴위 강제와 통감부의 내정 장악

1. '헤이그 밀사 사건'(1907. 6.~7.)과 통감 이토의 황제퇴위 강제

1) 통감부의 한국 황제 감시와 친일내각의 구성

(1) 고종황제의 친서외교

1905년 11월 17~18일에 강제된 '보호조약'은 대한제국의 국가로서의 '독립'을 사실상 말살하는 것이었다. 《황성신문》의 사설 〈시일야방성대곡是日也放聲大哭〉이 발표된 가운데 시종무관 민영환閔泳煥의 자결(11월 30일)을 신호로 보호조약의 폐기와 '을사5적'의 처단에 관한 상소가 잇따랐다. 그러나 일본 정부는 12월 21일자로 통감부 관제를 공포하였다. 이에 따라 1906년 1월 27일자로 대한제국의 정부 부처 가운데 외부가 폐지되고 2월 1일자로 일본의 통감부가 설치되었다. 그리고 3월 2일자로 이토 히로부미가 초대 통감으로 부임하였다.

고종황제는 '보호조약'을 강제 당한 직후부터 국제사회를 상대로 한 피나는 저지 투쟁을 벌였다. 황제는 특파대사 이토 히로부미가 중명전에서 물러난 직후인 11월 18일 새벽 1시 30분에 베를린 주재 대한제국 공사관의 민철훈閔哲勳에게 일본의 조약 강제 사실을 독일황제에게 알릴 것을 지시하였다. 11월 26일에는 미국에 체류 중인 전 주한공사 알렌Horace Newton Allen에게 미국 국무성에 대해서도 이의 부당성을 알릴 것을 요청하였다. 1906년 1월에는 독일 황제에게 보내는 친서를 써서 이를 전하려고 하였다. 그러나 이 노력도 성과를 거두지 못하자 궁내부 광학국鑛學局 감독을 역임한 프랑스인 트레물레A. Tremoulet를 유럽으로 보내 앞서의 친서를 독일 정부에 전달토록 하였다. 이 친서는 5월 19일자로 독일 외무부 차관에게 전달되었다.[1]

황제는 1906년 1월 서울에 와 있던 영국 〈런던 트리뷴〉지 기자인 더글러스 스토리Douglus Story와 접촉하여 그를 통해 다음과 같은 사실을 서양 국제사회에 알리고자 하였다. 곧, 1905년 11월 17일에 이토 특사와 한국 외부대신 박제순의 이름으로 '체결'된 5조의 조약은 황제가 승인한 것이 아니라 일본이 멋대로 반포한 것으로, 황제의 독립권은 하나도 타국에 양여된 것이 없으며, 통감의 한국 주재도 허락하지 않았다고 밝혔다. 그리고 황제는 오히려 세계 여러 대국이 함께 5년 동안 한국외교를 보호해 주기를 바란다는 내용의 1906년 1월 29일자 제안서를 구미 수교국들에 전하도록 하였다. 이 제안서는 시간적으로 일본의 통감부 설치를 저지해 보려는 강한 의지를 담은 것으로 보이지만, 1906년 12월 6일에서야 비로소 영국 〈런던 트리뷴〉지에 보도되었다.[2]

(2) 니콜라이 2세 황제가 보낸 제2차 만국평화회의 초청

1905년 11월 '보호조약'을 강제당하고 있을 때, 고종 황제는 러시아의 니콜라이 2세 황제로부터 제2차 만국평화회의에 참가해 달라는 초청장을 받고 있었다. 러시아 황제는 포츠머스 강화조약 체결 직후

---

1) 《중앙일보》 2008년 2월 23일자 보도, 〈트레뮬레가 전하는 '1905년의 재구성'〉. 고종황제가 빌헬름 2세에게 보낸 친서를 독일 정치외교문서고에서 명지대 정상수 교수가 발견하였다.

2) 김기석, 〈光武帝의 주권수호 외교, 1905~1907: 을사늑약 무효 선언을 중심으로〉, 이태진 편, 《일본의 대한제국 강점》, 1995, 까치, 252~253쪽 ; 김기석 편, 《고종황제의 주권 수호 외교》, 자료총서 1, 서울대학교 韓國敎育史庫, 1994, 32쪽.

인 1905년 9월 하순, "1899년 헤이그 만국회의 발기자의 자격"으로
제2회 개최의 '예비적인 초청장(개최開催의 조회照會)을 각국에 발송하
였고, 한국도 통지 대상의 하나였다. 제2차 회의에 대한 러시아 안
은 1906년 7월 개최 예정으로 되어 있었다. 일본 정부는 이 사실을
1906년 5월 9일에서야 알게 되었고, 이후 6월 18일의 각의에서 개최
시기를 1907년 4, 5월경으로 연기할 것을 희망하는 국제 로비를 벌
이기로 하였다.[3] 러시아 황제의 제안은 결정권을 가지는 것은 아니었
다. 그의 제안은 개최국인 네덜란드 정부에 넘겨져 여기서 정식 초
청장을 받아야 하는 절차가 필요했기 때문에 일본 정부의 로비는 성
공하여 제2차 회의는 1907년 6월에 열리게 되었던 것이다.

　고종황제는 1906년 2월 초에 통감부가 설립된 뒤에도 이 회의에
대표를 파견하여 일본의 조약 강제를 알리고 이를 무효화하는 기회
로 삼고자 하였다. 그래서 미국인으로 고문 역할을 해온 호머 헐버
트Homer Bezaleel Hulbert를 특별위원으로 선정하여 한국 황실과 정부에
관계되는 일체의 권한을 위임하여 영국, 프랑스, 독일, 러시아, 오스
트리아, 이탈리아, 벨기에, 청나라 등 수교국 원수元帥들에게 친서를
전하고 한국의 여러 가지 고난의 상황을 위 각국 정부에 진달하게 하
는 한편, 헤이그 만국공판소萬國公判所의 공정한 변리辨理를 요청하도
록 하였다. 이런 경위로 1906년 6월 22일자로 전권 위임장과 함께 각
수교국 원수들에 보내는 친서가 발부되었던 것이다.[4] 그러나 회의가
연기됨으로써 이 문서들은 사용할 수 없게 되었고, 황제는 연기 시
일에 맞추어 1907년 4월부터 비밀리에 3특사를 보내기 시작하였던
것이다.

3)　金庚姬, 〈ハ～グ'密使'と'國際紛爭平和的處理條約'〉, 明治大學 《文學硏究論集》 第
　　12号, 2000. 2, 226~227쪽.
4)　김기석 편, 앞 《고종황제의 주권 수호 외교》, 28~31쪽.

(3) 한국주차군 사령부의 고종 황제 감시

한편, 조약 강제 후 국내의 상황도 급격하게 변하고 있었다. 무엇보다도 국권 회복을 위해 일본군과 싸우려는 의병이 곳곳에서 조직되어 일어남으로써 한반도는 전쟁터가 되다시피 하였다. 1904년 2월 러시아와 전쟁을 일으키면서 서울에 진입한 일본의 임시파견대는 전쟁이 끝난 뒤에도 정치적 목적으로 한국주차군으로 이름을 바꾸어 용산에 상주하였다. 앞에서 언급하였듯이 주차군 사령관 하세가와는 황제의 본궁인 경운궁이 내려다보이는 영빈관 대관정大觀亭을 무단 점거하여 사령부로 사용하면서 황제의 동정을 감시했다. 전쟁이 끝난 지 오래였지만 주차군은 계엄령 아래에 있었다. 통감부는 대한제국의 경위원警衛院을 폐지하고 경운궁 경비 권한을 직접 장악하였다. 이런 감시망으로 황제의 친서외교는 많은 장애에 부딪혔던 것이다.

일본의 한국 주권 탈취는 사회적으로도 강한 저항을 불러일으켰다. 뒤늦게나마 자강自強을 위한 사회운동이 벌어져 대한자강회大韓自強會(1906. 3.), 한북흥학회漢北興學會(1906. 10.), 서우학회西友學會(1906. 10.) 등이 조직되고 1907년 1월부터는 국채보상운동國債報償運動이 전국적으로 펼쳐졌다. 조약 강제를 저지하지 못하고 일본의 앞잡이 노릇을 한 대신들을 '을사5적'으로 규탄하며 습격하는 사건도 발생하였다. 크고 작은 저항은 통감부에 큰 부담을 안겼으므로, 이에 대한 특별한 대책이 강구될 필요가 있었다.

(4) 통감 이토의 이완용 친일내각의 구성 압박

1907년 3월 통감 이토는 일시 귀국하여 본국 정부와 협의를 가진 다음 서울로 돌아와 한국 정부의 의정부 대신들을 교체하는 공작을 진행시켰다. 1905년 11월의 '보호조약' 강제 후 줄곧 유지해온 참정대신 박제순이 주도하는 정부가 약체라고 판단하고, 당시 일본의 의도 실현에 가장 공로가 컸던 학부대신 이완용을 참정대신으로 삼아 한국 정부에 대한 통감부의 영향력을 강화하여 난국을 타개하려고 하였다. 통감은 귀국 후 한국 정부를 상대로 펼친 자신의 활동을 적어 6월 4일 자로 하야시 다다스林董 외무대신에게 "한국내각경질사정통보의 건" 이란 장문의 보고서를 보냈다.[5] 〈한국내각경질시말韓國內閣更迭始末〉이 란 제목이 붙은 보고서 본문의 내용을 간추리면 아래와 같다.

  첫째, 지난 3월 귀임 후 한국인들의 한국 정부에 대한 공격의 소리가 높아 한국 정부는 사면초가의 형세이다. 자강회, 교육회, 청년회 혹은 서우회, 그리고 2~3의 신문과 영국인 베셀Ernest T. Bethel이 주재하는 〈대한매일신문〉 등이 일제히 논조를 같이 하기 시작했는데, 표면적으로는 정부 공격이라고 하지만 실제는 배일排日의 의미이다. 국채보상회라는 명의로 우민을 선동하여 각처에서 모금集金하기 위해 연설 토론 모임을 열고 인쇄물을 돌려 배일사상을 도발하고 있다.

  둘째, 대세가 이러하므로 현 내각과 주의 강령을 함께 하는 일진회조차 의기소침, 거의 이전의 세력을 만회할 대책이 없어 중앙회에서 이를 크게 우려하면서 퇴세를 만회하고자 오히려 자강회, 청년회 파에 투합하려는 추세를 보이고 있다.

  셋째, 조야의 야심가들은 최근 수년 동안 내각대신의 경질이 없기 때문에 실망하여 경질을 몰래 계획하거나 혹은 밀칙을 받들은 궁중 잡배(근왕파를 의미 – 필자)와 통모通謀하여 각 방면에서 여러 가지 운동을 벌이고 있으며, 현 정부는 대신 암살의 거행이 두려워서 위축된 가운데 인심을 잃어 아무 원조도 못 받고 오로지 믿는 것은 우리 쪽의 세력뿐이다.

---

5) 《日外文》 제40권 제1책, 581, 6월 4일 機統秘發 第9호(6월 8일 접수), "한국내 각경질 사정통보의 건", 이토 통감이 하야시 외무대신에게. 이 보고문은 부속서 "한국 신내각대신에 대한 이토 통감의 연술"을 붙이고 있다. 이것은 통감 이토 가 새 대신들과 나눈 대화를 담은 것이다.

넷째, 이상과 같은 상황에서 본관本官은 현 참정대신 박제순과 면담하고 또 현 내각 대신 가운데 가장 의지가 강고한 이완용(학부대신)과 의논한 결과, 현 내각과 뜻을 같이 하는 일진회와 다시 제휴하는 안을 냈지만 박제순이 받아들이지 않았다. 이런 가운데 일진회는 현 내각 총사퇴를 요구하는 공세를 펴서 5월 4일 박제순은 본관에게 사의를 표하였다. 박제순은 이후 6일, 8일에도 거듭 사의를 표하고 10일에는 통감 관저로 직접 찾아와서 결심을 전하므로 본관은 이를 받아들이기로 하고 학부대신 이완용을 참정대신으로 하는 새 내각을 구상하여 5월 16일에 황제를 알현하는 기회에 박제순 참정의 사의를 아뢰면서 이완용을 적극 추천하였다.

다섯째, 이완용은 신내각 조직에서 내부대신에 임선준任善準, 군부대신에 이병무李秉武, 학부에 이재곤李載崑으로 하고, 탁지와 법부는 전임관 유임으로 하되 일진회 회장 송병준宋秉畯을 농상공부대신에 추천하였다. 하지만 본관은 송병준의 기용은 시기상조라고 생각하여 이완용이 겸임하도록 하였다. 본관은 5월 22일(혹 21일) 오후 3시 30분 궁내대신을 통하여 궁궐에 들어 갈[參內]의 뜻을 전하고 다음 날 22일 오후 4시에 알현하여 학부대신 이완용을 수상으로 추대하였다. 그러나 황제가 주저하는 기색을 보이면서 본관의 거듭하는 요청을 거부하려 하였다.

여섯째, 이에 다음과 같이 그동안 폐하가 '소책小策'을 부린 사실을 '간주諫奏'하였다. 즉, 미국인 헐버트에게 거액의 운동비를 주어 평화회의에 가서 한국의 국권회복을 운동토록 한 것, 〈런던 트리뷴〉지의 기사 가운데 스토리(기자)에게 황제가 친히 친서를 주어 일한협약(보호조약 – 필자)에 반대하는 뜻을 표시한 것, 또 프랑스 (한국) 공사관의 건물을 몰래 매입하여 본관이 일찍이 그 사실을 폐하에게 확인하였을 때 그런 일 없다고 언명했음에도 시실은 전혀 그렇지 않다는 것을 발견했다는 것 등을 진술하였다. 이런 협약 반대의 행위는 곧 협약 위반으로 일한 양국의 국제문제를 야기하게 될 것이므로 이런 악책惡策을 두 번 다시 하지 말 것을 '간지諫止'한다고 아뢰었다. 이에 폐하는 아주 낭패한 모습이 되어 백방으로 변명하려고 하였다.

일곱째, 내각 개조의 얘기로 돌아가 일한관계를 다시 친목으로 돌리려면 본관의 지도를 기다려 내정을 개량해야 하는데 이를 실행하는 데 합당한 인물로서 이완용을 추천한다고 하고 그를 불러서 각료를 추천케 하는 대명大命을 내리기를 주상奏上하고 물러나왔는데, 조금 뒤인 오후 7시 반에 이완용이 참내參內하여 알현하였고, 폐하는 이완용을 참정대신에 임명하고 내각 조직의 대명을 내렸다.

여덟째, 신 내각의 대신 구성에서 참정대신 이완용은 일진회 회장 송병준을 농상공부대신에 기용하고자 하였는데, 본관은 이는 폐하가 가장 싫어하는 것이어서 시기상조로서 찬성하지 않았지만 이완용은 일진회의 도움은 반드시 필요하고 시기문제는 오십보백보라고 하면서 이날 밤에 바로 입궐하여 폐하의 재가를 받았다.

통감 이토의 대책은 이같은 경과를 거쳐 1907년 5월 22일에 참정대신 이완용 이하 신 내각 구성으로 실현을 보았다. 내부대신 임선준任善準, 군부대신 이병무李秉武, 학부대신 이재곤李載崑, 탁지부대신 고영선高永善, 법부대신 조중응趙重應, 농상공부대신 송병준宋秉畯 등으로 구성된 신 내각은 통감부의 방탄용이나 마찬가지였다. 이완용, 임선준, 이병무, 이재곤은 5월 22일, 고영선, 조중응, 송병준 등은 통감부의 비호 아래 25일자로 칙명을 받았다.

(5) 친일내각의 국정 장악

통감 이토 히로부미는 여기서 끝내지 않았다. 그는 참정대신 이완용을 앞세워 6월 14일자로 의정부를 내각, 참정대신은 총리대신으로 각각 개칭하고, 총리대신 이하 국무대신은 "대황제 폐하를 보필하여 국정을 장리掌理하는 책임을 지는" 것으로 권한이 커졌다(광무 11년

(1907) 칙령 제35호 〈내각관제(內閣官制)〉).[6] 이로써 대한제국의 황제정
은 사실상 종언을 고한 것이나 마찬가지였다.

위 〈한국내각경질시말〉에 상세하게 보고된 대한제국 정치체제의
변화는 곧 황제의 주권 수호를 위한 국제적 투쟁에 대한 통감의 면
전의 협박으로 만들어진 것이었다. 통감 이토가 지적한 헐버트를 통
한 평화회의 참석 운동은 1906년 상반기에 있었던 일이었지만 그 사
실을 통감이 알고 있다는 것이 황제에게는 큰 부담이 되었을 것은 말
할 것도 없다. 1907년 5월 하순 현재 시점에서 황제는 다시 지난 4월
부터 특사 셋을 비밀리에 파견하여 제2차 평화회의에 가도록 해놓
고 있는 상황이었으므로 통감의 협박조 진술은 더 큰 부담이 되었을
것이다. 뿐더러 통감이 직접 언급하고 있는 미국인 헐버트로 하여금
이번에도 런던 쪽으로 가서 3특사를 지원하게 해 놓고 있는 상황이
므로 곤혹감을 더 느꼈을 것이다.

통감 이토는 1905년 11월의 '보호조약' 이후 한국인들이 보인 저항
이 통감부의 보호국 체제를 위협할 수 있다고 판단하고 있었다. 이
를 만회하기 위해서 1904년 8월에 출범하여 일본 정부의 정책을 돕
던 일진회, 그리고 '보호조약' 강제 때 큰 도움을 준 이완용을 활용하
여 한국의 의정부를 이완용을 중심으로 한 내각체제로 바꾸었다. 그
동안 한국 황제가 주권 수호를 위해 비밀리에 추진한 외교 활동을 감
시하여 얻은 정보를 체제 변개에 협박용으로 사용하였던 것이다.[7] 약

---

6) 《勅令(下)》, 서울대학교 도서관 편, 규장각자료총서 금호시리즈 근대법령편, 1991,
   274쪽.

7) 고종황제의 비밀 외교에 대한 일본 정부의 감시는 이후에도 계속되었다. 제2차
   평화회의가 헤이그에서 열릴 예정인 가운데 1906년 4월에 한국대표 초청 사실,
   한국 황제가 1906년 7월 회의에 헐버트에게 임무를 부여한 사실 등이 밝혀진
   이후 일본 정부는 감시의 눈을 늦출 수 없었다. "헤이그 밀사" 파견에 대한 정
   보 수집은 1907년 1월 17일 현재 진행 중인 것이 확인된다. 《日外文》 제40권 제
   1책, 事項 12 "헤이그 평화회의에 한제(韓帝) 밀사파견 1건" 참조.

1개월 뒤 '헤이그海牙 밀사의 건'을 구실로 한 한국 황제의 퇴위 강제
도 이 선상에서 추진되었다.

2) '헤이그 밀사 사건'에 대한 일본 정부의 대책 모색
(1) 제2차 만국평화회의, 3특사의 활약

1906년 4월 무렵 일본 정부의 요청으로 연기된 제2차 만국평화회
의는 1907년 6월 15일 헤이그에서 개회되었다. 대한제국 황제가 비
밀리에 특사로 보낸 이상설李相卨, 이준李儁, 이위종李瑋鍾 등 3인은 러
시아 황제와의 접촉을 시도하고자 상트페테르부르크에서 많은 시간
을 소비하여 개회 후 10일이 지난 6월 24, 25일경에 헤이그에 도착
하였다. 이들은 도착과 동시에 6월 25일 제1분과 위원회[8]에 직접 나
가서 일본의 불법성에 관한 전반적인 문제를 의제로 삼도록 제안하
면서 황제의 친서를 전달하였다. 그러나 제1차 회의에서 이미 회원
국이 된 일본의 반대로 의제 채택에 실패하였다. 그리하여 3특사는
6월 27일자로 〈공소사控訴詞〉를 각국 대표 및 의장에게 전달하였다.
1905년 11월의 '보호조약'은 일본인들이 한국 황제의 재가 없이 체결
한 것이며, 자신들의 목적 달성을 위해 대한제국 정부에 대해 무력
을 행사했으며, 대한제국의 법률이나 전통을 무시하고 행동하였음을
밝히고, 이번 평화회의에서도 참석 자격이 있는데도 일본의 방해를
받고 있으니 각국 대표 여러분은 중재를 해주기를 바란다고 하였다.
대한제국과 우방국과의 외교관계 단절은 대한제국의 자의에 의한 것
이 아니라 일본에 의해 침해당한 결과이므로 이를 바로잡는 기회를

---

8)　제1위원회는 '국제분쟁평화적처리방법 및 국제재판소에 관한 건', 제2위원회는
　　'육전陸戰에 관한 건, 제3~제4위원회는 해전에 관한 건을 심의하였다.《日外文》
　　제40권 제1책, 事項 1 "제2회 만국평화회의에 관한 건", 5, "10월 30일 제2차 평
　　화회의의 경과보고의 건".

마련해주기를 바란다는 내용이었다.[9]

3특사의 〈공소사〉는 영국 유명 언론인 윌리엄 스테드William Thomas Stead가 이 회의 취재를 위해 특별히 창간한 〈평화회의의 편지Courrier de la Conference〉에 전문(프랑스어)이 실린 것을 계기로 이들의 활동은 7월 1일자로 세계 각지로 타전되어 일본에서도 7월 3일자 신문에 〈소위 조선의 항의〉란 제목으로 보도되었다.[10] 3특사의 활동은 각국 신문기자들의 관심을 불러일으켜 윌리엄 스테드의 주선으로 7월 9일에 기자단 조직인 국제협회에 이상설, 이위종이 귀빈으로 초대되어 이위종이 유창한 불어, 영어로 〈한국의 호소A Plea for Korea〉란 제목으로 연설하여 큰 호응을 얻었다.[11] 7월 초순에 '헤이그 밀사 사건'[12]이 알려지자 통감부나 일본 정부는 크게 긴장하였다.

(2) 통감 이토의 황제 퇴위 강제 제안과 일본정부의 수용

통감 이토는 7월 7일에 본국 정부의 총리대신 사이온지西園寺에게 "밀사 헤이그 파견에 관하여 한국 황제〔韓帝〕에게 엄중 경고하고 아울러 대한 정책에 관한 내각 회의〔廟議〕의 결정을 여쭈어 청하는〔禀請〕 건"을 전보로 보냈다.[13] 이토가 스스로 내각의 공식 결정을 적

---

9)   尹炳奭, 《李相卨傳－海牙特使 이상설의 독립운동론－》, 일소각, 1984, 67~69쪽.

10) 당시 일본의 대표적인 일간지인 《東京日日新聞》은 7월 1일 발 〔倫敦路透(런던 로이터－필자) 전보)로 〈所謂 朝鮮の抗議〉란 제목의 기사를 7월 3일 지면에 실었다.

11) 이위종이 한 이 연설은 호평을 받아 두 사람은 미국 〈뉴욕 타임스〉사의 초청을 받아 8월 2일, 8월 7일 두 차례에 걸친 인터뷰 기사가 1면을 장식하였다. Carole Cameron Shaw, *The Foreign Destruction of Korean Independence*, Seoul National University Press, 2007, 243~245쪽.

12) 이 용어는 일본 측이 만들어 사용한 것이지만 사건의 생동감을 부여하기 위해서 그대로 쓴다.

13) 《日外文》 제40권 제1책, 事項 12 "일한협약체결 1건"(한제양위 1건), 473, 7월 7일 이토 한국통감으로부터 하야시 외무대신에게.

극적으로 요청하고 나선 것이다. 이에 대해 일본 정부는 7월 12일자로 "한제의 밀사 파견에 관련하여 내각 결정의 대한 처리방침 통보의 건"을 하달하였다.[14] 일본 총리대신의 이름으로 보내진 이 전보문의 요지는 다음과 같다. 즉, 일본제국 정부는 이 기회를 놓치지 말고 "한국 정부에 관한 전권全權을 장악하여야 한다. 이에 필요한 조치와 권한은 통감에게 일임한다. 이러한 체제는 한국 황제[韓皇]의 조칙이 아니라 양국 사이의 협약으로 만들어져야 하므로 이를 위해서 곧 외무대신이 한국을 방문하여 설명할 것"이라고 하였다.

일본 정부는 곧 한국의 고종 황제가 1907년 제2차 헤이그 만국평화 회의에 '1905년 보호조약'의 불법, 무효를 알리는 특사를 파견한 것을 '1905년 보호조약'에 대한 위반 행위로 간주하고[15] 한국의 황제를 일본의 공권력으로 퇴위시키고 한국의 외교권뿐만 아니라 내정을 장악하기로 결정을 내린 것이다.

내각으로부터 온 전보문은 3개의 〈부기附記〉를 첨부하였는데 그 가운데 내각회의의 결정사항이라고 밝힌 〈부기 2〉의 요강은 대한제국 법령 제정에 대한 통감의 부서副署(함께 하는 서명 – 필자) 문제를 언급하였다. 이것은 이후의 사태 전개에서 대단히 중요한 문제가 되므로 주의해서 살필 필요가 있다. 이를 옮기면 다음과 같다.

제2 요강안

한황으로 하여금 황태자에게 양위讓位시킬 것. 장래의 화근을 두절시키기 위해서는 이 수단 밖에 낼 것이 없음. 단 본건의 실행은 한국 정부로 하여금 실행케 함을 득책得策(좋은 계책 – 필자)으로 해야 함. 국왕과 아울러 정

---

14) 위 책, 474항.
15) 통감 이토는 앞서 〈한국내각경질시말〉에서 한국 황제가 헐버트, 더글러스 스토리 기자 등을 통해 벌인 국제적인 주권 수호운동에 대해 1905년 일한협약(보호조약) 위반이라고 지적하였다.

부는 통감의 부서 없이 정무를 실행할 수 없음(통감은 부왕副王 혹은 섭정攝政의 권한을 가질 것). 각 성省 가운데 주요한 부部는 일본 정부가 파견하는 관료로 하여금 대신大臣 혹은 차관次官의 직무를 실행하게 할 것.

위 '요강안'은 "헤이그 밀사 사건" 후의 일본 정부의 대한 정책의 지침에 해당하는 것이다. 이 지침은 실제로 고종황제의 양위, 통감의 법령 결재권 장악 두 가지의 방안으로 진행되었다. 고종 황제의 양위는 7월 안에 강제로 이뤄졌고, 통감의 부서 체제는 〈한일협약〉(정미조약) 제2조에 "한국 정부의 법령의 제정 및 중요한 행정상의 처분은 미리 통감의 승인을 받을 것"이란 규정을 두는 것으로 구체화했다. 일본 측의 고종황제에 대한 불만과 반감은 앞에서 살핀 것과 같이 "헤이그 밀사 사건" 이전부터 팽배해 있었다. 고종황제의 '항의'가 제2차 평화회의에서 다시 적극적으로 표시되자 일본 정부는 통감의 제의를 그대로 받아들여 퇴위를 강제하고 통감이 내정까지 장악하기로 방침을 세웠던 것이다.

3) 황제 퇴위 강제와 황제 친위세력의 저항
(1) 이완용 내각을 앞세운 황제 퇴위 강행

통감 이토가 본국정부로부터 받은 7월 12일자의 '대한 처리방침'은 황제의 양위와 통감에 의한 섭정체제의 확립을 골자로 하는 것이었다. 통감은 둘 가운데 황제의 양위문제부터 착수하였다. 퇴위 강요에서 통감은 시종 내각을 앞세우고 통감부는 이와 무관한 것처럼 가장하였다. 통감부가 나서면 내정간섭이란 인상을 주고 증거도 남기게 될 것을 우려한 것이다. 통감으로부터 양위 건의의 임무를 부여받은 대한제국의 이완용 내각은 연일 회의를 거듭하던 끝에 7월

16일에서야 처음으로 황제에게 황태자에게 양위할 것을 주청하였다.

통감 이토가 7월 19일자로 본국 사이온지 총리대신에게 보낸 중간 보고의 전보문은 그간의 상황을 다음과 같이 적고 있다.[16]

내각대신 등은 헤이그 파견의 밀사 1건이 크게 일본의 여론을 격앙시키고 또 하야시 다다스 외무대신의 보고를 듣고 일이 매우 중대함을 예상하였다. 이때에 당하여 (한국)정부는 자진하여 어떤 조치를 집행해야만 한다고 인식하여 연일 내각회의를 연 결과, 그 숙제인 황제 양위를 결행함으로써 가장 잘 시의에 맞추는 것이라고 하였다. 또 이를 행하는 데 노력하여 본관(통감 – 필자)의 조력 또는 동의를 구하는 것을 피하고 자력 단행을 기하였다. 3일 전〔一昨昨夜, 16일〕 밤에 먼저 이 총리대신이 참내(입궐) 중에 시국이 곤란함을 호소하여 양위가 부득이 한 까닭을 주문하였지만 채납을 얻지 못하였다. 다음 날(17일) 밤에 각 대신 일동이 참여하여 다시 똑같은 것을 복주伏奏하였으나 헛되이 폐하의 격노를 건드리는 것 외에 얻은 것 없이 물러났다. ……

위 보고문은 황제 퇴위의 요구를 한국 내각이 '자진'하였으며, 통감 자신은 그들의 조력 요청이 있었으나 이에 불응하는 신중을 기했다는 것을 강조하였다. 고종황제는 통감부의 그러한 의도를 직시하고 시종원경 이도재李道宰를 이토의 처소에 보내 입궐을 요구한 사실도 언급하였다. 이에 대해 이토 자신은 황제가 밀사 건에 대해 '변명'하려는 것이라고 판단하여 의도적으로 이를 피하다가 황제의 요청이 거듭 닥치자 어제[昨日; 18일] 오후 5시에 마침내 입궐하여 자신의 입장을 다음과 같이 밝혔다고 진술하였다.[17]

---

16) 《日外文》 제40권 제41책, 事項 12 "일한협약체결 1건", 486, 7월 19일 "한제양위의 경위 및 우右 조칙 발포에 관한 건".

17) 위와 같음.

······ 또 내각 대신 등의 주청奏請에 의한 양위의 건을 하문下問하신다기에 이처럼 귀 황실에 관한 중대한 건에 관해서는 폐하의 신료가 적합하지 본관이 옳고 그름의 대답(奉答)을 감히 하거나 혹은 이에 간여할 위치가 아니라고 하여 단연코 이를 사양하였다. 오히려 본건에 관하여 당국 대신들로부터 어떤 상담을 받은 것도 없다는 것을 아뢰었다. ······

보고문은 이어서 통감 자신의 내알이 끝난 뒤 다시 내각대신 일동이 어젯밤 입궐하여 양위를 재차 주청하면서 벌어진 상황을 밝혔다.[18]

······ 그리고 각 대신들은 또 어제 일동 궐에 들어가 양위의 일을 건의하자 폐하는 '짐은 이미 최후의 결심을 했으니 경들도 끝까지 방어(우리 요구에 대하여 말한 것이다)의 수단을 강구해야만 한다'고 완강하게 이를 받아들일 기색을 보이지 않았다. 대신들도 역시 이에 굴하지 않고 강력하게 간주諫奏하자 폐하는 그 처결을 분명하게 연기시키려고 했지만, 각 대신은 (일본) 외무대신이 이미 서울에 도착하여 시국이 자못 절박하다고 주장하여 드디어 원로대신들을 소집하여 그 의견을 듣기로 하였다. 서정순徐正淳, 신기선申箕善, 민영휘閔泳徽, 이용식李容植, 이중하李重夏, 문영소聞泳韶, 남정철南廷哲, 이윤용李允用, 김재풍金在豊 등 9원로들이 모였다. 그 결과 오늘(19일) 오전 1시에 이르러 양위의 일에 폐하의 동의를 얻어 이에 모든 의문이 하나로 해결되어 황세의 새길(勅裁)을 거쳐 3시에 조칙을 발포했다. ······

위 인용문에서 주목되는 것은 황제가 이미 최후의 결심을 하였다고 분연한 태도를 보이면서, 내각대신들에게도 오히려 끝까지 일본의 요구를 막는 일을 하라고 질책하면서 원로대신들을 소집한 사실이다. 이 소집은 단순히 중의를 구한다는 뜻보다도 황제가 내각대신

---

18) 위와 같음.

들의 요구를 꺾거나 지연시키는 수단으로 생각해낸 듯하다.[19] 그런
데 통감은 이 회의에서 양위가 결정되고 폐하의 동의까지 받아 새벽
3시에 조칙을 발포케 되었다고 보고하고 있으나 발포된 조칙은 18일
로, 내용도 양위가 아니라 대리를 선언하는 것으로 되어 있다. 18일
은 원래 내각이 정한 날로서 실제와는 1시간의 차이가 생겼다. 중요
관련 부분을 옮기면 다음과 같다.[20]

> 아! 내가 역대 임금들의 크나큰 위업을 이어받아 지켜온 지 지금 44년이
> 다. 여러 차례 많은 난리를 겪으면서 다스림이 뜻대로 되지 않아…….
> 백성들의 운명의 고달픔과 나라 행보(國步)의 위태로움이 지금보다 더
> 심한 적이 없었다. 위구심은 마치 엷은 얼음장을 건너는 듯하다. 다행
> 히 황태자(元良)의 덕스러운 기량을 하늘이 주어 훌륭한 명성이 일찍부
> 터 드러났다.……내가 가만히 생각하니 고달프고 괴로워 황위를 물려주
> 는 것(倦勤傳禪)은 원래 역대에 이미 행한 선례가 있고 우리 선대 임금들
> 의 훌륭한 예는 마땅히 바르게 이어받아 행해야 한다. 내가 지금 군국대
> 사(軍國大事)를 황태자로 하여금 대리케 하려 하노니(밑줄 - 필자), 의식절차
> 儀式節次는 궁내부 장례원(掌禮院)에서 마련하여 거행하게 할 것이다.
>
> 광무 11년 7월 18일(어새)
>
> 내각총리대신 훈2등 이완용

위 조칙의 내용은 누가 봐도 황태자의 대리(代理)를 알리는 것이지
양위를 선언하는 것이 아니다. 앞에서 역대에 이미 행한 예로서 황
위를 물려주는 것(傳禪)이 언급되었지만, 그것은 황위의 교체의 경우

---

19) 9인 말고도 박영효, 박제순, 이도재, 성기운成岐運 등도 소집되었으나 병을 칭하고
　　입궐하지 않았다는 보고도 있다. 楢崎桂園, 《韓國丁未政變史》, 日韓書店, 1907년
　　12월, 47쪽 ; 戸叶薰雄 · 楢崎桂園, 《朝鮮最近史》, 蓬山堂: 東京, 1912, 114쪽.

20) 《高宗皇帝實錄》 해당 연월일조 ; 《詔勅 · 法律》(서울대학교 도서관 편, 규장각자
　　료총서 금호시리즈 근대법령편, 1991), 507쪽.

에 한정하는 언급이라기보다도 대리정代理政을 포함한 광의의 선양
禪讓의 의미로 쓴 것이다. 주목되는 것은 양위문제를 지휘하기 위해
서 한국에 와 있던 일본 외무대신 하야시가 당초 위 조칙의 내용대로
대리도 양위나 마찬가지라고 판단하여 본국에 보고한 사실이다. 7월
19일에 타전된 이 보고의 전문은 다음과 같다(《日外文》 제 40권 제
1책, 事項 12, 487, 7월 19일 "한제양위의 조칙에 관한 외무대신으로부
터의 통보의 건").

> 양위의 조칙은 어제 18일부로서 그 번역문은 별전別電 제66호와 같다. 이
> 조칙 가운데 "군국軍國의 대사를 황태자로 하여금 대리케 한다"고 하여
> 일견 양위로 인정하기 어려운 구절이 있어도 당국의 사례에 따르면 한번
> 왕위에 오른 국왕의 생존 중의 신왕新王은 따로 즉위식을 행하지 않고 전
> 자는 은퇴하고 후자는 단순히 대리의 이름으로 국정을 행하는 것으로 곧
> 조칙 가운데 특히 "전례를 끌어들여 고달프고 괴로워 왕위를 물려준다"
> 는 자구가 있는 것을 보아도 이번의 조치는 양위를 의미하는 것이 명백
> 하다고 생각하기 때문에 전보로 알린다.

이 전보문에 따르면 일본 측은 당초에 조칙의 내용을 액면대로 받
아들였던 것이 분명하다. 그러나 일본 측은 대리의 형식으로 물러나
는 고종황제가 언제든지 다시 친정에 나설 수 있는 것이 한국의 선
선傳禪의 전통이라는 것을 뒤늦게 알게 되었다. 그리하여 그들은 내
각으로 하여금 "진짜 양위"를 고종으로부터 받아내도록 강요하였다.
내각대신들은 19일 낮부터 황제에게 진정한 양위를 표시하도록 요구
하였다.[21] 그러나 황제는 어떤 면으로나 더는 양보할 수 없었다. 황
제 측이 조칙을 수정할 기미가 선혀 보이지 않자 내각과 통감부는 형
식면에서 양위를 기정사실화하는 작전을 폈다. 19일 밤 태묘太廟에

---

21) 위《韓國丁未政變史》, 64~65쪽 ;《朝鮮最近史》, 116쪽.

칙사를 보내고, 20일 아침 7시에 중화전中和殿에서 양위식을 '권정례
權停例'로 거행하기로 하였다. 권정례는 조하朝賀 때에 임금이 나오지
않은 채 임기응변으로 식만 거행하던 것으로서, 조선왕조 초기 이래
그 예가 있다. 실록에서도 "황태자의 대리청정代理聽政으로 인한 진하
陳賀는 권정례로 행하였다"고 하여 대리청정으로 기록되어 있다.[22]

(2) 환관의 대역代役으로 치른 양위식

이때 궁내부 대신 박영효의 반격이 시작되었다. 그는 왕비 시해사
건 연루자가 모두 그의 당여인 혐의[23], 1900년 7월의 대통령 추대 음
모사건 등으로 쉬이 귀국하지 못하였다. 그런데 황제는 1907년 6월
11일자로 그를 석방하고 7월 17일자로 궁내부 대신에 임명하였다.[24]
앞에서 언급하였듯이 황제는 5월 22일 통감 이토의 협박으로 이완용
을 의정부 참정대신으로 임명하였다. 이어서 6월 14일 의정부를 내각
으로 고치고 이완용 내각체제를 발족시켰다. 내각 총리대신 이완용이
국정을 주도하는 체제로 만들어 통감부의 시책을 그대로 한국 정부가

22) 대리청정의 권정례에 대해서는《고종황제실록》48권, 44년(1907 정미/대한 광
    무 11년) 7월 19일(양력) 조 참조.《日外文》제40권 제1책, 事項 12, 497, "한제
    양위식 거행의 건".

23) 《고종황제실록》34권, 33년(1896 병신 / 대한 건양 1년) 6월 27일(양력) 四品李
    承九疏略 참조.

24) 위《詔勅 · 法律》, 502쪽. 박영효의 궁내부 대신 임명에 대해서는《고종황제실
    록》48권, 44년(1907 정미/대한 광무 11년) 7월 17일(양력) 참조. 그러나 그의 권
    정례 불참으로 다음 날 총리대신 이완용이 궁내부대신을 겸임하였다. 앞《조선
    최근사》에는 박영효의 궁내부 대신 임명과 관련하여 다음과 같은 일화가 소개
    되어 있다. 박영효가 귀국한 뒤 고종황제가 인견하던 때에 그의 관冠 위에 옥관
    자玉貫子를 보고 출처를 물으니, 박영효가 옛날에 폐하가 친히 신에게 내리신 것
    으로 신이 일본에 수십 년 유우流寓하던 중에도 고국을 그리면서 매일 봉지奉持
    하면서 옛날을 생각하는 기념의 품이라고 아뢰어 임금과 신하가 '회구懷舊의 암
    루暗淚'를 흘렸다고 하였다(134쪽).

대행하게 하기 위한 것이었다. 황제가 바로 이 시점에서 박영효를 사면, 귀국시킨 것은 6월 중순에 열릴 제2차 만국평화회의에 특사들의 주권 수호 외교가 성공할 때까지 통감부의 압박을 최소화하기 위한 것으로 풀이된다. 박영효는 종척 출신으로 1895년 상반기 내부대신으로 군주의 개혁(을미개혁)을 도운 경력이 있었으므로, 통감 이토의 압박을 중재하는 역할을 할 수 있을 것으로 기대되었던 듯하다.[25]

　박영효는 6월 11일자로 사면되었지만 실제로 귀국한 것은 6월 21일이었다. 이완용 내각체제가 확정된 뒤였다. 그가 궁내부 대신으로 임명된 7월 17일은 이완용 내각이 통감부의 요청대로 입궐하여 양위를 주청하던 때였다. 황제는 이 부당한 압박을 저지하는 데 실낱같은 희망으로 박영효를 궁내부 대신에 임명했다. 양위식은 황제나 황태자가 응하지 않을 것을 예상하여 내관內官 2인이 "구제舊帝"와 "신제新帝"를 대역하는 권정의 예로 7월 19일 아침 10시에 중화전에서 열기로 되어 있었다.[26] 이 자리에는 궁내부 대신이 직분상으로 반드시 참여하여야 했다. 그러나 박영효는 병을 핑계대고 나가지 않았다. 그의 불참에 당황한 통감부와 내각 측은 중추원고문 박제순을 임시로 궁내부 대신을 맡게 하려다가 내각총리대신 이완용이 겸임하

---

25) 박영효는 갑신정변 연루자였지만, 1894년 8월 청일전쟁 중 사면을 받고 귀국하여 군주의 개혁 징치를 도왔다. 이후 다시 일본으로 망명히였다가 이때 다시 귀국하여 황제를 돕는 역할을 수행한다. 그의 정치행각은 앞으로 새롭게 조명될 필요가 있다. 이때 황제의 1895년 6월 폐비 음모 혐의에 대한 사면 조치는 6월 11일자로 이루어졌는데(《고종황제실록》), 이 조치를 내각은 15일자로 내각 곧 의정부의 특사로 바꾸었다(《東京日日新聞》, 1907년 6월 16일자 〈朴泳孝의 特赦〉 (15일 京城 發)). 이 기사는 "박영효의 특사는 궁중의 전단專斷에서 나온 것으로 책임 내각의 정신에 반하여 이를 취소하고 다시 의정부로부터 특사령을 발하기로 어젯밤 결의하였다"고 보도하였다. 그런데 박영효는 6월 21일에 귀국하여 황제 알현에 앞서 통감 이토 히로부미를 먼저 방문하고 또 일진회, 자강회 등 친일단체의 환영회에 참석하고 있다(《東京日日新聞》 같은 날짜 보도 참조). 이런 행각이 통감부 쪽의 의심을 늦추기 위한 것인지 검토가 필요하다.

26) 위 《韓國丁未政變史》, 64~65쪽 ;《朝鮮最近史》, 126쪽.

도록 하였다.[27] 권정례의 '양위식'은 20일 아침에서야 열렸다.《조칙철詔勅綴》과《순종황제실록》의 관련 기록에 따르면 7월 21일자로 내용이 상반하는 두 개의 조칙이 나란히 공포되었다. 황태자가 "대조大朝(부황父皇)의 명백한 지시를 정중히 받들어 서정庶政을 대리하는" 마당에서 인민의 대업협찬大業協贊을 구한다는 내용의 조칙, 그리고 "대조의 처분을 이미 받았으니 (현 황제를) 태황제로 받드는 의식과 절차를 궁내부 장례원에서 도감을 설치하여 거행하라"는 조칙이 그것이다.[28]

(3) 황제친위세력의 저항과 어새 피탈

7월 21일 대리조칙이 반포된 가운데 박영효는 어전에서 이완용의 궁내부 대신 임시서리를 해직하게 하고 스스로 궁내부 대신의 위치에서 일본 황실이 보내온 '신황제의 양위 축하'의 전보문은 잘못된 것으로 황태자의 '서정庶政 대리'로 바로잡아야 한다고 내각 측을 규탄하였다.[29] 그러나 내각 측은 이를 무시하고 현 황제의 태황제로의 추대에 관한 조칙 반포를 진행시켰다. 이것은 물론 궁내대신 관인이나 어새 탈취를 전제로 한 진행이었다.

7월 21일의 어전 분위기는 박영효 측이 내각 대신들을 공격하는 가운데 다소 유리한 듯하였다. 그러나 22일 새벽 1시경 상황은 역전되었다. 후술하듯이 시위대가 거사를 음모하고 있다는 구실로 일본군이 기습적으로 궁궐 안으로 들어와 퇴궐하던 박영효와 내대신 겸 시종원경 이도재, 그리고 일단의 시위대 장교들을 체포하였다.[30] 양

---

27)《고종황제실록》48권, 44년(1907 정미/대한 광무 11년) 7월 18일(양력) 조.

28)《순종황제실록》권1, 광무 11년 7월 21일조 ; 위《詔勅·法律》, 509~510쪽.

29) 위《韓國丁未政變史》, 71~72쪽.

30) 위《朝鮮最近史》, 135~138쪽.

위에 가장 강력하게 반대하던 세력이 일망타진되고 말았다. 이날 낮 내각대신들은 위의 태황제 존봉에 맞추어 황태자에게 대리라는 칭호 대신 황제라는 큰 칭호를 쓸 것을 주청하였다.[31]

이상과 같은 과정으로 고종황제는 강제로 퇴위당하였다. 그런데 통감부에 의한 황위 교체는 국새·어새 등의 보인寶印들을 확보하지 않고서는 이뤄질 수 없는 일이었다. 당시 조칙은 황제의 승인 아래 내대신內大臣이 관리하는 어새 칙명지보勅命之寶의 압인押印으로 반포 될 수 있었다. 그러므로 통감부와 내각 측은 21일에 '태황제 존봉'을 지시하는 조칙을 작성할 때 이미 보인들을 확보하고 있었음을 의미한 다. 22일 새벽에 일본군이 궁내부 대신과 내대신을 함께 강제로 체포 하는 사건이 발생하였다. 통감부 측이 황제를 지지하는 시위대 장교 들의 거사 음모를 빙자하여 기습적으로 이들을 체포한 목적은 이들이 관리하는 어새 탈취에 있었다(이 책 219~223쪽 참조). 어새들이 이때 통감부의 손아귀로 들어간 것은 같은 해 11월 18일부터 시작되는 '신 제新帝' 곧 순종황제 서명 위조사건에서 명백하게 드러난다(이 책 제 4장 제3절). 위의 태황제 존봉의 조칙은 21일에 문안을 준비한 다음 22일 새벽 어새를 탈취한 직후에 날인되었을 가능성이 매우 높다.

(4) 4개월 동안의 황실의 저항

통감부의 황제 교체 기정사실화 공작은 이후에도 남은 과제가 더 있었다. 《순종황제실록》에는 '신제'(순종)가 즉위한 날이 7월 19일로 기록되어 있다. 이날 "명을 받들어 대리청정하였다. 선위禪位하였다" 고 기록되어 있다. 이 기록도 서로 충돌하는 개념인 대리청정과 선 위를 함께 적어 놓고 있다. 그리고 황제 퇴위 강제와 함께 큰 과제

---

31) 《純宗皇帝實錄》 권1, 광무 11년 7월 22일조.

가운데 하나인 내정 감시를 위한 〈일한협약〉(정미조약)을 7월 24일자로 추진하고 7월 31일에 대한제국의 군대를 해산시킨 다음, 8월 2일에 '신제'의 연호로 융희隆熙를 선포하게 하고(3일부터 사용), '태황제'의 궁호를 덕수德壽, 부호府號를 승녕承寧으로 정하였다.[32] 7월 24일부터는 '신제'와 '구제'의 거처를 달리하게 하는 '양제兩帝의 격리' 문제가 검토되기 시작하여 8월 14일에 일단 확정을 보았다. 그러나 정작 '신제'의 즉위식은 8월 27일에서야 이루어졌다.[33]

'신제'로 추대된 황태자의 반응은 어떠하였던가? 그는 1898년 8월 11일의 독차사건毒茶事件으로 간헐적인 심신장애 증세가 생겼다.[34] 일본은 침략에 대한 저항을 최소화하기 위해서 이런 건강상의 결함을 가지고 있는 황태자를 황제의 위에 올려놓고 이용하려고 하였던 것이다. 황제는 황태자의 약점을 누구보다도 잘 알고 있었기 때문에 황위 교체에 대해 더 완강하게 반대하였다. 한편, 황태자는 부황의 지시가 있을 때까지 황제로 행세하지 않으려는 행적을 뚜렷이 남겼다. 그는 억지 양위식을 치른 뒤에도 정무에 쉬이 응하거나 접하지 않았다.

'태황제'는 퇴위를 강제당한 후 11월 15일에 처음으로 태묘太廟(종묘)와 영녕전永寧殿을 참배하였다. 돌아오는 길에 며칠 전에 "신제"가 옮겨

---

32) 《순종황제실록》권1, 광무 11년 7월 30일, 8월 2일조. 이완용이 궁내부대신으로서 《국조보감》에 정종定宗 때 태상왕의 궁과 부를 세운 고사에 근거하여 발의한 것으로 되어 있다. 위 《韓國丁未政變史》, 86쪽.

33) 《순종황제실록》권1, 융희 원년 8월 27일조.
    일본측 공식 기록인 《日外文》제40권 제1책, 562, 7월 24일 참모총장으로부터 하야시 외무대신에게, "음모 혐의의 한국 궁내부대신 박영효 등 포박에 관한 한국주차군사령관보고 이첩移牒의 건 부기(하세가와 사령관이 육군대장에게)"에, 앞서 보고한 선제先帝(고종)를 일본에 보내는 것은 제2기로 돌리고 양제를 격리시키는 것으로 이를 변경하여 이 방침을 통감이 지난밤에 총리, 농상공부대신 등에게 알려 반드시 실천할 것을 지시한 것으로 밝혀져 있다.

34) 《고종황제실록》권38, 광무 2년 10월 10일 양력. 김홍륙의 소행에 대한 처형 기사.

들어간 창덕궁에 들렀다.[35] 3일 후인 18일에 "신제"도 처음으로 태묘에서 조종祖宗의 여러 신위神位, 사직社稷의 신령들에게 자신의 즉위를 알리는 〈서고문誓告文〉을 올렸다. 그리고 즉위에 따른 대사면 조치, 앞으로의 정사를 전망하는 국시國是 · 응행육조목應行六條目 등을 밝히는 조칙을 내렸다.[36] 늦어도 8월 27일의 즉위식 때 나왔어야 할 것들이었다.

고종황제의 태묘 참배는 자신이 강제 퇴위되어 있는 현실을 더는 거부하기 어렵다는 판단 아래 자신의 퇴위를 열성列聖 신위神位에 고하기 위한 것이었다. 일본 정부는 자신을 강제 퇴위시키고 황태자를 황제위에 올렸을 뿐더러 황세손皇世孫(영왕英王)을 인질로 일본으로 데려가는 것을 결정하고 있었으므로 그로서도 더는 버티기 어렵다고 판단하기에 이른 것이다. 돌아오는 길에 창덕궁에 들려 황태자에게 정식으로 제위에 오르는 절차를 밟게 하였던 것이다. 순종황제의 즉위는 11월 18일자로 비로소 실질적으로 이루어지고 있었다.

2. '한일협약'(1907.7.)〔정미조약〕 강제와 위조 조칙에 의한 군대 해산
1) 내정 장악을 위한 '한일협약'
(1) 통감 섭정체제로의 전환

1907년 6월 하순 제2차 헤이그 만국평화회의 기간에 대한제국의 특사들이 1905년 '보호조약'의 불법성을 폭로한 것은, '보호조약'을 강제하고 초대 통감이 된 이토 히로부미에게 정치적으로 타격을 주는 사건이었다. 러일전쟁의 '승리' 이후 일본에서는 한국에 대한 통치 방안으로 병합론과 보호국론 두 가지가 거론되었다. 이토 히로부

---

35) 《순종황제실록》 권1, 융희 원년 11월 15일조.

36) 《순종황제실록》 권1, 융희 원년 11월 18일조 ; 위 《詔勅 · 法律》, 523~526쪽. 순종은 10월 3일에 이미 태묘와 영녕전에 가서 참배한 것으로 실록에 기록되어 있다. 그러나 이때는 모후母后 민씨閔氏의 기일 제사(9월 27일)를 치른 뒤의 참배였다(《순종황제실록》 동년월일조 참조).

미는 병합과 같은 강경책은 서구 열강으로부터 비난을 받을 수 있다는 판단 아래 후자를 주도하였다. 10년 전 청일전쟁의 승리 후 시모노세키조약에서 전리품으로 얻은 요동반도를 '삼국간섭'으로 포기해야 했던 경험이 강경노선을 피하게 만들었다. 그러나 보호국론은 상대적으로 온건한 것이라고 하더라도 본질적으로는 어디까지나 동일한 침략론이었다.

대한제국의 저항은 전 국민적 차원에서 일어났지만, 헤이그 평화회의에서 황제 주도 아래 벌인 불법성 폭로는 통감 이토 히로부미에게 큰 부담이지 않을 수 없었다. 강경론자들의 공격으로 자신의 정치적 위상이 실추될 것은 불을 보듯 하였다. 이에 '사건'이 보도된 지 1주 밖에 되지 않는 시점에 그는 총리대신 사이온지西園寺에게 한국 황제에 대한 '엄중 경고'를 포함한 대한對韓 정책을 내각 회의가 결정해 줄 것을 '품청'하였다. 이에 대해 총리대신 사이온지는 7월 12일자로 "한제韓帝의 밀사 파견에 관련하여 내각 결정의 대한 처리방침 통보의 건"을 하달하였다.[37] 총리대신은 이 방침이 원로제공元老諸公(추밀원)과 각료들의 신중한 숙의 끝에 나온 것으로 오늘 천황의 재가를 받은 것을 먼저 밝히고, 제국정부는 이번의 기회를 놓치지 않고 한국 정부에 대한 전권을 장악하는 것을 희망하며, 이는 한국 황제의 칙명에 따르지 말고 양국 정부 사이의 협약으로 성립시키라고 지시하였다. 구체적인 달성 과제로 (1) 한국 황제로 하여금 황태자에게 양위하게 하고 (2) 통감이 부왕 또는 섭정의 권한을 가지고 일본 정부가 파견하는 관료를 대신大臣 또는 차관의 직무를 실행하게 하라는 것 등이었다.[38] (1)은 앞에서 살폈듯이 7월 16일부터 실행에 들어가

---

37) 《日外文》 제40권 제1책, 事項 12 "일한협약체결 1건"(한제양위 1건), 474, 7월 12일 하야시 외무대신으로부터 이토 한국통감에게(전보) "한제의 밀사 파견에 관련하여 내각 결정의 대한 처리방침 통보의 건" 부기1. 처리요강안2. 제2 요강안 3. 찬부 상황.

38) 제1, 제2의 요강안에 실현 과제를 여럿 제시하였지만 두 가지가 핵심적인 것이었다.

7월 20일로 양위, 대리의 논란이 남았지만 일단 모양새를 갖추었고 (2)는 7월 24일자 〈일한협약〉(정미조약)의 체결로 추진하였다.

황제의 양위를 비롯한 일본의 전권 장악은 워낙 중대한 일이었기 때문에, 외무대신이 서울로 와서 통감과 협의하면서 본국 정부의 결정 의사를 물었다. 외무대신 하야시 다다스는 7월 19일에 서울에 도착하여 양위 문제의 논란을 형식 갖추기로 이끌었다. 이후 한국 정부에 대해 통감이 부왕 혹은 섭정의 권한을 가지게 하는 협정 체결의 과제는 외무대신이 서울에 체류하는 가운데 진행되었다.

(2) 통감과 일본 정부 사이의 '협약' 문안 사전 확정

7월 23일 진다 스테미珍田捨巳 외무차관은 이토 통감에게 총리대신이 한국에 가 있는 하야시 다다스 외무대신에게 보내는 전보문을 전달하였다(제164호).[39] 한국에서 통감과 의논한 결과, 통감의 출병 요청에 대한 대신의 의견, 한국 정부와의 협상의 정도, 통감의 복안腹案 등에 관한 정세를 속히 전보로 보내라는 지시였다. 외무대신 하야시는 이에 대한 회답을 7월 24일에 보냈다.[40] 총리대신의 전보문 제164호에 관해 도착 후 통감과 숙담熟談하였는데 통감의 의견은 다음과 같았다고 열거하였다(제86호 극비).

1. 한국 황제 폐하의 조칙은 미리 통감에게 자순諮詢할 것.
2. 한국 정부는 시정개선에 관하여 통감의 지도를 받을 것.
3. 한국 정부의 법령의 제정 및 중요한 행정상의 처분은 미리 통감의 승

---

39) 《日外文》제40권 제1책, 事項 12 "일한협약체결 1건"(한제양위 1건), 520, 7월 23일 "대한정책에 관해 통감과의 협의에 부속하여 문의하는 건."

40) 《日外文》제40권 제1책, 事項 12 "일한협약체결 1건"(한제양위 1건), 528, 7월 24일 이토 통감으로부터 진다珍田 외무차관에게 "일본의 대한요구에 관한 통감의 의견보고의 건."(제86호 극비)

인을 거칠 것.

4. 한국의 사법사무는 보통행정사무와 이를 구별할 것.

5. 한국 (고등) 관리의 임면은 통감의 동의로써 이를 행할 것.

6. 한국 정부는 통감이 추천하는 일본인을 한국 관리로 임명할 것.

7. 한국 정부는 통감의 동의 없이 외국인을 고용하지 말 것.

8. 메이지 37년 8월 22일 조인된 일한협약 제1항은 폐지할 것.

　이상 8개 사항은 같은 7월 24일자의 〈일한협약〉에 그대로 반영되었다. 7월 25일자로 공포된 〈일한협약〉〈한일협약〉은 위의 보고문의 제1항을 없애고 다음과 같은 전문前文을 넣었다. 곧, "일본국 정부 및 한국 정부는 속히 한국의 부강을 도모하고 한국민의 행복을 증진하고자 하는 목적으로 좌개左開(아래 – 필자) 조관을 약정함."이라고 전문을 붙였다. 그리고 위 제5의 "한국 관리의 임면"을 "한국 고등관리의 임면"으로 고쳤다. 협약의 문안은 결국 통감부, 통감의 의사대로 일방적으로 작성된 것이었다. 같은 24일에 통감 이토는 사이온지 총리에게 다음과 같은 전보문을 보냈다(제87호).[41] 어제 한국 총리대신을 만나서 보내 준 보고서의 내용을 상세하게 설명하고 오늘 이를 정식으로 제출한다. (한국) 정부 안에서 이미 이의를 창도하는 자 있을 뿐더러 양제兩帝의 재가를 얻는 것이 지난한 것은 충분히 예견된다. 끝내 이것이 거절된다면 본관이 바로 귀국〔歸朝〕하여 묘의의 결정을 우러러 앙청하겠지만, 이것을 미리 (천황에게) 전주轉奏해주기 바란다고 하였다. 다시말하면 순리적으로 진행해서는 한국의 신, 구의 '양제'뿐만 아니라 정부에서도 반대가 심할 것이므로 강행할 수밖에 없으니 본국에서의 절차도 나중에 본인이 귀국하여 묘의(내각과 원로 연석의 어전회의)에서 결정을 요청하더라도 먼저 천황에게 이를 보고해달라는 건의였다.

---

41)　위 책, 529, 제87호.

통감 이토는 같은 날 다시 "일한협약에 관한 문서 송부의 건"이란 이름으로 한국 정부에 대한 조회공문照會公文, 일한협약, 각서양안覺書 兩案 등을 보낸다고 밝히고 해당 문건으로 〈부속서 一〉, 〈부속서 二〉, 〈부속서 三〉 등을 붙였다. 〈부속서 一〉은 한국총리대신에게 보내는 협약을 체결하는 취지로서 협약문의 전문前文에 해당하는 것이 여기에 제시되었다. 〈부속서 二〉는 협약을 체결할 때 한국총리대신에게 요구할 5개조로 구성된 "각서"이며, 〈부속서 三〉은 각서 5개조 각기에 대한 '이유서理由書'였다. 그리고 이어서 같은 24일자로 "일한협약의 내용보고의 건"이란 이름 아래 〈일한협약〉의 완성문이 사이온지 총리대신에게 보내졌다.[42] 이 보고에서 이토는 한국 정부가 이 협약을 '지급至急히' 발포發布하기를 바라는 자신의 희망을 승낙했으니 본국 정부도 마찬가지로 속히 발포 수속을 밟아주기를 바란다는 희망을 덧붙였다. 끝으로 〈부기附記〉로서 "일한협약 조인자의 씨명氏名 및 일부日附"를 구체적으로 명시해 전하였다.

이상은 《일본외교문서》에 수록된 1907년 7월 24일자 〈일한협약〉에 관한 왕복 전보문들에서 확인되는 내용들이다. 추진 경위에 관한 보고전문들은 모두 7월 24일 하루에 오간 것으로 되어 있다. 최종의 '내용보고의 건'은 "7월 25일에 온 것"이란 '부기'가 붙어 있지만 보고일은 7월 24일로 되어 있다. 하야시 외무대신이 직접 서울에 와서 체류하면서 이토 통감의 구상을 듣고 이를 본국 총리대신에게 보낸 것에서부터 최종의 '내용보고'에 이르기까지 모든 과정이 7월 24일 하루에 처리된 것으로 되어 있다. 이 상황은 한국 정부의 의견은 조금도 독자적으로 개진될 기회가 없었다는 것을 의미한다. 1907년 7월 24일자의 〈일한협약〉은 한국 황제에 대한 양위 강제와 함께 한국에 대한 통치권을 통감부가 장악하는 체제를 만들기 위해 통감 이토가

---

42) 위 책, 532, 제89호.

독단적으로 구상하여 실현시킨 것이다.

2) 대한제국 황제가 배제된 '협약' 체결

1905년 11월 17일자의 '보호조약'이 명칭조차 붙이지 못했던 것과는 달리, 1907년 7월 24일자의 협약은 〈일한협약〉〈한일협약〉이란 이름이 붙었다. '협약'은 정식조약인 'Treaty'에 대한 약식 조약 'Agreement'를 번역한 것이다. 이 용어가 처음 쓰인 것은 1904년 8월 22일자의 '제1차 일한협약'이다. 이 협약은 앞에서 살폈듯이 당초 '각서'(memorandum)의 형태로서 명칭이 없었던 것인데, 일본 측이 구미 열강국에 알리기 위한 영어 번역본 작성 과정에서 'Agreement'란 제목을 처음 붙이고 이것이 근거가 되어 '협약'이라고 일컬어졌다. 1905년 11월 17일자의 협약도 추진 과정에서는 '한국외교위탁 조약'이라고 불렸지만, 정작 강제 조인이 끝났을 때 제목이 들어갈 첫 행은 비어 있었다. 이것도 영어 번역 과정에서 정식조약(Treaty)에 준하는 용어인 'Convention'이란 단어가 임의적으로 붙여졌지만, 일본 측은 통상적으로 '일한협약'이라고 일컬으면서 1904년 8월 것과 구분하여 '제2차 일한협약', '한일신협약'이라는 명칭이 따로 생겼다. 전자에 대한 '제1차 일한협약'이란 명칭도 이 단계에서 생겼다. 1907년 7월, '보호의 확충'으로서 '속히 한국의 부강을 도모하기' 위해 한국의 내정을 감독, 지도하기 위한 새 협정에 대해서는 이제 '협약'이란 명칭 말고 달리 쓸 것이 없었다.

1907년 7월의 〈일한협약〉은 이와 같이 1905년 11월의 협약과 연장선상에 있지만, 협약 체결의 임무를 수행하는 대표 위임에 관한 언급이 전혀 없는 것이 하나의 특징이다. 1904년 2월 24일의 〈의정서〉〈한일의정서〉는 일종의 약식 조약(agreement)에 해당하는 것으로 전문(preamble)에 전권全權 위임에 관하여 "대한제국 황제폐하의 외부

대신 임시서리 육군참장 이지용李址鎔 및 대일본제국 황제폐하의 특
명전권공사 하야시 곤스케는 각 상당의 위임을 받아 좌개左開(아래 -
필자) 조관을 협정함"이란 문장을 넣었다. 1905년 11월의 '보호조약'
도 최하단에 "우 증거로 하야 하명下名은 각 본국정부에서 상당한 위
임을 받아 본 협약에 기명조인함"이란 문장을 넣었다. 1904년 5월
의 '제1차 일한협약'은 원래 외교적 효력이 없는 당사국 사이의 약
속 형식인 '각서'였기 때문에 이런 문장이 처음부터 고려되지 않았
다. 이에 견주어 처음부터 약식조약으로서 '협약'이란 명칭을 사용한
1907년 7월 24일자의 〈일한협약〉은 전례에 비춰서도 "각 본국정부에
서 상당한 위임을 받아"란 문장이 들어가야 마땅하다. 그러나 통감
이토나 일본 정부는 사전 준비 논의에서 한국 정부 측이 조약 대표를
위임하는 것과 같은 절차는 전혀 고려하지 않았다. 이 협약을 제의
하고 또 추진 주체가 된 통감 이토가 남긴 각종 문건에서 양국 대표
의 전권위임장이나 조인에 대한 양국 황제의 비준서에 관한 언급은
찾아볼 수 없다. 다만 자신이 한국 정부의 내각 총리대신의 자리에
앉힌 이완용을 상대로 필요한 대응을 수행해 줄 것을 요구하여 응답
을 받아내는 것이 전부였다. 대한제국의 주권의 주체인 황실로서는
'대리'와 '양위'의 논란 속에 '구제'(황제) '신제'(황태자) 어느 쪽도 조
약 대표를 정하여 위임장을 발부할 상황이 아니었다. 비준은 더 말
할 것도 없다(기본조약 4 - 1, 2).

대한제국의 국권은 이렇게 부당, 불법한 방법과 처리로 일본제국
으로 넘어가고 있었다. 정식 조약의 요건으로 따지면 통감 이토가
과연 법적으로 일본제국의 대표가 될 수 있는 것인지도 물어질 수 있
는 폭거였다. 일본 정부의 논리대로라면 통감은 1905년 '보호조약'에
따라서 생긴 한국 황제의 '외신外臣'(통감 이토가 즐겨 사용한 표현이
다)의 직책으로서 대한제국의 외교권을 대표하는 것이 본무이다. 그
런 직책이 과연 한국이 아니라 일본 정부를 대표하는 전권대표가 될

수 있는지 물어져야 할 것이다.[43]

3) 통감부의 대한제국 어새 탈취와 위법 사용

1914년 12월 퇴위 중의 고종황제는 비밀리에 사람을 시켜 독일황제에게 보내는 친서를 베이징 주재 독일 공사 힌체Krebs Hintze에게 접수시켰다.[44] 이 친서에서 그는 자신이 황제로서 사용하던 인장들을 일본 측에 모두 빼앗긴 사실을 다음과 같이 밝혔다.

독일제국 외무성
　　　　1915년 6월 2일 No. 56 보고서 첨부물
　　　　　　　(번역문)
　　우리의 선의의 동지, 존귀하신 대독일제국의 위대한 황제 각하께

　각하께서 폭력을 앞세우는 세 나라의 적들을 제압하는 데 정당한 노여움을 행사하신 후, 한편으로는 우호국들이 이루 말할 수 없는 기쁨으로 각하를 우러러보는 동안에 전 세계는 각하의 승리의 깃발을 두려운 눈으로 바라보고 있습니다.

　지금 저는 귀국과 우리나라 사이에 오래전부터 맺고 있는 우호관계와 우리국가가 귀국에게 가지고 있는 특별한 우정에 대해 생각하고 있습니다. 그런데 불행하게도 하나의 방해물이 이런 우리의 우호관계 사이에 끼어들어 저를 수심에 잠기게 하고 있습니다 ……

---

43) 통감의 자격문제에 대해서는 1993년 도쿄 국제 심포지엄 〈'한국병합'은 어떻게 이루어졌던가?〉에서 도츠카 에즈로戸塚悦郎 씨가 "乙巳保護條約の不法性と日本政府の責任" 16~17쪽에서 〈일한병합조약〉을 중심으로 논하였다. 제3대 통감 데라우치가 일본 측의 조인자가 될 수 있는지를 문제 삼았다. 거의 같은 논법이 〈일한협약〉(정미조약)에도 적용될 수 있다고 생각한다.

44) 鄭容大 씨의 조사 성과를 1994년 3월 1일자 《동아일보》가 처음 보도하였다.

저는 유별나게 악질적이고 교활한 강대국인 이웃 일본이 내 나라의 반역자들의 도움을 받아 군대를 이끌고 와서 나를 위협해서 속박 상태에 처하게 만들고 자포자기해야만 하는 운명이 되게 만들었습니다.

　저의 지위와 계급을 빼앗고 제가 군주로서 사용하던 옥새(Herrscher - Insignien)를 빼앗고 저의 왕비를 시해했으며, ……

　전에는 제가 사용할 의무가 있었던 국새(Reichssiegel)가 이제는 적의 수중에 들어가 있습니다. 그래서 저는 이 서신의 증명을 위해서 단지 제가 일상적으로 쓰는 인장을 찍고 있습니다.

저의 왕국이 세워진 후 523년째 되는 해, 12월 22일

각하의 좋은 친우

경熙(전 조선 황제의 이름)

빨간 인장 주연珠淵은 전 조선황제의 다른 이름(아호 - 필자)을 의미하며 성은 리(Li) 라고 함.

번역 : Krebs Hintze

힌체 공사는 고종황제가 **빼앗겼다**고 한 인장들을 Herrscher - Insignien(군주인장君主印章), Reichssiegel(국가인장國家印章) 두 가지로 번역하였다. 어새와 국새 두 가지를 모두 **빼앗긴** 것이다. 그 시점은 언제였을까?

대한제국의 국새, 어새 등은 제도상 궁내부 대신관방 소속 내내신이 관장하였다. 1905년(광무 5) 3월 4일 포달布達 제126호 '궁내부 관제' 제48조 〈내대신 관제〉는 "내대신은 어새, 국새를 상장常藏하며 상시 보필하고 궁중 고문으로 의사議事를 관장한다"고 하였다. 내대신 제도는 내대신 1인을 친임관으로 하되 시종경 겸임으로 하고 특

진관 15인을 칙임으로 두었다.[45] 그런데 이 내대신 제도는 1907년 11월 29일자의 포달 제161호 '궁내부 관제'에서는 찾아볼 수 없다.[46] 통감부에 의해서 내각제가 강제 채택되면서 궁내부는 이제 대신관 방과 11개 원院 · 사司를 남긴 형태로 대폭 축소되었다. 이렇게 축소 된 체제 아래서 대신관방은 인사人事 · 서무庶務 · 조사調査 · 주마主馬 등 4개 과로 구성되고 내대신 제도는 없어졌다.[47] 이 변화 속에 국새, 어새 관리는 시종원경이 본직으로 맡는 것으로 비중이 낮추어졌다.[48] 특진관 15인을 거느리면서 국새와 어새를 관리하던 내대신 제도가 황제의 강제 교체와 내정권 피탈 과정 속에서 사라져버렸던 것이다. 달라진 제도 아래서 시종원경이 담당한 국새와 어새 관리는 물품 보 관 이상의 의미가 없었다. 고종황제가 언급한 국새와 어새의 피탈은 이러한 관리제도상의 큰 변혁과 직접적인 관계가 있을 것이다. 이 관점에서, 앞에서 잠시 살핀 것과 같이, 1907년 7월 22일에 고종황제 의 강제 퇴위를 저지하던 내대신 이도재가 체포된 사건은 주목된다.

통감부가 고종황제에게 양위를 강요하고 나선 7월 17일에 궁내부 대신 이재극李載克이 사임하였다. 이에 황제는, 앞에서 이미 서술하 였듯이, 박영효를 후임으로 즉각 임명하였다.[49] 궁내부 대신 박영효 는 통감부가 추진하는 양위를 반대하고 황태자에게 대리시키는 것으 로 그치게 하는 입장을 취했다. 그래서 양위를 전제로 한 19일의 권 정례 의식에 불참하여 통감부 측을 당황스럽게 만들었다. 21일에는 입궐하여 총리대신 이완용이 궁내부 대신 임시 서리를 겸하여 치른 권정례를 강하게 비판하였다. 그러나 22일 새벽 1시경에 퇴궐하던

---

45) '광무 10년 9월 현행 궁내부관제'
46) '융희 4년 6월 10일 현행 궁내부관제', 궁내부대신관방 조사과
47) 위와 같음.
48) 주 45와 같은 책, 포달布達 제161호 궁내부관제 제22조.
49) 이 책 207~208쪽 참조.

박영효를 비롯한 양위 저지세력이 일본군에 의해서 체포당하였다.[50]

일본 측 보고에 따르면, 박영효는 시종원경 겸 내대신 이도재李道宰, 홍문관 대학사大學士 남정철南廷哲 등의 '궁중파宮中派'와 함께 군부의 '불평당不平黨' 참장 이희두李熙斗(군부군무국장), 부령 어담魚潭(시종무관侍從武官), 참령 이갑李甲(군부 교육국원으로서 일진회 반대파, 서우회의 수령), 참령參領 임재덕林在德(시위侍衛 제2연대 제3대대장) 등과 상통하여 최후의 수단에 호소하여 양위의 결정을 전복시키려고 '가공할 음모'를 기도하였다. 즉 즉위식 참렬參列을 빙자하여 임재덕이 이끄는 시위대를 궁중에 들여보내 각 대신이 입궐할 때를 틈타 일망타진하여 양위식을 방해하려고 하였다는 것이다. 내각 측은 미리 밀정을 시위대에 들여보내 동정을 탐지하고 있었는데, 그런 동향이 나타나 각 대신들이 통감 이토에게 특사를 파견해줄 것을 요청해 궁중의 안녕을 지킨다는 명목으로 곧바로 한국주차군 보병 제51연대의 1개 대대를 해당 시위대 소재처의 정면인 보덕문報德門을 통해 황궁으로 들어가게 하는 동시에 박영효·이도재 등을 체포하였다.[51]

이 사건에서 주목되는 것은 내각 총리대신이 서리로 겸하겠다고 할 정도로 궁내부 대신의 직이 중요시되고, 국새·어새 관리의 책임직인 내대신이 이른바 궁중파의 핵심으로 지목되어 체포 대상이 되고 있는 사실이다. 이것은 통감부 측이 내각을 앞세워 공격하는 표적이 무엇이었던가를 알게 하는 것이며, 내대신의 피체와 그 직책의 소멸은 곧 관장하던 국새와 어새의 피탈을 의미하는 것이 명백하다. 박영효의 저항에 대한 일본 측의 한 기록이 "함부로 궁내부 대신의

---

50) 이 사건에 대한 일본 측의 공식 보고는 《日外文》 제40권 제1책, 526, 7월 24일 참모총장이 하야시 외무대신에게.

51) 시위대의 내각 국무대신들에 대한 분개 및 살해 분위기는 19일에 이미 감돌아 이에 대한 군부대신과 법부대신의 급보에 따라 일본군이 황궁 각 요처에 배치되었다. 《日外文》 제40권 제1책, 事項 12, 494, 7월 20일 이토 통감으로부터 진다珍田 외무차관에게, "한제양위에 의한 한국군대의 動搖 및 我軍의 조치의 건".

인장을 은닉하여 이완용 서리대신에게 인계하지 않아 문서 수수상 일시 비상한 지장을 주었다"고 한 것으로 보더라도[52] 당시 국권의 강제 탈취를 노리는 통감부 측이 각종 공인公印의 장악을 얼마나 중요시하였던가를 알 수 있다.

통감부는 이렇게 황제를 비호하는 마지막 저항세력을 꺾고 양위를 기정사실화한 다음 24일에 〈일한협약〉을 강제하였다. 앞에서 고찰하였듯이 이 협약은 조인자인 통감 이토 히로부미와 총리대신 이완용 사이에 임의적으로 그것도 한차례의 협의도 없이 통감 이토가 모든 것을 준비하여 이완용에게 하나씩 순서에 따라 처리하도록 지시하여 이루어졌다. 이런 일방적인 처리 방식은 조약의 상대국의 관인을 확보하지 않고서는 착수하기 어려운 것이다.

4) 통감 이토가 작성한 거짓 조칙에 의한 군대해산

1907년 7월 24일 통감 이토 히로부미는 〈일한협약〉을 추진하는 과정에서 후루야 히사쓰나古谷久綱 비서관을 시켜 본국 외무대신 비서관 고니시 고타로小西孝太郎에게 협약의 실행과 관련된 '극히 긴요한 사항들'을 전보문으로 보냈다. 그것은 통감이 내각 총리대신 이완용에게 직접 보여준 〈각서〉로서 거기에는 앞으로 반드시 실행해야 할 과제들이 다음과 같은 5개의 부문으로 열거되어 있었다.[53]

　제1. 일한 양국인으로 조직하는 재판소 신설에 관한 사항
　제2. 감옥 신설에 관한 사항

---

52) 위 《韓國丁未政變史》, 77쪽.
53) 《日外文》 제40권 제1책, 事項 12, 530, 7월 24일 "일한협약에 관한 문서송부의 건", 〈부속서 二〉 일한협약 규정실행에 관한 각서안. 이 문안은 〈일한협약〉과 함께 〈각서〉로 두 사람이 서명 날인하였다.

제3. 군비를 정리하는 방법

제4. 고문 참여관의 이름으로 한국에 고빙雇聘된 자들(서양인 – 필자)을 모두 해고하는 문제

제5. 중앙정부 및 지방청에 일본인을 한국 관리로 임명하는 직책들의 범위

위 가운데 제3. "군비를 정리하는 방법"에는 다음과 같은 실천 사항들이 제시되어 있다.

1. 육군 1대대를 존속시켜 황궁수위의 임무를 맡게 하고 그 밖에는 해대解隊한다.
1. 교육을 받은 사관士官은 한국군대에 남길 필요가 있는 자를 제외하고는 일본군대에 부속시켜 실지 연습을 하도록 한다.
1. 일본에서 한국사관 양성을 위해 상당하는 설비를 한다.

위 3개 사항은 한국의 군대를 황궁 수위에 필요한 1개 대대만 남기고 모두 해산하며, 그동안 훈련 받은 사관들을 일본 군대에 예속시키며 일본 안에 이들을 위한 설비도 하겠다는 것이다. 이 내용은 곧 대한제국의 군대해산에 관한 것이다. 이 방침이 통감 이토가 준비한 〈각서〉에 들어있는 것은 그가 군대 해산을 주도하였다는 명백한 증거이다. 그리고 7월 31일자로 나온 군대해산에 관한 조칙도 "황실 시위에 필요한 자를 뽑아 채우고〔選寘〕 그 외는 모두 한꺼번에 해산〔解隊〕한다"고 한 것과 내용이 일치한다.[54]

통감 이토는 이보다 이틀 앞서 7월 28일에 본국 사이온지西園寺 총리대신에게 이 문제와 관련하여 다음과 같은 전문을 보냈다.

이번에 조선군대는 황궁 경호를 위해 1개 대대를 남기고 나머지는 전부

---

54) 《조직·법률》(서울대학교 중앙도서관 편, 1991), 512쪽.

해산한다. 그리고 협약 체결 때 한국 정부로 하여금 이를 승낙토록 하여 각서 가운데 한 조건으로 해두었다. 또 앞으로 징병법을 반포하여 유력한 군대를 조직하는 것을 요건으로 한다. …… 군대해산 때 발생할지도 모를 예측하기 어려운 상황에 대비해 일단 알린다. 단 군대해산 전 누설될 위험이 있으므로 본건은 일체 비밀에 부치도록 한다.[55]

《주한일본공사관기록》은 이 전문에 바로 뒤이어 내각 총리대신 이완용이 7월 28일에 통감에게 "병제개혁에 관해 왼쪽(아래 – 필자)에 열거하는 조칙을 반포할 필요가 있으니 각의의 승낙을 구합니다."라는 건의를 올린 것을 함께 싣고 있다.[56] 이것은 총리대신 이완용이 하수인 역할을 수행하였다는 것을 뜻하는 기록이다. 이완용의 건의는 조칙을 왼쪽에 열거한다고 하였으나 실제로는 옆에 아무것도 제시하지 않았다.[57] 이미 〈각서〉로 약속한 그들은 형식만을 갖추고 있었던 것이다. 그런데 이 문제와 관련해 바로 그 자리에 들어갈 조칙을 통감 이토가 초안을 잡았던 사실이 밝혀지고 있다. 통감 이토가 대한제국 군대해산을 알리는 황제의 조칙을 일본어로 쓴 초본이 공개된 적이 있다(자료 1).

이 초본은 일본 오사카부大阪府 후쿠타시吹田市 거주의 나리타 후지오成田不二生 씨가 가장家藏해오던 것으로 통감 이토 히로부미의 친필로 확인되어 1982년 10월 1일자 《주간 아사히週間朝日》에 공개되었다.[58] 나리타 씨에 따르면 이 초본은 조부가 통감 이토의 비서관을 지낸 고쿠분 쇼타로國分象太郎로부터 받아 보관해오던 것이라고 한다.

---

55) 《駐韓日本公使館記錄》30, 105호.

56) 위 책, 秘發 照會 제5호.

57) 대한제국 《詔勅綴》에는 물론 이것이 들어 있다. 주 54 참조.

58) 필자는 이 자료를 1993년 7월 30일 도쿄 국제 심포지엄 〈한국 병합은 어떻게 이루어졌던가〉(국제 심포지엄 실행위원회 주관)에 참가했을 때 미야다 세츠코宮田節子 여사의 제공으로 처음 알게 되었다.

〈자료 1〉 통감 이토 히로부미가 작성한 군대 해산 조칙의 초안(가운데 필기체)이 실린 신문기사(일본,《週間朝日》1982년 10월 1일자 보도).

대한제국 군대 해산에 관한 황제(일본 측 주장대로라면 순종황제가 되어야 한다)의 조칙은 이와 같이 통감 이토가 직접 일본어로 초안을 잡은 것을 거의 그대로 한국어로 번역하여 공포한 것이었다.

통감이 대한제국 황제의 조칙을 대신 초한다는 것은 있을 수 없는 일이다. 그것도 한 나라의 주권을 지키는 임무를 띤 군대의 해산에 관한 것이라면 더 말할 것도 없다. 통감이 본국 총리에게조차 예측하기 어려운 상황에 대비해 일체 비밀에 부치기를 당부한 사실로 보면 이를 대한제국 황제에게 미리 알렸을 가능성은 전혀 없다. 이 조치에 대한 공식적인 절차로서는, 위에 든 것과 같이, 내각 총리대신(이완용)이 통감의 승낙을 받는 형식을 취한 것밖에 달리 확인되는 것이 없다. 이 절차는 말할 것도 없이 〈일한협약〉의 제2조의 통감의 사전 승인의 규정을 따르는 형식을 빌린 것이지만, 〈각서〉의 내용으로 본다면 이 협약 체결 이전에 이미 통감이 구상한 것으로 총리대신은 형식을 갖추어주는 역할을 해주었을 뿐이다.

통감부 통감이 대한제국 군대해산을 알리는 황제의 조칙의 문안을 미리 초하여 이를 반포하게 한 행위는 명백한 공문서 위조 행위에 해당한다. 통감은 한국 황제의 조칙을 발부하는 데 필요한 어새를 이미 장악하고 있었으므로 이런 위법적인 행위를 쉬이 착상할 수 있었던 것이다. 조칙은 반드시 황제의 어새를 찍어야 하는데, 황제 측으로부터 예상되는 반발을 전혀 의식하지 않고 이런 계획을 세울 수 있었던 것은 대한제국의 어새와 국새를 이미 손 안에 넣고 있었기 때문이었다.[59]

통감부는 1907년 7월 12일 본국 정부로부터 전보문으로 "대한정책의 묘의"를 전달받은 뒤 약 20일 안에 고종황제 퇴위 강제, 국새와 어새 등의 보인 탈취, 황제 조칙의 위조 등 극도의 범법행위를 자행하면서 국권 탈취의 목표를 향해 달려가고 있었다. 이런 사실들은

---

59) 통감 이토는 1907년 7월 24일자로 사이온지 총리대신에게 보내는 전보문에서 같은 날 바로 앞서 보낸 일본의 요구조건(8개항, 제1항을 제외한 나머지 7개항은 〈일한협약〉의 본문이 된다)은 "두 황제의 재가를 얻는 것이 지난至難하다는 것은 예견하고도 남는다"고 하였다. 《日外文》 제40권 제1책, 事項 12, 529, 7월 24일 "일본의 대한요구조건 한국총리대신에 제출의 건".

어느 모로나 찬탈행위로 규정하지 않을 수 없다.[60]

3. 순종 황제 서명 위조로 세운 통감부 '섭정' 체제

1) 이완용 내각의 괴뢰화와 통감 '섭정' 체제

통감 이토는 1907년 3월 일시 귀국을 마치고 돌아온 뒤 '내각 경질'을 서둘렀다. 1905년 '보호조약' 이후 일어난 한국인들의 저항을 참정대신 박제순(1905년 11월 28일 임명)이 이끄는 의정부 체제로는 도저히 통제할 수 없다고 판단하였기 때문이다.[61] 이토는 5월 22일 황제가 벌인 그동안의 대외 비밀 외교에 관한 정보로 황제를 협박하여 이완용을 참정대신에 오르게 한 다음,[62] 6월 14일에 의정부를 내각으로 바꾸어 정무의 실권을 내각이 가지게 하여 친일정권을 수립하였다.

의정부는 1905년 2월 26일의 '의정부관제'에 의하더라도 참찬參贊(칙임, 1인), 참서관參書官(주임, 4인), 주사主事(판임, 14인) 등의 임직원은 있었으나 국과局課를 두지 않은 상태였다.[63] 각부 대신들의 회의체 기능을 본무로 삼고 있었기 때문이다. 의정부 회의는 국무회의로서 각부 대신은 곧 국무위원이었다. 의정대신, 참정대신, 외부대

---

60) 笹川紀勝,〈暴君に對する抵抗と侵略に對する抵抗〉, 제1회〈식민지배체제와 3・1독립만세운동〉세미나 중간발표문, 2014. 12. 19. 폭군은 극단적 처벌(사형, 살해) 대상이 되지 못하지만, 찬탈 행위는 법적으로 응징(처형)의 대상이 되는 것으로 구별하였다.

61) 통감 이토는 귀임 뒤에 한국의 정부 공격의 반일적 분위기가 고조된 것을 우려하여 박제순을 면담한다. 이 자리에서 박은 참정대신을 사임할 의사를 비추고 이토가 후임으로 적합한 인물로 이완용을 거론한 것에 대해 찬의를 표하였다.《日外交》제40권 제1책, 事項 13, 581, "한국내각 경질사정통보의 건", 556쪽.

62)《詔勅・法律》(서울대학교 도서관편, 규장각자료총서 금호시리즈 근대법령편, 1991), 496쪽.

63)《勅令(下)》(서울대학교 도서관편, 규장각자료총서 금호시리즈 근대법령편, 1991), 10~12쪽.

신, 내부대신, 탁지부대신, 군부대신, 법부대신, 학부대신, 농상공부
대신 등 9인이 의정부 회의에 국무위원으로 참여하였다.(1904년 3월
4일 의정부관제 기준) 의정부 회의는 의정대신이 주재하는 것을 원칙
으로 하지만 의정대신이 없을 때는 참정대신이 대신하였다. 7개로
나뉜 '각부'는 국무 행정의 주체였으며, 대한제국의 '황제 전제專制'는
국무회의의 결정을 존중하지만 궁내부를 중심으로 실행되는 측면이
많았다. 황제 직속의 궁내부는 1896년(건양建陽 원년) 이래 발전하여
1904년 2월 러일전쟁 발발 직전까지 대신관방 아래 6과, 내장원 아
래 9과, 26개의 원院·사司를 둔 가장 큰 규모의 관부로서 개혁 또는
근대화 사업의 실무를 거의 전담하다시피 하였다. 1903년 말 현재
궁내부의 정원은 469명에 달하였다.[64] 그러나 이 체제는 러일전쟁 후
일본의 강압 속에 변동이 생기고 있었다.

　1905년 3월 4일의 궁내부 개정관제는 대신관방 직속의 과를 셋으로,
일반 각 원·사도 22개로 줄였다. 광무 3～7년(1899～1903)에 설치된 철
도원鐵道院, 광학국鑛學局, 박문원博文院, 완민원綏民院, 평식원平式院, 통
신사通信司 등 새로운 산업과 관련된 기구들이 모두 폐지되었다(《궁내
부규례宮內府規例》 포달布達 161호). 일본이 1904년 2월 러일전쟁 도발과
동시에 경의선 철도 부설을 강행하고 1905년 4월 1일 '통신기관 위탁에
관한 협정'으로 통신시설 관리를 통감부가 장악한 데 따른 변화였다.
통감 이토는 1907년 6월 14일 의정부를 내각으로 고치게 할 때 황제 직
속의 궁내부의 비중을 다시 크게 줄이는 대변혁을 꾀하였다.

　1907년 6월 14, 15일자의 새 '내각관제'와 '내각소속 직원관제職員
官制'는[65] 내각 총리대신의 내각 주관 행정사무에 필요한 각령閣令 발

---

64)　徐榮姬,〈1894～1904年의 政治體制 변동과 宮內府〉,《韓國史論》23, 서울대 국사
　　학과, 1990, 374쪽 ; 徐榮姬,《대한제국 정치사 연구》(서울대학교출판부, 2003),
　　78～84쪽, 81～82쪽의〈표 1－2〉1895～1903년 궁내부의 확대 양상 참조.

65)　위《勅令(下)》, 274～277쪽.

부와 소속 판임관의 임명 전권 사항을 규정하고(관제 제4조), 서기관장, 법제국장, 외사국장, 서기관, 비서관 등의 직원을 두는 국·과 체제를 갖추었다(내각소속직원 관제 제1조). '직원관제'는 서기관장, 법제국장 등이 법률, 칙령 등의 공문서 작성 및 결재, 보관 등의 임무를 지게 하였다.[66] 이전까지는 참찬 1인(칙임관)이 참서관 4인, 주사 14인을 데리고 수행하던 것을 대폭 확대 개편시켰던 것이다. 법령 관계의 업무에 역점을 둔 개편이었다. '내각 관제' 제5조는 "내각 총리대신은 필요한 경우에는 행정 각부의 처분 또는 명령을 중지케 하고 칙재를 청할 수 있다"고 하여 국무회의 운영에서도 종래의 합의주의 원칙을 후퇴시키고 총리대신의 독단을 가능하게 하였다. 6월 15일자의 '내각회의규정'은 내각 총리대신이 필요로 하는 경우는 언제든지 각 대신을 소집하여 개의開議할 수 있다(제1조). 내각회의는 비밀히 함이 가하다(제2조)고 각각 규정하기도 하였다.[67]

　이로써 대한제국의 황제권 중심의 정치운영체제는 내각 중심으로, 다시 말하면 통감부의 괴뢰정부로 바뀌고 있었다.[68] 러일전쟁은 대한제국을 일본제국에 편입시키는 것을 목적으로 하였다. 전쟁의 승리로 먼저 외교권을 박탈하여 보호국으로 만들었지만 궁극적으로

---

66)　각 관·국의 임무를 정리하면 다음과 같다. 앞 책, 1. 서기관장 ; 기밀문서 관장, 내가서무 통리(서기관 ; 각인閣印 및 대신관장 관수管守, 공문 정사淨寫 접수 발송, 법률·칙령·규칙 등 각 의안 등초). 2. 법제국 ; 법률 칙령·규칙과 함께 제반 의안 기초 및 폐기[廢棄], 각부에서 제출한 법률 칙령 주안과 함께 제반 청의서 및 반포안 심사, 품진. 3. 외사국 ; 외국인 서훈, 외국과의 교섭통상사무의 각종 조약 및 공문서류 보존. 4. 비서관 ; 대신관방의 사무.

67)　앞 책, 277쪽.

68)　내각이 이렇게 부상한 가운데 격하되어간 궁내부의 모습은 1907년 11월 29일 궁내부 관제 개정으로 나타난다. 이 개정에서 각 원·사는 11개로 크게 줄고, 대신관방은 4개 과가 되었으나, 보인寶印 관리 등의 중요 업무를 맡는 내대신제內大臣制, 내사과內事課, 외사과外事課 등은 없어지고 인사·서무·조사·주마主馬 등 순전히 부내 행정 업무에 관한 과로 대치되었다. 李相燦, 〈일제침략과 황실 재정정리〉, 《奎章閣》 15, 1992, 134쪽 ; 《宮內府規例》〈宮內府官制〉(융희 원년 11월 29일 布達 161호).

는 내정까지 장악하는 것이 목표였다. 대한제국 황제의 끊임없는
저항을 지켜보면서 이를 빌미로 황제를 협박하여 내각제를 정착시
킨 뒤, '헤이그 밀사사건'이 일어나자 아예 황제를 강제로 퇴위시키
고 통감이 내각을 장악하는 체제를 만들어 갔던 것이다.

통감부는 1907년 7월 24일자로 "보호권의 확충"이란 미명으로
〈일한협약〉(정미조약)을 강제하여 대한제국 내정에 대한 통감의 '지
도 감독'이 가능하게 만들고, 이의 실행을 위해 통감부 자체의 조직
개편을 서둘렀다. 1906년 1월 31일에 발족한 통감부는 총무부, 농상
공부, 경무부 등 3부를 두고 있었다.[69] 이 조직은 〈일한협약〉 직후인
1907년 9월 19일자 천황의 칙령으로 다음과 같이 개편되었다.[70] 통
감부가 대한제국 정부를 완전하게 예하에 두게 된 이상 농상공부,
경무부 등은 대한제국 해당 부와 중복이라고 하여 모두 폐지하였
다. 그 대신에 통감 아래 부통감, 그 아래 총무장관 1인과 잡관 2인
(감사부장, 외무부장)을 두어 감독 기능을 강화하였다. 그리고 〈일한
협약〉에 근거하여 대한제국 각부에 일본인으로 차관을 임명하기로
하고, 이들을 참여관(9명) 자격으로 통감부에 소속시켰다. 통감부의
통감은 그 관저에 한국 정부의 대신들을 소집하여 각의를 열어 지도
할 뿐 아니라, 시정施政의 세목에서는 참여관회의 또는 시정협의회
란 이름으로 각부의 일본인 차관들을 통감부에 소집하여 수시 지도
감독하는 형태로 대한제국을 '섭정'하는 체제를 만들었다.

2) '섭정'을 위한 법령 개정 기반 구축

통감부는 1906년 1월 말 출범 당시 문서 담당의 부서를 별도로

---

69)　申相俊, 〈日帝統監府의 統治組織에 關한 研究〉, 《韓國社會事業大學論文集》第
　　　7輯, 1977, 35~37쪽.
70)　통감부《공보》제25호, 메이지 40년 10월 2일자 수록, 칙령 제295호.

두지 않았다. 단지 통역관이 "상관의 명을 받아 문서 번역 및 통역을 관장한다"는 규정만 두었다.[71] 문서에 관한 별도의 부서는 1907년 3월 30일의 '사무분장규정'을 통해서 비로소 갖추었다.[72] 이 규정에 따라서 총무부 산하에 비서과, 인사과, 회계과, 지방과 등과 함께 문서과가 신설되었다. 통감 이토가 일시 귀국에서 돌아와 이완용을 기용하여 대한제국 내각을 친일세력의 보루로 만들기 바로 직전에 취해진 조치였다. 그것은 앞으로 강화해 갈 자신의 대한정책을 위한 하나의 주요한 준비였다. 같은 해 6월에 대한제국 정부를 내각체제로 바꾸게 하면서 내각에 국·과체제가 도입되었을 때, 수석 국장에 해당하는 서기관장(칙임)은 "내각 총리대신의 명을 받아 기밀문서를 관장하며 내각서무를 통리한다"고 규정하였다.[73] 7월 24일 통감 이토는 〈일한협약〉을 추진하면서 〈각서〉에서 내각과 각부의 서기관 및 서기랑 약간 명은 일본인으로 임용하는 안을 넣고 있었다.[74] 고종황제의 퇴위 강제에 이어 통감과 한국 내각총리대신 사이에 조인된 〈일한협약〉은 통감부의 통감이 대한제국의 내정 전반을 섭정하는 체제를 만드는 데 목표를 두고 있었다. 이 체제를 실행하기 위해서는 먼저 법령 개정 및 입법 관련 공문서 관리체계부터 이에 맞추는 것이 순서였다. 〈각서〉는 이 체계의 실무자 및 실무책임 직에 일본인

---

71) 〈統監府及理事廳官制〉, 金正明 編,《日韓外交資料集成》6-中, 1964.

72) 통감부《공보》제7호, 메이지 40년 5월 21일자 수록, 통감부 훈령 제10호.

73) 1906년도 칙령 제36호 '내각소속직원관제' 제2조. 내각 서기관장은《勅令(下)》(서울대학교 도서관편, 규장각자료총서 금호시리즈 근대법령편, 1991), 496쪽.

74) 《口外文》제40권 제1책, 事項 12, 530, 7월 24일 "일한협약에 관한 문서송부의 건". 〈부속서 三〉第五. 일본인을 한국 관리로 임명하는 직책은 각부차관, 내부 경부국장, 경무사 또는 부경무사, 내각서기관 및 서기랑의 약간 명, 각부 서기관급 서기랑의 약간 명, 각도 사무관 1명, 각도 경무관, 각도 주사내主事內 약간 명 등으로 열거되었다.

관리를 투입하는 것을 명시하였다.[75]

통감부 편제는 1907년 10월 19일자로 다시 한 차례 개편을 거쳤다.[76] 통감관방을 신설하여 총무장관이 그 장관을 겸하고, 총무부 산하에 있던 인사과, 회계과, 문서과 등을 관방 소속으로 옮겼다. 이 개편은 대한제국 정부에 대한 통감의 '섭정'의 통로를 한층 강화하기 위한 것이었다. 통감부의 통감관방은 문서과, 인사과, 회계과 등 3과를 거느리고, 대한제국 각부의 대신관방, 내각의 서기관장 휘하의 신설 문서 담당 부서들을 최고위에서 통령할 수 있게 되었다. 이 체제는 곧 〈일한협약〉 제2조에 규정된 법령 제정에 대한 통감의 '승인'의 업무를 수행하기 위한 것으로 그 자체가 유일한 입법 통로이기도 하였다.

통감부가 새로운 입법을 위한 위와 같은 공문서 처리 체제를 얼마나 중요시하였던가는 문서과 직원의 서임敍任·사령辭令 상황에 대한 조사를 통해서도 확인할 수 있다. 〈부록 3〉의 일람표(443~445쪽)는 통감부 관보인 《공보》의 '서임敍任 및 사령辭令'의 난 가운데 문서과 인사 발령들을 통감부가 존속한 전 기간(1906년 2월부터 1910년 8월까지)에 걸쳐 조사해본 결과이다. 이 일람표의 인사발령 상황은 앞에서 살핀 문서담당 제도 개정의 맥락과 거의 일치한다. 일람표에 따르면 최초의 인사발령은 1907년 3월 30일에 있었다. 아마도 이것은 4월에 있을 예정인 총무부 산하의 문서과의 설립 준비를 위한 것

---

75) 일본 도쿄 국립공문서관 소장의 《公文雜纂》의 궁내성, 외무성, 내무성, 사법성, 문부성, 농상무성 등 편을 조사한 결과, 일본 현직 관리를 대상으로 한국 정부 근무 희망자를 모집한 건수가 1900년~1905년 동안 23인에 지나지 않던 것이 1906년 759인, 1907년 276명, 1908년 460명, 1909년 356명, 1910년 148명, 총 1999명으로 급격히 늘어났다. 1910년까지의 모집 상황에 대한 별도의 정리를 가지고자 한다.

76) 통감부 《공보》 제27호, 메이지 40년 10월 9일자 수록, 통감부 훈령 제21호, 통감부 사무분장 규정.

으로 짐작된다. 4월 27일에 문서과장 교체가 있었던 것으로 보면 이전에 이미 첫 과장 발령이 있었던 것도 알 수 있다. 그러나 9월까지도 총무부 산하 문서과는 과장 아래 2명의 직원(속관 1, 고직雇職 1)이 있는 정도로 규모가 작았다. 문서과는 10월 9일의 '통감부사무분장' 규정에 따라 대폭적인 인사 충원으로 면모를 일신하였다. 같은 날짜에 과장 1인, 통역관 1인, 비서관 1인, 속관 8인, 고직雇職 7인 등 도합 18명이 한꺼번에 충원되었다. 이때 통감의 비서관 후루야 히사쓰나古谷久綱가 문서과장에 임명된 것은 특별히 주목된다. 그리고 10월 29일부터 12월 20일까지 사이에 촉탁 1인, 속관 2인, 고직 6인 등 9인이 더 증원되었다. 문서과 직원이 이렇게 대폭적으로 충원된 바로 그 시기에 후술하듯이 대한제국의 체제변동을 가져올 중요 법령들이 최종 결재권자인 황제의 서명이 위조되는 가운데 무더기로 처리되었다. 황제의 서명 위조는 처음부터 문서과에 부여된 하나의 사명이었을 가능성이 높다. 통감관방 소속 문서과는 1908년, 1909년에도 계속 각 7인, 6인이 증원될 정도로 처리해야 할 업무가 많았다. 대한제국 정부를 통감부 산하에 편입시키기 위해서는 고치거나 새로 정해야 할 법령, 법규들이 많았다. 강제 '합병'이 있기 전에 식민지배를 위한 체제정비는 황제 서명 위조란 범죄 수단을 통해 이미 시작되고 있었다.

3) 법령 개정의 실제 – 파행과 위조행위
(1) 섭정제제 수립 초기의 파행 사례

앞에서 살핀 것과 같이 통감부는 '헤이그 밀사사건'을 구실로 일본의 주권 탈취에 저항하는 고종황제를 강제로 퇴위시켰다. 이 상황에서 '신제'로 추대된 황태자는 통감부가 떠밀어 올려도 능동적으로 움

직일 수는 없었다. 양위가 결코 능동적일 수 없었던 것은 정식 양위
식이 환관 2인을 대역시킨 권정례 이후 37일 만인 8월 27일에 비로
소 치러진 사실로서도 입증이 된다.

권정례는 왕, 왕비 또는 왕세자, 대비 등이 특정한 의식에 직접 참
여할 수 없을 때 부득이 대리인을 보내 치르게 하는 것이다. 예컨대
왕실이 상을 치르고 있는 가운데 신하들로부터 축하를 받을 일이 생
겼다면, 그 진하進賀 자리에 나가는 것이 부적합할 경우, 환관 등을
대리로 내보내 의식을 치르게 하였다. 왕이 승하하면 다음 왕의 즉
위식은 상중에 치러질 수밖에 없는데, 즉위식의 경우는 대리인을 세
운 권정례로 치른 예가 없다. 1849년 6월 6일에 헌종이 승하하여, 영
조의 후손으로 강화도에 살고 있는 이원범李元範을 왕위 계승자(철종)
로 정하여 그를 봉영하여 빈전殯殿(창경궁 환경전歡慶殿)에 임하여 거
애擧哀한 다음 창덕궁 인정문仁政門에서 즉위식을 치르는 데 3일이 걸
렸다. 전왕의 승하에서 신왕의 즉위는 3~5일 안에 이루어지는 것이
관례였다. 왕위계승자로서는 빈전에서 상복을 입고 있다가 면복冕服
을 갈아입고 즉위식에 임하여 조신朝臣들의 축하를 받고 다시 빈전으
로 돌아가 상을 치루었다. 1863년 12월 8일에 철종이 승하하여 흥선
대원군의 둘째 아들인 이명복李命福이 왕위계승자인 사위자嗣位者가
되어 입궐하여 같은 절차를 밟고 인정문에서 즉위식을 거행하기까지
5일이 걸렸다. 이때 그는 아직 미성년자여서 관례를 치러야 했기 때
문에 이틀이 더 소요되었다.[77]

이상과 같은 관례에 비추어 볼 때 '신제' 순종의 즉위 관련 행사는
결코 정상적이라고 할 수 없다. 궁중의 관례에 따르면 내각이 통감
부의 요청에 따라 7월 19일에 환관을 대리시켜 치루고자 한 권정의
예는 즉위식이 아니라 즉위 뒤의 진하의 의식에서나 있을 수 있는 것

---

77) 이상의 내용은 해당 실록의 해당 날짜 기사 참조.

이었다. 그러나 즉위하기도 전에 권정례의 진하를 받는다는 것은 있을 수 없는 일이다. 그 권정례 뒤 37일 만인 8월 27일에 즉위식이 열린 것도 앞뒤가 맞지 않는 것이다. 백보를 물러서서도 이 상황은 다음과 같이 해석되어야 납득이 간다. 즉, 7월 19일(또는 20일)에 권정례로 치러진 것은 황태자가 황제의 대리청정의 명을 받고 이를 받아들임으로써 신하들이 이를 진하하는 자리로 해석되어야 한다. 그 후 8월 27일의 즉위식은 같은 기준에서 그새 황태자가 대리청정을 끝내고 즉위에 임하게 된 것으로 풀이되어야 한다. 그러나 후술하는 과정으로 보면 내각이나 통감부 측이 이런 변별을 가지고 있던 것으로는 보이지 않는다.

　내각은 7월 22일에 '신제'에게 황제의 대호大號를 사용할 것을 진언하고, 23일에 황태자비를 황후로 높이고 태황제 존봉도감을 설치하여 황태자가 황제에 오른 것으로 간주하였다. 25일에는 즉위식을 음력으로 다음 달 보름이 지난 후에 열 것을 조칙으로 발표하였다.[78] 8월 2일부터는 융희隆熙라는 새 연호가 사용되기 시작하였다. 그러나 '신제'는 7월 22일에 내각으로부터 황제 칭호 사용의 진언을 받았을 때, "대조大朝(현 황제)의 처분을 받들겠다."고 하여 내각과 통감부에 순응하지 않는 모습을 보였다. '신제'가 통감부, 내각의 요구를 쉽게 받아들이지 않는 상황에서 황제의 정사가 정상적으로 이루어질 수는 없었다. 강제 퇴위가 자행되던 기간에 처리된 법령의 결재에 실제로 많은 이상이 발견된다.

　통감 이토 히로부미와 내각총리대신 이완용은 '신제'와 어떤 접촉도 없이 7월 24일자로 〈일한협약〉을 조인하였다. 이에 근거하여 7월 25일부터 새로운 법령이 제정되었다. 대한제국의 법률, 칙령 등의 법령은 원래 기안지에 어새(칙명지보勅命之寶란 글자가 새겨진 보인寶

---

78) 《순종황제실록》에는 예고 기록이 있으나 《조칙철》에는 관련 조칙이 없다.

표 1. 〈일한협약〉(1907. 7. 24) 직후 제정된 法律들의 날인 상태 일람표

법률명	결재월일	날인상태	비고
(1) 신문지법新聞紙法	7월 25일	공백/어새	〈자료 2〉
(2) 보안법保安法	7월 27일	예압/어새	〈자료 3〉
(3) 광업법중개정건鑛業法中改定件	8월 6일	예압/어새(2회)	〈자료 4〉
(4) 사광채취법중개정건砂鑛採取法中改定件	8월 6일	예압/어새	
(5) 총포 및 화약류단속법銃砲及火藥類團束法	9월 3일	예압/어새	
(6) 조세규칙위범租稅規則違犯에 관한 재판관 할건裁判管轄件	9월 4일	예압/어새	
(7) 포경업관리법捕鯨業管理法	9월 30일	예압/어새	

印)를 찍고 그 위에 어압御押(황제의 수결인手決印)을 누르는 절차를 거치도록 규정되어 있었다.[79] 두 날인은 황제가 승인했다는 표시이다. 그런데 〈일한협약〉 직후에 만들어진 30건 남짓의 법률과 칙령은 대부분 이 형식을 제대로 갖추지 못하였다.

먼저 법률 사례부터 살피면 〈일한협약〉 조인 다음 날인 7월 25일부터 9월 3일까지 다음과 같은 7개의 법률이 제정되어 공포되었다.[80]

위 7개 법은 '신제' 곧 순종황제의 즉위 뒤에 제정된 것을 표시하고자 법률 제1호에서 제7호로 일련번호를 붙였다. 그러나 연호는 광무光武로 그대로 썼다. (3) (4) (6) (7) 등은 경제에 관한 것으로 황실재산을 비롯한 대한제국의 여러 재원, 세원을 일본 측이 장악하기 위한 것이며, 나머지 (1) (2) (5) 등은 일본에 대한 저항을 봉쇄 내지 분쇄하기 위한 것들이다. 〈일한협약〉 후 일본의 수탈적 법령 제정은

---

79) 가장 가까운 시기의 관련 규정을 든다면 1907년 6월 15일 칙령 제37호 '내각회의규정' 제11조는 "재가하신 안건을 어압 어새로 관인을 찍으심[鈐]"이라고 하였다. 위 《勅令(下)》, 277쪽.

80) 위 《詔勅 · 法律》, 698~707쪽 참조.

이후에도 계속되지만 이 기간에 법률의 이름으로 제정된 것은 위 7개가 전부이다.

위 표 1에 표시되었듯이 사례들은 (1)을 제외하고는 모두 예압睿押(황태자의 수결인)[81]과 어새(〈칙명지보〉) 날인으로 결재되었다(자료 5). (1)은 어압, 예압 어느 것도 날인되지 않았지만, 다른 6종은 모두 예압으로 처리되었다. 황태자가 일본 측의 강한 요구대로 황제의 위를 받아들였다면 당연이 예압 대신에 황제의 수결인으로서 어압을 새로 만들어 그것을 사용하게 했어야 한다. 과도적으로 예압을 사용한다고 해도 2개월 이상 그대로 사용된 것은 납득하기 어렵다. 예압이 계속 사용된 것에 '신제'의 의지가 작용한 것으로 가정한다면 그것은 황제(고종)의 '대리'의 원칙을 스스로도 지켜 예압만을 사용하게 한 것이라고 해도 8월 27일 즉위식 이후로는 중단되어야 한다. 그런데 예압은 9월 30일의 결재에서도 그대로 사용되고 있다. 이는 예압의 사용이 즉위(양위) 수락 여부와는 무관하게 통감부에 의해 일방적으로 사용되었다는 판단을 내리게 한다.

(1)의 신문지법에 어압이나 예압 어느 쪽도 날인되지 않은 것은 재가를 올린 측, 즉 내각의 실수이든지 아니면 결재자(황제 또는 황태자)가 동의하지 않은 결과이든지 둘 가운데 하나를 의미한다. 그러나 실수로 보기에는 여러 가지 정황이 허용하지 않는다. (3)이 예압은 찍혔으나 '칙명지보'의 어새를 두 번 찍은 것도 실수로 간주하기에는 사안이 너무 중대하다. 중요한 법령 제정과 결재과정에서 이런 결함 사태가 연속적으로 발생하고 있는 것은 실수라기보다 법령제정 처리과정에서 어떤 마찰이 일어난 결과로 보는 것이 더 설득력이 있다. (3)의 경우, 어새를 미리 찍어둔 상태에서 해당 조문을 적어 나가

---

81) 수결인은 수결(signature)을 인장으로 새긴 것으로 이를 공식적으로 등록하여 결재용으로 사용하였다. 공식 인장들을 모은 책자로 《보인총수寶印叢藪》가 규장각 도서로 남아 있다.

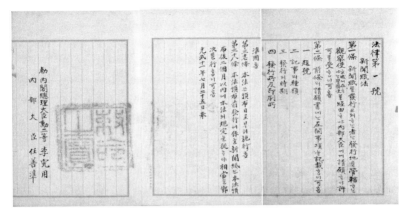

〈자료 2〉〈법률〉의 신문지법 날인 상태. 행정 결재용의 어새(칙명지보, 통감부가 탈취 보관) 날인 위에 어압 또는 예압이 찍혀야 할 자리가 비었다.

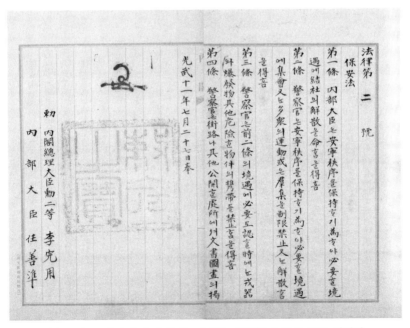

〈자료 3〉 보안법의 날인 상태. 어새와 예압(황태자)이 모두 찍혔다.

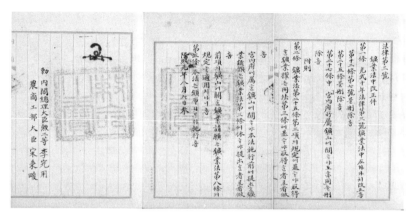

〈자료 4〉 광업법 가운데 개정건의 날인 상태. 어새가 두 번 찍힌 다음 황태자의 예압이 날인되었다.

〈자료 5〉 대한제국의 《보인부신총寶印符信叢藪》에 실린 광무(고종) 황제의 어압御押(왼쪽)과 황태자의 예압睿押(오른쪽).

다가 지면이 모자라 다음 면에 다시 어새를 찍은 상태이다(자료 4 참조). (1)과 (2)는 내용적으로 한국 주차군이 전시 상황에서 발동한 계엄령을 잇는, 다시 말하면 통감부가 평시의 통치령으로 역할을 분담하려는 법률이어서 이 행위 자체의 불법성이 더욱 엄중하다.

궁내부의 내대신이 어새, 어압, 예압 등을 정상적으로 관리하고 있는 상황에서는 이런 파행이 빚어질 수가 없다. 이전에는 이런 사례들이 실제로 찾아지지 않는다. 황제 강제퇴위 추진 뒤 재가 주청 임무를 수행하는 내각과 이를 확인하는 위치에 선 통감부가 어새 등 보인들을 탈취, 장악하여 마음대로 사용하는 상황에서 발생한 파행이라고 하지 않을 수 없다.

표 2는 같은 기간에 발부된 칙령들의 결재 상태를 조사한 것이다. 여기서도 거의 같은 현상을 확인할 수 있다. 칙령은 황제의 시행령으로서 7월 27일부터 11월 19일까지 근 4개월 동안 34건이 처리되었다. 이 사례들에서 다음과 같은 파행들이 확인된다.

(3)의 경우 연호 사용에 착오가 발견된다. '구제'의 연호 광무는 8월 2일에 '신제'의 융희로 바뀌었는데 8월 6일자의 이 칙령은 광무 연호를 그대로 사용하고 있다. 다음으로 어새를 2회 중복 날인한 예는 4건이나 발견된다. 이러한 파행들도 표 1의 경우와 마찬가지로 황제의 친람이나 내대신의 제도가 기능하는 상태에서는 발생하기 어려운 것들이다. 위 사례의 사안들은 대개 군대해산 조치에 후속하는 군부 및 육군의 규정 변경, 경무청 등에 관한 것이 태반이므로 내용적으로도 '신제'에게 친람 기회가 주어졌을 가능성은 대단히 낮다. 황태자의 예압이 '양위' 뒤에도 상당한 기간 사용된 까닭은 법령 개정은 어차피 통감의 소관이란 의식이 강하게 작용한 결과라고 간주된다.

황제의 결재 방식은 후술하듯이 1907년 11월 18일에 '신제'가 태묘에서 서고식誓告式을 가지면서 어압 대신에 어명御名을 친서하는 방식으로 바뀐다. 후술하듯이 통감부는 이때 일본정부에서 행해지던 것

표 2. 〈일한협약〉 후 발부된 칙령들의 날인 상태 일람표

법률명	결재월일	날인상태	사용 연호
(1) 경무청관제중 개정건	7월 27일	예압/어새	광무 11
(2) 지방관관제중 개정건	〃	〃	〃
(3) 궁내부소속광산폐지건	8월 6일	〃	〃
(4) 화폐조례중개정건	8월 14일	〃	융희 元
(5) 없음(수산세규칙부분개정)	8월 16일	예압/어새 (날인접착)	〃
(6) 지방위원회규칙중개정건	8월 17일	예압/어새	〃
(7) 각지방 및 항시재판소 − −	8월 19일	〃	〃
(8) 민사소송비용규칙	〃	〃	〃
(9) 농상공부소관국유미간지 − −	8월 21일	〃	〃
(10) 평양광업소관제	8월 22일	〃	〃
(11) 시종무관 관제	〃	〃	〃
(12) 황태자궁배종무관부관제	〃	〃	〃
(13) 군부소관관청관제 및 조규 폐지건	8월 26일	〃	〃
(14) 군부관제	〃	〃	〃
(15) 육군무관학교관제	〃	〃	〃
(16) 근위보병대편제건	〃	예압/어새 (2회 중복)	〃
(17) 친왕부무관관제	〃	예압/어새	〃
(18) 관등봉급령중개정건	8월 28일	〃	〃
(19) 임시군용 및 철도용지조사국관제	8월 31일	〃	〃
(20) 군부소관관청관제 및 규정 폐지건	9월 4일	〃	〃

(21) 없음 (지방위원회관계)	9월 11일	〃	〃
(22) 은행조례중개정건	〃	〃	〃
(23) 성균관관제중개정건	9월 28일	〃	〃
(24) 광무학교관제와 외국어학교의학교	〃	〃	〃
(25) 육군복장규칙중 개정건	10월 1일	예압/어새	〃
(26) 육군복장제식	〃	〃	〃
(27) 경찰관리정원외 임시임용에 관한 건	10월 2일	〃	〃
(28) 경시총감 및 부경시총감예모예장건	10월 15일	〃	〃
(29) 경찰관리임용에 관한 건	10월 30일	예압/어새 (어새 2회)	〃
(30) 민사소송비용규칙중 개정건	〃	〃 〃	〃
(31) 육군복장제식중 첨입건	11월 2일	예압/어새	〃
(32) 군부관제중 개정건	〃	〃	〃
(33) 육군무관 및 상당관관등봉급령	11월 13일	예압/어새 (어새 2회)	〃
(34) 육군장교승마령	11월 19일	예압/어새	〃

을 대한제국 정부에도 시행하게 하였다. 표 2의 사례 가운데 (34)의 육군장교승마령은 11월 19일자이므로 예압/어새가 아니라 친서/어새로 결재되어야 하는 경우이다. 이 착오도 담당관의 자의적 처리 중에 발생한 것으로 간주된다. 11월 18일 '신제'의 태묘 서고 이후 대한제국의 황제 결재 방식이 친서제도 도입으로 바뀐 뒤 결재상의 파행은 더 심한 양상을 보인다. 약 2개월 동안 60건의 조칙, 칙령들이 서로 다른 필체의 황제의 이름자 서명으로 무더기로 처리되고 있다.

이 조칙, 칙령들은 대한제국의 국가 기간基幹을 통감부 지배 아래로 편입시키는 조치에 관한 것들로서 문제의 심각성이 더 심대하다.

(2) 황제 서명 위조에 의한 법령 개정
가. 일본식 공문서 결재제도 적용

앞에서 언급하였듯이 통감부는 8월 27일에서야 비로소 "신제"의 즉위식을 거행할 수 있었다. 서울을 비롯해 곳곳에서 일어나는 저항으로 대한제국을 하루아침에 삼킬 수는 없었다. 통감부는 일본인들을 대한제국 각부 차관으로 임명하는 조치를 9월 19일에서야 마칠 수 있었다.[82] 이렇게 차관 임명을 완료한 다음 통감부는 같은 날짜로 통감부의 관제를 고쳐서 통감부에서 농상공부와 경무부를 없애고 부통감을 신설하여 대한제국 정부에 대한 상위 감독체제로 완전히 전환하였다.[83] 첫 부통감은 9월 21일자로 임명되었다.

통감부는 "신제"의 거처를 경운궁으로부터 창덕궁으로 옮기는 것을 다음 과제로 삼았다. 그것은 그를 "태황제" 곧 '구제'의 영향권으로부터 완전히 벗어나게 하기 위한 것이었다. 10월 7일 창덕궁으로 옮기는 것이 결정되면서 궁궐 수리 명령이 하달되었다.[84] 이 무렵 일본 측은 대한제국 황실과 일본 황실의 친선을 명분으로 일본 황태자의 한국 방문을 주선하였다. 10월 16일부터 20일까지가 방문 기간이었다. 일본 황태자(나중의 다이쇼천황大正天皇)가 방문을 마치고 돌아간 직후인 11월 2일에 일본과의 유대를 강조하는 조칙이 내려지

---

82) 8월 9일 : 宮內府 차관-鶴原定吉 內部 차관-木內重四郎 學部 차관-表孫一. 9월 7일 : 度支部 차관-荒井賢太良. 9월 19일 : 農商工部 차관-岡喜七郎 法部 차관-倉富勇三郎. 이상 위 《詔勅·法律》 가운데 조칙의 해당 연월일 참조.

83) 통감부 《公報》 제25호, 明治 40년 10월 2일자.

84) 《純宗皇帝實錄》 권1, 隆熙 원년 10월 7일조.

고 13일에 황제(순종), 황후, 황태자 등이 창덕궁으로 옮겨갔다. 2일 뒤인 15일에 '태황제'가 태묘를 방문하고 돌아오는 길에 창덕궁에 잠시 들려 '신제'의 거처를 보고 경운궁(태황제로서는 덕수궁)으로 돌아갔다. 그 후 11월 18일에 비로소 '신제'로부터 〈유신維新 국시國是와 응행應行 6조목〉의 조칙이 내리고 스스로 태묘를 방문하여 열성列聖과 사직社稷에 대한 서고誓告를 올렸다.[85] 황제 즉위에 필요한 모든 의식이 이때서야 비로소 끝나게 되었다. 그런데 통감부는 한국 지배란 목표 달성을 위해서 이 순간도 악용하고 있었다. 황제의 태묘 참배 때 읽는 서고문에는 이름자를 기입하는 자리가 비어 있고 황제는 서고를 마치면서 여기에 이름자를 직접 써넣었다(자료 6).[86]

통감부는 이 무렵 대한제국의 공문서 서식을 일본식으로 바꾸는 계획을 세워 만반의 준비를 갖추어놓고 있었다. 일본식 공문서식에서 황제의 재가는 이름자를 친필로 서명하도록 되어 있었다. 통감부의 문서관계 담당자들은 이 서고문의 친필 서명이 이루어진 바로 그날부터 약 2개월 동안 대한제국의 국권에 직접 관련되는 중요 법령들에 대한 결재를 황제의 서명을 위조해 비밀리에 처리하기 시작하였다.[87] 황제 모르게 새 법령을 양산하는 탈법행위가 멋대로 진행되었다.

앞에서 살폈듯이 통감부는 1907년 10월 19일자로 통감관방을 신설하여 총무장관이 그 장관을 겸하고, 총무부 산하에 있던 인사과, 회계과, 문서과 등을 관방 소속으로 옮겼다.[88] 이 개편은 대한제국 정부에 대한 통감의 '섭정'의 통로를 강화하기 위한 것이었다. 통감관

---

85)　이 책 214쪽 참조.

86)　위《詔勅 · 法律》, 526쪽 ;〈자료 6〉참조. 새 황제의 이름자가 서명된 이 서고문은《조칙철》에 융희 원년 11월 18일 '유신국시와 응행육조목'의 조칙 부록으로 첨부되어 있다.

87)　이 책 255~261쪽 참조.

88)　통감부《공보》제27호, 메이지 40년 10월 9일자 수록, 통감부 훈령 제21호, 통감부 사무분장규정.

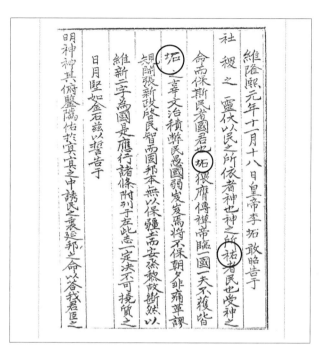

〈자료 6〉 순종황제가 태묘의 신령들에게 고해 읽은 서고문 중 이름자 坧(척)을 직접 쓴 부분(제1행, 제3행, 제4행 ○ 표시).

방 장관은 문서과, 인사과, 회계과 등 3과를 거느리고, 대한제국 각 부의 대신관방, 내각의 서기관장 등 신설 문서 담당 책임부서들을 통령하였다. 이 제제 아래서 내한제국의 각종 법령의 제정은 다음과 같은 과정을 거쳐 이루어지게 되었다.

먼저 해당 내부 등 각부의 대신관방실이 기안을 해서(각부 기안 용 지 사용) 이를 내각의 서기관장에게 넘기면 내각에서는 황제에게 결 재를 품청하는 문안을 작성하여 이를 각부 기안문서 앞에 첨부해(내 각 기안 용지 사용) 통감부로 넘기었다. 〈일한협약〉에 따라 모든 법령 의 제정은 사전에 통감의 승인을 받도록 했기 때문이다. 통감부로 넘 어온 문서는 통감관방 문서과가 이를 접수하여 통감에게 보이고 그의

'승인'을 받는 절차를 거쳤다.[89] 이 절차가 끝나면 해당 법령은 사실상 확정된 것이나 마찬가지가 되지만, 형식적으로 해당 문서를 내각이 황제(순종)에게 올려 황제 이름자의 친서 결재를 받는 순서가 있었다. 서명 위조는 바로 이 최종 과정을 통감관방 문서과 직원들이 대행하면서 저질러졌다. 이에 대한 구체적인 검토를 위해서 먼저 당시에 통용되던 대한제국의 입법관계 공문서 형식부터 살필 필요가 있다.

나. 일본식 이전의 근대적 공문서식(1894. 11.~1910. 8.)

조선왕조는 1894년 11월 갑오개혁 때 조정의 각종 공문서 형식을 대폭적으로 바꾸었다. 역대에 걸쳐 사용해온《대전통편大典通編》의 것을 버리고 신제로 바꾸었다.[90] 그 가운데 국왕이 명하거나 정하는 것으로 칙령, 법률, 조칙 등이 있었다. 이들은 모두 1910년 8월 대한제국이 일본에 강제병합될 때까지 존속하였다. 현재 서울대 규장각에 소장된 세 종류 법령들(1894~1910년)의 건수는 표 3과 같다. 황제의 서명이 위조된 것들은 1907~1908년도 분 가운데 60건(괄호 표시)에 달한다.

표 3을 보면 1908년 이후로 조칙의 수는 급격히 줄어들고 나머지 두 가지 특히 칙령의 수가 늘어난다. 이것은, 후술하듯이, 1907년 11월 이후로 칙령이 조칙(칙유)을 내포하는 것으로 형식이 바뀌는 것과 관련이 있어 보인다. 어떻든 통감부로서는 세 가지 가운데 황제의 뜻이 가장 강하게 표시되는 공문 형식인 조칙의 반포를 줄이는 것이 바람직할 수밖에 없었다. 세 가지 법령들은 이와 같이 수적 분포 뿐만 아니라 작성 형식에도 큰 변화가 있었다. 그 변화는 다음과 같다.

---

89) 통감관방제도 이전에는 총무부 산하 문서과가 담당하였다.

90) 개국 503년 칙령 제1호,《議案 · 勅令(上)》(서울대학교 도서관편, 규장각자료총서 금호시리즈 근대법령편, 1991), 199쪽.

표 3. 규장각 소장 조칙 · 법률 · 칙령 연도별 건수

연도	조칙	법률	칙령	비고
1894			30	
1895	13	17	109	
1896	45	9	71	
1897	72	2	38	
1898	149	2	43	
1899	102	4	36	
1900	119	8	57	
1901	81 + 20	2	24	2개 綴
1902	95+6		18	〃
1903	72+12		15	〃
1904	132+24		31	〃
1905	124+11	5	62	
1906	102	7	84	
1907	121(5)	14(3)	132(50)	( )안은 서명 위조건
1908	4	30	85(2)	
1909	6	36	106	
1910	1	7	34	
합계	1238+73	143	975	

* 근거 : 규장각자료총서 근대법령편(서울대 도서관 간행, 1991)

1894년에 제정된 '공문식公文式'(또는 명령반포식)은 법률과 칙령의 작성 규칙을 다음과 같이 정하였다. 즉 법률과 칙령은 '상유上諭'(임금의 말씀이란 뜻)로 공포하며(2조), 의정부가 기초하거나 각 아문대신이 의정부에 안을 제출하면 의정부 회의를 거쳐 의정대신이 상주하도록 한다(3조)고 하였다.[91] 그리고 국왕이 이를 재가하게 되면 친서한 후 어새를 찍고 그 다음에 의정대신(1907년 6월 이후 총리대신)이 연월일을 적고 의정대신(총리대신)과 관계 아문의 대신이 부서副署하도록 되어 있다.[92] 공문식에는 조칙의 발부 형식과 절차에 대해서는 전혀 언급이 없다. 이것은 국왕이 직접 내리는 것이므로 별도의 규정이 필요하지 않았던 것으로 보인다. 국왕의 친서는 처음부터 등록된 수결 인장 즉 어압을 사용하고, 어새는 처음에는 '대군주보', 광무 원년(1897) 11월부터는 '칙명지보'를 사용하였다.[93]

이상과 같은 공문식의 규정들은 대체로 잘 지켜졌다. 규장각 소장의 해당 법령들을 하나하나 검토하여 보아도 1907년 11월~1908년 1월 사이의 서명 위조 건 외에는 큰 이상이 없다.

다. 황제 친서 위조를 위한 공문서 문안 형식 변경

그러면 1907년 11월 이후 법령 제정 과정에서 어떻게 황제의 친서가 위조될 수 있었던가. 이를 위해서 먼저 칙령의 사례를 살필 필요가 있다. 먼저 위 '공문식'에 따라 작성된 칙령 하나를 예시한다.

---

91) 章程存案 命令頒布式, 위 《議案 · 勅令(上)》, 78~79쪽.

92) 위와 같음.

93) 서울대 규장각도서에는 《보인부신총수寶印符信總數》(奎 10291)라는 책이 소장되어 있다. 이 책에는 대한제국 황제 및 황실의 각종 공용 인장印章들이 대부분 수록되어 있다. 이 책이 언제 어떤 목적으로 작성되었는지에 대해서는 구체적인 검토가 필요하다. '대군주보'와 '칙명지보' 사용의 시기 문제는 규장각자료 근대 법령편의 각종 공문서의 결재 상태를 통해 확인된다.

〈예시 1〉

(1907년 11월 19일자)

칙령 제34호 육군장교승마령

제1조 육군현역장교 동상당관同上當官으로 왼쪽의 각항……

(중략)

제8조 본령은 반포일로부터 시행함.

융희 원년 11월 19일 봉奉

어압(수결인)

어새(칙명지보)

칙 내각총리대신 대훈   이완용李完用

　　군부대신 육군부장 훈일등 이병무李秉武

　칙령을 비롯한 법령류의 번호는 연도별로 붙이는 것이 상례이다. 위의 칙령은 1907년의 제34호로서 육군장교 승마에 관한 것인데, 이것은 1894년 제정 '공문식'에 따라 최후로 작성된 공문이다. 아래에 보듯이 이후의 제35호부터는 통감부의 방침에 따라서 형식이 크게 달라진다. 위 〈예시 1〉 칙령 제34호의 기재 사항들은 (1) 호수 (2) 명칭 (3) 조문(내용) (4) 연월일 (5) 어압 (6) 어새 (7) 봉칙자 직함 및 성명 등의 순으로 작성되었다. 이는 최종 결재권자인 대군주가 서류를 받아 내용을 모두 읽은 다음에 결재를 하는 순서를 취한 것이다. 그런데 이 형식에 따라 작성 공포된 칙령들을 검토하여보면 1894년 11월 21일자부터 1896년(건양 원년) 9월 24일사까시의 것들은 "짐이 내각관제를 재가하야 반포케 하노라"(1896년 3월 25일)고 한 것과 같이 칙유의 대요만 밝히고 관련 법령은 구체적으로 제시하지 않았다. 이것은 청일전쟁을 배경으로 일본국이 조선에 대해 내각 총리대신 제도 도입을 요구하여 왕권을 축소시키려고 한 것과 관련이 있어 보이지만 군주가 그 내용에 접할 수 없었던 것은 아닌 것 같다. 앞으로 별도의 자세한 연구가 필요한 부분이다. 1895년 10월 왕비피살 사건 이후 군주가 일본군이 감시하는 경복궁을 나와 러시아 공사관으로 이주하여 왕권을 회복하면서 공문서 제도는 위의 예시와 같은 형태로 법령의 내용이 구체적으로 제시되는 것으로 확립되었다. 건양 원년(1896) 9월 24일자 제1호부터 일어난 변화이다.[94]

칙령 등의 공문서 작성의 형식과 내용은 이처럼 왕권의 성쇠를 직접 반영하고 있다. 건양 이후 특히 대한제국 성립 후 대군주권, 황제권이 강화되면서 공문서식이 취지대로 내용을 갖추는 변화가 나타났다. 대한제국의 황제정이 안정된 기반을 유지하는 동안 법령류 기안 제도는 정상적으로 자리를 잡았다.

그런데 1907년 칙령 제35호 이후 통감 섭정체제 아래 다시 형식이 크게 바뀌었다. 1907년 12월 4일자의 칙령 제35호를 예로 들어 확인해 보겠다.

〈예시 2〉

(1907년 12월 4일자)

짐이 경리원 소관 잡세 처리에 관한 건을 재가하야 이에 반포케 하노라.

융희 원년 12월 4일

어명御名(친서)

어새 (칙명지보)

태자소사太子少師 대훈내각총리대신 이완용

훈일등 탁지부대신   고영희高永喜

훈일등 농상공부대신   송병준

---

94) 위《議案 · 勅令(上)》, 326쪽.

칙령 제35호
경리원 소관 잡세처리에 관한 건
제1조
······
제8조 본령은 반포일로부터 시행함

이 칙령의 기재 형식에서 일어난 변화를 정리하면 다음과 같다.

먼저, 가장 앞에 서술되어 있는 칙유의 내용 곧 반포의 요지는 제34호 이전에는 볼 수 없던 형식이다. 그 다음에 연월일, 어명 친서(어압이 아니다), 어새 날인, 관련부서 책임자 직함 및 성명, 칙령호수, 명칭, 조문條文 등의 순서로 작성되었다. 이 순서를 〈예시 1〉(제34호)의 일련번호를 빌려 표시하면 (4) (5) (6) (7) (1) (2) (3)의 순서가 된다. 다시 말하면 1907년 제35호 이후로는 (4)~(7)의 부분과 (1)~(3)의 부분이 둘로 나뉘어, 결재를 하는 황제는 (4)~(7)의 부분만 알고 법령의 구체적 내용이 담긴 (1)~(3)의 부분은 전혀 알 수 없는 상황이 발생할 수 있었다. 이 점은 사용한 용지를 통해서도 확인할 수 있다. 즉 칙유 (4)~(7)의 부분이 내각 용지를 사용하고 법령 (1)~(3)의 부분은 내부 등 해당 부처의 용지를 사용하였다. 이렇게 분석하여 보면, 뒷부분은 처음부터 황제에게 올릴 목적이 아니라 존안存案 즉 보관용 문서로 작성되었을 가능성이 높다. 제34호 이전까지의 용지가 모두 내각(또는 의정부)의 것이었던 것과는 대조적이다. 쉽게 말하면 황제에게는 안건의 개요(칙유 요지)만 알리고 구체적인 사항은 각부가 따로 작성하여 재가 뒤에 별도로 합쳐 보관하는 과정을 밟았다.

〈예시 2〉의 형식이 일본제국의 현행 제도를 그대로 이입시킨 것은 양자의 대조로 쉽게 판단할 수 있다. 당시 일본에서 행해지던 법령 제정의 사례는 통감부 관보인 《공보》에 많이 실려 있다. 그 가운데 1907년(메이지 40) 9월 4일자의 칙령(전보문)을 한 예로 제시하면 아래와 같다.

〈예시 3〉

짐 재판소, 타이완총독부법원, 통감부법무원 또는 이사청 및 관동도독부 법원 공조共助에 관한 비용 및 수인囚人 형사피고인 압송에 관한 건을 재가 하여 이에 이를 공포케 함.

어명 어새

메이지 40년 9월 14일

내각총리대신 후작　사이온지 긴모치西園寺公望

사법대신　　　　　마쓰다 마사히사松田正久

내무대신　　　　　하라 다카시原敬

외무대신　자작　　하야시 다다스林董

칙령 제292호

제1조 재판소, 타이완총독부법원, 통감부법무원 또는 이사청 및 관동도독 부 법원 상호 사이의 공조에 관한 비용은 촉탁을 받은 각 관서의 지 변支辨으로 한다.

제2조 수인囚人 및 형사피고인의 압송에 관한 비용은 ……

　　　……

부칙

본령은 공포한 날로부터 이를 시행한다.

메이지 33년 칙령 제174호는 이를 폐지한다.

위 〈예시 3〉의 기재 사항의 순서는 〈예시 2〉와 거의 같다. 대한제 국 1907년 칙령 제35호 이후의 칙령 형식이 일본의 것을 그대로 따 랐다는 것은 확실하다. 〈예시 3〉의 '어명, 어새'는 메이지천황明治天

皇의 어새(천황어새天皇御璽 4자 새김)를 날인하고 그 위에 천황이 이름자[睦仁]를 친서했다는 표시이다. 통감부는 대한제국 법령에도 그대로 적용하여 황제의 이름자[坧]를 직접 서명하게 하였다. 〈예시 2〉의 어명, 어새의 표시는 그 뜻이다.

〈예시 2〉의 형식은 앞서 살핀 건양 이전의 것과 비슷한 점이 많다. 법령의 내용을 구체적으로 밝히지 않은 점이 그렇다. 그러나 조선에서는 아직 군주의 친필 서명이 아니라 수결인을 어압으로 사용하였다. 황제가 직접 육필로 서명하는 것은 〈예시 2〉에서 처음이다. 그런데 육필 서명은 얼핏 보기에는 황제가 모든 것을 직접 주재하게 된 것으로 알기 쉽지만, 실제 상황은 정반대이다. 법령의 요지를 밝히고(예: 〈예시 2〉 "짐이 경리원 소관 잡세 처리에 관한 건을 재가하야 이에 반포케 하노라") 그 아래 황제가 친필로 이름자를 서명할 자리가 잡혀 있는 결재 용지는 칙령의 구체적인 내용이 적힌 용지와 분리된 상태이기 때문에, 황제의 이름자 서명 제도가 악용될 소지가 얼마든지 있다. 이전의 제도에서는 결재자가 새 법령의 내용을 다 읽은 다음에 끝자리에 서명하는 것과는 달리, 첫 장의 요지만 읽고 서명하는 것으로 종료되는 형식이다. 모든 정사가 통감의 지시 아래 내각이 실무를 집행하는 체제 아래서는 새로이 제정하는 법안의 내용을 황제에게 충실하게 알린다는 것은 있기 어려운 일이다. 통감 섭정 체제는 오히려 황제의 간여를 배제하는 것이 목적이었으며, 친서 제도의 도입은 어디까지나 친재親裁를 가장한 통감부의 농단을 수월하게 진행시키기 위한 것이었다. 이는 제도는 같더라도 일본 정부가 천황으로부터 결재를 받을 때는 일어날 수 없는 일이다. 더 놀라운 것은 황제에게 개요만 알리는 방식을 도입하면서 초기 2개월 동안 아예 황제에게 아무 것도 알리지 않고 담당자들이 황제의 이름자 서명 자리에 자신들이 그 이름자를 흉내 내어 써 넣고 처리해 버린 서명 위조 행위가 60건이나 확인되는 사실이다.

〈자료 7〉 1907년 11월 18일 ~ 1908년 1월 18일 동안의 조직, 칙령, 법률 등 법령류 재가에 위조된 서명들의 사례

〈자료 8〉 1908년 2월 이후 법령류에 대한 순종황제 재가 실제 서명 사례

앞서 살폈듯이 통감부는 1907년 10월 19일자로 통감관방을 신설하여 그 장관은 문서과, 인사과, 회계과 등 3과를 거느리고, 대한제국 각부의 대신관방, 내각의 서기관장 등 신설 문서담당 책임부서들을 통령하는 체제를 갖추었다. 어느 모로 보나 일본이 대한제국에 대한 지배를 위해 필요한 법령 개정을 대규모로 진행시키기 위한 준비였다. 이후 1개월이 지나는 시점인 1907년 11월 18일 황제가 태묘에서 서고식을 올리고 그 서고장에 이름자(坧)를 기입한 것을 신호로 2개월 동안 황제의 서명을 위조한 법령 제정이 무려 60건에 달하였다.[95]

라. 황제의 친서를 위조한 문건 60점

새로운 친서 제도 도입 이후 이 방식으로 제정된 법령들의 건수는 표 3에 제시되었듯이 조칙 16건, 법률 76건, 칙령 275건이었다(진하게 표시된 숫자). 총 367건 중 조칙 2건(1908년 7월 8일자, 1910년 8월 29일자)은 어떤 이유에서인지 서명이 빠져 있다. 이를 제외한 365건에 가해진 황제(순종)의 이름자 坧의 서명 상태를 보면, 1908년 1월 18일까지의 60건과 그 이후의 305건에서 큰 차이가 있는 것을 쉽게 파악할 수 있다. 즉 친서제도 도입 초기(1907. 11. 18~1908. 1. 18)에 이루어진 60건의 서명들은 5~6개의 서로 다른 필체가 뒤섞여 있다(자료 7). 반면에 이후의 305건은 한 사람의 필체라고 누구나 인정할 수 있는 서명들로 되어 있다(자료 8).

이 사실은 결국 앞의 60건의 서명들은 어떤 특별한 목적 아래 필체 수만큼의 사람들에 의해서 황제의 친서가 위조되고, 그 목적이 달성된 후에 비로소 결재권자인 황제에게 직접 서명을 받는 상태가 이뤄졌다는 것을 의미한다.

문제의 60여 건의 법령들을 날짜별로 정리하여 본 것이 〈표 4〉이다.

---

95) 칙령은 위 예시에서 보았듯이 11월 19일까지도 이전대로 하고 있었다.

표 4. 순종황제의 서명을 위조한 법령 일람표

순번	연월일	종류	명칭
1	1907. 11.18	조칙	경회慶會를 맞은 대사면의 건
2	〃	〃	유신국시와 응행6조목
3	11. 19	〃	이토伊藤를 태자태사로 삼고 친왕례로 대하는 건
4	11. 26	〃	이재면李載冕 일본대사 특명건
5	12. 4	칙령	경리원 소관 잡세처리에 관한 건
6	12. 13	조칙	소요騷擾 귀순자에게 면죄 증거문서〔文憑〕 급여에 관한 건
7	〃	칙령	각부관제통칙
8	〃	〃	내부관제 개정
9	〃	〃	한성부관제 개정
10	〃	〃	경시청관제 개정
11	〃	〃	지방관관제 개정
12	〃	〃	탁지부관제 개정
13	〃	〃	건축소관제 개정
14	〃	〃	인쇄국관제
15	〃	〃	관세국관제
16	〃	〃	세관관제
17	〃	〃	재무감독국관제
18	〃	〃	재무부관제
19	〃	〃	임시세관공사부관제
20	〃	〃	등대국관제
21	〃	〃	토지측량사무종사 탁시부임시식원 증치건
22	〃	〃	법부관제 개정
23	〃	〃	감옥관제
24	〃	〃	법관양성소관제 개정
25	〃	〃	학부관제

26	12. 13	칙령	학부직할학교 및 공립학교관제 개정
27	〃	〃	학부직할학교직원령정원령 개정
28	〃	〃	농상공부관제 개정
29	〃	〃	융희 2년도 세입세출총예산 및 각 특별회계세입세출예산
30	12. 20	〃	근위기병대편제
31	12. 23	법률	재판소구성법
32	〃	〃	재판소구성법시행법
33	〃	〃	재판소설치법
34	〃	칙령	관등봉급령 중 개정건
35	〃	〃	법전조사국관제
36	12. 27	칙령	관등봉급령 중 개정건
37	〃	〃	각관제 중 참서관, 서기관 지위조정건
38	〃	〃	관리근속에 관한 건
39	〃	〃	지방관 관등봉급령 중 개정건
40	〃	〃	경시청관제 중 개정건
41	〃	〃	총순권임 및 순검을 경부순사로 임용하는 건
42	〃	〃	평양광업소관제
43	〃	〃	회계조사국관제
44	〃	〃	연와煉瓦제조소관제
45	〃	〃	판사검사관등정원 및 봉급령
46	〃	〃	재판소서기장 및 서기관 등 정원령
47	〃	〃	재판소번역관 및 번역관보관제
48	〃	〃	대한의원관제 개정
49	〃	〃	대한의원장봉급 및 수당에 관한 건
50	〃	〃	관공립보통학교직원봉급령 개정건
51	〃	〃	평양광업소특별회계법
52	〃	〃	토지가옥증명규칙 중 개정건

53	〃	〃	자금회계법
54	12. 30	〃	농림학교관제 중 개정건
55	〃	〃	공업전습소관제 개정
56	〃	〃	원예모범장 관제 중 개정건
57	〃	〃	퇴관은사금지급규정
58	〃	〃	보통학교령 개정건
59	1908. 1. 7	〃	함북咸北 부령군富寧郡 청진淸津 개방건
60	1. 18	〃	임시제실帝室 국유재산조사국 관제 개정

*근거: 규장각자료총서 금호시리즈 근대법령편《詔勅‧法律》,《勅令(下)》(서울대학교도서관, 1991)

위 표 4에 제시된 문제의 법령들이 얼마나 중요한 것인가는 법령들의 명칭으로도 충분히 짐작할 수 있다. 그 내용에 대해서는 뒤에서 따로 살피기로 하고, 이 60건의 법령들에 가해진 위조서명들을 발췌하여 한 자리에 모아본 것이 〈자료 7〉이다(서명의 일련번호는 위 법령 명칭 일람표의 번호 그대로이다).

〈자료 7〉의 60건의 서명들은 육안으로도 서로 다른 필체가 여럿 섞여 있다는 것을 쉽게 알아 볼 수 있다. 이것만으로도 위조 사실은 명백하다. 1908년 1월 8일 서명 이후의 것들을 모은 〈자료 8〉의 서명은 한 필체로서 앞의 〈자료 7〉의 것들과는 확연하게 다르다. 〈자료 9〉는 1910년 8월 일본이 강제로 '병합조약'을 체결할 때 황제(순종)가 강요에 떠밀려 내각총리대신 이완용을 한국 측 전권위원으로 하는 임명장의 황제 서명 부분이다.[96] 여기에 보이는 황제 이름자 서명은 황제 자신이 직접 한 것이 틀림없다. 이 서명이 위 60건에 가해진 것과 다르다는 것은 누구나 육안으로 쉽게 식별할 수 있다. 이와달리 서명 위조가 끝난 뒤의 시기인 1908년 2월 이후의 서명들인 〈자

---

96) 이 위임장은 서울대학교 규장각 한국학연구원에 소장되어 있다.

료 8〉과는 거의 비슷하다. 위 60건의 황제 이름자 서명이 위조라는 것은 더는 의심할 여지가 없다.

순종황제의 서명은 위의 사례들에서 보듯이 글씨 모양이 특이하여 위조된 것들과 쉽게 구분된다. 순종황제는 본래 명필에 속하였다. 그는 1897년 5월 황태자 신분으로 독립협회의 사무실 '독립관'을 처음 열 때 그 현판 글씨를 써서 내릴 정도였다.[97] 그런데도 위 서명의 필체가 어린아이 글씨처럼 된 데에는 특별한 사연이 있었다. 앞서 잠시 언급하였듯이, 그는 1898년 9월 이른바 독차사건으로 심신 장애 증세를 간헐적으로 가지게 되었다.[98] 고종황제를 음해하려는 마수가 두 부자가 마시는 커피 잔에 다량의 아편을 넣어 먼저 마신 태자가 변을 당하였다. 고종황제는 당초 태자의 총명함을 자랑할 정도였으나 이 불행을 당한 후로는 일본인들이 그를 악용할 것을 우려해 양위 문제에서도 그토록 강하게 반대하였다. 그가 변을 당하기 전에 그린 그림 〈자료 10〉을 변을 당한 후의 것인 위 서명들과 비교하면 변고로 입은 건강상태를 짐작할 수 있다.

서명 위조자들은 이런 특별한 내력을 가지고 있는 그의 필체를 흉내 내려고 했으나 그것이 도리어 위조의 증거를 남기는 결과가 되었다.

서명이 위조된 60건의 사례들에서 다음과 같은 사실들이 포착되기도 한다. 위조 서명들은 문서의 결재 날짜가 같으면 서명의 필체가 같은 경우가 많다. 〈자료 7〉 가운데 1907년 12월 13일자 칙령 22건

---

97) 영은문迎恩門이 헐린 것은 1895년 2월이었고, 독립협회가 모화관慕華館을 개수하여 독립관으로 사용하기로 한 것은 1897년(광무 1년) 5월이었다. 이때 황태자가 현판 글씨 '독립관獨立館'을 써서 내려 황실이 이를 공인하는 의미를 부여하였다. 황태자는 독립협회가 독립문 건립을 위한 모금 운동을 벌이자 1천원元을 하사하였다. 이는 전체 모금 총액의 3분의 1에 가까운 액수였다. 이태진,《고종시대의 재조명》, 태학사, 2000, 36~37쪽.

98) 이 사건은 친러파 김홍육金鴻陸이 고종황제에 대한 불만으로 사주한 것이라고 알려져 있으나 그 배후에 대해서는 더 자세한 구명이 필요하다.

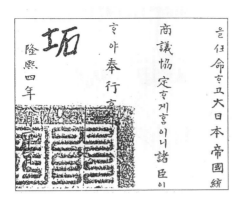

〈자료 9〉 융희 4년(1910) 8월 22일 '일한병합조약' 한국측 전권위원 위임장의 황제 이름자 서명 부분.

〈자료 10〉 순종황제가 독차사건 이전에 그린 그림. 정헌正軒이 아호이다.

(7~28), 12월 27일자 칙령 18건(36~53) 등이 그 대표적인 예이다. 그리고 11월 18~19 이틀 사이의 조칙 3건(1~3)도 한 필체인 것이 틀림없다. 특히 12월 23일에 처리된 법률 3건(31~33), 칙령 2건(34~35) 등은 법령의 종류가 서로 다른데도 결재일이 같아서 같은 필체로 확인된다. 이 사실은 담당 관리가 자신이 맡은 안건들을 같은 날에 일괄 처리한 결과로 이해된다.

(3) 서명 위조 대상 법령들
가. 즉위 경축 선유宣諭의 문건들

끝으로 서명이 위조된 각 법령들의 내용에 대해 살펴보기로 한다.

표 3에 제시된 문제의 법령들은 조칙 5건, 법률 3건, 칙령 52건 총 60건이다. 조칙을 먼저 살핀 다음 법률, 칙령의 순서로 검토하기로 한다. 이는 서명이 위조된 날짜순이기도 하다. 먼저 해당 조칙들을 날짜순으로 제시하면 다음과 같다.

(1) 경회慶會 즉 순종황제의 즉위를 기념해 내린 대사면 조치(11월 18일자)

(2) 순종황제가 보위寶位에 오르면서 시정의 방향을 제시하는 유신국시維新國是와 응행육조목應行六條目(11월 18일자)

(3) 이토 히로부미를 태자태사로 삼아 친왕례로 대우하는 일(11월 19일자)

(4) 소요(의병) 귀순자에게 면죄문빙免罪文憑을 급여하는 건(12월 13일자)

(5) 이재면李載冕의 일본대사 특명(12월 26일자)

이상 5개 조칙 가운데 (1) (2)는 순종황제의 즉위에 관한 것이고, (3) (5)는 황태자(垠)의 일본유학을 결정한 데 따른 후속 조치이다. (4)는 통감부가 한국인의 항일 의병활동을 분쇄하기 위해서 면죄 문빙 발급을 미끼로 귀순을 종용하는 내용을 담은 것이다. 앞에서도 언급하였지만 (1) (2)는 모두 정상적인 상황에서는 황제의 즉위와 동시에 행해졌어야 할 사항들이다. 그런데도 8월 27일의 즉위식 뒤 약 3개월이 지난 시점에서 비로소 관례적인 조치들이 나오고 있다. 순종황제의 즉위는 완전히 일본 측의 의도로 강제적으로 이루어진 것이므로 모든 의례의 시행이 비정상적이었다.

앞에서 살폈듯이 통감부는 '신제'에 대한 '구제'의 영향을 차단하고자 9월 17일에 '신제'를 경운궁慶運宮 즉조당卽祚堂으로 이거시켰다. 그러나 이는 같은 궁 안에서 이루어진 것이기 때문에 불완전하다고 생각해서 '신제'의 거처를 다시 창덕궁으로 옮기도록 하였다. 10월 16~20일 사이로 예정된 일본 황태자의 한국 방문을 앞두고 10월 7일에 '신제'의 창덕궁 이거가 발표되었다. 일본 황태자의 한국 방문은 양국 황실의 우호를 명분으로 삼았지만 실질적으로는 '신제'의 이복 동생이자 황태자로 지목된 영친왕英親王(垠)을 일본으로 '인질'로 데려가기 위한 예방이었다. 그 환영식이 10월 19일 창덕궁에서 열렸다.[99] 그 뒤 11월 13일에 황제(신제), 황후, 황태자(영친왕) 등의 창덕궁으로의 이어移御가 이루어지고, 18일에 태묘 서고에 이어 위의 관례적 대사면 등의 조치들이 나왔다.

고종황제는 이 무렵 제위를 강제로 교체당한 현실을 더는 거부하기 어렵다는 판단을 내리지 않을 수 없었다. 통감 이토가 유학이란 구실로 영친왕을 일본으로 데려가고자 일본 황태자의 한국 방문을 유치하고 또 스스로는 태자태사太子太師의 직함을 붙이기까지 하는 상황에서 저항을 더 지속하기 어렵다고 판단하였다. 그래서 황제는 10월 15일에 자신이 먼저 태묘太廟를 참배하고 돌아오는 길에 창덕궁으로 가서 '신제' 곧 황태자에게 정식으로 제위에 오르는 절차를 밟는 길을 열어주었던 것이다. '신제'는 이를 받들어 11월 18일에 태묘에 가서 제위에 오르겠다는 서고식을 올렸던 것이다.

서울대 규장각 장서에 소장되어 있는 《조칙철詔勅綴》[100]에는 1907년 11월 18일자의 위 (2)의 부록으로 '조종열성祖宗列聖의 영靈'과 '사직社稷의 영靈'에 올리는 서고문誓告文 두 장이 첨부되어 있다(자료 6).[101] 이 서고문들은 전후의 다른 조칙들이 국한문 혼용체로 쓰인 것과는 달리 순한문체로 된 점으로 보아 황제가 참배 때 읽을 문안으로 만들어진 것이 틀림없다. 서고문들에는 서고자로서 "사황제嗣皇帝 척坧"이라고 하여 순종황제의 이름자가 쓰여 있다. 이 이름자들의 글씨체는 본문과 다르다. 서고자인 '신제'가 직접 쓴 것이 틀림없다. 1894년 '공문식'

---

99) 《純宗皇帝實錄》권1, 원년 10월 19일조.

100) 규장각자료총서 근대법령편 《詔勅 · 法律》 가운데 조칙 부분으로 간행되었다.

101) 《詔勅 · 法律》의 목록 작성에서는 유신국시와 응행육조목의 부록으로 처리되어 있다.

에도 서고문에는 왕이 친서한다고 하였다. 이 필체는 1908년 2월 이후 각종 법령들에 황제가 직접 쓴 이름자 친서들과 거의 같다(자료 8).

황제의 이름자 친서가 들어간 이 서고문의 존재는 통감부가 황제서명 위조를 융희 원년(1907) 11월 18일 태묘 참배 관련 조칙에서부터 시작하게 된 이유를 헤아릴 수 있게 해준다. 대한제국 정부조직을 통감의 '섭정' 체제 아래 두기 위해서는 일본 공문식을 도입하는 것은 필수였다. 그러나 통감부로서는 황제가 실제로 이 제도에 따라 결재를 시작하기 전에 '섭정'을 위해 새로 만들거나 고쳐야 할 법령들이 많았다. 이 작업을 쉽게 수행하는 길은 황제를 잠시 권외에 두는 것이었지만, 그가 사용할 이름자 서명은 친필로 확보하여야 하였다. 태묘 서고문에 황제가 이름자로 친서하는 제도는 이를 확보하는 절호의 기회였다. 통감부 문서과의 관리들은 태묘 서고문이 접수되자 그 날짜 조칙에서부터 그 서명을 모방하여 어명 친서의 자리를 채우면서 결재 처리해 나갔던 것이다.

나. 일본식 재판소 제도의 도입

다음의 법률 3건은 모두가 재판소 구성에 관한 것들이다. 〈일한협약〉의 제3조 사법사무를 행정사무에서 분리시킨다고 한 것에 따라서 재판소 신설에 관한 시행령들을 새로 제정한 것이다. (1)재판소 구성법 (2)재판소 구성법의 시행법 (3)재판소 설치법 등 3건이 12월 23일 하루에 함께 처리되었다. 이 법령들은 대한제국의 기존의 재판소 구성 즉 지방재판소, 한성부 및 각 개항장 재판소, 순회재판소, 평리원, 특별법원 등의 체제(1899년 5월 30일 확정안)[102]를 없애고 일본식의 구재판소區裁判所, 지방재판소地方裁判所, 공소원控訴院 등의 체제로 바꾸는 것을 골자로 한 것이다. 재판소 설치 및 운용에서는 특히 법

---

102) 위《詔勅 · 法律》, 600쪽, 법률 2, 법률 제3호, '재판소 구성법개정안'.

부대신의 역할이 일체 배제된 것이 눈에 띤다. 각종 처벌 권한인 재판권의 탈취는 곧 저항력 분쇄의 의도를 가진 것이었다.

재판소 제도를 바꾸는 계획도, 사실은 앞서 언급하였듯이, 〈일한협약〉 조인 당일에 통감이 내각 총리대신 이완용에게 보여주고 협조를 약속 받아낸 〈각서〉에 이미 들어 있었다. 〈각서〉의 제1사항으로 일한 양국인으로 조직하는 재판소로 대심원大審院, 항소원抗訴院, 지방재판소地方裁判所, 구재판소區裁判所 등을 신설한다고 하고, 제2사항으로 각 지방 재판소가 있는 곳에 각각 1개소씩 9개소에 감옥을 신설하고 간수장看守長 이하 간수를 일본인으로 한다는 규정을 두었다. 이때 계획된 것을 12월 23일에 법률로 처리하게 되었던 것이다.[103]

다. 정부조직의 개편 관련 법령들

칙령의 서명 위조는 모두 52건으로 세 종류의 법령 가운데 가장 많다. 내용적으로도 관제 즉 정부 조직법에 관한 것이 대부분으로 중요도가 아주 높다. 52건 가운데 첫 번째는 12월 4일의 "경리원經理院 소관 잡세雜稅 처리에 관한 건"이다. 그 내용은 궁내부 산하 경리원이 관장해오던 잡세, 즉 상공세를 국유로 이관한다는 것으로서, 이것은 대한제국의 중요 재원을 통감부가 장악하는 조치의 하나로서 통감부가 가장 중요시한 정책의 하나였다.[104]

칙령 쪽의 서명 위조는 무더기로 이루어지고 있는 것이 특징이다. 12월 13일자에 22건, 12월 27일자에 18건, 12월 30일자에 5건 등이 그렇다. 그 가운데서도 12월 13일 하루에 처리된 22건은 모두 중앙 관부의 관제 개편에 관한 것으로 통감의 "한국 내정의 전권 장악" 실현의 핵심 부분이라고 할 만한 것이다. 그 내용은 위 표 4에서 보듯

---

103) 주 53과 같음.
104) 李相燦, 〈일제침략과 황실재정정리〉, 《奎章閣》 15, 1992, 150~155쪽 참조.

이 '각부관제통칙'에 이어 내부內部 및 그 산하 한성부漢城府 · 경시청
警視廳 · 지방관地方官, 탁지부度支部 및 그 산하 건축소建築所 · 인쇄국印
刷局 · 관세국關稅局 · 세관稅關 · 재무부감독국財務部監督局 · 재무서財務
署 · 임시세관공사부臨時稅關公司部 · 등대부燈台部 등 여러 주요 관서들
의 임시직원 증치건, 법부法部 및 그 산하 감옥監獄 · 법관양성소法官養
成所, 학부學部 및 그 산하 직할학교直轄學校 및 공립학교公立學校, 학부
직원 · 학교직원의 정원, 농상공부農商工部 등 중앙관서 전체 관제들
이 대상이 되고 있다.

이 무더기 관제개혁의 기본 방향은 첫머리의 '각부관제통칙'에 나
타나 있다. 이에 따르면 대신관방(비서실)과 차관의 실권을 강화하는
것이 가장 중요한 방침이었다. 중앙 각부의 대신관방은 1905년 2월
26일 '각부관제통칙'에 따라 처음 설치되었다. 설치 당초에도 이미
기밀에 관한 사항, 관리진퇴 신분에 관한 일, 대신관인大臣官印 및 부
인部印의 관수管守, 문서접수, 발송, 번역, 편찬 및 보존에 관한 사항,
통계 및 보고에 관한 사항 등의 중요 임무를 부여받고 있었지만,[105]
이때 다시 소관 경비 및 모든 수입의 예산 결산 아울러 회계에 관한
사항, 회계 감사에 관한 사항, 소관 관유 재산 및 물품에 관한 사항
등의 임무가 추가되어 그 비중이 더 높아졌다.

그리고 차관은 1905년의 '통칙'에서 "대신을 보좌하여 부중部中 사
무를 정리하여 각 국의 사무를 감독한다"고 규정되었던 것에 견주어
"대신을 보좌하여 부무部務를 통리統理하고 소관 사무를 감독한다"는
것으로 권한이 훨씬 더 강화되었다. 〈일한협약〉은 대한제국 정부 차
관의 일본인 관리 임용을 규정하였다. 대신관방과 차관의 권한 강화
는 결국 이 협약에서 의도된 것을 실천하는 것이었다.

내부 이하 각부의 각국各局, 각서各署 등의 관제 개편의 의미에 대

---

105) 위 《勅令(下)》, 18~20쪽.

해서는 앞으로 하나씩 세밀한 검토가 필요하다. 이 시기 재정제도에 관한 한 연구는 재무국財務局 관제(17), 재무서財務署 관제(18) 등의 개편은 일본인들이 조세의 징수와 관리에 관한 권한을 직접 장악하기 위한 것으로 분석하고 있다.[106]

라. 각부 차관의 일본인 기용

일본 측은 당초에는 대한제국의 각부各部 대신들까지도 일본인으로 임명하고자 하였다.[107] 그러나 이 문제는 〈일한협약〉 조인 당일에 수정되었다. 앞에서 언급하였듯이 통감은 7월 24일자로 대한제국 총리대신 이완용에게 극비의 〈각서〉를 보여주고 동의를 받아냈는데 그 제5사항에 각부차관各部次官, 내부경무국장內部警務局長, 경무사警務使 또는 부경무사副警務使, 내각서기관內閣書記官 및 서기랑書記郎 약간 명, 각부各部 서기관書記官 및 서기랑書記郎 약간 명, 각도各道 사무관事務官 1명, 각도各道 경무관警務官, 각도各道 주사主事 약간 명 등을 일본인으로 임명하는 것으로 합의하였다.[108] 통감은 고종황제의 퇴위를 강제하는 상황에서 대한제국 각부 대신들의 협조 없이 목표를 달성하기는 어렵다는 판단 아래 당초의 계획을 변경하게 되었던 것이다.

대한제국의 정부 구성 개정에 관한 위 칙령들은 '통칙'에 따르면 1908년 1월 1일부터 효력이 발생한다. 법령의 효력일을 이렇게 설정하였기 때문에 무더기 처리를 하면서 서명 위조까지 자행하지 않을

---

106) 李潤相, 〈日帝에 의한 植民地 財政의 형성 과정〉, 《韓國史論》 14, 서울대 국사학과, 1986, 323쪽.

107) 《日外文》 제40권 제1책, 47, 7월 12일 '한제의 밀사 파견에 관련하여 묘의결정의 대한對韓처리방침 통보의 건"의 제141호(極秘) 사이온지 총리대신의 전보문 본문에서는 "통감의 추천推薦에 계係하여 본방인本邦人을 내각대신 이하 중요관헌重要官憲에 임명한다"고 지시하고, 부기 2에서도 제2요강안으로 제시되었다.

108) 주 53과 같음. 이 사실에 대해서는 《韓國丁未政變史》도 "체약締約 당시의 비밀취극서就極書에 의해 당분간 현재 각 대신의 지위를 변동시키지 않는다(136쪽)"는 결정이 있었던 것으로 서술하였다.

수 없었던 것이다. 일본 측은 목표달성 시기를 1907년 12월 31일로 잡았고 각종 법령들의 서명 위조도 실제로 대부분 12월 30일로 끝나고 있다. 이듬해 1월 초로 넘어간 것은 "함북咸北 부녕군富寧郡 청진淸津 개방건開放件"(1월 7일), "임시제실유급국유재산국관제개정臨時帝室有及國有財産局官制改正"(1월 18일) 등 단 2건이었다. 2건 가운데 특히 후자가 미비하여 서명 위조가 신년 초까지 계속되었던 것으로 보인다. 통감부는 결국 한국 내정에 대한 전권 장악의 체제 확립을 1907년 연내 목표 달성이라는 시한을 설정하여 추진하고 있었던 것이다.

1907년 11월 18일부터 12월 말까지 반포된 법령들은 대한제국의 운명을 바꾸어놓은 중요한 내용을 담고 있다. 대한제국의 황제는 이런 법령들이 제정되고 있는 것을 구체적으로 알지 못하는 상황으로 배제되어 있었다. 이런 가운데 통감부가 황제의 서명을 위조하여 법령들을 만들고 있었다는 것은 어느 모로나 명백한 범죄행위이다.

4) 황제 서명 위조 인물의 추적 – 마에마 교사쿠前間恭作의 경우

앞의 위조 서명 예시에는 서로 다른 필체가 5~6개나 되었고, 또 위조가 사무적으로 처리되었다는 것도 드러났다. 통감부의 서슬이 퍼렇던 시기에 대한제국 황제의 서명을 5~6명이 집단적으로 돌아가면서 위조했다면 통감부의 일본인 관리들밖에 달리 상정하기 어렵다. 당시의 법령 제정의 절차로 보나 통감부의 문서 처리 및 관리 제도의 정비 상황으로 보나 통감부 관리들이 주범일 가능성은 대단히 높다.

대한제국 내각측도 이에 일조를 하였을 수 있다. 그러나 문서담당 책임직에 이미 일본인이 임명되어 있는 상태였으므로 한국 관리들이 관계되었다 하더라도 그것은 종속적인 것에 지나지 않았다. 제도적, 현실적 상황으로 보아 통감부 통감의 묵인 아래 휘하 문서과 직원들이 내각과 각 부에 나가 있는 일본인 서기관들의 도움을 받으면서 서명을 위조하였을 가능성이 아주 높다. 필자는 이러한 가능성을 구체적인 증거로 입증하고자 여러 위조서명의 필체 가운데 하나의 주인을 추적하였다. 위조 사례 가운데 1907년 12월 23일자의 (7)~(28)의 22개 칙령에 가해진 위조서명 필적의 주인을 추적하여 보았다.

조사 대상이 된 이 필체는 문제의 대여섯 개의 필적 가운데 가장 달필이라고 할 만한 것이다. 필자는 이 점을 유의하여 마에마 교사쿠前間恭作를 이 필체의 주인공으로 상정해 보았다. 그는 근대에 한국학 연구에 종사한 일본인 제1세대에 속하는 인물로 한국의 서지書誌, 언어, 문학, 역사 등에 관해서 많은 저서와 논고를 남겼다. 특히 한글 고어古語에 관한 연구 저서 가운데 육필 원고를 영인 출판한 것이 많아 일본인 학자들 사이에 그 달필에 대한 칭송이 자자하였다.[109]

필자는 이 사실과 함께 그의 다음과 같은 특별한 이력을 유의하여 그를 위조 필적 주인공의 한 사람으로 상정하였다.

일본의 저명한 한국사 연구가 스에마쓰 야스카즈末松保和 교수가 마에마의 유고 《고선책보古鮮册譜》의 완간(1957)에 붙여 쓴 《마에마선생소전前間先生小傳》은 그의 행적에 관한 필자의 추적에 큰 도움이 되었다. 마에마 교사쿠는 1910년대 이후 한국학 관계의 저술들을 본격적으로 내기 시작하였다. 그 이전에는 재조선在朝鮮 일본영사관, 주한 일본공사관의 직원으로 하야시 곤스케 공사의 통역관을 거쳐

---

109) 스에마쓰 야스카즈末松保和는 마에마의 한국관계 유저遺著 고본稿本을 약 70종으로 파악하고, 대표적으로 《校註歌曲集》《朝鮮古語辭典稿本》《食譜》《開京宮殿簿》《吏文》《名世譜》《朝鮮及第名案捷見》《拾抄》《飾辰賞樂》《營造宮室》《道術名義》《國朝榜目續》《四色通檢》 등을 들었다(《前間先生小傳》 10쪽). 그는 이 고본들이 서울대 도서관에 있다고 했으나, 필자가 도서관 목록 및 장부들을 조사해본 결과, 고본들이 기증된 사실이 나오지 않았다. 일본의 서물동호회書物同好會는 1942년 마에마가 작고하자 《서물동호회회보書物同好會報》 제15호(1942년 3월)를 그의 추억호로 특집하여, 후지타 료사쿠藤田亮策 외 11인의 회고담류의 글을 실었다.

〈제2차 일한협약(을사조약)〉 당시 특사 이토 히로부미의 통역을 담당하였다. 바로 이어 통감부가 설치된 후에는 문서과에 깊이 관여한 경력을 가지고 있다.[110] 그리고 〈제2차 일한협약〉에 관한 기존의 연구에서 이 조약 강제 당시 대한제국 외부대신 관인 탈취에 그가 관계되었음이 이미 지적되고 있었다.[111] 이런 의구심에서 시작한 필자의 추적은 마에마의 유품, 유고 등이 일본 규슈대학九州大學 조선사학실朝鮮史學室에 기증되어 있다는 정보를 입수하여 이 연구실을 방문하여 그의 유품 문고인 재산루문고在山樓文庫에 접하였다. 이 문고에서 "메이지 45년 1912년 5월 마에마 교사쿠前間恭作 작성"이라고 명기되어 있는 그의 이력서를 비롯하여 많은 자필 원고들을 접할 수 있었다. 먼저 이 이력서와 함께 앞에 소개한 스에마쓰 야스카즈의《소전》의 정리에 근거하여 그의 주요 약력부터 살펴보기로 한다.[112]

마에마 교사쿠는 쓰시마對馬島 출생으로 어릴 때 고향에서 한국인으로부터 한국어를 배우고, 18세 때 나가사키長崎 기부리 영어학교를 거쳐 게이오의숙慶應義塾에 진학하였다. 1891년 4월에 이 학교를 졸업한 뒤 8월에 외무성 유학생 선발에 뽑혀 곧 조선 경성에 왔다. 그 후 영사관 서기생이 된 다음(1894년 7월), 외무성 서기생으로 신분을 바꾸고(1897년 10월) 1902년 10월 6일자로 하야시 곤스케 공사

110) 부록 3의 일람표 및 위《前間先生小傳》 참조.

111) 尹炳奭, 〈을사 5조약의 신고찰〉(《國史館論叢》 23, 1991). 주 59에서 그가 외부外部 보조원 누마노沼野와 함께 외부外部에 가서 외부인外部印을 강제로 탈취한 사실이 자료에 근거해 지적되었다.

112) 필자는 마에마이 유품과 원고들이 수장되어 있는 곳을 수소문하던 중에 규슈대학九州大學 조선사학실朝鮮史學室에 보관되어 있다는 것을 후지모토 유키오藤本幸夫 교수로부터 듣고 이 대학의 하마다 고사쿠濱田耕策 교수에게 열람을 청하는 편지를 낸 다음, 1992년 10월 19일에 후쿠오카福岡로 가서 약 5일 동안 체류하면서 조사하였다. 조선사학실 하마다 교수, 구루미 대학의 로쿠탄다 유타카六反田 豊 교수 등 여러분이 베풀어준 호의 및 편의 제공에 대해 깊이 감사한다. 이 조사 여행에 대해 한일문화교류기금이 여비의 일부를 보조해준 것에 대해서도 감사의 뜻을 표한다.

의 2등 통역관이 되었다(내각 발령). 1905년 11월 17일 〈제2차 일한
협약〉 체결 때에는 특파대사 이토의 통역관으로 활약하면서 대한제
국 외부대신의 직인을 탈취해오는 임무를 수행하였다. 조약에 필요
한 수속의 진행은 한국 측의 완강한 저항으로 예정일을 넘겨 다음
날 새벽 2시 넘어까지 계속되었다. 이때 준비된 조약문의 내용을 일
부 수정하여 전문前文을 새로 써야 하는 상황이 벌어졌다. 현재 한국
측에 보관되어 있는 이 조약문의 일본어본은 그가 쓴 것으로 판명된
다. 그는 1904년(메이지 37)에 동료 후지나미 요시쓰라藤波義貫와 함
께 《교정교린수지校訂交隣須知》라는 책을 내면서 표지를 자필로 작성
하였다. 그 필체가 〈자료 11〉에서 보듯이 〈제2차 일한협약〉 일본어
본의 것과 같은 것으로 확인된다.[113]

　마에마가 제2차 일한협약과 관련하여 이토와 맺은 인연은 그의 양
손자가 을사조약 당시 마에마가 얻은 두 개의 이토 필적에 '부지附識'
를 붙여 표구해놓은 것으로 확인할 수 있다. 첫 번째는 한국측의 강한
반대를 꺾고자 이토가 을사조약의 서두문 원안을 즉석에서 고쳐 제시
한 "韓國力富强ノ實ヲ擧ケ自立スルヲ得ニ至ル迄"라는 구절이며,
두 번째는 불법 체결을 마친 뒤 숙소로 돌아와 수상에게 보낸 사후 대
책에 관한 전보문이었다. 마에마는 "부지"의 설명에서 자신이 당일
하야시 공사를 수행하여 경운궁 안 궁정회의[廷議] 자리에 가 있다가
한국황제와 대신들의 반대가 심해 하야시 공사의 지시로 대사를 데리
러 숙소 대관정大觀亭으로 갔다가 "여관 밀실에서 공작과 담어談語하였
음은 내가 결코 잊을 수 없는 기억이 되었다"고 밝혔다. 이 "수필手筆"
자료는 모리카츠미森克己 교수가 《일본역사日本歷史》 제296호(1973년
1월호) 역사수첩歷史手帖 "잘못된 이토 히로부미誤られた伊藤博文"란 글
로서 이미 소개했다. 마에마는 이러한 인연으로 이토의 통역관으로 심

---

113) 주의할 것은 공편자共編者인 후지나미도 통감부 문서과 직원이었다는 사실이다.
　　부록 3 통감부 문서과 서임 · 사령 일람표 참조.

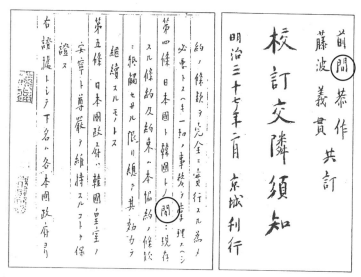

〈자료 11〉《校訂交隣須知》 내표지(오른쪽)와 '1905년 보호조약' 일본문의 필적(왼쪽)
비교. 내표지의 前間恭作의 間자와 조약문의 間자가 거의 같다(○ 표시 부분).

복이 되었던 것이다.[114]

　마에마 교사쿠는 1906년 1월 31일 통감부가 발족하면서 바로 그
날짜로 통감부 통역관에 임명되었다. 그는 50명 남짓의 통역 담당 관
리 가운데 가장 중요한 인물로 통감 이토의 통역을 계속 맡으면서 문
서과, 인사과 양쪽의 직책을 겸하는 때가 많았다. 〈부록 3〉의 '통감
부 서임 및 사령' 가운데 관련 사항과 자필 이력서의 임명 사항 등을

---

114) 필자가 마에마의 유품 조사를 위해서 규슈대九州大 조선사학실을 방문하였을 때
　　마에마 교사쿠가 이력서에 적은 후쿠오까시福岡市 주소지인 箱崎 上社家町 265번
　　지를 찾아가 보았다. 이곳은 현재 주소지가 箱崎 一丁目 24－30번지로 바뀌어 있
　　었으나 다행히 양손자인 마에마 노리요시前間典義씨가 같은 집을 그대로 사용하고
　　있었다. 마에마씨는 친절하게 가장家藏의 유품 여러 점을 보여주었다. 많은 기념
　　장, 훈장 외에 특히 눈을 끈 것은 "伊藤博文公 手筆", 곧 마에마가 을사조약 당시
　　이토 특사의 통역으로 옆에서 보좌하다가 얻은 두 개의 이토 필적에 양손자가 '부
　　지附識'를 붙여 표구해놓은 것이다.

표 5. 마에마 교사쿠의 통감부 문서과 관련 이력 일람표

연도	월일	관명	사항
1907	4. 27	통역관	총무부 문서과장 명 외무부 겸근을 명
〃	8. 10		고쿠분 쇼타로國分象太郎 총무부인사과장 출장 부재중 대리
〃	10. 19	통역관	통감관방문서과 겸 인사과 근무 명
〃	10. 31	통역관	외무부 겸 통감관방문서과 근무 명 인사과 겸무도 전과 같음
〃	12. 5	통역관	고쿠분 인사과장 출장중 대리
	4. 13	통역관	사타케佐竹 문서과장 부재중 대리
1910	1. 3	통역관	사타케 문서과장 상경중 대리
	10. 1	통역관	하기타萩田 과장 출장 부재중 대리

함께 모아 그의 문서과 근무 관련 이력을 정리하면 표 5와 같다.

그의 2등 통역관직은 단순한 전문직이 아니라 고등관高等官 7등 5급봉奉으로 상위 고등 직위였다. 그는 통감부 안에서 총무부, 통감 관방 쪽의 인사·문서과의 요직 심하게는 외무부까지 겸직할 정도로 다채로운 이력을 가졌다. 이런 이력은 통감의 심복이 아니고서는 할 수 없는 것이다. 그는 같은 쓰시마 출신으로 인사과장 고쿠분 쇼타 로國分象太郎(나중에 총독부 인사국장 역임)와 지근한 선후배 관계로서 통감 이토의 핵심 막료였다. 고쿠분은 통감 이토가 작성한 대한제국 군대해산의 황제조칙의 초안을 나리타 후지오成田不二生 씨에게 준 바 로 그 사람이다(이 책 226쪽).

마에마는 영어에도 능통하여 1900년 3월 29일부터 1901년 12월 27일까지 1년 8개월 동안 호주 시드니 근무 경력도 가지고, 1905년 6월 22일에는 일본 적십자사 한국위원 본부간사에 위촉되기도 하였 다. 일본이 한국 적십자사를 일본 적십자사에 편입시킨 것은 한국이 〈제2차 일한협약〉의 불법을 국제사회에 호소하는 통로를 차단하기 위한 조치였다. 이 흡수 편입의 조치 또한 강제적으로 이루어졌는데, 마에마는 이 일에도 중요한 역할을 수행하고 있었다. 그는 1906년 11월 26일에 용동상회龍東商會 요구사건要求事件 조사위원에 위촉되는 특별한 이력을 가지기도 하였다. 이 상회는 1903년 대한제국 궁내부가 서북철도西北鐵道 건설에 필요한 기재 판매 계약을 맺은 프랑스 회사(론돈 프레상 상회)로서, 러일전쟁과 동시에 일본이 이 철도의 부설권을 강탈하여 대한제국과는 부채관계(도입된 기재값 190만원)가 발생하였다.[115] 마에마는 이 부채건의 뒤처리 위원으로 위촉되었던 것이다. 그의 이러한 국제적 활약은 그가 통감부의 핵심 인물의 하나라는 것을 다시 입증해준다.

마에마는 1911년 3월 말일자로 자진 퇴관하여 도쿄, 후쿠오카 등지에 거주하면서 한국학 연구생활로 여생을 보내다가 1942년에 병으로 타계하였다. 그의 퇴관 사유로 특별히 알려지는 것은 없으나 이토 히로부미의 사망과 깊은 관계가 있을 것으로 짐작된다. 한국에서 그의 활동이 얼마나 중요한 것이었던가는 그의 이력서에 기재되어 있는 특별수당에 해당하는 재근봉在勤奉과 면려금勉勵金 등의 액수로도 살필 수 있다. 이를 연월일 별로 정리하여보면 표 6과 같다.

당시 순사, 촉탁 등의 월급이 20원圓 안팎이었던 것을 참작하면 그가 받은 1만 1,283원圓에 달하는 특별 수령금이 얼마나 거액인가를 짐작할 수 있다.

마에마 교사쿠는 이상과 같이 통감 이토의 핵심 막료로서 통감관방실에서 중요한 역할을 수행한 인물이었다. 그의 이력에 대한 이러한 조사 결과를 바탕으로 필자는 그의 필적에 대한 조사도 함께 하였다. 규슈대학 조선사학실에서 그의 많은 자필 원고들을 접한 끝에 필

---

115) 《宮內府去來文牒 · 宮內府來去案》(서울대 규장각편, 규장각자료총서 금호시리즈 궁내부편, 1992), 609~610쪽.

표 6. 통감부 통역관 마에마 교사쿠의 특별 사여금 수수 일람표

연월일		명목	액수	비고
1891	8. 1	학자금	300圓	
1893	6. 3	위로금	20圓	
1894	7. 24	재근봉	400圓	
1895	12. 9	사여금	200圓	1894·95년 사건의 노고 위로금
1898	7. 12	재근봉	500圓	
1899	5. 1	재근봉	800圓	
1900	3. 29	재근봉	2,400圓	시드니 근무 부임
1901	12. 27	재근봉	800圓	한국 근무
1902	10. 6	재근봉	1,200圓	고등관 7등, 내각발령
1903	3. 31	특별 면려금	100圓	
1904	3. 31	특별 면려금	100圓	
1906	4. 1	사여금	350圓	
	12. 19	업무 특별 격려금 〔事務格別 勉勵付金〕	300圓	
1907	12. 19	업무 특별 격려금	300圓	
	12. 24	〃	375圓	
1908	5월	위로금	200圓	龍東商會 사건 조사
	12. 23	업무 특별 격려금	400圓	
1909	12. 21	〃	480圓	
1910	9. 12	위로금	40圓	문관 보통시험 출제
	9. 29	면려 상여금	518圓	
1911	3. 31	업무 특별 상여금	1,500圓	의원 면직
		합계	11,283圓	

* 근거: 규슈대학 조선사학실 소장 재산루문고在山樓文庫, 필기이력서

자는 그의 육필 유고의 하나인《감은기感恩記》를 주목하였다(자료 12). 자신의 선조와 스승, 선배들에 관한 얘기를 주로 담은 이 유고는 글씨의 분량이 많고 또 글씨가 비교적 고르게 정성들여 써져 필체 대조의 자료로 적합하였다. 나는 일단 대한제국 1907년 12월 13일자 칙령 22개에 가해진 위조서명들을 그가 한 것으로 가정하고 이와 대조할 글자를 이 책에서 찾기로 하였다. 그러나 순종황제의 이름자 척坧은 일반적으로는 거의 쓰이지 않는 글자이기 때문에 이 유고에서 같은 글자를 찾아 대조하는 것은 불가능하였다.《감은기》의 60여 페이지 어느 곳에서도 이 글자는 찾을 수 없었다. 이런 경우는 이 글자의 파자破字인 흙 土자와 돌 石자 둘을 찾아 조합해 보는 방법밖에 없다. 필자는 이 방법을 택해 다음과 같이 진행해 보았다.

먼저《감은기》에서는 22쪽 9행 가운데 "土産"이란 단어에서 土자를, 24쪽 12행 가운데 "石燈"이란 단어에서 石자를 각각 취하였다.[116] 그리고 두 글자의 크기를 재본 결과 土자는 5mm×6mm, 石자는 7mm×7mm였다. 다음으로 1907년 12월 13일자 칙령 22개(일련번호 7~28)에 가해진 서명들의 글자 크기를 흙土자와 돌石자로 破字해서 각각의 크기를 재보았다. 그 결과, 土자는 5mm×5~8mm, 石자는 11~12mm×10~13mm 크기로 집계되었다.(서명마다 조금씩 크기에 차이가 있었음) 양자를 비교하면 土자는 서로 크기가 거의 비슷하고 石자는《감은기》것이 가로 4~5mm, 세로 3~6mm 정도가 작은 상태이다. 여기서 나는 22개의 서명 글자 가운데 이것과 크기 차이가 가장 적은 것을 골랐다. 22개 가운데 18번째 '법관양성소에 관한 법령 제정건'에 가해진 것이 바로 그것으로 그 크기는 土자 5mm×7mm, 石자 10mm×11mm였다. 그리하여《감은기》발췌 글자 가운데 土자는 그대로 두고 石자는 가로세로 각 3mm씩 늘려 10mm×10mm

---

116) 필자는 이 자필 원고를 가지런히 쓴 다음 철하기까지 하였으나 책의 쪽수를 붙이지는 않았다. 본문에서 표시하는 쪽수는 필자가 순서대로 붙인 것이다.

〈자료 12〉 마에마 교사쿠前間恭作의 자필自筆 저서 《감은기感恩記》. 오른쪽부터 1쪽, 22쪽, 24쪽.

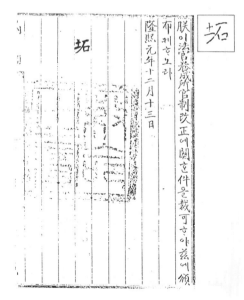

〈자료 13〉《감은기感恩記》로부터 뽑은 '土'와 '石'을 합쳐 만든 '坧'자(난외 □)와 1907년 12월 13일자 칙령 결재 서명(일련번호 18)의 '坧'자.

로 조정하여 두 글자를 합쳐보았다. 그 결과 놀랍게도 두 가지는 〈자료 13〉에서 보듯이 거의 일치하였다.

필자가 택한 방법은 글자를 조합하게 된 점, 검증 대상 글씨들의 필기구가 서로 다른 점 등이 약점일 수 있다. 그러나 위조가 행해질 수 있는 여건에 대한 제도 및 인사에 대한 충분한 검토를 거친 다음에 그 범위에서 취한 대조이기 때문에 글씨 크기와 모양새의 일치는 결코 우연으로 돌릴 수 없다. 혐의 대상이 된 12월 13일자의 서명 22개가 거의 대부분이 추출 조합자의 크기와 모양새가 비슷하다는 것, 반면에 다른 위조 사례들은 전혀 대조할 만한 모양새가 아니라는 점에서 22개의 위조서명은 마에마 교사쿠의 필적이라고 단정할 수 있다. 그는 1907년 10월 9일에 통역관으로 통감관방 문서과 겸 인사과 근무의 명령을 받고 10월 31일에 외무부 발령이 내렸으나 통감관방 문서과 근무를 겸한 상태에서 문제의 위조 기간인 12월 13일에 이르고 있었다. 다시 말하면 그는 12월 13일 현재로 분명히 문서과 근무 중이었다.

순종황제 이름자 위조서명 60개 가운데 한 필체로 된 22개의 서명이 통감부 문서과의 과장급 핵심인물인 마에마 교사쿠의 것으로 판명된 것은 황제 서명 위조의 주체가 통감부라는 것을 확정해준다. 서명이 날짜별로 한 필체로 나타나고 있는 것은 이 위조 작업을 통감부 문서과의 중심인물들이 사무적으로 처리하였다는 증거이다. 당시 새로운 법령들은 대한제국 정부의 각부에서 기안하여 내각에 올리면 내각은 주청서奏請書를 기안, 첨부하여 총리대신 이름으로 황제에게 재가를 올리는 것이 순서이지만 1907년 7월의 〈한일협약(정미조약)〉 이후로는 통감부 통감의 승인을 받는 절차를 밟아야 하였다. 내각에서 올라온 문서는 곧 통감관방실의 문서과를 거쳐 통감에게 올려진 다음 황제에게 보내지는데 1907년 11월 18일부터 1908년 1월 18일까지 60건은 결국 마지막 순서인 황제 재가를 생략하고 통

감부 안에서 문서과 직원들이 황제의 이름자 서명을 위조해 처리하
였던 것이다. 이런 행위는 말할 것도 없이 통감의 허락 없이는 이루
어질 수 없는 것이었다.

제5장 한국 의병의 봉기와 통감 이토의 사임

1. 통감 이토의 한국 통치 실패 자인과 사임
1) 정한론征韓論과 '대한정책對韓政策'

메이지 일본의 정치는 조슈長州와 사쓰마薩摩 양대 번벌 세력이 주도하였다. 1870년대 중반에 민권운동이 일어나 정당이 출현하고 1889년 제국헌법이 반포됨에 따라 1890년에 의회가 개회되었지만 정치의 실제는 양대 번벌藩閥 세력에 의한 이른바 번벌정권으로 이어졌다. 조슈가 육군, 사쓰마가 해군의 창설을 각각 주도하고, 천황의 이름으로 대외 팽창정책을 시종일관함에 따라 민권운동 세력은 사실상 사라졌다. 초기 의회는 세금 부담의 경중을 가늠하는 예산 책정의 기능만이 부여되어 1892년부터는 군함 건조 예산을 놓고 민권파의 정당이 번벌 정권과 치열한 대립을 보이기도 했지만, 천황의 '협화協和의 조칙'이 사실상 정부의 예산을 따라줄 것을 종용함에 따라 이후 의회도 정권의 시녀로 전락하고 말았다.

1894년의 청일전쟁은 일본제국의 천황이 지배하는 새로운 대동양大東洋 건설을 위한 첫 행보였다. 전통적으로 조선에 대해 영향력을 행사하고 있는 중국(청)을 밀어내고 압박하여 이를 발판으로 삼아 한국, 만주, 몽골로 진출하면서 일본제국이 이를 모두 지배하는 원대한 꿈을 내세운 침략전쟁이었다.

19세기 중반 서양 열국의 증기선이 일본 열도의 여러 곳에 출현

하자 일본의 각급 지도자들은 큰 위기의식을 느꼈다. 1853년 미국의
페리 제독의 '흑선' 함대가 도쿄만에 도착하여 개항을 요구하면서 위
기의식이 크게 고조되었다. 범선 시대에는 일본 열도를 둘러싼 바다
는 그 자체가 성벽으로 기능하였지만 증기선의 출현은 사방이 무방
비가 된 상태로 의식되었다. 이에 대해 크게 두 방향의 대책이 거론
되었다. 하나는 막부가 여러 번들을 상대로 하여 막부의 '사私'를 넘
어 국가적 '공公'의 차원에서 '공화共和'를 지향하면서 해양 무역을 발
달시켜 나가자는 주장, 다른 하나는 천황제 중앙집권국가를 새롭게
창출하여 국력을 극대화하여 서양의 열국에 앞서 주위의 나라들을
천황의 땅으로 확보하자는 팽창주의 사상이었다.

막부의 해군 지휘자 출신인 가쓰 가이슈勝海舟, 사쓰마 번의 무사
출신 사이고 다카모리西鄕隆盛, 도사吐佐 번 출신의 사카모토 료마坂本
龍馬 등이 전자, 조슈長州 번의 요시다 쇼인吉田松陰과 그 문하생들은
후자의 강경론을 표방하였다. 요시다 쇼인은 페리Matthew C. Perry 제
독의 '흑선' 함대를 직접 보고 먼저 미국의 앞선 기술을 배워야 한다
는 생각에서 이 배를 이용한 밀항을 시도하였다. 그러나 이 사실이
막부에 알려져 그는 투옥되었고, 이때 옥중에서 쓴 《유수록幽囚錄》에
일본이 살길로서 천황제 실현을 통한 대외 팽창의 필요성과 실행 방
법을 제시하였다. 이 글은 흔히 〈정한론征韓論〉으로 알려지지만 다만
한국(조선)만이 아니라 홋카이도, 류큐, 타이완, 만주, 몽골, 중국,
심지어 호주까지 선점하는 것이 일본이 살길이라고 하였다.[1]

1867년 12월 조슈-사쓰마 번의 무사들은 막부를 타도하고 천황이
왕정복고王政復古의 대호령을 내리게 하는 데 성공하여 정권을 장악

---

1)   李泰鎭, 〈吉田松陰과 德富蘇峰 -근대 일본 한국 침략의 사상적 基底〉, 《韓國史
     論》60호, 서울대 국사학과, 2014. 6, 558~562쪽: 日譯〈吉田松陰と德富蘇峰 -
     近代日本による韓國侵略の思想的基底〉, 《都留文科大學研究紀要》80, 2014. 10.,
     179~181쪽.

하였다. 1868년 1월부터 이듬해 5월까지 막부 지지 세력과의 전쟁(보신 전쟁戊辰戰爭)에서도 승리하여 정권을 안정화했다. 그러나 농민들과 불만 사족士族(무사)들의 반란이 빈발하는 가운데 1877년 사쓰마의 사이고 다카모리 지지 무사들과 정부군 사이의 싸움이 벌어졌다(세이난 전쟁西南戰爭). 이 전쟁에 대해서는 여러 가지 해석이 있으나 사쓰마의 사이고 다카모리의 평화 공존주의의 노선과 조슈의 팽창주의 사이의 마찰이 주요한 요소로 작용하였다. 사이고 다카모리는 병력 동원도 도道가 아니면 하지 말아야 한다고 주장할 정도로 높은 수준의 유교사상을 가지고 있었다.[2] 그는 조슈 측에서 조선이 천황의 이름으로 보낸 국서를 거절한 것을 모욕으로 간주하여 이 기회에 조선을 정벌하자고 주장하자, 조선이 과연 일본을 멸시하는지를 확인한 다음에 동병動兵을 해도 늦지 않다고 하면서 자신을 조선에 파견해 줄 것을 주장하였다.[3] 이 무렵 조슈 출신을 비롯한 중앙 정부의 인사들은 서양 열국에서 다른 나라를 정벌하는 것을 공공연히 외교정책의 이름으로 사용하지 않는다는 사실을 확인하여 정한征韓이란 용어의 사용을 기피하였다. 세이난 전쟁에서 승리하자 정부 측은 도리어 사이고 다카모리를 정한론자로 낙인을 찍었다. 메이지정부는 이후 '대한 정책'이란 용어를 썼지만 그 내용은 정한론과 같은 것이었다.[4]

메이지시대의 정권은 조슈 번벌, 사쓰마 번벌, 또는 양자 연립의 정권으로 이어졌다. 집권 횟수에서 조슈가 훨씬 우세하였다.[5] 조슈

2) 山田濟齋 編,《西鄕南洲遺訓》, 岩波文庫 靑 101 - 1, 1939~2014. 유훈으로 모아진 담론들은 공자, 맹자, 주자, 양명의 사상을 넘나드는 내용을 담고 있다.

3) 煙山專太郞,《征韓論の實相》, 早稻田大學出版部, 1907.

4) 이 변화는《日本外交文書》의 조선 관계 각종 보고서, 건의서 등으로 알 수 있다.

5) 李泰鎭,〈근대 일본 조슈 번벌의 한국 침략 - 법과 윤리의 실종〉,《한일강제병합 100년의 역사와 과제》, 동북아역사재단, 2013. 6.: 日譯〈近代日本の長州藩閥の韓國侵略 - 法と倫理の失踪 - 〉,《國際共同硏究 韓國强制倂合 100年 歷史と課題》, 明石書店, 2013. 8. 수록.

세력은 이토 히로부미, 이노우에 가오루 등을 중심으로 한 관료파
와 야마가타 아리토모山縣有朋, 가쓰라 다로, 데라우치 마사타케 등
을 중심으로 한 군벌파 또는 야마가타계 관료파로 나뉘었다. 청일전
쟁 뒤 러시아에 대항하는 군비 확장, 이를 위한 경제성장 달성을 목표
로 이토 히로부미, 마쓰가타 마사요시松方正義, 오쿠마 시게노부大隈重
信 등 대부분의 관료파는 정부가 정당과 재계의 협력이 필요하다고 보
았다.[6] 번벌 관료들은 이에 반대하여 정당을 기피하는 야마가타에게
로 모여들었다. 야마가타가 1895년 11월 무렵부터 1896년 2월 러시아
니콜라이 2세 대관식 참석을 위한 구미 여행을 떠나는 사이의 시점에
서 내무성을 중심으로 이렇게 야마가타계 관료파가 형성되기 시작하
였다.

  이토 히로부미 측은 청일전쟁 이후 대외팽창 정책 수행에서 열강
을 많이 의식하였다. 서양 열강과 체결한 불평등조약을 개정하기 위
해서도 열강의 우호적 인식이 필요하였을 뿐더러 일본이 진출할 지
역을 두고 열강과의 직접적인 마찰은 피하는 것이 최선이라고 인식
하였다. 청일전쟁 후 요동반도 할양문제에 대해 러시아, 프랑스, 독
일 등이 이른바 삼국간섭(1895. 4.)을 통고해 오자 이토는 총리대신
으로서 이를 즉각 수용하였다. 그는 기회를 기다리는 점진주의자였
다. 10년 뒤 러일전쟁 승리를 배경으로 대한제국의 국권을 빼앗을 때
군벌파 측 곧 야마가타계가 '합방'을 주장하였지만 추밀원 의장 이토
는 열강의 견제를 의식하여 보호국화를 주장하여 특파대사의 임무를
수행하였다. 그러나 조슈 세력의 '대한정책'은 어느 쪽이나 궁극적으
로는 다 같이 스승 요시다 쇼인의 '정한론' 실현에 목표를 두고 있었
다. 이토의 보호국화 정책은 갑작스런 합방으로 닥치게 될 일본제국

---

6) 伊藤之雄, 〈이토히로부미의 한국통치 – 헤이그 밀사사건 이전〉, 《한국과 이토 히
     로부미》, 선인, 2009, 22~23쪽 ; 伊藤之雄, 《山縣有朋 – 愚直な權力者の生涯》,
     文春新書 684, 2009, 300쪽.

의 부담을 피하기 위한 것이었다는 지적도 있다.[7]

2) 통감 이토의 '자치육성' 정책 – 점진주의 식민체제

1905년 11월의 보호조약의 강제로 이듬해 한국의 외교권을 대행하는 통감부가 서울에 설치되기까지 이토 히로부미의 대한정책은 성공한 것으로 보였다. 외관상의 성과가 커 보인 만큼 1907년 6~7월의 '헤이그 밀사 사건'은 통감 이토의 위신을 크게 손상시키는 것이었다. 이에 이토는 최대의 강수로서 한국 황제의 퇴위를 스스로 제안하여 단행하고 황태자를 대신 즉위시키면서 통감부가 대한제국의 내정을 '섭정'하는 체제를 만들었던 것이다. 황태자의 즉위를 압박하기 위해 그의 이복동생(영친왕)을 황태자로 책봉하게 하여 스스로 그 사부師父가 되어 유학을 명분으로 일본에 데려가 인질로 삼았다. 태황제, 황제의 저항을 묶어두기 위한 술책이었다.

통감 이토는 한국인의 저항을 최소화하기 위해 1905년의 '협약'에서부터 강조한 '한국의 부강'을 도모하는 것을 명분으로 삼아 통감부의 시책에 '자치육성自治育成'이란 이름을 붙였다. 이토는 사법제도 정비, 은행 설치, 교육진흥, 식산흥업 등 네 개 요소에 대한 시정 개선을 표방하였다.[8] 이 정책은 한국을 형식상 기본 자치체로 기능하게만들되 일본 통감부가 일본의 경험을 도입해 이를 이끌어준다는 것이었다. 자치는 한국인의 '자력資力' 증대에 필요한 것으로 내세워졌지만 일본 정부의 예산을 한국 통치에 동원하지 않겠다는 뜻이었다.

---

7)　方光錫, 〈메이지 정부의 한국지배정책과 이토 히로부미〉, 이성환·이토 유키오 편저, 《한국과 이토 히로부미》, 선인, 2009, 69~70쪽. 방광석은 小川平吉, 〈故伊藤公の併合論と余の合併論〉(《朝鮮》 27, 1910)에 근거하여 갑작스러운 합병이 일시에 몰고 올 부담을 우려하여 "점진주의 – 유명한 말려죽이기 방침 生殺し主義"(466쪽)를 택하고 있는 것이었다고 소개하였다.

8)　森山茂德, 앞 책, 141~149쪽.

통감 이토가 고종황제를 협박하여 이완용을 참정대신으로 임명하게
한 뒤인 1907년 5월 30일 의정 대신들을 대상으로 한 연설에서 "어떤
국가라도 타국을 위해 자국의 재력과 국민의 생명을 희생시키는 국
가는 없다. 만약 있다고 한다면 첫째는 자국(일본)의 이익을 꾀하고,
다음으로 타국의 이익을 꾀하려는 것이다."라고 노골적인 발언을 한
것에서도 이토의 시정 방침의 본성이 재확인된다.[9]

　사법제도의 정비에서는 일본인이 관리하는 재판소와 감옥의 설
립, 그리고 이른바 5법, 즉 민법·형법·상법·소송법 및 재판소 구
성법을 일본법을 모범으로 바꾸는 것이었다. 조선왕조는 초기의《경
국대전經國大典》에서 고종 초의《대전회통大典會通》에 이르기까지 시대
의 변화를 법전에 반영하는 오랜 법치의 전통을 가지고 있었다. 대
한제국은 이를 계승하여 서양의 근대법에 접하여 먼저 형법에서 전
통적인 것을 현대화하여《형법대전刑法大全》(1905. 4.)을 편찬할 정도
로 변신을 꾀하였다.[10] 통감부가 일본법을 도입하여 이를《한국법전韓
國法典》(1910)으로 대치한 것은 식민지 체제화를 위한 것이었다.

　금융제도 정비에서도 지금까지 대한제국의 궁내부 중심의 경제 및
재정제도를 국유화로 바꾸어 증세에 목표를 두는 체제로 바꾸어 갔
다. 대한제국은 1899년에 국고은행으로 대한천일은행을 창설하고,
1903년에 지폐발행을 위한 〈중앙은행조례〉(3. 24)를 발표하였다.[11] 중
앙은행 설립에는 태환보증을 위한 금, 은의 저치가 필수적이었는데,
이에 필요한 700만 원의 자금 가운데 벨기에와 프랑스 기업인들로부

---

9)　이토 유키오, 앞 논문, 38쪽.

10)　金海,〈李朝封建國家が制定した《刑法大全》の近代的性格にたいする考察〉,《東ア
　　ジア研究》第25号, 大阪經濟法科大學アジア研究所, 1999 ; 이태진,《고종시대의
　　재조명》, 태학사, 2000. 85~88쪽.

11)　이승렬,《제국과 상인》, 역사비평사, 2007.

터 200만 원의 차관을 약속받기도 하였다(6월 초).[12] 그러나 주한일본 공사관은 이에 관한 정보를 입수하자마자 방해공작을 벌여 설립을 저지하면서 러일전쟁을 일으켜 전시 중에 일본의 제일은행권第一銀行 券을 강제로 통용시켰다. 이토의 중앙은행 설립 계획은 새로운 것이 아니라 한국의 재정과 금융을 장악하고 민족자본이 형성되는 것을 차단하기 위해 기존의 대한제국의 금융기관을 제지 내지 변형시키는 것에 지나지 않았다. 통감 이토는 지방금융위원회를 조직하여 지방 세를 징수하여 지방 의회를 조직하기를 목표로 하였지만 이것은 어 디까지나 통감부가 중앙정부의 집권력을 약화시키고 지방에 대한 통 감부의 장악력을 높이려는 것이었다.

교육진흥은 보통교육의 진흥에 역점을 둔 것이었다. 즉 민생의 구 제는 교육의 진흥에 있다는 슬로건 자체가 고등교육을 기피하는 의 도를 가지고 있었다. 보통교육의 강조는 곧 한국 통치에 필요한 관 리는 일본인으로 채우고, 한국인에게 관리 양성에 필요한 고등교육 의 기회는 제공하지 않겠다는 것이었다.

식산흥업은 권업은행勸業銀行의 설립 계획, 농림업의 진흥 조장, 국 유의 미간지 이용법 제정, 인민 소유를 위한 황실 소유 토지의 국유 화, 황실 소유 광업의 국유화 등을 내세워 추진하였지만, 이것도 대 한제국의 궁내부 중심의 산업근대화에 동원된 자원과 재원을 국유화 의 이름으로 통감부가 장악하려는 것에 지나지 않았다. 통감부는 고 종황제가 서울 도시개조사업을 위해 세운 한성전기회사漢城電氣會社를 일한와사주식회사日韓瓦斯株式會社로 변신시키고(1908. 9.)[13], 또 궁내 부가 황실의 적십자사赤十字社 사업으로 세운 적십자병원을 통감부는

---

12) 全旌海, 〈光武 年間의 상업화 정책과 프랑스 자본과 인력의 활용〉 제4절, 《國史 館論叢》 84, 1999.
13) 이태진, 〈개화기 電氣電車 시설에 대한 바른 인식의 촉구〉, 《전기의 세계》 Vol. 55-No.10, 54쪽.

대한의원大韓醫院으로 둔갑시켜 통감 이토의 시정개선의 성과로 선전
하기도 하였다. 고종황제는 1902년부터 중립국화 운동의 일환으로
(국제)적십자사 가입을 추진하여 이듬해 이를 달성하고 1905년 대동
帶洞에 극빈자 치료를 표방하고 적십자병원을 개원하였다. 이 병원은
임시로 지은 것이지만 1906년 1년 동안 시약施藥 환자가 27,378명에
달하였다.[14] 그러나 통감부는 1908년 내정권을 장악한 상태에서 적십
자병원을 비롯한 모든 의료시설 및 학교를 통합하여 대한의원大韓醫
院이라고 불렀다. 그후 1909년에 마침내 대한적십자사를 일본적십자
사에 흡수하여 없애고 말았다.

통감 이토가 '자치육성'이란 미명 아래 추진한 여러 시책들은 한국
인으로부터 주권 침략행위로 간주되어 저항을 받고, 일본 국내로부
터는 통감이 의도한 만큼의 성과를 내지 못할 뿐더러 오히려 한국인
만이 아니라 서구인까지도 한국이 독립국이라는 오해를 줄 우려가
많다는 비판을 받고 있었다.[15] 같은 조슈 세력 가운데 야마가타계 관
료파 및 군벌로부터 강한 비판이 나왔다.

3) 고종황제 퇴위 강제 후 의병의 전국적 봉기

일본의 침략에 대한 대중적 저항은 의병 봉기의 형태로 나타났다.
1894년의 동학농민 봉기도 대외적으로는 의병 저항의 요소를 가지고
있었다. 그 뒤 1895년 10월에 왕비가 시해되었을 때, 그리고 다음 달
에 단발령이 내려졌을 때, 잇따라 의병이 일어났다. 1904년 2월에 일
본이 러시아와 전쟁을 일으켜 그 군사력을 배경으로 대한제국의 국

---

14) 《各府郡來牒》(奎 19146) 제13책 〈1905년 8월에 창설한 적십자병원赤十字病院의 경
　　비 집행 내역을 보고하니 아직 지급되지 않은 하사금을 속히 집행해 달라는 내용
　　의 문서〉 ;《皇城新聞》1905년 10월 10일 〈赤院設始〉 등 참조.

15) 森山茂德, 앞 책, 148~149쪽.

권을 침탈하는 조약이 강제되었을 때도 의병이 일어났다.[16]

1905년 11월 17~18일 동안에 강요된 보호조약은 대한제국 국권에 대한 중대한 침해였다. 고종황제는 조약을 강제 당한 뒤 4일째가 된 11월 22일 밤 전 참정參政 최익현崔益鉉을 불러 반일 의병투쟁을 전개하라는 비밀지령을 내리면서 그를 도체찰사로 삼아 조령詔令을 7도에 보내었다.[17] 이 시기의 의병 봉기는 황제의 밀칙密勅을 받고 있는 점이 이전과 달랐다. 1906년 3월 전 판서 민종식閔宗植이 밀칙을 받고 홍주洪州에서 의병을 일으키고, 같은 해 4월에는 영남의 의병장 김도현金道鉉에게도 밀지가 내려졌다. 일본군의 감시가 심한 가운데 황제의 지령은 '밀칙'의 형식을 취할 수밖에 없는 상황이었지만 황제는 조정에서 일본의 사주를 받은 대신들이 의병에 대해 '파병 토벌'을 건의하였을 때는 시종 '효유해산曉諭解散'이란 말로만 응답하였다.[18]

1907년 7월 '헤이그 밀사 사건'을 계기로 황제가 강제로 퇴위되고 군대가 해산 당하는 상황은 의병 봉기의 여건을 한층 높였을 뿐더러 황제의 독전督戰 의지도 더 고양되었다. 1907년 7월 황제는 다음과 같은 조서를 비밀히 내렸다. 즉 선전관宣傳官 이강년李康秊을 도체찰사로 삼아 지방 4도에 보내니 양가의 자제들로 하여금 의병을 일으키게 하고 소모장召募將을 임명하되 인장과 병부를 새겨서 쓰도록 하라. 만일 명령에 따르지 않는 자가 있으면 관찰사와 수령들을 먼저

---

16) 한말의 의병운동에 대해서는 1894~1896년 동안의 전기 의병운동(갑오변란, 변복령, 을미사변, 단발령, 아관파천 등으로 일어난 의병), 1904~1914년 동안의 후기 의병운동(한일의정서, 을사조약, 군대해산, 고종퇴위, 경술국치 등으로 일어난 의병)으로 나누는 구분이 있다. 吳瑛燮, 《고종황제와 한말의병》, 선인, 2007, 30쪽.

17) 한국독립운동사편찬위원회, 《독립운동사》 제1권, 588쪽 ; 리종현, 〈조선민족의 거족적인 반일항거는 구'조약'의 무효성에 대한 역사적 실증〉, 이태진·笹川紀勝 공편, 《한국병합과 현대》, 태학사, 2009, 415쪽.

18) 李求鎔, 〈韓末 義兵抗爭에 대한 考察 -의병진압의 단계적 대책-〉, 《國史館論叢》 23, 1991, 167쪽. 토벌이 아니라 해산을 종용하는 뜻만 전했다는 의미.

베고 파직하여 내쫓을 것이며 오직 경기 진영의 군사는 나와 함께 사
직에 순절할 것이다.[19]

황현黃玹은 《매천야록梅泉野錄》에서 1907년(융희 원년) 8월 이후의
상황 변화에 대해 다음과 같이 기술하였다.

> 관동 · 호서 · 영남에 의병이 크게 일어났다. 서울의 동쪽 여러 고을이
> 일시에 행동을 같이하여 왜가 거듭 정병精兵을 파견하여 임했지만 지형
> 에 어두워 진퇴가 바르지 못했다. 왜가 원주에서 죽은 자가 제1전에서
> 200여 명, 제2전에서 400여 명, 충주에서 죽은 자가 600여 명이었다. 머
> 리를 자른 것이 배에 가득하였으며, 잇따라 양근楊根 강을 따라 입경入京
> 한 것이 4~5척이었다. 이하 의병 월일표로 상세히 제시한다(권5, 국사편
> 찬위원회 간행본 429쪽).

이 책은 위 인용문에서 예고한 대로 1908년 1월부터 1909년 11월
까지 매월 끝에 '의보義報'의 난을 두어 그 달에 발생한 의병 활동을
월일과 지역을 표시하였다. 월별 발생(봉기) 건수를 집계하여 옮기면
표 1과 같다.

의병은 황제 퇴위에 이어 〈일한협약〉(정미조약)이 강제되면서 바로
일어났다. 통감부가 1907년 8월 2일에 융희隆熙란 연호의 제정을 발표
하여 '신제'의 등극을 기정사실화한 뒤 3일 만인 8월 5일에 민긍호閔肯
鎬, 김덕제金德濟 등이 원주를 점령하였다. 이를 계기로 전국에서 이른
바 '정미의병'이 일어났다. 위 《매천야록》의 기술은 그 초기 상황을 전
하는 것이고[20] 표 1은 그 후에 전개된 상황을 전하는 것이다.

---

19) 《독립운동사 자료집》 제1집, 223~224쪽 ; 리종현, 앞 논문, 417쪽.

20) 일본군의 통계에 따르면 1908년의 전투회수 1,452회, 참가 의병수 6만 9,832명
으로 집계되어 있다. 다른 통계로는 1908년 후반기가 전투회수 1,976회, 참가
의병수 8만 2,767명, 1909년 전반기가 각각 1,738회, 3만 8,593명으로 집계되어
있다. 森山茂德, 앞 책, 171~172쪽.

표 1. 《매천야록》의 '의보義報'가 전하는 의병 발생 건수 집계

연월	건수	연월	건수
1908년 1월	58	1909년 1월	44
2월	112	2월	66(전남, 해상 의병)
3월	149	3월	79
4월	"一國에 편만"	4월	77
5월	104	5월	40
6월	91	6월	22
7월	85	7월	37
8월	59	8월	77
9월	88	9월	20(왜 어선 격파)
10월	81	10월	6
11월	60	11월	5
12월	30	12월	×
계	917		473

　1907년 12월 각지 의병대장들은 의병 활동의 연계, 통합을 위해 허위許蔿, 이강년李康秊, 이인영李麟榮 등이 중심이 되어 양주에서 13도 창의군을 결성하였다. 1908년 1월에 1만의 대군으로 서울로 진공하여 일본군을 축출하는 것을 목표로 한 전국 연합군의 조직이었다.[21] 의병활동의 기세는 이듬해 1908년 봄까지 승승장구였다. 《매천야록》은 이 해 4월의 월보에 수치를 제시하지 않고 "의병이 일국에 편만하였다"고 적었다. 그 수를 일일이 헤아리기 어렵다는 뜻이다. 의병 측은

---

21)　그러나 이 계획은 사전에 일본군에게 탐지되어 선발대(지휘자 허위許蔿)가 일본군의 선제공격을 받아 패퇴하여 좌절하였다. 森山茂德, 앞 책, 120쪽.

이 해 4월에 통감부에 투서하여 (1) 태황을 복위시킬 것 (2) 통감은 일본으로 철수하여 돌아갈 것 (3) 일본인 관리를 혁파할 것 (4) 외교권을 반환할 것 등을 요구하였다.

일본은 이 상황에 대해 당초에는 병력이 부족하여 이전부터 사용한 회유정책을 한동안 그대로 쓰면서 개별 격파 작전을 폈다. 그러나 별 효과가 없어 〈일한협약〉 추진 및 군대 해산에 대비하여 요청했던 1개 여단 증파에 더해 1907년 10월에 1개 기병 연대, 1908년에 2개 연대를 각각 증파하였다.[22] 이해 5월에 헌병 보조원을 뽑아 13도 각 군에 10여 인 또는 4~5인을 두면서 각지에 주둔 지점을 확보하는 형태로 작전을 세밀화해 갔다. 기본적으로 유화정책에서 소탕전으로 방침을 바꾸어 의병 봉기지점에 대한 포위와 주변 지역의 초토화 작전을 폈다. 이에 따라 의병의 활동 양상도 게릴라전으로 바뀌어 갔다. 《매천야록》의 6월 의보는 의병 출현의 건수는 91회로 강세를 보였지만 이때 의병장 이강년, 허위 등이 잇따라 체포된 것을 알리고 있다.

국내 상황이 일본군의 적극적인 공세로 크게 불리해지자 각지 의병들은 활동지역을 국외로 이동시키기도 하였다. 1908년 6월 간도 관리사 이범윤李範允과 러시아 이주 교민 최재형崔在亨이 중심이 되어 연해주 연추煙秋에서 대한의군大韓義軍을 창설하자 이곳으로 찾아가는 의병들이 많아 그 수가 5천 명 남짓에 달하였다. 이 부대는 고종황제가 강제 퇴위될 때, 이곳으로 보낸 30만 원의 군자금(쌀 10만 석 상당액)으로 창설된 국가적인 의병 조직이었다. 표 1에 보듯이 1908년 12월 현재 국내 의병활동은 30건에 지나지 않을 정도로 현저히 줄어들었다. 의보義報는 이 무렵 경기, 해서(황해도), 전남이 아직도 강성한 반면, 전북, 관동, 북관, 호서, 영남, 관서 등지는 잦아들었다고 하였다. 후자는 간도間島, 연해주로의 이동에 따라 빚어진 결과로 보인다.

---

22) 위와 같음.

통감 이토는 1909년 1~2월에 황제(순종純宗)를 앞세워 영남과 서북 두 지역으로 순행巡幸을 단행하였다. 자신의 회유정책이나 자치육성 정책이 그간 의병의 빈발로 힘을 잃어가던 것을 의병의 기세가 다소 꺾이는 상황을 배경으로 만회해 볼 속셈이었다. 그러나 그것은 오산이었다. 황제가 순행 중에 펼친 항일 의지에 대한 암시적 독려, 황제를 맞이하는 수만을 헤아리는 지역민들의 열렬한 충성 표시 등으로 통감의 점진주의 정책은 오산이었다는 것을 그대로 드러냈다. 통감 이토는 서순西巡을 끝내고 돌아오자마자 귀국하여 사임의 절차를 밟았다.

그리고 일본 정부는 부통감 소네 아라스케曾彌荒助를 통감으로 승진시킨 상태에서 의병 소멸 작전을 펼치기 시작하였다. 1909년 9월 부터 시작된 〈남한대토벌작전〉은 전라남도 지역을 중심으로 남아 있는 의병세력에 대해 잔인한 방식으로 소탕전을 벌여 치명적인 타격을 입혔다. 그러나 이 작전이 진행되고 있던 가운데 10월 26일 만주를 방문한 추밀원 의장 이토 히로부미를 하얼빈 철도정거장에서 대한의군大韓義軍의 특파대 대장 안중근이 저격하는 전과를 올렸다.[23]

4) 순종황제를 앞세운 순행과 통감 이토의 사임

(1) 남순南巡(1909. 1.) - 대구, 부산, 마산의 황제 환영 인파

1909년 1월 1일 황제는 친왕親王인 군君과 승후관承候官들을 창덕궁의 흥복헌興福軒에서 만났다. 이어 궁내부의 친임관 이하 관리들을 희정당熙政堂에서 만난 다음, 내각과 각부의 대신들과 중추원의장, 내각과 각부의 칙임관, 주임관 이하의 관리들을 인정전仁政殿에서 소견召見하였다. 다음은 통감부 차례였다. 통감 이토 히로부미, 군사령관 육군 대장 하세가와 요시미치長谷川好道, 부통감 자작 소네 아라스

---

23) 〈남한대토벌 작전〉에 대해서는 앞 책, 177쪽. 안중근의 하얼빈 의거에 대해서는 이태진 외 《영원히 타오르는 불꽃》(지식산업사, 2010)에 실린 오영섭, 〈안중근의 의병운동〉과 이태진, 〈안중근의 하얼빈 의거와 고종황제〉 참조.

케, 사단장 육군 중장 남작 니시미치 스케요시西道助義, 각국 영사들
과 그 관원들을 인정전에서 접견하였다. 새해 축하 알현이었다.

다음 날인 1월 2일 인정전에서 통감 이토 히로부미 및 각 대신들
과의 오찬[陪參]이 있었다. 그런데 이틀 뒤인 1월 4일 전례 없는 일로
황제가 국내를 직접 돌아보겠다는 조서가 내려졌다.[24] 의병이 곳곳에
서 출현하고 있는 상황에 비춰볼 때 뜻밖의 발표였다. 그것도 연중
에 가장 추운 때이다. 다음 날 수행원 명단이 발표되었다. 황실에서
의양군義陽君 이재각李載覺 한 사람, 궁내부 측은 대신(궁내부대신) 민
병석閔丙奭 등 40명(일본인 6명), 내각 측은 총리대신 이완용 등 39명
(일본인 9명), 중추원은 의장 김윤식金允植 등 4명이었다. 전례 없는
큰 규모의 행사에 대해《매천야록》은 내각 총리대신 이완용이 통감
이토의 지시를 받아 몰래 의논하여 결정하여 민병석으로 하여금 상
주하게 하고 즉시 조직을 지어서 황제가 결재를 하는 시간에 소매에
감추어 내보이게 했기 때문에 바깥사람으로 아는 자가 없었으며, 선
포를 보고 여러 대신들이 모두 경악하였다고 전하고 있다.[25] 이런 중
대한 결정은 황제 스스로가 아니라면 통감밖에 할 사람이 없다. 반
포된 〈조령〉은 아래와 같다.

> 짐은 생각건대 백성은 나라의 근본이니 근본이 견고하지 못하면 나라가
> 편안할 수 없다. 돌이켜보면 부덕한 몸으로 부황 폐하의 밝은 명령을 받
> 들어 임금 자리에 오른 뒤에 밤낮으로 위태로운 나라의 형편을 안정시키
> 고 도탄에 빠진 백성들의 생활을 구원할 일념뿐이었다. 그래서 정사政事

---

24) 《순종황제실록》권3, 2년(1909 기유 / 대한 융희 3년) 1월 4일(양력). 순행巡幸
관련 서술은 기본적으로 실록의 기사를 따르면서《매천야록》과《황성신문》의
기록, 기사를 참조한다. 순행에 관한 연구로 이왕무, 〈대한제국기 순종의 西巡
幸 연구 -《西巡幸日記》를 중심으로〉,《동북아시아논총》31, 2011 등이 있지만
이 책의 논지와는 다르므로 활용하지 않았다.

25) 《매천야록》권6. 己酉 1월 17일.

를 개선하려는 큰 결심으로 원년에 종묘사직에 공경히 맹세하고 감히 조금도 게을리 하지 않았는데, 지방의 소란은 아직도 안정되지 않고 백성들의 곤란은 끝이 없으니 말을 하고 보니 다친 듯 가슴이 아프다. 더구나 이런 혹한을 만나 백성들의 곤궁이 더 심하여질 것은 뻔한 일이니 어찌 한시인들 모르는 체하고 나 혼자 편안히 지낼 수가 있겠는가. 그래서 단연 분발하고 확고하게 결단하여 새해부터 우선 여러 유사有司들을 인솔하고 직접 국내를 순시하면서 지방의 형편을 시찰하고 백성들의 고통을 알아보려고 한다. 짐의 태자태사이며 통감인 공작 이토 히로부미는 짐의 나라에 성의를 다하면서 짐을 보좌하고 인도해 주고, 지난 무더운 여름철에는 우리 태자의 학식을 넓히기 위하여 그토록 늙은 나이에 병든 몸도 아랑곳하지 않고 일본국 각지로 데리고 다닌 수고에 대해서는 짐이 언제나 깊이 감탄하고 있는 바이다. 그래서 이번 짐의 행차에 특별히 배종할 것을 명하여 짐의 지방의 급한 일을 많이 돕게 해서 근본을 공고하게 하고 나라를 편안하게 하여 난국을 빨리 수습하도록 기대하는 바이다. 너희 대소 신민들은 다 같이 그리 알도록 하라.

〈조령〉은 의병의 출현으로 지방이 소란해져 백성들의 생활이 곤궁해지고 있다는 것을 강조하였다. 이런 현실은 나라를 안정시키고 도탄에 빠진 백성들의 생활을 구하려는 황제의 일념에 크게 배치되는 것이므로 새해부터는 황제가 직접 지방의 형편을 살피고 백성들의 고통을 알아보기 위해 순행에 오른다는 요지이다. 그리고 통감이 "짐의 나라에 성의를 다하면서 짐을 보좌하고 인도해 주는" 공로를 칭찬한 다음 이번 순행에 특별히 배종陪從하여 지방의 급한 일을 처리하는 것을 도와 난국 수습을 빨리 이루도록 기대한다고 부탁하는 형식을 취하였다. 이것은 통감 측이 일을 꾸몄다는 것을 그대로 느끼게 하는 대목이다. 어느 모로나 통감 이토의 '섭정' 보호정치가 난관에 부닥쳐 탈출구를 얻고자 한 기획이란 것을 쉽게 간파할 수 있다.

남순南巡(또는 동순東巡)의 일정은 다음과 같이 공고되었다.[26]

7일 상오 8시 10분 남대문 정거장 출발 - 하오 3시 25분 **대구** 도착. 1박

8일 상오 9시 10분 대구 정거장 출발 - 오전 11시 45분 **부산** 도착. 1박

9일 부산 주재. 1박

10일 상오 9시 부산 정거장 출발 - 오전 11시 25분 **마산** 도착. 1박

11일 상오 8시 40분 마산 정거장 출발 - 오전 11시 45분 **대구** 도착. 1박

12일 상오 8시 대구정거장 출발 - 하오 3시 10분 **남대문정거장** 도착

5박 6일의 일정은 예정대로 진행되었다. 황제는 창덕궁을 나와 덕수궁을 들러 부황에게 인사를 올린 다음 남대문정거장에서 기차를 탔다. '정숙停宿'한 곳(대구, 부산, 마산)에서는 많은 인파가 황제를 환영하였다.[27] 순행은 통감부가 기획한 것이었기 때문에 대한협회, 일진회, 일본적십자사원 등 친일적인 단체, 기관의 사람들도 나섰지만 공사립 학교의 학생들을 비롯해 일반 시민들이 길을 메웠다. 정거장에는 대형 녹문綠門(대나무 기둥에 소나무 가지를 싸서 만든 축전祝典 행사 문)을 세우고 태극기가 나부끼는 가운데 신민臣民들이 연도에 나와 만세를 불렀다. 태극기는 집집마다 게양되었고, 야간에는 폭죽이 하늘을 솟아 날고 제등提燈 행렬이 밤을 수놓았다. 《황성신문》은 환영 인파의 수가 대구에서는 2천, 부산에서는 "각 관 사립학교 학도와 일본 학도, 내외국 인민남녀가 항구를 메웠다"고 하고, 마산에서는 인파가 3만에 달하였다고 보도하였다. 황제는 신민臣民과의 만

---

26) 《皇城新聞》 1909년 1월 6일자 〈雜報〉.

27) 이하 순행 중의 일정과 환영에 관한 기술은 《순종황제실록》의 공식 기록과 《황성신문》의 보도에 따르고, 특별한 장면에 대한 《매천야록》의 기록을 함께 소개한다.

남을 잊지 않았다. 머문 지역의 관찰사부府나 부윤부府에서는 반드시 전통적인 의식대로 70세, 80세 이상의 고령자[기로耆老, 노구]와 절부 節婦들을 만나고 은금恩金을 내렸다.

첫날부터 동행한 통감 이토는 황제를 환영하는 한국인들에 대해 과민한 반응을 보였다. 대전에서 잠시 정차하였을 때, "관광자가 운해雲海와 같은" 가운데 이토 히로부미는 하차하여 검을 짚고[杖劍] 서서 묻기를 "내가 이토 히로부미이다. 나를 죽이고 싶은 자가 있는가?"라고 하자 군중이 감히 대응하지 못하였는데 한 사람이 작은 목소리[喉間聲]로 "없다[無有]"고 답하였다고 전한다.[28] 그리고 대구에서는 이곳 사람 구具모, 이李모가 "이등박문질문기伊藤博文質問旗"라고 크게 쓴 깃발을 길옆에 세워놓고 있었다고 한다.[29]

1월 8일 부산으로 향하던 중에 황제는 일본 천황이 보내온 전보를 받았다. 추운 날씨에 순행에 나섰다는 소식을 통감으로부터 전해 듣고 이를 칭송하는 뜻에서 일본 함대를 부산으로 회항하게 하였으니 기함旗艦에 행차해주면 영광이겠다는 내용이었다.[30] 이것은 통감 이토가 순행을 기획한 주요 목적 가운데 하나였다. 한국 황제로 하여금 일본 함대의 위용을 직접 보게 하고 이 장면을 한국인들에게도 널리 알려 위복威服의 효과를 노렸던 것이다. 대구의 행재소[停宿地]는 관찰부觀察府였지만 부산에서는 통감부의 이사청에서 이틀을 묵었다.

부산 행재소에 도착하자 항구에 정박한 일본 군함 6척에서 쏘는 '황례포皇禮砲' 소리가 울렸다. 황제는 하오 3시에 본국 부윤부府尹府를 관람하고 한일 관민 및 유지의 환영을 받았다. 환영연 자리에서 통감 이토가 약 40분 동안 연설을 하였다. 9일 상오 10시에 황제는 통감 이토를 대동한 가운데 기함 아쓰마吾妻함으로 동가動駕하여 함

---

28) 《매천야록》 권6. 己酉 1월 17일(국사편찬위원회 간행본 483쪽).

29) 위 책, 484쪽.

30) 《순종황제실록》 권3. 2년(1909 기유 / 대한 융희 3년) 1월 8일(양력).

상에서 오찬회를 가졌다. 이때 한국 정부의 각 대신과 중추원 고문 3인, 시종관 및 여관女官 3인만이 배종하였는데, 이곳 관·사립학교 생도들이 소중기선으로 줄지어 따랐다. 《매천야록》은 이에 대해 상 上께서 부산 앞바다에서 왜함에 오르시려 하니 항민들이 5~6척의 배를 달리어 둘러싸고 호위하면서 큰 소리로 "폐하가 만약 일본으로 가시면〔東渡〕 신들은 일제히 바다에 뛰어들어 죽겠으며 차마 우리 임금이 포로가 되는 것은 보지 못하겠다"고 한 것으로 전하였다. 하오 12시 30분에 뭍으로 돌아와 일본인 상업회의소로 가서 진열상품을 관람하고 즉시 행재소로 돌아왔다. 이날 부산의 우리나라 사람과 일본인들에게 각 1,900원, 2,800원을 하사하였다. 일황이 황제의 기함 예방에 대해 감사하는 친전親電을 보내오기도 하였다.

10일 상오 9시 15분에 황제는 행재소를 출발하여 기차로 상오 1시 30분에 마산에 도착하였다. 철도 정거장에 내리자 환영나온 한일 관민과 각 소학교 생도들 3만이 만세를 연호하였다. 이곳에서도 부산에서와 비슷한 행사가 하나씩 진행되었다. 마산역에서 바로 바다로 가서 정박 중인 2척의 함대가 잇따라 쏘는 황례포의 경례를 받으면서 일본국 제1함대의 기함 가도리香取호를 친히 순시하였다. 마산에서는 녹문이 여러 개가 설치되고 일본의 해군 군악대 선도아래 육전대 수백 명이 의장儀仗을 하였다. 11일에는 항구에 나가서 어선의 어망을 직접 살피고 효자 열녀, 실업인들을 만나고 오후 3시에 부산 행재소로 돌아왔다.

12일 부산을 떠나 상경하면서 대구에 도착하여 달성 공원을 순찰하고 여기서 벌어지는 각 학교 학도들의 운동회를 직접 보았다. 달성達城, 봉원鳳元 등 각 학교가 함께 하는 운동회였다. 이어서 여기에 모인 각 관찰사들(경기, 충북, 충남, 전북, 전남, 경북, 경남)을 소견하고 교육과 실업의 장려에 쓸 돈 7,000원을 내려주고, 이어서 지방의 남녀 노인 826명을 불러서 접견하였다.

13일 기차를 타고 대구역을 출발하여 대전역에 이르러 잠깐 머물렀다. 충청남도, 북도의 관찰사와 관리 38명, 연로자 1,036명, 효자 8명, 행실이 착한 사람 2명, 열녀 3명 등을 만나고 "화려한 것을 제거하고 실지에 힘써 풍교를 바로잡고 이용후생하여 나라의 근본을 견고히 하라"는 내용의 칙서를 내렸다. 정2품 관리 송도순宋道淳, 정3품 관리 송종규宋鍾奎 등 4인의 알현을 받았는데 이들이 옛 관복을 그대로 입고 나온 것을 보고 서민의 표준이 되어야 할 위치에서 진취치 못함을 질책하기도 하였다. 즉, "지금 경들을 보니 아직도 이전의 모습을 고치지 못하고 있다. 대개 현시대에 와서 만약 새롭게 일신할 생각이 없다면 앞으로 어떻게 하겠는가? 경들은 짐이 직접 사상思想을 계발하는 것을 보아야 할 것이다. 짐이 물론 모든 백성들에게 다 칙유하지 못하지만 경들은 대대로 벼슬살이를 해오는 집안으로서 나라와 고락을 같이할 의리가 있으므로 먼저 직접 만나서 칙유하는 것이다"고 타일렀다.

13일 하오 3시 40분, 순행 열차가 남대문역 정거장에 도착하였다. 관사립 학도와 각 사회 제씨, 일반 인민 등이 마중 나오고 구세군이 나팔을 불어 애국가를 부르면서 행진하였다. 황제는 행재소에서 거의 매일 덕수궁의 부황에게 안부 전보를 보냈지만 서울에 돌아와서도 덕수궁을 들러서 창덕궁으로 갔다.

5박 6일 동안의 기차를 이용한 남쪽 순행은 전례가 없는 것이었다. 군주가 영남을 간 것도 처음이지만 이곳 신민들이 황제를 맞이한 것도 처음 있는 일이었다. 일본에게 주요한 국권을 빼앗긴 마당에서 맞이하는 황제였기 때문에 더 감격스러웠을지도 모른다. 황제는 통감이 의도한 대로의 일정에도 응하였지만 각지의 신민을 만나는 각종 접견 행사는 선왕들의 능행陵幸에서 하던 예를 그대로 따랐다. 선왕들의 예를 따르는 행사는 서울을 떠날 때부터 특별히 행해지고 있었다. 통과 지점에 있는 왕릉을 봉심하게 하거나 지나는 곳

표 2-1. 순종황제의 남순(1909. 1. 7 ~ 13) 치제致祭 봉심奉審 순력巡歷 대상 명단

날짜	지역	대상 인물	사유
1. 7	경기	隆陵(莊祖) 健陵(正祖)	
		文烈公 朴泰輔	절개 충성심
		忠獻公 金昌集 忠文公 李頤命 忠翼公 趙泰采 忠愍公 李健命	지조 의리
		忠正公 朴彭年 忠文公 成三問 忠簡公 李塏 忠景公 柳誠源 忠烈公 河緯地 忠穆公 俞應孚	뛰어난 충성과 절개
	호서	**忠武公 李舜臣**	충성과 공훈
		文正公 宋時烈 **文烈公 趙憲**	유학 현창, 큰 의리
		文正公 宋浚吉	학문 순수, 한 시대 스승
		文元公 金長生 文敬公 金集	도덕 순수
1. 8	영남(부산)	文敬公 金宏弼	학문 순수, 곧은 행실
		文獻公 鄭汝昌	고명한 자질, 학문 심오
		文元公 李彦迪	학문 근원, 경전 천명
		文純公 李滉	도학 순정純正, 전통 천명
		경주 세 임금 사당	천년 역사
	영남(부산)	首露王 사당	옛 도읍지 위업
		角干 金庾信	위인의 뛰어난 공적
1. 9	영남(부산)	**忠烈公 宋象賢 忠壯公 鄭撥**	몸 바친 충신, 훌륭한 영혼
1. 13	귀로	孝昌園, 懿寧園, 永懷園(奉審) 禑嬪의 묘, 延齡君의 묘(看審)	
		讓寧大君, 孝寧大君의 사당 (致祭)	

의 역대 충신들의 사당에 관리를 보내 제사를 올리게〔致祭〕하였다. 표 2 - 1에서 보듯이 그 가운데는 임진왜란 때 나라를 지키고자 목숨을 바친 대표적 충신들로서 이순신李舜臣, 조헌趙憲, 정발鄭撥, 송상현宋象賢 등이 포함되었다(표 가운데 진한 글씨). 이 일은 남대문 정거장을 출발하면서부터 시작되었는데《매천야록》은 김학진金鶴鎭이 문임文任으로 호종하였다고 하여 그가 이 일을 보좌한 것으로 비쳤다. 그는 1908년 10월부터《국조보감》편찬의 교정관의 직책을 맡고 있었기 때문에, 이런 일을 하기에는 적임이었다. 어떻든 황제 측이 지나는 곳에서 봉심과 치제를 계속 행한 것은 통감 이토를 크게 당황하게 했을 것이 분명하다.

(2) 서순西巡(1909. 1.~2.) - 의주, 평양, 개성의 황제 환영 인파

남순이 끝나 서울로 돌아온 뒤 사흘째인 1월 16일 상오에 통감 이토는 부하 몇 명을 대동하고 창덕궁으로 가서 황제가 베푸는 오찬에 참여하였다. 사흘 뒤인 19일에 "이달 27일에 평양, 신의주, 개성을 순행하겠다"는 명이 내려지고, 21일에 수행원과 호위관의 명단이 발표되었다.[31] 남순은 분명히 통감 이토가 의도했던 것과는 다르게 진행되었다. 그렇다면 그로서는 서순을 진행시키고 싶지 않았을 것이다. 그러나 남순을 시작하기 전인 1월 7일에 이미 "대황제께서 본월 12일에 환어하셨다가 수일 뒤에 신의주로 다시 동가순수動駕巡狩하신다"고 공고되어 있었다. 1월 26일《관보》에 서순 일정이 다음과 같이 공고되었다.

---

31) 수행원 및 호위관의 규모는 황족 1인, 궁내부 39명(일본인 8명 포함), 내각 39명 (일본인 8명), 중추원 1명으로 남순 때와 비슷하다. 다만 중추원이 4명에서 1명으로 줄었다.《순종황제실록》권3, 2년(1909 기유 / 대한 융희隆熙 3년) 1월 21일 (양력).

1월 27일 오전 8시 남대문 정거장 출발, 오후 3시 45분 평양 정거장 도착. 1박

   28일 오전 9시 평양 정거장 출발, 오후 2시 45분 신의주 정거장 도착

   29일 신의주 출발, 같은 날 의주 도착(순행시각은 현지 마련). 1박

   30일 의주 출발, 같은 날 신의주 도착(순행시각은 현지 마련). 1박

   31일 오전 9시 신의주 정거장 출발, 오후 0시 20분 정주 정거장 도착

      오후 1시 20분 정주 정거장 출발. 4시 45분 평양 정거장 도착. 1박

2월 1일 평양 주필駐蹕

   2일 오전 9시 30분 평양 정거장 출발, 오전 10시 35분 황주 정거장 도착

      오전 11시 35분 황주 정거장 출발, 오후 3시 55분 개성 정거장 도착. 1박

   3일 오후 1시 개성 정거장 출발, 오후 3시 10분 남대문 정거장 도착

황제는 이번에도 상오 6시 30분에 창덕궁을 나와 덕수궁을 들러 남대문 정거장에서 기차를 타고 8시에 출발하였다.[32] 《황성신문》은 1월 27일자 지면에 논설로서 '대가서순大駕西巡'을 실었다. 남순에서 황제가 역대의 유선儒先과 충훈忠勳에게 제전을 올린 것과 고령자와 절부에게 은지를 내리고 교육과 실업을 권장한 것을 높이 평가하고, 이번에 서순하는 곳에는 단군, 기자, 동명의 유적이 있고, 광개토대왕, 강감찬의 격전지, 그리고 태조 고황제가 대병을 거느리고 만세의 홍업을 시작한 위화도가 있는 지역임을 상기시켰다. 남순의 경험이 서순에 대한 기대를 너 높이면서 새로운 번화를 불어넣고 있있다. 황제는 표 2-2에 보듯이 남순 때와 마찬가지로 지나는 곳에 있는 왕릉이나 역대의 역사적인 인물의 사당이나 묘소가 있는 곳에 관리를 보내 봉심과 치제를 시행하게 하였다.

서순의 열차는 평양 정거장에 예정보다 5분 빨리 도착하였다. 철도 정거장에는 이번에도 수많은 사람들이 기다리고 있었다. 평남 관하

---

32) 서순에 관한 아래 기술은 《순종황제실록》의 해당 일자의 기록과 《황성신문》의 기사에 따른다.

각 군의 관·사립학교 학도 수만 명이 정거장에서 관찰사도觀察使道까지 줄지어 서서 황제의 대가大駕가 지나가면 정숙히 경례를 표하고 만세를 연호하였다. 도내의 진신장보縉紳章甫(유생儒生), 부로 남녀, 각회단체와 각 실업가 등 환영 나온 사람이 "10여 만을 내려가지 않았다"고 보도되었다. 《매천야록》은 "의종儀從의 성대함이 남순보다 더 했다"고 언급하였다. 평양의 환영 녹문은 10여 좌나 세워져 있었고, '대황제 만세'라고 크게 쓴 현수막이 걸리고 여학도도 5~6백 명이나 되었다고 보도되었다. 밤에는 제등 행렬이 만세를 연호하였다.

남순 때 벌어진 예상하지 못했던 상황은 통감부 측에도 경각심을 불러 일으켰다. 환영 행사가 한국인 일변도가 되지 않게 하려는 사전 조치가 지시되어 평양의 환영행사에는 평양 이사청理事廳이 나서서 '일한합동 봉영위원회'가 조직되었다.[33] 통감 이토가 황제를 수행하고 있는 점이 고려된 사항이었다. 그러나 일본인의 수가 많지 않은 만큼 이러한 배려는 처음부터 효과를 보기 어려운 것이었다. 평양 환영행사에 일본인 거류민단에서도 남녀 수천 명이 동원되어 제등행렬에 나섰다. 그것은 한국 황제가 아니라 통감을 환영하는 행렬이었다. 황제가 기차에서 내려 마차를 타고 기념사진을 촬영할 때 통감 이토가 옆 자리에 올라(驂乘) 앉기도 하였다. 통감 스스로 순행의 의도를 의식하여 자신의 존재가 황제를 환영하는 환호 속에 묻혀버리지 않게 하려 애썼다. 그러나 황제를 맞이하는 열기는 애국충정 말 그대로였다. 황제는 의주 쪽에서 온 학도들이 평양에서부터 의주까지 황제를 모시고 가겠다고 하면서 평양에 그대로 머문다는 보고를 듣고 그들에게 돌아가게 지시할 정도로 환영 열기는 뜨거웠다.

민족 역사의 고장 평양에 임하는 황제의 자세도 진지하였다. 황제는 단군의 묘가 강동군江東郡 무슨 면리에 있는지를 시신들에게 물

---

33) 《統監府文書》9권 九. 韓國皇帝西巡關係書類 一 二 三 (57) 〈皇帝陛下의 巡幸狀況 報告 件〉

표 2-2. 순종황제의 서순(1909. 1. 27~2. 3) 치제 봉심 순력 대상 명단

월일	지역		대상 인물	사유
1월 27일	경기		齊陵과 厚陵 景陵 昌陵 恭陵 順陵 禧陵 孝陵 長陵 明陵 翼陵 弘陵 永陵 睿陵 順昌園 昭慶園 興園	(봉심)
			고려 시중 尹瓘	국토 개척
			文成公 李珥	우리나라 공자 칭송
			文簡公 成渾	도의 실천, 선비 모범
			崇義殿(王建)	삼한 일통, 백성 공덕
			고려 顯陵 이하 여러 능	(봉심)
	경기(개성)		太師 姜邯贊	외적격퇴, 나라 안정
			侍中 崔冲	학교 건립, 국력 배양
			文成公 安裕	聖學 고양, 선비기풍 진작
			圃隱 정몽주	崧陽書院
	황해도(평산)		文純公 朴世采	예의 실행, 독실한 수행
1월 28일	평안도	(안주)	忠蔣公 南以興(忠愍祠)	환난 극복, 대적 순국
		(정주)	忠烈公 鄭蓍(表節祠)	토비 진압 순국, 홍경래난 진압
1월 29일	평안도	(의주)	위화도, 統軍亭	
			聚勝堂(선조 행재소)	임진 호종공신 자손 취승당 초대 賜饌
			忠愍公 林慶業, 剛愍公 李莞, 忠毅公 崔夢亮, 忠烈公 黃一皓, 忠壯公 崔孝 등(致祭), 贈參判 車禮亮, 安克誠, 贈參議 車忠亮, 車元輪, 車孟胤, 張厚健 등(加贈)	외난 극복 공로
			忠愍祠, 表節祠	(봉심)
1월 30일	평안도	(신의주)		마차로 의주 행재소 도착

1월 31일	평안도	(평양)	箕子陵, 東明王陵	
			崇靈殿(단군), 崇仁殿(기자), 을지문덕의 사당, 檀君陵	
			贈判書 鮮于浹, 故 執義 朴文一, 故 郡守 朴文五(증직)	독실한 행실, 선비의 모범
			襄毅公 金景瑞, 襄武公 鄭鳳壽	충성과 용맹
2월 1일			平遠堂, 萬壽臺	
2월 2일			平壤 출발, 黃州역 정거, 開城 行在所	
2월 3일	경기도(개성)		穆淸殿(李太祖 어진)	(봉심)
			滿月臺 巡覽	

었다. 아무도 답하는 자가 없자 황제는 지난 날 강동의 신사紳士가 단군묘를 봉능하기를 상소한 사실을 상기하고 그 초본을 구입하라고 지시하였다. 그리고 1902년에 평양을 서경으로 승격하여 행궁으로 지은 풍경궁豊慶宮과 태극전太極殿에 대한 수리를 지시하는 칙교를 내리고 기자능은 돌아올 때 보겠다고 하였다. 그리고 의주에서는 국경 수비의 상징 건물인 통군정統軍亭에 임어할 뜻을 밝혔다.

28일 황제 일행은 오전 9시에 평양정거장을 출발하여 정주에서 잠시 정차하였다. 황제는 이곳 사족 5~6인의 알현을 받았는데 그들도 남순 때 대전의 구관들처럼 옛 복장을 하고 있어서 복장을 개량하여 국가를 위해 솔선하여 문화 진보를 도모하라고 이르는 한편, 문학행의文學行義가 서도 사림의 종장宗匠으로 알려진 태천군泰川郡 유생 박동흠朴東欽(고 집의 박문일朴文壹의 조카, 고 도사都事 박문오朴文五의 아들)을 평양 행재소에서 만나겠다는 초대의 하교를 내렸다. 황제 일행은 오후 2시 45분에 신의주에 도착하였다.

신의주에서는 다른 특별한 일정을 가지지 않고 행재소에 들었다.

「순종 황제의 서북순행」사진첩 · 양책역 도착(1909년 1월 31일)

〈자료 1〉 서순 때 신의주 정거장인 용천龍川 양책良策 역에 나온 환영 군중.

이곳의 환영행사는 모두 의주에서 가지도록 일정이 잡혀 있었다. 신의주에서 의주까지 40리 정도의 길이었다. 아침 10시에 마차로 신의주를 출발하여 12시 30분에 의주에 도착하였다. 이날 추위가 아주 심하여 영하 9도인데다 누른 먼지가 가득하여 행로가 자못 곤란하였지만 황제와 수행원들이 탈 없이 구 의주에 도착하였다. 가는 길에 위화도를 건너다보면서 지방 관리를 보내 봉심하고 오도록 하였다.

구 의주(부)에 도착하자 녹문이 이곳저곳 서 있고 남문에서 관아(용만관) 앞까지 관·사립학교의 학도들과 내외국의 일반 인민들이 좌우로 줄지어서 맞이하면서 만세를 연호하였는데 한인, 일인을 합쳐 1만 5천 명을 헤아렸다. 황제는 이날 관아 뒤편의 통군정을 순람하였다. 높은 곳에서 아래로 흐르는 압록강을 내려다보면서 임진왜란 때를 비롯해 수많은 외침의 역사를 회상하였을 것이다. 그에 못지않게 지금 일본군에 맞서기 위해 강 건너 만주 땅에서 신고의 날을 보내는 의병, 의병장들이 뇌리에 찾아들었을지도 모른다.

관찰사 유혁로柳赫魯가 각 군수를 대동하고 알현하면서 지방 물품을 헌상하자 황제는 하오 4시 경에 의주부 유생들과 부로남녀를 불러 만나면서 민간의 질고를 물었다.[34] 정주군수 김상범金相範은 정주군의 지도 1폭과 호구조사표와 결총수를 올리고 가산군수 서리 김상필金尙弼(박천 군수)은 가산군에 봉안하였던 선조대왕 어필첩御筆帖과 인검仁劍을 보시게 하였다. 의주부윤 서상면徐相勉, 관찰사 유혁로, 일본상회장 무라카미 조타로村上長太郎 등 세 사람이 발기하여 백일원百一院이란 연회를 개최한 자리에서는 통감 이토가 한일양국의 친밀한 관계의 뜻〔槪意〕을 연설하였다. 이날 저녁에 황제는 영조의 어필이 걸려 있는 취승당聚勝堂에서 여러 신하들에게 술을 내렸다. 이곳은 선조가 파천 중에 내외의 장수들의 알현을 받던 곳으로 황제에게는 이번 순행에서 가장 큰 의미를 부여하고 싶은 곳이었다. 선조 파천 때 호종 공신의 자손으로 이번에 배종한 사람들은 모두 모여 자리하게 하였다. 의주의 하루는 이번 순행의 하이라이트와 같았다.

평양에서 의주까지 오는 길에는 학도들의 항일 시위가 소리 없이 벌어지기도 하였다. 원래 황제의 행차 때는 철로 연변 고을의 학도들은 한일 양국의 국기를 엇갈리게 게양〔交揭〕하라는 학부대신의 훈령이 있었는데도 신의주, 선천, 정주 등 정거장에서 환영 나온 학도들은 일본 국기를 가진 자가 하나도 없었다. 이 때문에 학부대신이 이에 대해 각 해당 군에 전훈電訓으로 '교게'를 다시 지시했지만, 의주를 지날 때에도 일본 국기를 든 학도는 하나도 없어서 관찰사가 다시 지칙을 내리는 해프닝이 벌어졌다.

1월 30일 황제 일행은 마차를 타고 의주를 출발하여 신의주 행재소에 이르러 하루를 지냈다. 이날은 청나라의 동삼성 총판 이봉년李

---

34) 《순종황제실록》 권3, 2년(1909 기유 / 대한 융희隆熙 3년) 1월 30일(양력). 의주부義州府 진신縉紳 전 부경前副卿 김도준金道濬 등 78인, 장보章甫 유학幼學 김재응金載應 등 18인, 부로 1,947인을 소견하였다.

鳳年등 4명의 청나라 관리들을 접견하였다. 그리고 덕수궁에서 칙사로 보낸 승녕부 부총관 박제빈朴齊斌을 불러 본 다음 덕수궁에 문안 전보를 쳐 보내는 것으로 하루를 마감하였다.

1월 31일 오전 9시에 신의주를 출발하여 선천역에 도착하여 잠깐 머물 때 군수 김두현金斗鉉과 전 비서승祕書丞 전석원田錫元 등 18인을 소견하였다. 이어 정주역定州驛에 도착하여 군수 김상범과 전 군수 조창균趙昌均 등 32명을 소견하였다. 이때 이곳의 진신, 장보와 부로들에게 "거화무실去華懋實 이용후생利用厚生 이고방본以固邦本"이란 칙어를 내렸다. 그리고 오래된 구 관복을 입은 옛 신하들을 보고 "짐이 단발한 지 이미 오래거늘 너희 신사는 아직도 구습을 그대로 지키고 있으니 짐이 심히 개탄한다. 지금부터라도 신사상을 떨치라"고 하니, 신사 가운데 이경호李曝浩는 그 자리에서 단발하였다. 한편 황제는 이곳의 저명한 교육가인 이승훈李昇薰을 특별히 불러 만났다.[35] 이 정거장에서는 통감 이토가 나이 많은 어른들인 부로들을 상대로 여러분은 아무쪼록 장수하여 한국의 흥왕함을 목도하기를 희망한다고 연설하였다.

정주를 출발하여 안주安州를 지날 때 신안주 정거장에 "이토 통감 각하 환영기"라고 대서특필한 깃발이 높이 걸려 있었다. 이것은 안주 공립보통학교에서 만든 것으로 통감부 고등관들이 기념으로 이를 거

---

35) 《황성신문》 1909년 2월 3일자 〈雜報〉. 《순종황제실록》 권3, 1909년 1월 31일 조에는 시종원경侍從院卿 윤덕영尹德榮에게 명하여 정주군 관리에게 칙유하기를, "짐의 이번 지방 순찰은 백성들의 실정을 두루 살펴보기 위한 것이다. 내려 보낸 칙서 내용을 그대들은 보았겠지만, 지금 그대들을 보니 아직도 옛날의 모습을 고치지 못하고 있다. 대개 현시대에 와서 만약 새롭게 일신할 생각이 없다면 앞으로 어떻게 하겠는가? 그대들은 직접 새로운 사상을 계발시키는 짐을 보아야 할 것이다. 짐은 모든 백성들을 다 깨우쳐주지 못하지만, 그대들 모두가 대대로 벼슬하는 집안이기 때문에 하유下諭하는 것이다"고 하였다. 이승훈은 1926년 순종황제가 붕어하였을 때 신민사新民社에서 발행한 신민인산봉도호新民因山奉悼號《순종실기純宗實記》(新民 14호) 〈西北人의 宿怨新慟〉을 기고하여, 황제의 순행을 서북인에 대한 500년의 차별이 없어지는 순간으로 회상하고, 그 융희시대가 4년으로 끝난 것을 슬퍼하였다.

두어 갔다고 보도되었다. 기차는 예정 시간에 거의 맞추어 하오 4시 50분에 평양 정거장에 도착하였다. 이날 황제는 단군 사당 숭령전, 기자 사당 숭인전에 평안남도 관찰사를, 기자릉, 동명왕릉, 을지문덕 묘에 각각 지방관을 보내 치제하게 하였다. 의주로 갈 때 강동에 단군묘로 전해져 내려오는 곳이 있으니 이를 조사해 두라는 지시에 대한 후속 조치로 이곳에 매년 '나무를 심고 관리할 절목〔封植守護의 節〕'을 마련해 거행하게 하였다.[36]

2월 1일에는 평양에 머무르면서 여유를 가졌다. 평안남도 관찰사, 경기 관찰사, 황해도 관찰사 등을 접견한 뒤, 평원당平遠堂에 들르고 나서 행재소 뒤 만수대萬壽臺에 올라 대동강 풍경을 관람하였다.

2월 2일 오전 9시 30분에 평양 정거장을 출발하여 오전 10시 35분 황주 정거장에 도착하여 잠시 머물렀다. 이곳에서는 환영 인파가 없었다. 황제가 황해도 관찰사에게 추운 계절에 정거장에 부로들이 나와 봉영하는 것을 못하게 하는 칙교를 미리 내렸기 때문이다. 관찰사 조희문趙義聞과 황주 군수 등 관리 25인, 그리고 부로 몇을 만나는 것으로 그치고 앞서 정주定州 등지에서 내린 것과 같은 내용의 칙유를 남겼다. 오전 11시 35분 황주 정거장을 출발하여 오후 3시 50분에 개성 정거장에 도착하였다.

개성의 환영은 성대하였다. "한·일 양국의 일반 학도와 내외국 각 단체와 일반 신사 및 인민 남녀 등"[37]이 정거장으로부터 행재소까

---

36) 《황성신문》은 이에 대해 '聞衣履之藏이 在江東地하야'(〔단군의〕 옷과 신발이 보관된 것이 강동 땅에 있다고 들으니)라고 표현하였다. 2월 3일자 기사.

37) 《황성신문》 2월 5일자 보도의 표현. 황제의 귀환 길의 각종 상황에 대한 신문보도는 다음날 보도로 바로 이어지지 않았다. 1월 31일의 신의주 - 선천 - 정주 - 평양의 일정이 2월 3일~4일자에, 2월 1일의 평양 주필, 2일의 평양 - 황주 - 개성의 일정은 2월 5일자 1일 보도에 그쳤다. 특히 개성 일정에 대한 보도는 봉영인파가 10만이었음에도 의주, 평양의 일정에 비해 1단 기사로 작게 다루어졌다. 이것은 평안북도의 여러 고을, 특히 의주에서 한국 학도들이 일본 국기를 사용하지 않은 일이 있은 후 통감부 측이 크게 통제를 가한 결과로 보인다.

지 연로 좌우에 늘어서 만세를 부른 "봉영奉迎 인원의 수가 10만 명"
에 달하였다고 하였다.[38] 평양의 "10만을 내려가지 않았다"고 한 것
과 함께 최대의 환영 인파를 가리키는 수치이다. 그러나 황제의 개
성 일정은 통감부의 뜻에 따라 최소화했다. 먼저 행재소도 개성 관
아로 정해져 있었는데, 이곳은 현재 일본 수비대가 주둔한 곳이었
다. 하오 7시에 군민 및 일본거류민이 합동하여 공립보통학교에서
연회를 열고 각부 대신 이하 칙임관과 통감 이하 고등관을 초청하여
접대하는 행사가 있었다. 같은 시각에 내외국 학도 2천여 명이 단체
로 각기 한일 국기를 들고 행재소 앞에 나아가서 만세를 부른 것으
로 보도되었다. 양국 국기를 든 학생들이 행재소 앞으로 "진왕進往하
여 만세를 불렀다"고 한 기사에서는 정주, 의주 등지에서 있었던 '불
상사'의 재발에 대비한 통감부 측의 경계가 느껴진다.

　2월 3일 상오 8시에 전날 서울에서 내려와 기다리던 의친왕과 영선
군永宣君 이준용 등이 황제를 알현하고, 이어서 상오 10시에 행재소에
서 경기도 지방 관리들의 알현을 받은 뒤 만월대滿月臺로 갔다. 원래
개성의 일정에는 태조太祖의 어진을 모신 목청전穆淸殿을 다녀오는 것
이 최우선이었는데, 이곳은 '시간이 촉박하여' 장예원경 성기운成岐運
을 대신 보내 봉심하는 것으로 바꾸고 태조의 잠저인 경덕궁敬德宮만
다녀왔다. 오후 1시 개성 정거장을 출발하여 오후 3시 10분에 남대문
정거장에 도착하였다. 황제는 마차를 타고 본국 의장병이 앞뒤에 배
위陪衛하고 "대소 관리와 각 학교 학도와 각 사회신사와 만성滿城 인민
이" 좌우에 늘어서 맞이하는 가운데 '즉시' 창덕궁에 환어하였다. 통
감 이토도 일본 의장병을 거느리고 배종하여 궁내에 입참入參하였다.

　《황성신문》의 서순에 관한 보도는 2월 5일자로 마감되었다. 그런
데 이날 지면에는 특별한 기사가 실렸다. 〈통감관저 연회〉란 제목아

---

38) 이 사실이 보도된 2월 5일은 황제가 창덕궁으로 돌아온 지 이틀이 지난 뒤였다.

래 이토 통감이 어제(2월 4일) 하오 6시에 관저에서 연회를 열어 며칠 전에 서울에 온 히다카 치치부日高秩父 내대신 및 비서관과 기타 통감부 고등관을 초청하였다는 것이다. 그리고 바로 이어 〈이토통감伊藤統監 귀조기歸朝期〉란 제목 아래 "통감이 오는 10일 경에 귀조歸朝 차 출발하여 오이소大磯에서 며칠 간 머물다가〔留連〕15일경에 도쿄에 도착할 예정이라"고 보도하였다. 오이소는 도쿄 근처 그의 별장이 있는 곳이다. 통감 이토는 늦어도 서순을 마치고 돌아오는 길에 귀국을 결심하고 있었던 것이다.

(3) 통감 이토의 사임과 귀국(1909. 2.)

서순을 마치고 입경한 황제는 남대문 정거장에 내리어 바로 시종 한상학韓相鶴을 덕수궁에 보내어 문안하고 오도록 하였다. 행재소에서도 기회 있을 때마다 전보로 덕수궁의 태황제에게 문안을 올렸지만 서울에 돌아와서도 바로 시종을 시켜 무사 귀환을 알리게 하였다. 이어서 창덕궁에 도착해서도 시종부경侍從副卿 이회구李會九를 덕수궁에 보내어 문안하고 오도록 하였다. 그런 뒤 그날 저녁 만찬이 인정전 동쪽 행각에서 베풀어졌다. 통감 이토와 순행 때 호위한 친임관들이 배식陪食하였고, 칙임관, 주임관 등에게도 음식을 내렸다고 기록되어 있다.[39] 통감의 귀조가 2월 5일자 신문에 처음 보도된 것으로 보면 이때는 황제도 아직 이 사실을 몰랐을 것이다.

2월 5일 황제는 낮에 통감 관저에 행차하여 남순, 서순 때에 따라 갔던 통감 이토[40] 이하 호위하고 갔던 각 관리들과 오찬을 가졌다. 이 때 내려진 조칙은 통감이 "전후로 노령과 병든 몸을 아랑곳하지 않은 채 추위를 무릅쓰고 호종하여 짐을 도와주었으며, 가는 곳마다 열심

---

39) 《순종황제실록》 권3, 순종 2년(1909 기유 / 대한 융희 3년) 2월 3일(양력).

40) 《순종황제실록》의 이때 통감의 호칭은 '이토 태사伊藤 太師'로 되어 있다.

히 깨우쳐주어 우매한 백성들에게 환히 마음이 풀리게 하고 누구나 기쁘게 하였다"고 밝혔다. 특히 지방에 거주하고 있는 일본의 관리들과 백성들이 함께 달려와서 한 마음으로 환영하여 화락한 기운이 무르녹게 하였는데 이것이 모두 통감이 평소에 두 나라를 위해 성심성의를 다한 결과라고 칭양하였다. 어느 모로 봐도 조칙은 서순 때 강하게 나타난 항일 분위기를 의식하여 이를 무마하려는 의도에서 특별히 내려진 것이었다. 황제로서는 외교 아닌 외교를 위한 통감 관저 방문이었다. 황제가 환궁한 뒤에 통감 이토는 답례로 대궐로 와서 폐현을 올렸다. 통감의 귀국 인사는 2월 8일의 접견에서 이루어졌다. 통감이 군사령관 오쿠보 하루노大久保春野를 대동하고 입궐하여 인정전에서 오찬회를 가졌다. 각 대신들이 배식한 이 자리에서 통감 이토는 '사폐辭陛' 곧 사직 인사를 올렸다. 같은 기사에 "황후에게도 사폐하였다"고 하였으므로 분명한 사임을 결심한 귀국 보고 인사였다.

통감 이토의 사임에 대해서는 여러 가지 요인이 작용한 것으로 파악된다. 자치육성과 회유정책을 앞세운 그의 온건정책이 한국인의 심복의 효과는커녕 의병의 저항을 받아 한국의 일진회一進會나 일본 내의 병합 강경론의 압박을 물리치기 어려웠다는 것이 지금까지의 일반적인 이해이다.[41] 그리고 한국 일진회 세력의 압박이나 일본 의회의 비판 공격이 주요한 요소로 작용한 것이 지적되었다. 그러나 이런 정치적 역학관계는 일차적인 것이라기보다 고종황제 강제 퇴위 뒤의 한국인들의 그칠 줄 모르는 저항에 부딪혀 빚어진 것에 지나지 않는다. 일진회의 반발은 의병이 치성하는 가운데 통감의 회유책을 비판하면서 가속화한 것이었고, 일본 의회의 비판은 순종황제의 순행이 끝난 뒤 1909년 2월부터 의원 오가와 헤이키치小川平吉, 고노 히로나카河野廣中 등이 통감정치에 대한 질문서를 정부에 제출하면서

---

41) 이에 대해서는 森山武德, 《日韓併合》, 吉川弘文館, 1992, 172~175쪽 참조.

본격화한 것이다.

요컨대 통감 이토를 물러나게 한 것은 의병의 속출, 남순과 서순에서 나타난 한국인들의 황제에 대한 열렬한 충성심, 곧 독립국 유지에 대한 열망이었다. 통감 이토는 순행으로 한일 양국의 깃발을 함께 내건 가운데 양국의 협력 우호 관계를 연출하려 했던 것과 달리, 곳곳에서 폭발하는 한국인들의 황제에 대한 충성의 손짓과 소리를 억누르지 못한 가운데 자신의 정책의 한계를 느끼고 순행이 끝나자마자 '사폐'의 순서를 밟았던 것이다. 이토가 순행을 통해 순종이 "진실로 일본에 신뢰하는 기색이 용안에 나타난" 것을 확신하였다는[42] 것은 어디까지나 정치적 수사이지 사실이라고 할 수는 없다.

(4) 태황제(고종)의 항일투쟁 독려 칙유(1909. 3.)

순종 황제의 순행은 무사히 끝났지만 고종황제를 강제 퇴위시키고 '섭정'에 나선 통감 이토에 대한 한국인의 저항은 순행 행사 이후 더 고조되는 형세였다. 《매천야록》이 전하는 다음과 같은 두 가지 사실은 당시의 분위기를 짐작하는 데 도움이 된다. 1909년 1월 27일부터 시작된 서순에 관한 기록의 끝에 어가가 개성에 도착하기 하루 전에 환영소 곁에서 폭발탄이 작열하였는데 이를 두고 사람들은 이토를 살해하려는 데서 발생한 일이라고 한다고 적었다. 2월에 환어 후의 일로서 "13도 각 군에서 왕왕 민회民會를 설립하여 왜인에 항거하려 했지만 끝내 효력을 보지 못했다. 왜가 이를 조롱하여 '쥐들의 모임(鼠會)'이라고 하였는데[43] 고양이(猫)를 만나면 다 도망치는 것을 말한다."고 설명하였다. 순행 때 황제를 환영하는 인파의 경험이 항일

---

42) 앞 책, 173쪽. 桂宛伊藤書(가쓰라가 이토에게 보낸 글), 《桂太郎關係文書》를 근거로 들었다.

43) 《매천야록》 권6, 국사편찬위원회 간행본 487쪽.

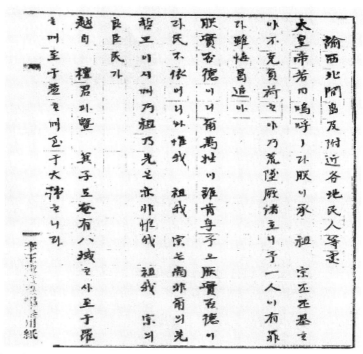

〈자료 2〉 광무황제가 태황제로서 1909년 3월 15일자로 서북간도 및 부근 각지 민인들
에게 내린 칙유문(첫 면).

의지를 담아 군별 집회가 조직되었던 것이다.

국권 회복을 위한 항일 의지는 '태황제'가 누구보다도 강하였다.
그는 이토 히로부미가 황제(순종)에게 귀국 인사를 하고 2월 10일에
도쿄로 떠난 뒤 1개월이 지나는 시점인 3월 15일자로 〈유서북간도급
부근각지민인등 치諭西北間島及附近各地民人等處〉를 내렸다(자료 2).[44]

44) 이 자료는 이 책 서장 제1절 〈대한제국 조약 원본의 압수〉에서 다룬 고종황제
의 주요 보관 문건으로 1910년 5월에 통감부에 압수된 목록 가운데 갑호 1의 4
〈서북간도급부근각지민인등처에 대한 태황제의 밀유〉로 나온다. 따라서 원본은
현재까지 확인이 되지 않지만, 한국학중앙연구원의 장서각 왕실도서관에 필사
부본이 전한다. 《宮中秘書 全 V.1》(이왕직실록편찬회, 1927)에 수록되어 있다.
은정태 씨가 이 자료에 관한 정보를 제공하였다.

서북간도 및 그 인근 지역의 민인들에게 내린 칙유로서 국한문 혼용으로 작성되었다. 이를 현대문으로 옮기면 아래와 같다.

서북간도 및 부근 각지 민인들이 있는 곳에 효유曉諭한다.

태황제가 말한다. 슬프다! 짐이 조종祖宗의 크고 큰 터전을 이어받아 지워진 짐을 이겨내지 못하고 이렇게 낭떠러지에 떨어졌으니 나 한 사람에게 죄가 있어 후회해도 다할 수가 없도다.

짐이 참으로 부덕하니 너희 만성萬姓이 누가 나를 믿고 따르겠는가. 짐이 참으로 부덕하여 민이 기대지 못하거니와 생각건대 나의 조종은 그래도 너희의 선철왕先哲王이며, 너희의 조선祖先은 나의 조종의 어진(良) 신민이 아니던가.

멀리 단군과 기자에서부터 팔역八域을 차지하여 신라에 이르고 고려에 이르고 대한大韓에 이르렀느니라.

슬프다! 짐이 너무 상심하여 차마 말을 못하노라. 꿈틀거리던 섬오랑캐(島夷)가 긴 뱀(長蛇)이 되고 큰 멧돼지(封豕)가 되어 우리 팔역을 먹고 또 흉한 무리가 이利를 쫓고 세勢에 붙어 너희 만성萬姓을 짓밟고 으깨어 절단냈다.

슬프다! 짐이 얼굴이 두껍고 겸연쩍다. 짐이 제왕이 아니던가. 짐이 재위 45년에 참으로 하늘의 뜻에 부합치(格天) 못하고 은혜 베품이 민에 다하지 못하여 스스로 그 패배를 재촉하였다. (그래도) 이미 망했다고 말하지 말자. 너희 만성이 있느니라. 훈訓에 이르기로 민유방본民惟邦本이라 하니, 이는 나 한사람의 대한이 아니라 실로 너희 만성의 대한이니라. **독립이라사 나라(國)이며, 자유라사 민(백성)이니, 나라는 곧 민이 쌓인 것(積民)이요 민은 선량한 무리(善群)이다.**

오호라! 너희는 지금 하나가 되어 그 심력을 우리 대한을 광복하는 데 써서 자손만세에 영원히 의뢰케 하라. 너희 몸(體)을 튼튼히 하고, 너희 피를 뜨겁게 하고, 너희 배움을 닦아 그 기器에 채우거든(藏) 때를 기다려 움직이고 함부로 덤비지〔妄躁〕 말며, 게을러 늘어지지 말며, 너무 나서지도 뒤지지도 말고, 그 기회를 적중시키되 반드시 도전을 하면서 인내하다가 마지막에 대훈大勳을 이루라.

오호라! 어찌 내가 일깨운다〔有誥〕는 말을 쓸 수가 있겠는가. 짐은 참으로 부덕하다.

개국 517년 3월 15일
태황제

'태황제'는 이미 1895년에 〈교육조령〉에서 근대지향적인 국민 교육을 선언하였다.[45] 먼저 "너희 신하와 백성의 선조는 우리 조종祖宗(역대 왕실)이 돌보고 키워준 어진 신하와 백성〔臣民〕이었고 또 너희 신하와 백성들도 너희 선조의 충성과 사랑을 능히 이어서 짐의 돌봄과 키움을 받는 어진 신하와 백성들이며, 짐은 너희들 신하와 백성들과 함께 조종의 큰 기반을 지켜 억만 년의 아름다운 운수를 이어나갈 것이다"라고 하여 군주와 백성이 왕조를 이어가는 공동주체인 것을 밝혔다. 그리고 교육은 나라를 보존하는 근본으로서 "허명을 제거하고 실용을 높이는 교육"이어야 교육이랄 수 있다는 전제 아래 덕양德養, 체양體養, 지양智養을 교육의 영역으로 내세웠다. 그리하여 "나라의 한恨에 대적할 사람은 오직 너희 신하와 백성이요, 나라의 모욕을 막을 사람도 너희 신하와 백성이며, 나라의 정치제도를 닦아나갈 사람도 너희 신하와 백성이다"라고 언명하였다. 실제로 이런 취지에 부합하는 신식 교육제도가 대한제국에서 여러 형태로 시행되었다.

그러나 1904년 2월에 일어난 러일전쟁은 상황을 크게 바꾸어 놓았다. 위 칙유는 그 뒤의 상황을 "꿈틀거리던 섬오랑캐가 긴 뱀이 되고

---

45) 《고종황제실록》 권21, 고종 21년 2월 2일조.

큰 멧돼지가 되어 우리 팔역을 집어 먹고 또 흉한 역신의 무리가 이
利를 쫓고 세勢에 붙어 너희 만성을 짓밟고 으깨어 절단냈다"고 표현
하면서 이는 오로지 나의 부덕의 소치라고 거듭 통탄하였다. 그러나
'이미 망했다고 말하지 말고 너희 만성이 대한의 주체로서 독립과 자
유를 스스로 누리는 주체가 되어 달라'는 당부를 절절하게 호소한다.
나라에 대한 인식도 민이 쌓인 것[積民]이라고 선언하면서 주권재민
의 사상에 거의 도달하고 있다. '대한은 나 한사람의 것이 아니라 실
로 너희 만성의 것'이라는 선언은 전에 보지 못하던 것이다.

　고종의 신민에 관한 인식은 탕평군주들의 소민보호의 민국 정치이
념이 발전한 것으로[46] 민인의 중요성에 대한 인식이 1895년의 〈교육
조령〉에 견주어서도 1909년 3월의 칙유가 훨씬 더 진전되고 체계화
했다. 1909년 1월, 2월의 황제의 순행 때 인민이 보여준 황제에 대한
충성과 항일의지가 태황제로 하여금 '만성'에 대한 확고한 신뢰를 가
지게 하여 일어난 변화이다. 1908년 후반 이후 국내 의병들은 일본
군의 집중 토벌 작전으로 국외 특히 서북간도, 연해주 쪽으로 활동
근거지를 이동시키고 있었다. 1907년 7월 태황제가 강제 퇴위당할
때, 그는 연해주 지역에 근거를 잡기 시작한 항일 지사들에게 10만
원의 군자금을 비밀리에 보내었다. 이 군자금을 바탕으로 하여 실제
로 1908년 5월에 5~6천 명 규모의 대한의군이 창설되었다. 1909년
9월 통감부가 〈남한대토벌작전〉을 착수하여 많은 의병들과 주민들
이 참혹한 죽음을 당하는 속에 그해 10월 26일 오전 9시 30분쯤 '하
얼빈 의거'가 일어났다.

　추밀원 의장 이토 히로부미를 '처단'한 안중근은 공판정에서 자신
은 대한의군의 참모중장으로서 적장을 처단한 것이므로 1899년의 제

---

46) 이태진, 〈고종시대의 '민국' 이념의 전개〉, 2014년 12월에 개최된 한일 공동세
　　미나 〈식민지배체제와 3·1독립만세운동〉 제1차 회의에서 발표. 《진단학보》
　　제124집, 2015. 8.

1차 헤이그 만국평화회의에서 합의된 〈육전陸戰 포로에 관한 법〉을 자신에게 적용할 것을 요구하였다. 안중근은 황제가 내린 군자금으로 1908년 봄에 조직된 대한의군의 우장군으로 활동하다가 1909년 10월 10일부터 일본 추밀원 의장 이토 히로부미의 하얼빈 방문이 신문에 보도되면서 대한의군 참모부가 특파대를 조직할 때 가장 먼저 자원하여 대장이 되어 저격에 성공하였던 것이다. 사건 후 철저하게 추진된 일본 측의 사건 배후 조사의 한 보고서는 "한인 밀정이 말하는 것에 따르면 배일의 근체根蔕는 황실이라"고 하고 또 사건 전에 대한의군의 중심인물의 하나인 최재형崔在亨에게 사주가 왔다고 하였다.[47]

《매천야록》은 1909년(융희 3) 11월조에 "태황제가 이토 히로부미의 죽음을 듣고 크게 기뻐하였다(天顔大悅)"고 기록하였다.[48] 그가 퇴위를 강제 당한 뒤 항일을 독려해온 그간의 활동에 비춰보면, 이 기록은 신빙성이 없지 않다. '태황제'의 이런 항일 독려는 1918년 1월에 윌슨 미국대통령의 민족자결주의 원칙이 선포된 뒤, 그가 해외 독립운동세력의 중심으로서 다시 활동하게 될 것을 우려한 일본 정부 수뇌부(총리대신 데라우치 마사타케)에 의한 독살을 가져오게 된다.[49]

2. 일본제국 정부의 '한국병합' 결정
- ### 1) 통감 이토의 '병합' 동의와 사법권 일본 '위탁'의 처리

일본 정치지도자들 사이에 한국병합이 처음 거론된 것은 기록상

---

47) 이태진, 〈안중근의 하얼빈 의거와 고종황제〉, 《영원히 타오르는 불꽃-안중근의 하얼빈 의거와 동양평화론-》, 지식산업사, 2010, 73쪽.

48) 《매천야록》권6, 11월조(국사편찬위원회 간행본 515쪽). "太皇聞伊藤之死 天顔大悅 笑語移時 倭警視 呼子友一郎聞之大憾 查其言根 審其眞僞 至於訊問內人 或曰 侍從李容漢 告計以媚倭也" 태황제가 이토의 죽음을 듣고 크게 기뻐했다는 말이 재밌는 얘깃거리로 옮겨질 때 일본 경시 요비코 유이치로呼子友一郎가 크게 원한스러워 그 말의 진원을 캐어 나인을 심문하기까지 하였다는 것이다.

49) 이태진, 〈고종황제의 毒殺과 일본 정부 首腦部〉, 《역사학보》 204, 2009. 12.

표 3. 1907년 7월 12일 일본 묘의廟議 찬부 상황표

안 건	의사표시자 구분		
	야마가타	데라우치	다수
1. 한황, 일본황제에 양위	금일은 부	금일은 부	부
2. 한황, 황태자에 양위	금일은 부	금일 실행	부
3. 관백關伯 설치(통감)	가	가	가
4. 각성에 대신 또는 차관을 넣는다	가	가	가
5. (서양인) 고문을 폐한다	가	가	가
6. 통감부는 막료에 한정 타他는 한국정부에 합병	가	가	가
7. 실행은 통감에 일임	가	가	가
8. 외무성에서 고관 파견, 통감과 협의(외상外相)	가	가	가
9. 칙범설勅詆說(천황이 병합을 명령하는 안)	부	부	부
10. 협약설	가	가	가
11. 협약에 국왕이 동의하지 않을 때는 합병의 결심(1의 실행)	가	가	가

1907년 7월 "헤이그 밀사사건"에 대한 대책 강구에서였다. 하야시 다 다스 외무대신이 7월 12일자로 이토 통감에게 보낸 "한제의 밀사파 견에 관련한 묘의廟議 결정의 대한對韓 처리방침 통보의 건" 속에 〈부 기 3〉으로 보내진 묘의(각의)의 찬부 상황에 한국병합이 한 항목으로 제시되었다. 〈부기 3〉을 옮기면 표 3과 같다.[50]

표 3에서 의사 표시자는 야마가타 아리토모山縣有朋, 데라우치 마 사타케寺內正毅, 다수 셋으로 구분되어 있다. 야마가타와 데라우치 두 사람은 '원로'(추밀원 겐로)로서 '다수'의 각료들과 별도로 구별 되었다. 위의 11개 찬부 표시 대상 항목 가운데 주목되는 것은 1과

---

50) 《日外文》제40권 제1책, 事項 12 "日韓協約締結 一件".

11이다. 1의 항목 즉 한국 황제가 일본 황제에게 양위하게 하는 것
은 곧 합병을 뜻한다. 이에 대해 야마가타, 데라우치 등은 " 금일(지
금)은 부좀"라고 하고 다른 각료들도 모두 부좀의 의견을 표시하였다.
대한제국의 고종황제가 '1905년의 보호조약'을 무효로 하기 위한 국
제적 투쟁활동을 벌인 데 대한 응징으로 당장 병합을 해버리자는 방
안이 검토되기는 하였으나 모두가 아직은 시기상조라는 의견을 내고
있었다. 그러나 항목 11에 따르면 그 유보 의견에는 단서가 붙어 있
었다. 즉 일본이 요구하는 새 협약을 한국 황제가 받아들이지 않을
경우는 병합의 결심을 실행할 수밖에 없다는 것이다. 결국 '헤이그
밀사사건'에 따른 일본의 한국 응징은 10의 '협약설'로써 실현되었고,
병합은 일단 유보되었던 것이다.

　이러한 결말과 관련해서 주목되는 것은 위 가운데 2의 "한황, 황태
자에게 양위"하는 문제에 대한 찬부의 의견이다. 이에 대해 "금일 실
행"의 적극론을 편 것은 데라우치 한 사람이었다. 그런데 야마가타
와 각료 전체가 반대했음에도 이 문제는 현지에서 통감 이토의 지휘
아래 실천에 옮겨졌다. 고종황제의 양위는 결국 원로(겐로) 데라우치
마사타케와 한국통감 이토의 의사에 따라 실행되었던 것이다.

　고종황제를 퇴위시키고 '1907년의 일한협약'을 통한 통감의 '섭정
체제'는 앞에서 살폈듯이 한국인의 광범한 저항을 불러 일으켰다.
1908년 한 해의 한반도는 의병의 열기로 뜨거웠다. 통감 이토는 곤
경을 이겨내기 위해 황제의 순행을 기획하여 시행하였지만, 이는 오
히려 한국인의 민족의식을 불러일으키는 기회를 만들어 주는 것이
되어 버리고 말았다. 통감 이토는 순행에서 돌아오는 길에 사임을
결심하고 2월 10일에 한국을 떠났다.[51]

---

51)　《황성신문》은 1909년 2월 5일자에 이토 통감이 오는 10일 경에 귀조차 일본으
　　로 떠나서 오이소에서 며칠 머물다가 15일 무렵 도쿄에 도착할 예정이라고 보
　　도하고 2월 9일자에 10일에 일본으로 귀국할 것이라고 보도하였다.

이도 히로부미는 도쿄로 가서 2월 17일에 천황을 알현한 다음 정양을 이유로 3월부터 마쓰야먀松山 도고道後 온천에 머물렀다. 정양 중에도 그는 부통감 소네로부터 업무 보고를 받고 있었다. 3월 9일자로 〈재한국 외국인민에 대한 경찰사무에 관한 일한협정에 관한 건〉이 통보되었다. 한국 거주 외국인이라고 하지만 주로 청나라 거류지에 대한 경찰권 행사의 문제로서 일본인 관헌의 지휘 감독 아래 한국 경찰관이 이를 집행하게 하는 내용이었다. '한국 경찰관'이란 것도 실제로는 대부분 한국 정부가 초청하는 형식을 취해 채용된 일본인이었으므로 한국 정부의 경찰권이면서도 실제로는 일본인이 모두 담당하는 체제를 만드는 것이 목적이었다. 이 사안은 13일자의 이토 통감의 회답, 18일자의 가쓰라 총리에 대한 보고로 마무리 지어졌다.[52] 이 사안은 통감 이토가 서울을 떠나기 전 집무 중에 이미 착수되었던 것이지만 갑자기 귀조의 결정을 내림으로써 부재중에 부통감이 진행시키게 된 것이다.

4월 10일 가쓰라 수상과 고무라 외상이 추밀원 의장 관사로 그를 방문하여 한국 병합 문제에 관한 뜻을 물었다. 수상과 외상은 한국 의병의 저항을 보고 이미 한국병합은 불가피하다는 판단을 가지고 한국문제 전문가인 외무성 정무국장 구라치 데츠키치倉知鐵吉에게 한국병합의 방안에 대한 초안을 잡아보게 하였다. 두 사람은 그 보고서인 〈제1호 방침서 및 시설대강서施設大綱書〉(3월 30일 가쓰라 수상에게 제출)를 이토 통감에게 보였다. '1907년 일한협약'으로 한국에 '우리의 시설'은 크게 면목을 바꾸어 놓았지만 이 나라에서 '우리의 세력'은 아직 충분하지 못하며, 제국(일본)의 안고安固와 동양의 평화를 확보하기 위해서는 한국을 병합하여 제국 판도의 일부로 하는 것이 가장 적절한 방법이므로 이를 '적절한 시기'에 단행해야 한다는 내용

---

52) 《日外文》제42권 제1책, 事項 7 "일한협약 1건", 137, 138, 139, 140.

이었다.[53] 두 사람은 이토가 당연히 반대할 것으로 예상하고 '많은 변명자료'를 준비하여 휴대하였는데 뜻밖에도 즉석에서 이의 없다는 답을 들었다.[54] 이토가 이미 자신의 정책의 실패를 자인하고 한국에서 돌아온 만큼 당연한 반응이었다.

이토 히로부미는 5월 하순에 천황에게 사표를 제출하였다. 천황은 일단 이를 기각하였지만 이토가 다시 제출하자 수리하였다. 후임으로 육군대신 데라우치 마사타케가 거론되었지만 본인이 '시기상조'라고 사양하여 부통감 소네 아라스케를 통감으로 임명하였다. 이토에게는 예우로 추밀원 의장의 지위가 내려졌는데 이는 그가 네 번째로 맞는 직책이었다. 그는 새로 통감으로 임명된 소네 아라스케에게 업무를 인계하기 위해 7월 초에 서울로 다시 오게 되었고, 7월 3일자로 가쓰라 총리대신에게 중대한 의견서를 보냈다. 〈한국사법 및 감옥사무위탁에 관한 건〉이었다.[55]

사법제도와 감옥 업무를 개선하려면 한국의 재정이나 경제 형편으로는 시간이 너무 많이 소요될 수밖에 없으므로 두 가지 업무를 일본에 위탁하는 것이 양국의 장래를 봐서 불가피하다는 것을 '우견愚見'으로 제시하였다. 자신이 통감으로서 시간을 두고 실현하려던 과제였지만 보호와 자치의 정책을 포기해야 하는 마당에서 취할 방도는 일본이 위탁받는 길밖에 없다는 뜻이었다. 그의 제안에는 (1) 사법사무의 위탁 (2) 감옥사무의 위탁 (3) 사법 및 감옥사무비의 부담 등에

53) 小松綠, 《朝鮮併合之裏面》, 中外新論社, 1920, 86쪽 ; 海野福壽, 《韓國併合史の研究》, 岩波書店, 2000, 347~348쪽.

54) 海野福壽, 앞 책, 348쪽.

55) 《日外文》 제42권 제1책, 事項 7 "日韓協約 一件", 142, "한국사법 및 감옥사무위탁에 관한 건". 이 의견서는 '공작 이토 히로부미'의 이름으로 작성되어 보내졌는데, 이 문서의 원문은 〈アジア歷史資料センター, 日本國立公文書館〉內閣〉公文別錄〉韓國併合ニ關スル書類, A03023677200에 올라 있는 일본 국립공문서관 《韓國併合ニ關スル書類》(2 A 別139)에 포함되어 있다.

관한 방안이 구체적으로 제시되었다. 공작 이토 히로부미는 의견서에 이어 5개조에 달하는 '협약안'을 첨부하여 보냈다.

　통감 이토는 '1907년 일한협약'을 강제로 추진할 때 내각 총리대신 이완용에게 앞으로 상호 협력 아래 실현해야 할 과제 다섯 가지를 〈각서〉로 작성하여 서명을 요구하였다. 첫째, 일한 양국인으로 조직하는 재판소로서 대심원(1개) 공소원(3개) 지방재판소(8개) 구區 재판소(113개) 설치, 둘째, 감옥 (9개) 신설, 셋째, 군비軍備 정리, 넷째, 고문 및 참여관의 명의로 한국에 고용된 자의 해고, 다섯째, 중앙정부 및 지방청에 일본인을 한국 관리로 임명하는 것 등이었다. 이 〈각서〉는 한국의 제반 관련 직책에 일본인 임명을 목표로 하였지만 그 수는 '약간 명'으로 제한되어 있었는데, 이번의 사법 및 감옥 업무에 관한 '우견'은 모든 관련 직책에 일본인을 거의 전원으로 임용하도록 하자는 것이었다. 이것은 곧 지금까지 그 자신이 '보호'와 '자치'를 내걸었던 이른바 점진주의 정책을 완전히 포기하는 것을 의미하였다.

　일본 정부는 공작 이토 히로부미의 건의에 이견이 있을 수 없었다. 고무라 외상은 7월 6일자로 소네 한국 통감에게 〈한국의 사법 및 감옥위탁과 군부폐지 묘의결정의 건〉을 통보하였다.[56] 그런데 이 통보에는 한국의 사법 및 감옥 사무 위임에 관한 건 말고도 한국 정부의 군부를 폐지하기로 한 묘의(각의)의 결정이 더 들어 있었다. 이것은 공작의 의견서 다음에 내각에서 육군대신의 의견을 반영한 것이었다. 일본 국립공문서관 《한국병합에 관한 서류韓國併合ニ關スル書類》에 포함된 관계 문건을 보면, 앞 공작 이토의 의견서 다음에 총리대신 가쓰라가 경성의 통감 소네에게 보내는 7월 6일 각의 결정의 통보 전문이 들어 있다. 외무성 용지를 사용한 원본이다. 그런데 이 통보문에 "한국 사법 및 감옥 위임의 건"이란 문장 다음에 "아울러 군

---

56) 위와 같음.

부폐지의 건幷ニ軍部廢止ノ件"이란 문구가 삽기되어 있다. 그리고 바로
뒤이어 "타他의 사법문제司法問題와 공共히 반사의返事議"란 난외의 머
리 첨기添記가 붙은 "7월 6일 오전12시 1분 경성발(＊경성으로 보냈다
는 뜻 - 필자)"의 전보 문건의 원본이 철해져 있다. 이것은 내각용지
를 사용한 공문으로 총리대신을 포함한 5인의 서명이 가해진 것이
다. 아래와 같은 전문의 내용으로 보아 군부 폐지의 건은 이토 공작
의 의견서를 접수하여 처리할 때 육군대신 데라우치의 의견을 수용
하여 급히 추가한 것으로 판단된다.

> 데라우치 육군대신과 협의하여 군부를 폐지하고 시종무관장 아래 친위
> 국을 두고 현재의 보병 1대대와 기병을 감리케 하고 사관학교를 폐지하
> 고 생도는 도쿄에서 우리 육군으로 교육을 받고 졸업하는 자는 이를 우
> 리 군대에 취편趣編하여 실지에 연습시키는 것으로 취정取定(결정)하였으
> 니 이존異存이 없도록. 육군대신과 협의한 것으로 전훈電訓함.[57]

이토 히로부미는 7월 3일자로 총리대신에게 '우견'을 보낸 뒤 7월
6일 현재 한국 경성(서울)에 들어와 있었다. 7월 6일 오전 12시 1분
발로 내각에서 소네 통감에게 급히 보낸 전보 문건은 곧 서울로 간
추밀원 의장 이토 히로부미에게 알리는 것이기도 하였다.

통감 소네 아라스케는 한국 총리대신 이완용과 함께 7월 12일자로
〈사법 및 감옥의 사무를 일본 정부에 위탁하는 각서〉를 처리하였다.[58]

---

57) 《韓國倂合ニ關スル書類》(2 A 別139).
58) 《日本外交文書》에는 〈사법 및 감옥의 사무를 일본 정부에 위탁하는 각서〉란 명칭
　　을 사용하고 있지만(제42권 제1책, 182쪽), 원본에는 〈각서〉란 제목이 붙어 있다.
　　이태진·이상찬 편, 《조약으로 본 한국병합 - 불법성의 증거들 - 》, 동북아역사재
　　단, 2010, 232~233쪽. 〈약정서〉가 〈각서〉로 바뀐 것은 소네 통감이 7월 13일에
　　고무라 외무대신에게 보낸 전보문에 "장래를 염려하여" 각서의 형식을 취하고 원
　　안에 자구를 다소 수정했다고 밝혔다. 앞《韓國倂合ニ關スル書類》 7번 문건.

당시는 이토 히로부미 의장이 서울에 체류하고 있던 중이므로 이에
추밀원 의장 이토의 동의가 반영된 것은 말할 것도 없다. 한국 사법
제도의 근대화는 이토 히로부미의 최대 업적의 하나로 평가된다. 그
러나 그것은 한국지배를 목적으로 시작하여 결국은 일본에게 위탁한
것으로 끝나고 말았다. 〈각서〉는 서두에 "한국 정부와 일본 정부는
한국의 사법과 감옥에 대한 사무를 개선하고 한국의 신민, 아울러
한국에 있는 외국 신민 및 인민의 생명과 재산 보호를 확실하게 할
목적과 한국 재정의 기초를 공고하게 할 목적으로"라고 밝혔다.[59] 그
러나 실제로는 일본에 대해 저항하는 모든 한국인을 일본 법정이 직
접 처분하겠다는 것이 목적이었다. 이어 7월 30일자로 〈군부를 폐지
하고 친위부를 궁중에 설치하는 것에 관한 안건〉이 칙령(제68호)으
로 발표되었다. 이즈음 이토는 한국을 떠나고 있었다. 그는 당초에
시도했던 보호국체제를 포기하고 병합으로 가는 터전을 마련해 주고
한국을 떠났다.

　〈각서〉가 다룬 사법권은 국권에 관련된 중대한 사항이다. 그런데
도 불구하고 이는 1907년 7월의 〈일한협약〉과 마찬가지로 대한제국
총리대신과 통감 사이에 약속한 것으로 국가 원수인 황제의 승인에
관한 표시가 전혀 없다(기본자료 5-1). 또 후자는 1907년 7월의 군
대해산 조치 때 명목상으로나마 대한제국의 군사 주권으로 남겨졌던
기관인 군부와 육군 무관학교를 모두 폐지하여 대한제국의 군사력을
완전히 소멸시키는 조치였다. 궁중에 친위국을 신설하여 최소의 시
종 기능을 수행하게 하였지만 그것도 궁내부에 소속되었듯이 군사적
기능은 없었다.[60] 대한제국은 외교권, 내정권(행정권) 상실에 이어 사
법권마저 잃고 군대해산 이후 형해로 남았던 군부마저 없어져 식물

---

59) 《순종황제실록》 권3, 2년(1909 기유 / 대한 융희 3년) 7월 12일조.

60) 《순종황제실록》 권3, 2년(1909 기유 / 대한 융희 3년) 7월 30일조. 《칙령(하)》(서
　　울대학교도서관, 1991), 646쪽 참조.

정부 상태가 되었다. 9월 말 일본 정부는 〈남한대토벌작전계획〉의 실행을 착수하여 호남 지역에 활동 중이던 한국 의병에 대한 잔혹한 소탕 작전을 폈다. '한국병합'의 실현을 위한 본격적인 군사작전이 시작되었다.

2) 일본 각의의 '한국병합' 방침 결정(1909. 7. 6)

1909년 7월 6일 일본 정부는 각의를 통해 한국병합을 정당한 시기에 결행한다는 결정을 내렸다.[61] 정부의 방침으로는 첫 결정이었다. 추밀원 의장 이토 히로부미로부터 7월 3일자로 〈한국사법 및 감옥사무위탁에 관한 건〉을 받아 7월 6일자로 신임 한국 통감 소네 아라스케에게 〈한국사법 및 감옥위임과 군부폐지 묘의 결정의 건〉을 통보한 바로 그날이었다. 이것은 곧 한국인이 저항하면 모두 잡아서 감옥에 집어넣는 방식으로 병합을 단행하겠다는 의미로서, 이후에 전개되는 상황도 실제로 그러하였다. 각의 결정의 문안은 머리에 다음과 같은 취지를 밝혔다.

〈가-1〉

(일본)제국의 한국에 대한 정책이 우리의 실력을 해당 반도에 확립하여 그 파악을 엄밀히 하는 데 있는 것은 말할 것도 없다. 일로전역(러일전쟁) 개시 이래 한국에 대한 우리 권력은 점차 그 크기를 더해 특히 재작년 일한조약(1907년 협약-필자)의 체결과 함께 이 나라의 시설(정책)은 크게 그 면목을 비꾸었다고 할지라도 이 나라에 우리 세력은 아직 충분

---

61) 《日外文》 제42권 제1책, 사항 7 "일한협약 1건", 144, 7월 6일 "각의결정 대한 정책확정의 건", 메이지 42년 3월 30일 총리에게 제출, 7월 6일 각의 결정. 同日付 어재가. 〈アジア歷史資料センタ, 日本國立公文書館〉內閣〉公文別錄〉韓國併合ニ關スル書類, A03023677200에 올라 있는 일본 국립공문서관 《韓國併合ニ關スル書類》(2A 別139) 6번 문건.

히 충실한 데 이르지 않았다. 이 나라 관민의 우리에 대한 관계도 역시 아직 전혀 만족스럽지 못한 것이 있으므로 제국은 금후 더욱 이 나라에서 실력을 증진하고 그 근저를 깊이 하여 내외에 대해 싸워 나갈 수 있는 세력을 수립하는 데 노력하는 것이 필요하다. 그러나 이 목적을 달성하기 위해서는 지금 제국정부에서 왼쪽(아래)과 같은 대방침을 확립하여 이에 근거한 제반의 계획을 실행할 필요가 있다.

이어서 두 가지 사항을 적시하고 설명을 붙였다.

〈가 – 2〉

제1. 적당한 시기에서 **한국의 병합**을 단행할 것.
제2. 병합의 시기가 도래하기까지는 병합의 방침에 근거해 충분히 보호
 의 실권을 확립해 힘써 실력의 부식을 도모할 것.

위와 같은 내용의 문건은 내각 대신들의 서명뿐만 아니라 같은 날 '어재결御裁決' 곧 천황이 결제했다는 것이 표시되어 있다. 그런데 같은 날 내각은 바로 이어 〈대한시설대강對韓施設大綱〉이란 제목이 붙은 문건을 처리하였다. 이것은 병합의 시기가 도래하면 실행할 지침으로 정한 것으로 아래와 같은 5개 항목이 제시되었다.

〈나〉 대한시설대강

1. 제국정부는 이미 정한 방침에 따라서 한국의 방어 및 질서의 유지를 담임하고 이를 위해서 필요한 군대를 이 나라에 주둔시킨다. 그리고 가능한 한 다수의 헌병 및 경찰관을 이 나라에 증파하여 충분히 질서 유지의 목적을 달성할 것.
2. 한국에 관한 외국교섭 사무는 이미 정한 방침에 따라서 이를 우리 손에 넣을〔把持〕 것.

3. 한국 철도를 제국 철도원의 관할로 옮겨 그 감독 아래 남만주철도와의
   사이에 밀접한 연락을 취해 우리 대륙철도의 통일과 발전을 도모할 것.
4. 될수록 많은 다수의 본방인本邦人(일본인)을 한국 내에 이식(이민의 뜻 -
   필자)하고 우리 실력의 근저를 깊이 하는 것과 동시에 일한 사이의 경제
   관계를 밀접히 하도록 할 것.
5. 한국 중앙정부 및 지방관청에 재임하는 본국인 관리의 권한을 확장하여
   일층 민활하게 통일적인 시정을 행하는 것을 기할 것.

위 〈가〉 〈나〉의 문건은 같은 날에 '한국병합'의 실행이란 하나
의 의제 아래 생산된 것들이다. 일본 국립공문서관의 문서철《한국
병합에 관한 서류韓國倂合ニ關スル書類》에 실린 상태의 〈가〉문건은
〈나〉와는 달리 문건의 이름이 붙지 않았다. 그런데《일본외교문서》
62(1935년부터 편찬 간행)에 수록된 같은 문건에는 이름이 붙었다. 이
를 표로 제시하면 다음과 같다.

표 4. 일본 정부 각의의 '한국병합' 결정 문건의 명칭 부여 상태 비교

	《 韓國倂合ニ關スル書類》	《 日本外交文書》
가-1	없음	對韓政策 確定의 件
가-2	없음	韓國倂合에 관한 件
나	對韓施設大綱	對韓施設大綱

일본 각의가 한국병합의 실행을 결정한 안건은 지금까지《한국병
합에 관한 서류》가 공개되지 않은 상태에서는《일본외교문서》의 분
류에 따랐다. 이 분야에서 가장 실증성이 높은 운노 후쿠쥬海野福壽의

---

62)《日外文》제42권 제1책, 事項 7 "일한협약1건", 144.

연구[63]에서도 마찬가지였다. 이에 따르면 일본 내각은 한국병합의 결행을 처음 하면서 〈대한정책 확정의 건〉이란 큰 주제 아래 시행 지침으로 〈한국병합에 관한 건〉과 〈대한시설대강〉 두 가지를 정한 것으로 이해되기 쉬웠다. 그러나 《한국병합에 관한 서류》를 통해 확인되는 실제의 상황은 먼저 취지를 밝히고(가-1), 실행 시기 조건에 관한 전제를 설정한 다음(가-2), 5개 사항에 걸치는 〈대한시설대강〉을 제시했던 것이다. 세 가지를 아우르는 명칭은 붙여지지 않았지만 각 건 사이의 단원 체계는 분명한 것이었다.

〈가-1〉은 위에 인용하였듯이 그 내용이 앞서 4월 10일에 가쓰라 수상과 고무라 외상이 함께 이토 히로부미를 찾아가 보인 〈제1호 방침서 및 시설대강서〉와 대동소이한 내용이다. 이것은 4월 10일 현재로 수상과 외상이 함께 한국병합에 관한 문제를 놓고 산하 담당 관리를 동원하여 사전 준비를 시키고 있었다는 것을 의미한다. 뒤이어 처리한 〈대한시설대강〉은 그새 새로 준비한 것으로 그 5개항이 곧 "병합의 시기가 도래할 때"까지 지침으로 마련되었던 것이다.

3) 병합을 향한 '시설대강施設大綱' 실행과 이토 히로부미의 피격

앞에서 살폈듯이 공작 이토가 후임 통감과의 업무 인수인계를 위해 한국으로 출발하면서 7월 3일자로 낸 '의견서' 〈한국사법 및 감옥위임과 군부폐지 묘의 결정의 건〉은 일본 정부가 한국병합으로 나아가는 방향타와 같은 것이었다. 그리고 곧 이어서 내각이 수립한 〈대한시설대강〉은 병합을 위해 미리 준비해서 수행해야 할 과제들이었다. 후자에 대한 검토는 곧 이후의 추이를 살피는 데 꼭 필요한 것이다.

첫째(제1)는 한국의 방어 및 질서 유지를 위해서 한국에 군대를 증

---

63) 海野福壽, 《韓國倂合史の硏究》, 岩波書店, 2000.

파하겠다는 것이다. 이것은 의병을 비롯한 저항세력을 무력으로 진
압하여 병합으로 나아가겠다는 결정이다. 한국주차군의 증파는 통
감 이토 히로부미가 한국 군대를 해산할 때 이미 한 차례 이루어졌
다. 1개 사단 병력 증파에 기병 4개 중대가 포함되었다.[64] 1908년 5월
에 이르면 도문강圖們江 연안, 경흥慶興, 온성穩城, 경성鏡城 및 무산茂
山 등지에 수비대를 신설 또는 증파하여 간도, 연해주 지역에 근거를
확보하기 시작한 한국 의병들의 국내 진입을 차단하는 대책을 세우
고 있었다.[65] 같은 시기에 대구에 한국임시파견 보병 제14연대의 본
부를 두고 성주, 진주, 하동, 함양 등지에 대대 또는 중대를 배치하
였다.[66] 위 1909년 7월 6일자의 〈대한시설대강〉은 이러한 병력 배치
를 더 강화해 나가겠다는 뜻이었다.

　1907년 6월 통감 이토가 이완용을 내각 총리대신으로 추천하여 한
국에 대한 간섭정책에 새로운 전기를 만들 때, 육군대신 데라우치는
만주지역 시찰을 마치고 안동현安東縣에서 서울로 들어와 며칠 동안
(6월 7일~9일) 공식 일정을 마치고 인천에서 부산으로 향하여 마산,
진해를 시찰하고 다시 북상하여 원산, 회령, 성진 등 북한 각 요지를
순시하고 돌아갔다.[67] 이후 특히 1909년 7월 이후 육군대신으로서 한
국 군부 혁파 및 의병 '토벌' 병력 배치를 주관한 역할로 볼 때 그의
만주, 한국 시찰은 중요한 의미를 갖는 것이다. 그는 6월 10일 한국
황제 알현 때 황제에게 야전용 속사포 4문, 기관총 2문을 '헌상'하기

64)　表題：韓國駐箚軍司令官ニ与ヘシ命令ノ件（公文雜纂・明治四十年・第十八卷・
　　陸軍省・陸軍省,海軍省・海軍省）作成者：陸軍大臣子爵寺内正毅 作成年月日：
　　明治40年(1907) 9月26日.

65)　表題：第1号韓駐軍在鏡城東部守備司令官報告の件(密大日記 明治41年5月6月) 作
　　成者：韓國駐箚軍司令官子爵長谷川好道 作成年月日：明治41年05月03日.

66)　表題：第10号 韓駐軍韓國歩14,歩47 連隊報告の件(密大日記 明治41年5月6月) 作
　　成者：韓國駐箚軍司令部 作成年月日：明治41年(1908년) 05月20日.

67)　《東京日日新聞》1907년 6월 6일~15일자.

도 하였는데 헌상물들은 모두 러일전쟁 후에 개량된 것이었던 만큼
이는 곧 일종의 무력 과시였다(이 책 132쪽의 〈사진 3-2〉 참조). 바
로 그가 1909년까지 한국주차군의 증파를 주도하고 있었다.

둘째(제2), 외교교섭 사무를 기존의 방침에 따라서 '우리 손에 넣을
것'이라는 규정은 한국 병합을 단행할 때는 대한제국이 그동안에 외국
과 체결한 각종 조약과 협약이 규정한 관계를 정리하는 것이 결코 쉽
지 않은 문제라는 것을 의식한 것이다. 실제로 영국 등의 열강으로부
터 이에 대한 양해를 구하는 것이 1910년에 접어들어 큰 과제였다.[68]

셋째(제3)는 한국 내에 시설된 철도 선로를 일본 철도원에 편입하
고 이를 일본이 관리 중인 남만주철도와 연결하여 일본 대륙철도의
통일과 발전을 도모한다는 것이다. 1908년 11월 15일 일본 내각은
한국 통감에게 "한국에서 (일본)제국이 경영하는 철도에 관한 필요
한 처분 명령권"을 부여하였다.[69] 〈대한시설대강〉이 나온 뒤 이를 근
거로 1909년 8월에는 압록강 가교 공사가 착수되었다.[70] 이어 1910년

---

68) 일본의 한국 지배 및 그 주도자인 이토에 대해 영국은 시종 우호적이었지만 한
국병합에 즈음한 시기, 일본의 만주정책에 대한 국제적 불신감이 급속하게 높
아졌다는 최근의 연구가 있다. 나라오카 소치奈良岡聰智, 조원준 역, 〈영국에서
본 이토 히로부미와 한국통치〉,《한국과 이토 히로부미》, 선인, 2009.

69) 表題 : 韓國ニ於テ帝國ノ経營スル鐵道ニ對スル統監及韓國駐箚軍司令官ノ權限
ニ關スル件ヲ定メ 明治三十九年勅令第百六十七号‧韓國ニ於ケル內國官憲ノ
管掌事項ヲ統監ノ職權ニ屬セシムル件)中ヲ改正ス(公文類聚‧第三十三編‧明治
四十二年‧第五卷‧官職四‧官制四‧官制四(農商務省~廳府縣)) 作成者 : 海軍
大臣伯爵西鄉從道 陸軍大臣伯爵大山巖 作成年月日 : 明治42年11月15日 內容 :
明治42年11月15日內閣總理大臣法制局長官外務大臣大藏大臣海軍大臣文部大臣遞
信大臣內務大臣陸軍大臣司法大臣農商務大臣別紙統監票申 統監ハ韓國ニ於テ帝
國ノ経營スル鐵道ニ關シ臨機必要ノ處置ヲ命ス

70) 表題 : 鴨綠江架橋工事情態ニ關シ韓國駐箚軍參謀長ヨリ報告ノ件 (公文雜纂‧明
治四十三年‧第十七卷‧陸軍省‧陸軍省,海軍省‧海軍省) 作成者 : 內閣總理大
臣侯爵桂太郎,陸軍大臣子爵寺內正毅. 鴨綠江架橋工事現況並將來ノ予定架橋工
事ハ昨四十二年八月韓國岸ヨリ起工シ橋礎及六個ノ橋脚基礎工事(附図,第一乃至
第六号橋脚)ヲ竣成セシメタルノミニテ(이하 생략)

·6월에는 주차군 제2사단의 병력을 평안도 희천熙川, 덕천德川, 성천成川, 평양 등지에 배치하고 있었다.[71]

1909년 현재 일본 정부가 한국의 철도를 일본 철도원에 편입시켜 러일전쟁 후 일본이 차지한 남만주철도에 연결시키려는 것은 그간 만주에서 일본의 입지가 새롭게 위협받고 있는 상황을 타개하기 위한 것이었다. 1907년 7월의 '일한협약'으로 한국인에 대한 통치권을 강제로 취한 통감부는 같은 해 8월 23일에 간도 용정에 통감부 간도 파출소를 설치하여 헌병과 경찰을 들여보냈다. 이 지역에 이주해온 한국인들이 펼치는 항일 의병 활동을 제지하기 위한 것이었다. 그런데 1908년에 접어들어 러일전쟁에서 일본을 도왔던 미국정부는 포츠머스 강화조약(1905. 9.) 이후 일본이 만주로 진출하면서 미국보다 러시아, 청나라와 협력관계를 더 긴밀히 하면서 만주에서 이권을 확대하는 상황에 접하였다. 이에 미국 정부는 1908년에 접어들어 만주를 '상업적 중립지대'로 할 것을 열국에 제안하면서 진저우錦州－아이훈愛琿 사이에 철도를 신설하기 위해 청나라와 예비 협정을 체결하는 적극성을 보였다. 영국회사도 참여하는 형식을 취하였는데 이즈음 영국 안에서도 일본에 대한 불신이 급상승하고 있었다. 러일전쟁의 승리로 남만주철도를 확보한 일본으로서는 그 옆에 나란히 새로운 선로가 부설되는 상황은 경계할 일이었다. 한편 러시아 정부는 재정난에 시달리던 끝에 동청철도(치타－하얼빈－수이푼하) 매각 공고를 냈고 미국 측이 이에 반응을 보였다. 미국의 만주 진출은 러일전쟁 이래 만주 독점권을 노리는 일본으로서는 결코 방치할 수 없는 일이었다. 1909년 7월 6일의 〈대한정책 확정의 건〉은 바로 이런 상황에서 나온 것이었다. 한국병합은 일본의 만주확보를 위해 선결 과제로 파악되고 있었던 것이다.

---

71) 表題：韓國駐箚軍第2師団配備中変更の件(密大日記明治43年)作成者：大山軍司令官　作成年月日：明治43年06月13日.

1909년 9월 4일 일본 정부는 '만주 6안건'의 실행 차원에서 간도를 청나라 영토로 인정해 주고 대신 길림에서 회령(한국)까지의 철도 부설권을 얻었다[간도협약]. 이에 대한 청나라의 관리와 민간의 반대는 심하였다. 이 협약이 체결된 직후인 9월 9일에 주청 미국공사 윌리엄 스트레이트Willard Straight의 지원 아래 그새 동청철도 원매자로 나서 주목받던 미국의 철도왕 에드워드 해리만Edward Henry Harriman이 급서하였다. 이로써 일본 정부에 러시아와 관계를 강화할 호기가 도래하였다. 의병 봉기를 비롯한 한국인의 저항을 누르는 데 실패하여 통감의 직임에서 물러나 있던 추밀원 의장 이토는 만주에서 일본과 러시아의 협력 관계 구축을 위해 10월 14일에 하얼빈으로 향했다. 러시아와 협력관계를 다져 미국이 만주에 진출할 기회를 봉쇄하는 것이 여행의 목적이었다. 일본이 동청철도를 매입하는 문제도 협력 방안 속에 들어 있었을 가능성이 높다. 한국병합은 이와 같이 일본의 만주 진출을 위한 하나의 중대한 전제가 되어 있었다.[72]

72) 일본학계의 전통적 시각인 국제상황 변수론에서는 한국병합을 국제적인 관계의 결과로 보고자 한다. 森山茂德, 《日韓併合》(吉川弘文館, 1992)이 대표적 저술이다. 모리야마森山 교수는 일본 정부의 병합시기 결정이 만주철도 경영 문제를 둘러싼 열강들의 각축과 밀접한 관계를 가지고 있는 사실에 착목한 것으로 보인다. 1909년 일본은 러시아가 동청철도를 매각할 구상을 하게 되자 이에 접근하여 만주에서의 철도운영권 확보에서 대단히 유리한 입지를 확보해가고 있었다. 일본의 이 동향에 대해 미국은 우려를 가지고 1909년 12월에 만주철도 중립화를 각국에 제안하였다. 이 제안은 의도와는 달리 일본뿐만 아니라 러시아에게도 간섭으로 비치어 1910년 1월 21일에 러일이 보조를 같이 하여 미국의 제안을 거부하면서 새로운 러일협약의 체결을 약속하는 결과를 가져왔으며, 모리야마 교수는 이때에 일본은 러시아로부터 한국병합도 승인을 받은 것으로 보았다. 이런 인식 이래 그는 1910년 2월에 고무라 외무대신이 재외 사신들(대사, 공사)에게 '한국병합방침 및 시설대강'을 일제히 발송한 사실을 중요시하였다. 또 일본이 이제 러시아로부터 승인을 받자 다른 열국과의 접촉도 본격적으로 벌이게 된 것으로 파악하였다. 그러나 국제상황 변수론은 일본의 침략주의를 정당화하는 설명체계로 이해될 소지가 많다. 일본 제국의 만주 진출은 한반도 진출 초기부터 다음의 진출지로 설정되어 있었다. 필자는 이에 대해 〈공포 칙유가 날조된 '일한병합조약'〉에서 이미 비판적인 견해를 제시한 바 있다(이태진 편저, 《일본의 대한제국 강점》, 까치, 1995. 189쪽).

넷째(제4), 일본인의 한국으로 '이식' 곧 이민은 메이지 정부가 타이완에 이어 한국을 두 번째 식민지로 삼기 위한 기본 과제였다. 일본 정부는 이미 1908년에 동양척식회사를 경성(서울)에 설립하고 1909년 1월부터 업무를 시작하고 있었다. 이 회사는 자본금 차입 조성으로 발행한 사채私債를 한국 정부 및 대소의 지주들이 주식을 사게 하는 한편 개간사업에 투자하여 일본인 이민들의 한국 정착을 도왔다.[73] 〈대한시설대강〉은 동척 사업 가운데 일본 이민 지원 역할 강화를 다짐한 것이다.

다섯째(제5), 한국 중앙정부 및 지방관청에 재임하는 본국인(일본인) 관리의 권한을 확장한다는 것을 강령의 하나로 정한 것은, 일본인 관리에 의한 본격적인 식민통치의 수행을 선언하는 의미를 가지는 것이었다. 1907년 7월에 한국황제를 강제로 퇴위시키고 한국 내정에 대한 '섭정' 체제를 만들면서 본국 정부 산하 관리들을 대상으로 한국 근무 희망자를 공모하여 한국의 중앙정부 및 지방 관청에 근무하는 인력을 대폭적으로 늘렸다. 이 사실에 비추어 다섯째 강령의 일본인 관리들의 공무상의 권한 확장에 관한 결의는 본격적인 식민통치체제의 구축에 대한 선언을 의미하는 것이었다.

일본 정부는 1909년 7월 6일 〈대한시설대강〉 이후 '한국병합'의 실행을 위한 정지 작업으로 〈강령〉에 따라 가능한 사업이나 작전을 펼쳐나갔다. 그러다가 10월 26일에 대한의군 참모중장 안중근이 하얼빈에서 이토 히로부미를 사살하는 사건이 발생하였다. 공작 이토의 하얼빈 여행이 앞에서 살폈듯이 만주에서 러시아와의 협력 관계를 새롭게 구축하기 위한 것이었다면, 안중근의 저격은 결과적으로 일

---

73) 黑瀬郁二, 〈創業期における東洋拓植會社の經營構造〉, 《鹿兒島經大論集》 23-2, 1982.

본 정부의 〈대한시설대강〉 실행에 대한 제동이었다.[74] 이 사건은 일
본군의 의병 토벌작전이 가혹해지면서 국내 활동이 어려워진 한국
의병세력이 국외에 기지를 확보하여 거둔 큰 전과의 하나였다. 블라
디보스토크의 대동공보사大東共報社를 본부로 하는 대한의군 참모부
가 구성한 이토 히로부미 처단 특파대가 거둔 '대첩'이었다.[75] 특파대
대장 안중근은 공판에서 여러 차례 자신은 대한의군의 참모중장이
라고 신분을 밝히고 1899년 제1차 만국평화회의에서 통과된 '육전포
로에 관한 법'을 자신에게 적용할 것을 주장하였다.[76] 그러나 일본 관
동도독부 지역의 뤼순 지방법원은 사건을 '잘못된 애국심'이 저지른
'흉행'으로 간주하여 일본 형법 일반살인죄 91조를 적용하여 사형을
선고하였다. 1910년 2월 6일부터 열린 공판은 4차의 개정 끝에 2월
14일에 사형을 선고하고 3월 26일에 그를 처형하였다.

---

74) 이 사건은 한동안 병합의 원인으로 지목되기도 하였다. 그러나 이 사건은 일본
    정부가 한국병합을 결행하기로 결정한 뒤 3개월여가 지난 시점에서 일어났다.
75) 하얼빈 의거에 대한 이런 관점의 서술은 다음 두 논문 참조. 이태진, 〈안중근의
    하얼빈 의거와 고종황제〉 및 오영섭, 〈안중근의 의병운동〉, 《영원히 타오르는
    불꽃 – 안중근의 하얼빈 의거와 동양평화론 – 》, 지식산업사, 2010.
76) 이태진, 〈안중근 – 불의와 불법을 쏜 의병장 –〉, 《한국사시민강좌》 30, 일조각,
    2002.

제6장 한국병합의 강제 실행
– 조약의 형식을 빌린 군사강점

1. 통감 데라우치 마사타케의 부임과 병합 강제를 위한 준비
1) 황궁경찰서의 설치 – 한국 황제(순종)의 궁중 격리(1910. 5.)

1910년 1월 3일 통감 소네 아라쓰케가 위암을 치료하기 위해 귀국함으로써 통감부는 통감이 부재 중인 상태가 되었다. 본국 정부는 하얼빈 사건에 대한 처리문제로 여유가 없었던 탓인지 당장에 후속인사가 이루어지지 않았다. 대한의군 특파대장 안중근에 대한 사형 집행이 끝난 뒤인 4월 5일에 육군대신 데라우치 마사타케가 가쓰라 총리로부터 통감 임명에 관한 '내의內議'를 받았다. 데라우치는 야마가타 아리토모, 가쓰라 다로와 함께 한국병합 조기 실현 주장의 핵심 인물로서 하얼빈 사건 처리에도 깊이 관여하였다. 병합 강행에 반대하던 이토 히로부미조차 사망 전에 생각을 바꾸어 스스로 병합 실행의 길을 열었던 만큼 이제 이들의 대한 강경책을 견제하거나 반대할 사람은 어디에도 없었다. 《데라우치 마사타케 일기寺內正毅日記》에 따르면 4월 7일부터 3인은 자주 만나 병합문제에 관해 의견을 교환하였다.[1] 이른바 조슈 번벌 정권의 군부파 핵심인 야마가타山縣 –

---

1)   海野福壽, 《韓國倂合始末關係資料》, 不二出版, 1998, 1~2쪽.

가쓰라桂 – 데라우치寺內 3인의 선에서[2] '한국병합'이 본격적으로 추진되기 시작하였다.

1910년 5월 12일 가쓰라 총리는 천황에게 새 통감 임명에 대해 '내주內奏'를 올렸다. 천황은 데라우치가 통감으로 부임하면 그가 수행하던 육군대신의 직을 누가 맡아 감당할지를 걱정하였지만 이것도 겸직 처리로 쉽게 해결을 보았다. 이 겸임 조치는 대단히 이례적인 것으로서, 이는 당시 한국 의병 진압이란 군사적 과제가 일본 정부에 얼마나 큰 부담을 주고 있었던가를 말해준다. 동시에 한국에 대한 일본 제국의 정책이 군사강점의 형세로 바뀌어 간 것을 극명하게 보여주는 것이기도 하다. 데라우치 마사타케는 5월 30일에 정식으로 통감으로 임명받았다. 그는 야마가타 아리토모의 양사자養嗣子인 야마가타 이자부로山縣伊三郎(전 체상遞相)를 부통감으로 지명하여 그를 먼저 한국으로 보내고, 자신은 7월 하순까지 도쿄에 머물면서 병합 실행에 필요한 여러 가지 준비를 지휘하였다.

제3대 한국통감 데라우치는 도쿄에 체류하면서 한국의 경찰 제도를 일본이 위탁받는 조치를 먼저 추진하였다. 즉, 사법 및 감옥 사무에 이어 경찰제도도 일본 정부가 위탁받도록 하였다. 굳이 '위탁'의 형식을 취한 것은 후일 법적인 효력 문제가 제기되는 것에 대비한 측면이 없지 않았다.[3] 그 형식 절차도 사법 및 감옥 사무의 경우와 마찬가지로 〈각서〉를 준비하여 한국 총리대신으로 하여금 서명 날인하게 하였다. 1910년 6월 24일자 〈각서〉는 머리에 "한국 정부 및 일본 정부는 한국 경찰 제도를 완전히 개선하고 한국재정의 기초를 공고케 할 목적으로써 좌개左開(아래 – 필자) 조관을 약정함"이라고 하였

---

2)　이들을 야마가타계 관료벌이라고 부르기도 한다. 伊藤之雄, 앞《山縣有朋》, 文春新書 684, 2009, 제10장.

3)　海野福壽, 《韓國併合史の研究》, 岩波書店, 2000, 324쪽에 일본 정부가 '이양'이 아니라 '위탁'의 형식을 취하면서 각서들을 '불공표不公表'로 한 것의 고의성에 대한 지적이 있다.

다. 이하의 조관 및 서명 상태는 다음과 같다.[4]

각서

1. 한국의 경찰제도가 완비되었다고 인정될 때까지는 한국 정부는 경찰사무를 일본국 정부에 위탁한다.
2. 한국 황궁 경찰사무에 관하여는 필요에 응하여 궁내부 대신이 당해 주무관에게 임시臨時 협의하여 처리하도록 한다.

위에 대해 각기 본국정부의 위임을 받아서 각서 한일문 각 2도度를 작성하여 이를 교환하고 후일의 증거로 하기 위하여 기명조인한다.

융희 4년 6월 24일
내각총리대신 임시서리 내부대신 박제순
명치 43년 6월 24일
통감 자작   데라우치 마사타케

위에서 보듯이 각서의 서명자는 한국의 내각총리대신 임시서리 내부대신 박제순[5]과 통감 자작 데라우치 마사타케이다. 데라우치는 6월 24일 현재 도쿄에 체류 중이었다. 서명은 대리로 한 것으로 밖에 볼 수 없다. 이 〈각서〉에서 주목되는 것은 두 번째 규정으로 한국 황궁 경찰 사무에 관해서는 필요에 따라 궁내부 대신이 당해 주무관과 그때그때 협의하여 처리할 수 있다고 한 점이다. 이 각서로 한국 황제

---

4) 이태진, 이상찬 편저, 《조약으로 본 한국병합 – 불법성의 증거들 – 》, 동북아역사재단, 2010, 234~235쪽.
5) 총리대신 이완용은 1909년 12월 22일 명동 성당 앞에서 이재명李在明으로부터 습격을 받아 공직에 임하지 못하고 있었다.

가 거주하고 있는 창덕궁 안에 황궁경찰서가 설치되었다.[6] 일본 경찰이 한국 황제의 본궁에 들어간 것은 통감부가 황제의 거둥을 직접 통제, 감시하기 위한 것이었다.

통감 데라우치는 앞서 같은 해 1월에서 2월 초 사이에 있었던 한국 황제의 두 차례의 순행 때 전국적으로 타오르던 한국인들의 항일 저항의식을 보고 이를 크게 우려하여 경계하였던 것이다. 황제를 맞이하여 폭발하던 한국인들의 민족의식의 열기를 누르기 위해서는 황제의 거둥을 제한할 수밖에 없다는 필요성을 절실하게 느껴 황궁 정문(돈화문) 안쪽에 일본 경찰서를 들여 놓았던 것이다. 순종황제는 1926년 4월에 죽음을 앞두고 곁을 지키던 조정구趙鼎九에게 구술을 대필하게 하여 남긴 유조에서 "나 구차히 살며 죽지 못한 지가 지금에 17년이라"고 탄식하면서 그간 "잡아 가두는 위경危境에 처하는[유수幽囚에 곤한]" 몸이 되었던 것을 직접 밝히고 있다.

황제의 궁중 격리, 이는 앞으로 추진할 '병합 실행' 단계에서 한국 황제의 이름으로 승인을 받아내야 할 여러 가지 사안을 처리해 나가는데도 필요한 기본 조치였다.

2) '병합준비' 관련 문건 현황 - 육군성陸軍省이 앞장선 '병합' 준비(1910. 5.)
(1) '병합준비'로 생산된 문건 상황

지금까지 한국병합에 필요한 방안과 관련한 문건은 1910년 6월 초에 발족한 〈병합준비위원회〉가 주로 준비한 것으로 알려졌다. 운노 후쿠쥬海野福壽 교수는 이 위원회의 위원으로 활동했던 고마쓰 미도

---

6)　국사편찬위원회 편, 《일제침략하 한국 36년사》 1권 수록 〈조선총독부 관보〉 1910년 9월 1일자 기사에는 황궁경찰서가 창덕궁 경찰서로 이름이 바뀐 것으로 되어 있다. 이는 앞서 〈각서〉에 따라 창덕궁 돈화문 안쪽에 설치되었던 황궁경찰서의 이름을 태황제의 거처인 덕수궁 분소 설치에 따라 창덕궁 경찰서로 바꾼 것이다. 덕수궁 분소는 창덕궁 경찰서의 관할이었다.

리小松綠의《명치사실明治史實 외교비화外交秘話》(1927, 中外商業新聞社)
에 근거하여 이 위원회의 활동을 소개하였다. 이로써 이 위원회의
존재가 관련 연구자들 사이에 처음 알려졌다. 운노 교수는 이 자료
에 근거하여 다음과 같은 위원회 구성을 소개하였다.[7]

내각 서기관장	柴田家門(의장 역할)
외무성 정무국장	倉知鐵吉(외교관계 사항 담당 주임)
통감부 참사관 겸 외무부장	小松綠('한국관계의 사항' 담당 주임)
법제국 장관	安廣伴一郎
척식국 부총재	後藤新平(遞信相, 철도원총재 겸임)
대장성 차관	若槻礼次郎
법제국 서기관	中西淸一
척식국 서기관	江木翼
통감부 관방회계 과장	兒玉秀雄, 서기관 中山成太郎

저자 고마쓰는 이 위원회의 인선은 가쓰라 총리가 직접 한 것으로
서 "대관大官(대신)은 일절 넣지 않고 실무를 처리할 만한 사무가만을
임명했다"고 하였다. 위원회는 곧 내각 차원에서 구성된 조직으로
서, 차관급과 국장급의 고위 실무관료를 중심으로 이루어졌던 것이
다. 고마쓰는 위원들의 역할과 참여도에 대해서도 다음과 같이 자세
히 밝혔다. 즉 외교관계의 사항은 외무차관 구라치 데츠키치가 주임
이 되고, 한국관계의 사항은 통감부 외사국장인 자신이 주임이 되어
원안을 기초하고, 내각의 법제국, 척식국 대표자가 회합하여 이 원
안을 의정하는 형식으로 진행된 것이라고 밝혔다. 1927년 현재 수상
인 와카쓰키 레이지로若槻礼次郎도 당시 대장성 차관으로서 위원회에
참여하였다고 밝혔다.

---

7)   海野福壽, 앞 책, 3~4쪽.

위원들은 1910년 6월 하순부터 7월 상순까지 나가타죠永田町의 수상 관저에서 회의를 거듭했다고 하였다. 내각 서기관장 시바타 가몬柴田家門이 의장 역할을 하고 법제국장 야스히로 토모이치로安廣伴一郎와 서기관 나카니시 세이이치中西淸一가 나왔으며 척식국에서는 서기관 에기 다스쿠江木翼가 왔고, 척식국 부총재 고토 신페이後藤新平는 가끔 얼굴을 비치는 정도였다고 하였다(당시 척식국 총재는 가쓰라 수상이었음). 통감부의 요원으로는 관방회계 과장 고다마 히데오兒玉秀雄, 서기관 나카야마 시즈타로中山成太郎가 자신과 함께 참여하였다고 밝혔다.[8]

고마쓰는 이 위원회가 (1) 한국 황실의 대우 (2) 한국원로대신의 처우 (3) 한국 인민에 대한 통치방침 (4) 병합실행에 필요한 경비 등을 먼저 검토하고, 이어서 국호 변경 문제, 조선인의 법적 처우, 한국에서 각국의 조약상의 권리, 수출입품에 대한 과세, 한국의 채권채무의 계승문제 등 21항목에 달하는 사항들을 다루었다고 밝혔다.[9]

운노 후쿠쥬 교수의 《명치사실 외교비화》 소개로 병합위원회의 존재와 역할이 학계에 처음 알려져 기여함이 많았지만 위원회의 구성과 수행 업무 소개에 그치고 일본 정부 안의 위치에 관한 검토가 없어 오히려 병합 준비가 전적으로 이 위원회에 의해 이루어진 것으로 알게 하였다. 위원회의 구성이 유관 기관의 고위 관료들이 망라되어 그런 인식을 더 강하게 하였다. 그러나 위원회의 존속 기간은 1개월도 채 안되어 이 위원회가 모든 것을 처리했다고 보기는 어렵다. 최근 일본 국립공문서관이 수장한 《한국병합에 관한 서류》(이하 《서류》)가 아시아역사자료센터의 홈페이지를 통해 공개됨으로써 '병합 준비' 과정 전반에 대한 점검이 가능하게 되었다.

---

8)   小松綠, 《明治史實 外交秘話》, 中外商業新聞社, 1927, 431~432쪽.

9)   위 책, 432~433쪽.

《서류》는 〈부록 4〉에서 보듯이 총 36건의 문건들을 묶은 하나의 문서철이다.[10] 1909년 7월 공작 이토 히로부미가 스스로 병합 실행에 기여하기 위해 '사법 및 감옥 사무 위탁'의 건을 제안한 것에서부터 시작하여 1910년 9월 '형사소송에 관한 규정을 황실 재판령 가운데 존치함을 지당하다고 하는 이유'에 이르기까지 총 36건에 달하는 문건들을 모은 것이다. 이 가운데 일련번호 1에서 9까지의 문건들은 '병합준비'의 첫 걸음인 '사법 및 감옥 사무 위탁'의 실현에 관한 것으로 앞에서 이미 살폈다. 이 위탁 문건들은 《일본외교문서》에 이미 수록된 것들이기도 하지만 그러나 《서류》에 실린 것들은 공문서의 이첩移牒, 결재 상태를 그대로 보여주어 실제 상황 파악에 큰 도움이 된다. 《일본외교문서》는 '한국병합 관계'의 경우(권 43), "화재로 관련 문건이 소실되어 겨우 잔존한 왕복 전보의 문건[控] 기타 약간의 서류 가운데에서 채록한 것만" 싣게 되었다고 밝혔다.[11] 실제로 병합위원회의 활동을 보여주는 공문서는 거의 실려 있지 않다. 《서류》의 문건들은 이런 사료 결락 상태를 해소시켜 주는 것으로 사료 가치가 매우 크다.

(2) 외무대신 고무라 주타로小村壽太郎의 '병합준비' 안(1909. 가을)

《서류》의 '10. 한국병합에 관한 각종의 의견'(1910. 6. 한국병합준비위원회) 이하를 살피기 전에 '6. 한국병합에 관한 각의 결정서 기삼其三'(1909. 7. 6. 내각. 1909. 가을. 외무대신)을 먼저 볼 필요가 있다. 하나로 묶여진 3개 문건은 아래와 같다.

---

10) 《서류》를 철할 때, 각 문건의 일련번호(1 - 책16)를 문건 첫 장 상단 좌측에 붙여 묶어졌다.
11) 《日外文》 제43권 제1책, 事項 19 "日韓協約締結一件(韓國併合關係)"의 주.

(1) 제목 없음('한국병합에 관한 각의 결정서' –《일본외교문서》– 필자)

(2) 대한시설대강

(3) 제목 없음(42년 가을 외무대신안으로서 각의를 거치지 않은 것 – 주기註記)

(1) (2)는 1909년 7월 6일의 "적당한 시기의 병합"에 관한 각의 결정서 및 정책 대강으로서 앞에서 살핀 것이다. 다만 (3)은 같은 시기에 외무대신 고무라에 의해 작성된 문건이지만 "각의를 거치지 않은 것"으로 되어 있어서 1909년의 상황에 대한 고찰 부분에서 살필 기회가 없었다. 그런데 내용적으로 이 문건은 '한국병합'의 실행에 관한 최초의 방안으로서 주목할 가치가 있다(이하 '고무라 안'이라고 함). 그 전문前文은 다음과 같다.

"한반도에서 우리의 실력을 확립하고 아울러 한국과 여러 외국과의 조약 관계를 소멸시키기 위해 적당한 시기에 한국의 병합을 단행해야 함을 지난〔曩〕 묘의에서 결정한 바 있다. 병합실행의 시기 여하는 내외의 형세에 따라 결정될 문제에 속하여 지금 이를 측지할 수 없음은 물론이지만 내외의 형세는 날로 추이하여 그치지 않음으로 금후 예견하지 못한 새로운 사실이 발생하여 어느 시기에 병합 실행의 기회가 도래하였다고 판단하여 신속하게 위(병합)를 실행할 경우에 우리가 취해야 할 방침 및 조치는 지금부터 이를 강구하여 만에 하나라도 빠짐〔遺算〕이 없도록 기할 필요가 있다. 그래서 아래의 4항에 근거하여 별지에 이 세목을 제시하여 강구의 자료가 되도록 한다.

一. 병합 선포의 건

二. 한국 황실 처분의 건

三. 한반도 통치의 건

四. 대외관계의 건

고무라 안'은 아래서 살필 10 이하의 문건들과 내용적으로 차이가 있는 것들이 많기 때문에 병합문제를 둘러싼 일본제국 수뇌부의 의견의 귀추를 살피는 자료로서 중요하다. 이하 4개 세목의 내용을 살피면 아래와 같다.

第一. 병합 선포의 건

먼저 병합을 실행할 때는 특별히 조칙을 발표하여 병합의 사실을 내외에 선포해야 한다고 하고, 그 조칙에 병합을 실행하지 않을 수 없는 사유, 영원한 동양평화와 (일본)제국의 안고安固 확보, 한민 및 한반도의 외국인의 강녕 증진, 한반도에서 외국인의 권리 보장 등을 내용으로 담아야 한다고 하였다. 그리고 이 조칙에서 한반도의 통치는 전적으로 "천황 대권의 행동에 속하는 것을 표시하여 반도의 통치가 제국헌법의 조장條章을 준거할 필요가 없다는 점을 밝혀 후일의 쟁의爭議를 예방할 것"이라고 하였다. 천황의 대권에 의한 한반도의 통치란 개념 설정은 1910년 5월 이후의 문건들에서도 강조하는 것으로 이 문건은 그 단초에 해당한다.

第二. 한국 황실 처분의 건

병합과 동시에 한국 황실이 전적으로 정권에 관계되지 않도록 하여 한국인들의 딴 생각[異圖], 즉 저항의 뿌리를 없애며, 황제를 폐위하여 대공전하大公殿下로, 태황제, 황태자 및 의친왕은 모두 공전하公殿下로 한다고 하는 것 등 한국 황실 사람들의 지위 처분, 이에 대한 재정지원, 행정 부서 등 관리에 대한 방안을 제시하였다. 그리고 황실 소속 재산은 사유에 속하는 것만 대공가大公家, 공가公家 소유로 하고 나머지는 모두 제국정부의 소유로 한다고 하였다. 이 가운데 황실 사람들의 호칭은 실제 시행 단계에서 한국 정부 대신들의 강한 요구로 왕, 태왕, 공으로 조정되고 재산 문제는 복잡한 경위를 거치지만 '국유'로의 전환 방침은 대체로 바뀌지 않았다.

第三. 한반도 통치의 건

통치조직에 관해서는 (갑) 중앙관청 (을) 지방청 (병) 재판소 셋으로 나누어 제안되었다. 중앙관청으로 "한반도에 총독부를 둔다."고 하고, 총독부에 총독을 두어 천황이 직접 그 직을 임명하고(親任) "내각 총리대신의 감독을 받아(承) 제반의 정무를 통리한다"고 하고, 또 외교관계의 사무는 외무대신의 구처(區處)를 받을(承) 것이라고 하였다. 총독과 내각 총리대신과의 관계 및 외교관계 업무에 대한 외무대신의 간여 문제 등은 이후 검토에서 없어지게 된다. '고무라 안'은 이런 구상 아래 총독부의 분장 부서를 총무부, 재무부, 공무부, 식산부 등 4부로 나누었다.[12]

지방청은 현재 시행 중인 13도에서 8도 체제로 환원하여 관찰사를 두고 각 관찰사청은 총무부, 수세부, 식산부 3부 체제로 구상되었다. 관찰사는 일본인으로 임명하고 부윤, 군수 등의 직에는 한국인도 임용할 수 있다고 하였다. 재판소에 관해서는 치외법권 폐지에 따른 외국인 재판 인수 준비, 현재 한국의 대심원을 최고 재판소로 하되 여기서 도쿄 대심원에로의 상고를 허용하는 것, 일본 법령의 적용 범위, 한국인 재판관의 임용 범위 등의 검토에 관한 사항이 열거되었다.

第四. 대외관계의 건

한국과 여러 외국과의 조약은 병합과 동시에 소멸하고, (일본)제

---

12) 제3대 통감으로 부임하여 초대 조선총독이 되는 데라우치 마사타케는 동양척식회사가 총독부의 재정에 개입되는 것을 반대하였다. 당시 척식회사의 총재는 총리대신 가쓰라 다로였다. 347쪽에서 밝히듯이 당초 총리대신 가쓰라도 한국 통치에 본인이 나설 뜻이 있었지만 육군대신 데라우치의 의향으로 이를 포기하게 되었다. 가쓰라가 한국문제에 손을 떼기로 하면서 동양척식회사의 총독부 개입 여부도 데라우치의 의지대로 된 것으로 보인다.

국과 외국과의 조약이 한반도에 적용된다는 진제 아래 외국인들의
여러 가지 사회적, 경제적 권한에 관한 규제 방안을 제시하였다.

(3) 육군성의 병합준비 – '조선총독부' 설립 방안

　가쓰라 다로 내각의 '고무라 안'은 병합 후의 체제에 관한 최초의
구상이란 점에서 의미가 있다. 이후 1910년 5월 일본 정부 수뇌부는
병합의 시기가 도래하였다고 판단하고 실행 방안을 준비하기 시작하
였다. 《서류》의 문건 가운데 1910년도의 것들이 이때부터 생산된 것
인데, 그 가운데 가장 앞서는 아래 2종은 모두 육군성에서 같은 해
5월에 제출한 것들이다. 육군대신 데라우치 마사타케가 제3대 통감
으로 지명되면서 그의 지시 아래 의견서가 준비되었던 것이다. 앞에
서 살폈듯이 육군대신 데라우치 마사타케는 1910년 4월 5일에 가쓰
라 총리로부터 처음 한국통감 임명에 관한 '내의內議'를 받았고, 가쓰
라 총리는 5월 12일에 천황에게 이를 '내주內奏'하고 5월 30일에 임명
이 이루어졌다.

　《명치사실 외교비화》에는 3대 통감직을 놓고 데라우치와 가쓰라
두 사람 사이에 있었던 일화가 소개되어 있다. 즉 데라우치는 자신
이 수상을 인수해야 할 여건이 되었으나 스스로 수상의 임무를 맡을
그릇이 못된다고 사퇴의 뜻을 비쳤고, 가쓰라가 이에 대해 그러면
(당신이) 통감으로 한국에 갈 수밖에 없겠다고 하여 해결을 보았다고
한다. 가쓰라 수상 자신도 이토 통감시대에 한국 시찰을 다녀올 정
도로 한국 통감이 되는 것에 관심이 많았다. 그래서 정치적 동지인
데라우치와의 사이에 이토 후임을 놓고 은연중에 갈등이 있었지만
곧 가쓰라의 양보로 쉽게 해결되었던 것이다. 가쓰라는 제2대 타이
완 총독을 역임하고 또 타이완협회(나중의 동양협회) 창설의 주역이
었고, 동양척식회사 총재란 경력의 소지자로서 병합 후 한국 총독을

꿈꾸었을 소지는 많다.[13]

이 문건들은 5월에 데라우치를 3대 통감으로 추천하는 '내주'가 이루어진 뒤 데라우치가 육군대신으로서 바로 착수하여 나온 것들로 보인다.[14] 2개 문건은 모두 '육군'이란 글자가 인쇄된 용지에 필사되었고 표지에 '비秘'가 표시되어 있다.

〈1910년 5월〉

11. 병합후 한반도 통치와 제국헌법과의 관계(1910. 5. 육군성)

12. 한국의 시정에 관한 건, 한국병합에 관한 건(1910. 5. 육군성)

가. 〈병합후 한반도 통치와 제국헌법과의 관계〉

공문용 괘지 23쪽 분량의 의견서로서, 병합될 '조선'의 법적 지위를 세 가지 측면에서 검토하였다.

첫째, 한국인은 문화가 내국인(일본인)과 동일한 정도(수준)가 아니므로 처음부터 내국인과 동일한 규칙(법률)을 적용할 수 없다. 그 민정民情, 풍속 및 관습 등을 살펴 내지 인민에 동화시키는 노력을 기울여야 할 것이지만 영국, 독일, 프랑스 등 구주 열국의 해외 식민지 선례처럼 차별적인 통치와 법 적용이 필요하다.

---

13) 고마쓰 미도리小松綠, 《명치사실 외교비화》, 428~429쪽. 최초이 병합 준비라고 할 수 있는 '고무라 안'이 타이완의 경우를 모델로 삼고 있는 것은 수상 가쓰라의 의지를 반영한 것인지 검토해 볼 여지가 있다.

14) 고마쓰 미도리는 데라우치가 통감 취임과 동시에 재빨리 병합 준비에 착수하였다고 하였다. 앞 책, 430쪽. 이때의 데라우치의 태도에 대해 다음과 같이 서술하였다. "이때 도쿄에 체재하면서 합방운동을 벌이던 전 내부대신 송병준은 이완용 내각이 합방에 반대하고 있기 때문에 자신이 내각을 만들어 합방 조약을 체결한다고 하였지만, 한국황제가 송병준의 조각을 재가하지 않을 때는 합의적 협정이 될 수 없을 지도 모른다. 그때는 어쩔 수 없이 미국의 하와이 병합과 프랑스의 마다카스카르 병합의 예를 따라 편무적片務的 선언으로서 한국의 주권을 강제로 취하는(强取) 수밖에 없지만, 데라우치는 먼저 조약으로서 온편穩便하게 될 것으로 예상하고 준비를 진행했다."

둘째, 영·불·독 3국의 경우, 국회가 주권을 전유하거나 황제와 공유하여 의회의 법률로서 식민지의 규칙을 정하거나 위임받는 형태이지만 일본제국은 주권이 전적으로 천황 일신에 수람되어 천황이 주권을 친히 장악하고 제국(일본) 의회는 제한된 범위에서 입법에 협찬하고 있으므로 3국처럼 식민지 법 규정에 의회를 개입시킬 필요는 없다.

셋째, 일본제국의 식민지인 타이완, 가라후토樺太(사할린)의 경우에 비추어도 천황의 대권에 의한 통치체제의 수립은 법적으로 하등 구애를 받을 필요가 없다. 타이완의 경우, 1895년 할양될 때, 각의 결정으로 칙재를 거쳐 천황의 의사로 이를 헌법 적용의 범위 외의 일로 처리하여 대권에 의한 통치로 이끌었고, 1896년에 율령에 관한 법률 제정에서 이곳의 통치를 내지와 같게 함으로써 제국의회의 개입이 있게 되었지만 그렇다고 그 개입이 천황에 의한 대권 시행 체제를 불법으로 문제 삼은 것이 아니었으므로 지금 이 전례를 한국 병합 문제에서 개의할 이유가 없다. 1906년의 사할린의 통치에 관한 법률 제정에서 제국의회의 협찬이 있었지만 동시에 천황의 의사로서 당해 조항에 따른 통치 문제도 자유로웠던 것이므로 이로부터 규제 받을 이유가 없다.

이상과 같은 검토에 따라 병합 뒤 '조선'에 대한 통치체제는 일본제국 헌법 제1조(대일본제국은 만세일계의 천황이 이를 통치한다)에 근거하여 "당연히 천황의 대권에 의해 이를 통치하게 하고 천황이 임명한 총독의 '명령'으로서 조선총독부 관제를 발포하고 조선반도에서 법률사항 및 회계사항도 모두 '명령'으로서 규정될 수 있다는 논리를 제시하였다.

이 의견서의 결론은 '병합' 뒤 실제로 조선총독부 설치의 법적 근거로 채택되었다. 이 보고서는 영국, 독일, 프랑스의 경우를 끌어들여 대차對差 논거로 삼았지만 그것은 한국 식민지화에 대한 정당성 확보보다 조선총독부 설치 건에서 일본 제국의회의 개입을 배제하기 위한 것이었다. 타이완은 일본제국으로서는 첫 식민지였지만 한국병합과는 동기부터 달랐다. 타이완의 식민지화는 '일청강화조약'의 "토지의 주권"을 "영원히 일본국에 할여한다"는 조관(제2조)에 근거한 것으로 이 조약이 규정하는 사항 전체가 의회에 보고되어 승인을 받는 과정이 있었다. 그런 가운데 총독이 내각 총리대신의 지휘 감독을 받는 체제로 귀착되었다. 이와 달리 한국의 식민지화는 전쟁의 결과가 아니라 한국 황제가 자진하여 통치권을 일본 천황에게 양여하는 형식으로 진행시키고자 하였기 때문에 이와는 다른 길이 모색될 필요가 있었던 것이다. 그 모색 끝에 천황의 대권에 의한 체제 수립과 그 대권이 부여하는 명령에 따른 통치체제가 나오게 되었던 것이다.

병합 강제 후 조선총독부는 이상과 같은 사유로 천황에 직예直隷하여 그의 명령으로 조선을 다스리는 최고의 관부로 등장하여 총독은 육군대신, 해군대신, 또는 참모총장 등 군인으로 임명하는 것으로 규정되었다. 육군성이 구상한 '조선총독부' 체제는 어느 서양 열국의 식민지 통치체제에서도 선례를 찾아볼 수 없는 강한 강압 요소를 지닌 것으로서, 육군성에 의해 특수하게 제시되었다는 것은 크게 주목할 사실이다.

나. 〈한국의 시정에 관한 건〉과 〈한국합병에 관한 건〉

이 두 문건은 육군성에서 한국병합의 방안을 다룬 서로 다른 내용의 것들이다. 제1방안 〈한국의 시정에 관한 건〉은 '유예, 개선 후 실행', 제2방안 〈한국병합에 관한 건〉은 '즉시 실행'을 각각 검토한 것이다.

앞에서 살폈듯이 1909년 7월 일본 정부는 '한국 병합의 방침'을 각의로서 결정하였다. 그 뒤 지금까지 병합을 단행할 '적당한 시기의

도래'를 기다리고 있는 시점에 다시 병합 '유예'에 관한 의견이 병합
을 강하게 주장해온 육군대신 데라우치의 육군성 안에서 검토되었다
는 것은 의외이다. 고마쓰의《명치사실 외교비화》에 따르면, 이는 육
군대신 데라우치가 그동안 신임하던 공법학자인 육군 참사관 법학박
사 아키야마 마사노스케秋山雅之助가 유예의 의견을 제출했기 때문이
라고 한다. 그 의견의 요지는 다음과 같다. 즉 병합을 수년간 유예하
여 통감정치 아래서 각종 제도를 개선하여 민심을 거두고, 또 열국
이 시간 여유를 가지고 한국에서 영사재판권을 포기하게 한 뒤에 병
합을 결행하면 한국 관민의 반항을 피하고 또 여러 외국이 병합에 대
해 이의를 가질 여지가 없도록 할 수 있다는 것이다. 그렇지 않고 즉
시 병합하게 되면, 한국 안에서 반항과 여러 외국의 이의가 제기될
우려가 있다는 것이다.[15]

　이런 취지에서 작성된 〈한국의 시정에 관한 건〉은 10년 정도의 유
예 기간을 설정하였다. 구체적 방안에서는 무엇보다 '폭도' 진압 대
책을 우선하여 경찰권 정립을 통한 지방제도의 개선, 각종 저항 행
위에 대한 법률적 제재, 그리고 주차군의 분산 주둔 방식을 통한 폭
도 진압 방법 등을 거론하였다. 지금까지 보호정치 체제는 중앙정치
중심이 약점이었던 만큼 지방 통치를 강화할 필요성을 제시하고 각
종 학교 학도의 배일排日 행위에 대한 통제를 위한 제도적 강구의 필
요성을 지적하였다.

　제2방안 〈한국합병에 관한 건〉은 먼저 '유예'의 방식의 한계를 지
적하였다. 오스트리아가 보스니아와 헤르체고비나를 합병할 때 이루
어진 위임통치를 유예의 방식에 해당하는 예로 들었다. 이에 준하여
새로운 〈일한협약〉을 체결하여 한국 정부로 하여금 통치권 전부를
제국정부에 위탁하게 하고 황제를 존속시키면서 한국 정부를 폐쇄

---

15)　小松綠, 앞 책, 434쪽.

하여 통감부에서 통일적인 정부를 실시하였다가 병합하는 방식을 상정하였다. 그러나 한국의 관민은 이 체제 자체를 망국으로 인식하여 반발할 것이므로 좋은 선택이 못된다고 하였다.

이보다는 프랑스가 마다카스카르를, 미국이 하와이를 합병할 때 방식으로 한국 황제를 폐위시키고 일본제국의 최고 화족으로 대우하여 내지(일본)로 이주하게 하는 한편, 한국의 정부와 궁내부 및 통감부를 모두 폐쇄하고 조선총독부를 경성에 두고 행정 수완이 있는 무관으로 총독을 임용하여 천황에 직예하여 육해군을 통솔함과 함께 내각 총리대신의 감독을 받아(承) 모든 정부를 통리하게 하는 것이 현재 취할 방식이라고 정리하였다. 총독부의 조직을 제시하는 한편[16] 한반도의 철도 경영을 총독부 소관으로 옮기고 우편전신 · 전화 · 산림 경영(營林) · 기타 반도에서 일체의 관영사업 및 조세 · 관세 등 일체의 수입을 총독부의 세입으로 하여 총독의 반도 경영에 어떤 구속도 받지 않도록 해야 한다고 하였다.

결론적으로 육군성은 1910년 5월 현재 한국병합을 넘어 병합 후의 총독부 체제를 구체적으로 입안하고 있었다. 이 문건은 칙령으로 내려질 〈조선총독부 관제〉(32개조)의 공포 문안까지 〈참고〉로 첨부하였다. 그러나 아직은 조선총독이 "내각 총리대신의 지휘 감독을 받는(承)" 지위로 입안하고 있다.

3) '한국병합준비위원회'의 역할(1910. 6. 하순)

《서류》의 문건들 가운데 1910년 5월의 육군성 제출 문건을 뒤잇는 것은 같은 해 6월에 '한국병합준비위원회' 명의로 나온 것들이다. 앞

---

16) 총독관방 육군부 조례 및 해군막료 조례로서 육군부 및 해군부를 설치하는 외에 민정부를 두어 내무국, 재무국, 통신국, 식산국 및 경무서의 4국 1서로 나누고 민정장관으로 하여금 통리하게 한다고 하는 등의 구체안이 제시되어 있다.

에서 언급하였듯이 고마쓰는 이 위원회의 활동 기간은 6월 하순부
터 7월 상순까지라고 하였다. 이에 따르면 위원회 활동기간은 최대
20일 정도이다. 《서류》에 위원회 명의로 된 것은 아래 4건이다.

10 . 〈한국병합에 관한 각종의 의견〉(1910. 6. 이후. 병합준비위원회)

13. 〈갑호: 섭외사무에 관한 의견〉(1910.6.~7. 병합준비위원회)

14. 〈을호: 통감부 외사부, 총독부 외사부 사무 대조〉(1910.6.~7. 병합준
비위원회)

15. 〈국가병합 및 국가병합 유례〉(병합준비위원회)

가. 〈한국병합에 관한 각종의 의견〉

표지에 '비秘'가 날인되고 위원회 의장 역할을 한 '내각서기관장'
시바타 가몬柴田家門, '야스히로安廣'〔법제국 장관〕 '고마쓰小松'〔통감부
참사관 겸 외무부장〕 '구라치倉知'〔외무성 정무국장〕 등 5인의 묵서 기
명이 있고 "극비에 포함한다."는 문구가 묵서로 쓰여져 있다(361쪽의
자료 1). 72쪽에 달하는 장문의 문건이다. 일련번호는 10으로 되어
있지만 앞서 본 11, 12의 문건(육군성 제출)보다 시기는 6월로 늦고
또 병합준비위원회에서 생산된 것이므로 여기서 다루는 것이 타당하
다. 고마쓰의 지적대로 병합준비위원회는 내각의 수반인 가쓰라에
의해 구성된 관계로 문건들도 '내각'이란 글자가 인쇄된 용지를 사용
하였다. 머리에 제시되어 있는 이 문건에 포함된 '의견들'의 목록을
옮기면 아래와 같다.

1. 한인의 국법상의 지위
2. 병합 때 외국영사재판에 계류중인 사건의 처리 및 영사청에 구금
   중인 수도囚徒의 처분
3. 재판소에서 외국인에 적용할 법률

4. 거류지의 처분

5. 외국인이 가진 차지권의 처분

6. 일한 개항 사이 및 한반도 개항 사이에서의 외국 선박의 연안 무역

7. 마산항馬山港 폐쇄의 시기 및 방법

8. 일한 사이에 수출입되는 화물에 대한 과세

9. 한반도와 외국 사이에 수출입되는 화물에 대한 관세

10. 간도에서의 한인

11. 청나라인의 내지 잡거에 대한 제한

12. 외국인의 토지 소유권

13. 외국인의 조약상 또는 관례상 획득되는 양여

14. 종교에 관련되는 현행 조약상의 권리

문건은 위 14개 사항에 대해 (가) 현재의 상황, (나) 의견의 두 항목으로 나누어 정리되어 있다. 문건이 준비된 뒤 추가된 의견들이 사이사이 붓으로 기입되어 있다. 한국병합이 실행되면서 발생할 여러 가지 법적인 문제, 무역상의 문제, 소유권의 문제, 종교 문제 등을 다루었다. 이 검토는 말할 것도 없이 앞으로 있을 내각의 의결을 위한 것이다. 앞의 육군성의 문건들이 병합 후의 통치체제의 큰 틀을 다룬 것에 견주어 이 위원회 문건들은 실무 차원의 사안들을 다룬 것이라고 할 수 있다. 육군성에서 통치체제의 큰 틀을 세웠다면 한국병합준비위원회는 그 틀의 여하에 관계없이 국가병합으로 발생할 주요 사안들에 대한 대책을 강구하였던 것이다.

나. 〈갑호: 섭외사무에 관한 의견〉
〈을호: 통감부 외사부, 총독부 외사부 사무 대조〉

갑호, 을호 두 문건이 하나를 이루고 있는데 사용한 용지에 어떤 기관도 표시되지 않았으며 필경본筆耕本이다. 생산 주체가 따로 표시

되지 않았지만 위원회의 외사外事 즉 외교 담당 팀에서 작성한 것으로 보인다. 병합 후 총독부가 설치되면 외교 관계 업무를 담당하는 외사부外事部를 둘 것인지를 검토하였다. '고무라 안'에서 병합 후 한반도의 외교 업무는 본국의 외무대신의 '변통 처리〔區處〕'를 받도록 한다고 규정한 것에 대한 구체적 검토라고 할 수 있다.

〈갑호〉 문건은 머리에서 한국병합 뒤 (1) 섭외사무에 어떤 변화가 오게 될 것인지 (2) 제도상 영토 안 외사에 관한 국과를 둘 것인지 여부를 다룬다고 밝혔다. 영국의 호주, 캐나다 등 식민지의 영토에 관한 외교는 모두 본국정부가 주관함에도 불구하고 이들 두 지역에 외무부를 내무, 재정, 사법 등의 각부와 병치하고 있는 것, 본국〔일본〕에서도 외국의 영사관 및 거류민 소재 지방의 현청 또는 시청에 외사과가 있는 것 등을 근거로 하여 제도상 병합 뒤의 '조선'에 외사에 관한 국·과를 존치하는 것이 지당하다는 의견을 냈다. 병합 후 한반도의 섭외사무에는 조금도 이전과 다를 것이 없을 것이라는 이유를 다섯 가지로 나누어 밝혔다.

섭외사무는 통감부와 총독부 사이에 조금도 증감이 없을 것이 명료하다는 결론 아래 이에 관한 세목 대조를 별책에 싣는다고 하고 끝에 '외사국 분장사무' 14항을 열거하였다. '고무라 안'에서 언급한 외교 업무의 중요성을 구체화한 것으로 보이지만 본국 외무대신의 '구처' 관계는 일체 다루지 않았다.

〈을호〉는 곧 총독부에 외사에 관한 국·과를 존치하는 것을 가정하고 통감부와 총독부 체제 양자의 사무 대조를 상·하단으로 나누어 제시하였다. 총 20면에 달하는 대조표이다.

다. 〈국가결합 및 국가병합 유례〉(인쇄본)

이 문건은 인쇄본으로 편자나 발행처, 발행연도가 표시되지 않았다. 다만 표지에 '비秘'가 날인되고 한국병합위원회의 의장 노릇을 한 내각서기관장 시바타 가몬의 이름 표시로 '시바타'란 묵서가 하단에 있다. 따라서 이 책자는 위원회가 자료의 하나로 사용한 것으로 보인다. 총 53쪽으로, 그 내용은 아래 〈목차〉와 같이 '병합'에 관련되는 '국가의 결합' '국가의 병합'에 관한 유럽 역사의 사례를 정리한 것이다. '한국병합' 준비를 앞두고 다만 이 위원회만이 아니라 유관 기관에서 참고용으로 외무성 조약국 같은 곳에서 별도로 편찬, 제작한 것일 가능성이 높다. 그렇더라도 병합준비위원회 결성으로 제작이 이루어졌을 것으로 보고 여기서 다룬다.

〈목차〉
제1편 국가의 결합
　　　제1장 같은 군주〔同君主〕로 인한 합동
　　　제2장 국제법의 주체가 된 동군同君 합동
　　　제3장 연방
　　　제4장 집합국

제2편 국가의 병합
　　　제1장 개설
　　　제2장 점차적 병합
　　　　　제1절 소격란급애란蘇格蘭及愛蘭(스코틀랜드와 아일랜드 – 필자)
　　　　　제2절 인도토인국印度土人國
　　　제3장 일시의 평화적 수단에 의한 병합
　　　　　제1절 아이오니언 도(그리스의 7개 섬 – 필자)
　　　　　제2절 콩고 자유국
　　　　　제3절 포와佈蛙(하와이 – 필자)
　　　　　제4절 중부 이태리
　　　　　제5절 타이티

세4장 일시의 강력적 수단에 의한 병합
 제1절 트란스바르(남아프리카공화국 – 필자) 및 오렌지 자유국
 제2절 다호메(나이지리아 남부 왕국 – 필자)
 제3절 마다카스카르
 제4절 그라코 – 비

위 목차 가운데 제2편 제2장~제4장의 병합의 세 가지, 즉 '점차적 병합', '일시의 평화적 수단에 의한 병합', '일시의 강력적 수단에 의한 병합' 등의 분류는 앞에서 보았듯이 육군성 제출서에서 가장 많이 활용된 사항이다. 한국병합 준비에서 세 가지 모두 검토의 범위에 들었지만 궁극적으로는 '일시의 강압적 수단에 의한 병합'으로 선호되고 있었다.

4) 내각 의결을 통한 입안들의 공식화(1910. 7. 8)

《서류》 가운데 1910년 7월에 생산된 문건들은 대부분 내각의 각의에 제출된 것들이다. 육군성과 〈병합준비위원회〉에서 입안한 것들이 각의에 회부되어 최종적으로 심의 결정을 본 것들이다. 각의에서 결정된 것은 말할 것 없이 곧 실행에 옮겨질 것들이다. 7월 8일자 내각 의결 및 유관 문건들은 아래와 같다(합철 번호 28~35).

28. 한국병합을 할 때 처리 법안대요 각의 결정(1910. 7. 8 내각)
29. 한국병합실행에 관한 방침(1910. 7. 8 내각)
30. 한국병합에 관한 (일본)제국 헌법의 해석(1910. 7. 2 내각)
31. 한국병합 후의 경비 보충에 대한 통감으로부터의 조회照會(통출統出 기발機發 제19호)
32. 조칙, 조약, 선언안(1910. 7. 8 내각)

*조칙안, 조약 체결이 없는 경우의 조칙안, 조약안, 선언안(1910. 7. 8 내각) "최초 초안으로 이후 수차의 수정을 거쳤음."(내각 용지 사용)

가. 28. 〈한국병합을 할 때의 처리 법안 대요 각의 결정〉

내각 서기관 작성용의 각의 회부 기안 용지를 사용한 7월 8일자의 문건으로서, 총리대신 이하 10명의 대신들이 서명한 각의 결정서이다. 내무대신의 서명 자리만 비어 있다. 〈별지〉로 첨부한 "한국병합 때 처리할 방안"을 결정한다고 하고 "실행할 때 다소 취사 수정이 가해질 수 있다고 생각한다"는 유보 조건이 붙어 있다. 〈별지〉의 결정 사항을 옮기면 아래와 같다. 단 각항에 복수의 조문이 있는 것은 생략하고 개수만 표시한다.

제1 나라 명칭〔國稱〕의 건(칙령)
제2 조선인의 국법상의 지위
제3 병합할 때 외국영사재판에 계류중 사건의 처리 및 영사청에 구금중인 죄수〔囚徒〕의 처분
제4 재판소에서 외국인에 적용할 법률
제5 외국거류지의 처분
제6 거류민단법의 적용에 관한 건
제7 외국인 토지소유권의 장래
제8 외국인이 소유한 차지권의 처분
제9 조선의 개항지 사이 및 일본의 개항지와 조선 개항지와의 사이의 연안무역
제10 일본 내지와 조선과의 사이에 이출입하는 화물에 대한 과세
제11 외국과 조선과의 사이에 수출입하는 화물에 대한 과세
제12 청나라인의 거주에 대한 제한
제13 조선의 채권 채무

제14 한국 훈장에 관한 건

제15 관리의 임명에 관한 건

제16 한국의 황실 및 공신의 처분(조선 귀족령)

제17 입법사항에 관한 긴급 칙령안(6개조 및 시행에 관한 부칙)

제18 조선총독부 설치에 관한 칙령안

제19 구 한국 군인에 관한 칙령안

제20 구 한국 정부의 재정에 관한 긴급 칙령안(헌법 8조 및 70조) 부칙

제21 조선에서의 법령의 효력에 관한 제령制令안

제22 관세에 관한 제령안(4개조 및 시행에 관한 부칙)

이상 22개 사항은 앞에서 살핀 육군성의 문건(18~22)과 병합준비 위원회 문건(1~13)에서 거론된 것들이 망라되었다. 두 기관의 제안들이 하나로 정리되어 각의에 제출되어 최종 결정을 보게 되었던 것이다. 고마쓰는 앞에서 언급하였듯이 위원회의 최종 회의일을 7월 8일이라고 밝혔는데(432쪽) 이것은 위원회가 내각 의결 회의에 참여하였다는 것을 의미한다. 즉 보고, 설명을 겸하여 각의에 참석하여 최종 결정 과정을 지켜보았던 것이다.[17]

나. 29. 〈한국병합 실행에 관한 방침〉

내각 서기관이 내각 인쇄용지에 총리대신의 하달 지시사항을 전하는 '통감에의 통첩안'을 묵서로 작성하고 내각 총리대신과 내각 서기관장이 결재 난에 서명하였다. 통첩안은 "적당한 시기에 한국병합을 단행하는 것을 묘의(각의)에서 결정하였으며, 이의 실행에 관한 별지 각의 결정서 사본 2통을 보내니 적당한 시기에 결행 기일을 결정하여 적합하게〔相當〕 처리하기를 통첩한다"고 하였다. 내각 총리대신의

---

17) 고마쓰는 최종 회의에서 확정한 중요한 사항으로 7종 정도를 들었다. 앞 책, 432~433쪽.

지시문이다. 첨부된 문건 사본 2통은 내각 용지를 사용한 "조선에 대한 〔한국병합실행에 관한〕 방침"(4쪽)과 이의 표지면 문건이다. 표지 문건은 묵서로 '비秘' 자를 쓰고 그 아래 5월 27일이란 날짜, 그 아래에 육군대신 데라우치의 서명이 가해졌다. 여기까지는 한 필체로 보이며, 다음 행간에 총리대신, 외무대신, 해군대신, 농상대신, 체신상 등의 수결이 잇따라 가해졌다(자료 2).

'조선에 대한 〔한국병합실행에 관한〕 방침'은 원 제목이 '조선에 대한 방침'으로 되어 있던 것을 각의에서 '한국병합실행에 관한 방침'으로 수정한 것이다(자료 3).

이 두 문건은 본래 5월 27일자로 작성한 것을 7월 8일 각의에서 내용에 대해서는 수정하지 않고 제목만 '조선에 대한 방침'을 '한국병합실행에 관한 방침'으로 고쳐 내려 보내진 것이다. 표지 면의 묵서가 육군대신 데라우치가 제안한 형식을 취한 것은 주목을 요한다. '방침'의 내용은 아래와 같다.

○ 한국병합 실행에 관한 방침
1. 조선에는 당분간 내헌법(일본 헌법 – 필자)을 시행하게 하고 대권(천황권을 의미 – 필자)에 의해 이를 통치할 것.
1. 총독은 천황에 직예하여 조선에서 일체의 정무를 통할하는 권한을 가질 것.
1. 총독은 대권의 위임에 따라 법률사항에 관한 명령을 발하는 권한을 부여받을 것. 단, 본 명령은 따로 법령 또는 율령 등 적당한 명칭을 붙일 것.
1. 조선의 정치는 가능한 한 간이簡易를 취지로 한다. 따라서 정치기관도 이 주의에 의해 개폐할 것.
1. 총독부의 회계는 특별회계로 할 것.
1. 총독부의 정비政費는 조선의 세입으로써 이에 충당함을 원칙으로 하

〈자료 3〉　　　　　　　　　　　　　　　　　　　　　〈자료 1〉

〈자료 2〉

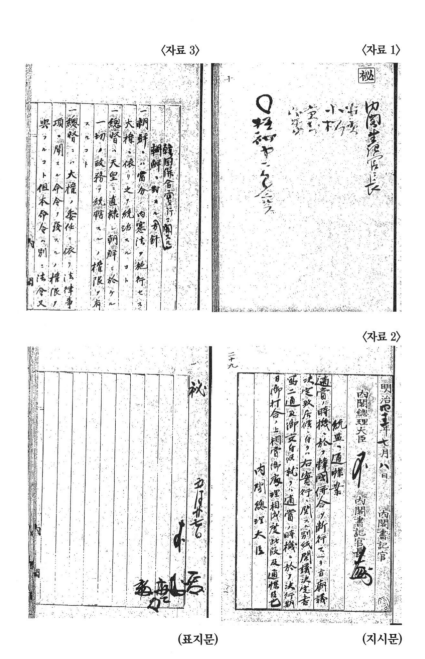

（표지문）　　　　　　　　　　　　　　　　　　　（지시문）

지만 당분간 일정한 금액을 정하여 본국정부로부터 보충할 것.

1. 철도 및 통신에 관한 예산은 총독부의 소관으로 짜 넣을〔組入〕 것.
1. 관세는 당분간 현행대로 둘 것. 관세 수입은 총독부의 특별회계에 속할 것
1. 한국은행은 당분간 현행의 조직을 고치지 말 것.
1. 합병 실행을 위해 필요한 경비는 금액을 정하여 예산금으로부터 이를 지출할 것.
1. 통감부 및 한국 정부에 재직하는 (일본)제국 관리 가운데 채용하지 않은〔不用〕 자는 귀환 또는 휴직을 명할 것.
1. 조선에서 관리는 모두 계급에 의하되 될수록 다수의 조선인을 채용하는 방침을 채택할 것.

위 '방침'은 7월 8일 각의 결정 가운데 내용적으로 가장 중요하다. 병합 강행 후 '조선'에 수립될 통치체제와 그 운용에 관한 것이 망라되었다. 위에 제시한 문서 처리의 상태로 보면 사용한 용지에 '내각'이란 글자가 인쇄되어 있으므로 내각에 설치된 '병합준비위원회'가 정리, 작성한 것으로 보는 것이 타당하다. 문건의 표지에 가해진 서명은 결재가 아니라 회람에 대한 것으로서 문건 작성일 5월 27일 표기 아래에 육군대신 데라우치의 서명이 첫 번째로 되어 있다. 그는 사흘 뒤 5월 30일에 통감으로 임명되듯이 이 문건과 관련하여 가장 직접적인 당사자로서 첫 회람자가 된 것으로 보인다. 이 문건에 대한 데라우치의 관계는 후술하는 33.《조건》에서 다시 보게 된다.

다. 30. 〈헌법의 해석〔釋義〕〉

메이지 43년(1910) 7월 2일자로 내각 용지 1매에 기안되었다. 같은 표지 면에 '타로太郎'라고 쓴 총리대신의 서명을 비롯해 서기관장, 사법대신, 해군대신, 농상대신, 체신대신 등의 수결이 가해졌다. 내용

은 '한국병합에 관한 제국 헌법의 해석'이라고 제목을 붙일 수 있는 것으로서, 한국이 병합되면 일본의 영토가 되어 제국 헌법의 적용대상이 되는 것이 원칙이지만 그 통치를 위해 '제외除外(예외 - 필자) 법규'가 따로 제정될 필요가 있다는 것이다. 앞의 '한국병합실행에 관한 방침'은 1~3항에서 병합 뒤 '조선'에는 당분간 일본제국헌법[內憲法]을 시행하지만 천황의 대권에 의해 총독이 임명되어 그의 명령이 곧 조선에서의 법령, 율령이 되는 것으로 규정하였다. 이를 실현하기 위한 헌법적 해석의 요식행위에 해당하는 것이다.

라. 31. 〈한국병합 후의 경비 보충에 대해 통감으로부터 조회〉

앞에 제시하였듯이 '방침'은 여섯 번째 사항으로 "총독부의 정비政費는 조선의 세입으로써 이에 충당함을 원칙으로 하지만 당분간 일정한 금액을 정하여 본국정부로부터 보충할 것"이라고 규정하였다. 이에 대해 통감부가 사실 확인을 함과 동시에 본국정부가 보충해줄 금액의 액수를 제출한 문건이다. 7월 11일자로 통감 데라우치가 내각 총리대신에게 올리는 형식을 취하였다. 현재 한국경영에 제국정부가 지출하고 있는 액수는 약 1,100만 원圓, 이에 더하여 최소 500만 원 정도의 보충이 필요하다는 것이다. 현재의 약 1,100만 원의 내역(통감부 경비 164만 4,448원, 사법 및 감옥비 345만 2,823원, 철도 건설 및 개량비 350만 원, 한국 정부 경비 보충비 260만 원)을 제시하고 군사비는 이에 포함되지 않는다고 밝혔다.[18]

마. 32. 〈조칙 조약 선언안〉

내각 인쇄 용지로 표지를 만들어 "근본 초안으로 이후 수차의 수정을 거친 것"이란 문구가 문서를 철할 때 묵서로 쓰여졌다. 아래와

---

18) 대한제국 1903년도의 정부 예산이 약 1천만 엔, 내장원(궁내부) 예산이 400여 만 엔 정도였다. '조회'에서는 화폐단위 엔에 대한 언급이 없다.

같은 6종의 문안이 외무성 인쇄용지에 묵서로 초해져 있다. 한국 병합이 진행될 때 필요한 조칙, 조약, 선언 등의 초안을 외무성에서 처음 준비한 것으로 판단된다. 모두 일본 천황 또는 정부가 발표할 것들을 준비한 것이다. 각기의 요지를 아래에 적시한다.

(1) 조칙안
(2) 조약 체결 없을 경우의 조칙안
(3) 조약안
(4) 선언안
(5) 한국과 조약 관계 없는 나라에 대한 선언안(43년 8월 22일 각의 결정)
(6) 선언안(43년 8월 22일 각의 결정)

(1)은 일본 천황이 병합에 즈음하여 병합의 경위와 조치를 알리는 내용이다. 한국과는 조약을 통해 보호국 관계를 맺어 4년 남짓 시정 개선을 노력하였지만 성과가 없을 뿐더러 치안이 불안하고 민생이 어려워져 일대 혁신이 최급무가 되었는데 한국 황제가 이 사태를 통감하여 한국을 일본제국에 병합하여 시세에 부응하겠다고 하여 짐 또한 병합은 어쩔 수 없다는 생각에서 이를 받아들이기로 하였다. 이어 병합 후 한국 황제와 황실에 대한 우대, 한국 인민의 복리 증진, 치안 유지, 산업 및 외국 무역의 현저한 발전을 이루어 동양평화를 공고히 하겠다고 하고 한국 통치를 위해 총독을 두고 육해군 통솔권을 부여한다고 하였다. 8월 29일에 실제로 반포되는 '조칙'의 내용과 대동소이하다. 6개 문안 가운데 가장 원안이 준수된 예이다.

(2)는 조약 체결을 하지 않고 일방적[片務的]으로 병합을 선언할 때 천황이 내릴 조칙의 안이다. 문안의 내용은 (1)과 대체로 같으며, 한국 황제가 사태를 직시하여 병합을 청해왔다고 한 부분을 "현재의 형세에 비추어 일대혁신의 목적을 달성하기 위해 한국을 제국에 병

합하지 않을 수 없다"는 내용으로 고쳐 기술하였다.

(3)은 병합조약의 문안으로, 전문前文은 8월22일에 체결되는 조약문의 그것과 크게 다르다. 실제 병합조약의 전문은 양국 사이의 특별한 친밀 관계, 상호 행복 증진, 동양평화의 영구한 확보를 위해 각기 전권위원을 임명하여 회동 협의하게 한다고 되어 있다. 이와 달리 이 안의 전문은 일한 양국 황제는 한국의 현제現制로써 공공의 안녕 질서 보지함에 불충분하다고 인식하여 근본적으로 이를 개선하는 일이 급무라는 것을 살피고, 또 한국인민으로서 영구히 강녕을 누리고 선정善政의 은혜를 입어 생명 재산의 완전한 보호를 얻도록 하고자 병합을 취하게 되어 양국의 전권대신을 각기 임명하여 약조를 협의, 협정하게 한다고 하였다. 이 원안에서는 1907년 7월 황제 강제퇴위 이후 빚어진 한국의 거국적 저항으로 말미암은 불안이 더 크게 의식되어 있는 반면, 실제 시행 조약문에서는 과거와 미래를 더 부각시켰다.

조약의 약관은 양자 모두 8조로 실제 실행된 조약문과 차이가 없다. 순차에서 원안의 제3조가 실행에서는 제6조로 바뀌었다. 원안의 제3조 제4조 제5조 제6조에서 '일본국정부'로 표기되었던 것이 실행에서 모두 '일본국 황제폐하'로 고쳐졌다. 병합 후의 '조선'에 대한 통치제제 논의가 천황의 대권에 따른 체제 수립으로 나아감에 따라 가해진 수정으로 간주된다.

(4)는 (3)의 조약이 체결된 뒤, 한국과 조약을 체결했던 열국을 상대로 하여 이후는 일본이 열국과 체결한 조약의 예를 적용하여 모든 권리, 영사재판권, 수출입 관련 과세, 새 개항지에서 과세, 출입선박 관리 등에 변함이 없도록 한다는 것 등을 4개 조항에 걸쳐 제시하였다.

(5)는 한국과 조약 관계가 없는 나라들이라도 병합 후 일본과 체결한 조약의 내용을 사정이 허락하는 한 일본 내지에서와 동일하게 적용을 받는다는 내용이다. 문건 머리에 병합조약이 강제된 8월 22일

에 각의에서 결정이 된 것으로 표시되었다.

(6)은 (3)의 조약 체결 후 이를 공포한 뒤에 일본 정부가 '조선'의 통치 전부를 담당하는 주체로서 외국인 및 외국무역에 관한 처리 사항을 4개로 열거하였다. (4)와 같은 내용이지만 문건 머리에 병합조약이 강제된 8월 22일에 각의에서 결정이 된 것으로 표시되었다. (4)보다는 내용이 더 구체화 되었다.

5) 〈조건條件〉: 육군대신이 정리한 통감부의 병합 실행 수칙

이상에서 살폈듯이 《한국병합에 관한 서류》에 모아진 문건들은 1910년 5월 이후 육군성, 병합준비위원회 등에서 준비한 각종 문건들이 7월 8일에 내각의 각의에서 최종 결정을 보게 되는 경위 추적을 가능하게 한다. 총 36종의 문건 가운데 지금까지 고찰에 오르지 않은 것은 16건이다.

이 가운데 송병준이 내부대신에서 밀려나 도쿄에 체류하면서 이완용 내각이 병합에 대해 소극적인 것을 이유로 일본 정부 수뇌부에 대해 자신이 내각을 따로 만들 수 있게 해준다면 병합 진행의 주체 노릇을 하겠다고 하면서 일본 수뇌부에 제출한 4개 문건들이 《서류》에 포함되어 있다(24~27).[19] 송병준의 이 제안은 일본 정부 수뇌부에서 전혀 고려의 대상으로 삼지 않았으므로 여기서 검토의 대상으로 하지 않는다. 다음으로 외무성에서 1910년 7월 중에 준비한 문건들이 5종 수록되었다(16~20).[20] 이것들은 병합 후 외사 업무 처리에 필요하거나 참고할 만한 자료로서 준비한 것들이다. 병합 자체에 직접적

---

19) 24.일한합방의 선결문제. 25.일한합방후의 한국제도. 26.한제 도일양국渡日讓國의 의議. 27.한국특별취산소韓國特別就産所 설치안.

20) 16.일본과 한국 이외의 각국과의 조약 목록. 17.청나라 거류지 및 각국 거류지에 관한 건. 18.외국여권에 관한 건. 19.한국에서의 발명 의장 상표 및 저작권의 보호에 관한 일미조약의 건. 20.한국병합 후 한국에서의 영국 상표 등록에 관한 건.

인 영향을 주는 것이 아니므로 이것도 자세한 고찰은 생략한다.

다음으로 통감 데라우치가 경성에서 도쿄의 본국 정부의 외무대신 (고무라), 총리대신(가쓰라) 등과 왕복한 전보문 자료가 있다(21~22). 그러나 전보문들은 8월 14일부터 8월 28일 사이에 왕복한 것이므로 '병합준비'가 아니라 '병합 진행'에서 다루어야 할 문건들이다. 23의 〈병합처분의 법령에 관한 건명〉은 통감부에서 병합 전후 처분한 각 종 준비안의 실행 관계를 3차례로 나누어 정리한 목록이다.[21] 이것은 9월 이후 총독부 체제 수립에 관련되는 것으로 여기서는 다룰 것이 못된다. 왕공족 처우에 관한 2건(35~36)도 9월 이후의 것으로 마찬 가지이다.[22] 최종적으로 33.〈조건〉(24일, 통감부)과 34.〈조선총독부 관제 발췌〉(내각) 〈어위임御委任 사항〉(내각) 2건이 남는다.

《서류》의 일련번호 33의 〈조건〉은 통감 데라우치 측이 정리, 작성 한 '한국병합 실행 방침'과 같은 것으로 매우 중요하다. 묵서로 '조건' 이라고 쓰고 그 아래 데라우치의 수결이 가해져 있다. 필세로 보아 데라우치가 '조건'이란 표기를 직접 쓴 것으로 보인다. 표지 오른쪽 상단에 묵서로 "비秘 삼부三部의 내일內一"(3부의 1이란 뜻; 필자)이라 고 문건의 순서를 표시하고 이어서 "어람의주원御覽意主願 24일"이라 고 썼다(자료 4).

34.〈조선총독부관제발췌〉〈어위임사항御委任事項〉 두 가지가 '3부'의 2, 3에 해당한다. '조선총독부관제발췌'의 표지에 '극비'란 표시(묵서) 와 함께 취급자의 공람供覽 확인 표시로 보이는 서명이 있다.

---

21) 제1차 처분: (一) 법령에 관한 것. 一. 조약 등 20건 (二) 처분에 관한 것. 구한 국 황실의 처분에 관한 건 등 55건. 제2차 처분: (一) 법령에 관한 것. 一. 官制 등 8건(칙령)(二. 봉급령의 制슈 21건). (二) 처분에 관한 것. 一. 관리의 임명에 관한 건 등 2건. 제3차 처분: 一. 예산의 제출 등 5건.

22) 35. 왕공족의 국법상의 지위 및 황실전범皇室典範과의 관계(1910. 9. 4. 내각). 36. 형사소송에 관한 규정을 황실재판령 중에 존치함이 지당하다고 하는 이유(1910. 9. 10. 내각).

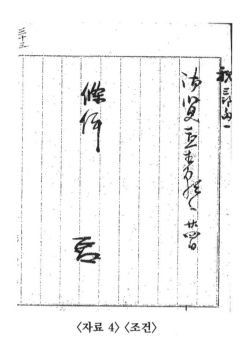

〈자료 4〉〈조건〉

　통감부 용지를 사용한 〈조건〉은 앞에서 살핀 29.〈한국병합 실행에
관한 방침〉(5월 27일자)과 같은 내용이다(이 책 360~362쪽). 즉 한국
병합을 앞두고 실행해야 할 주요한 '조건' 12가지를 열거한 것이다.
병합 실행의 핵심에 해당하는 사항이라고 해도 지나친 말이 아니다.
　그런데 이 문건은 작성일로서 '24일'이라고만 표시하고 어느 달인
지를 표시하지 않았다. 같은 내용의 〈한국병합 실행에 관한 방침〉은
앞에서 살폈듯이 7월 8일의 각의 결정으로 '통감에게 통첩'된 것이었
다. 그러면 양자 사이의 선후 관계가 문제가 되지 않을 수 없다.
　각의 결정 7월 8일 이전의 24일로는 5월 24일, 6월 24일 둘이 있다.
이후의 24일로 7월 24일, 8월 24일이 상정될 수도 있지만, 같은 내용
의 〈방침〉의 표지면 열람자 수결과 함께 회람 날짜로서 '5월 27일'이
기입되어 있으므로 7월, 8월의 24일은 검토의 의미가 없다. 〈방침〉

은 7월 8일의 각의 이전 5월 27일에 작성되어있던 것으로 7월 8일의 각의는 그 내용을 수정 없이 가결하면서 앞에 내각총리대신의 이름으로 〈통감에의 통첩(안)〉을 붙였던 것이다. 그러면 〈조건〉은 통감부 측에서 5월 24일에 작성하여 '어람직상원御覽直相願'이란 문구가 있듯이 소수의 관계자에게 의견을 묻는 순서를 거친 다음에 5월 27일자로 내각 용지에 그대로 이기移記하여 앞으로 있을 각의에 회부할 준비를 한 과정이 상정된다.

앞에서 살폈듯이 가쓰라 총리는 1910년 4월 5일에 육군대신 데라우치 마사타케에게 한국 통감으로 부임할 의향을 묻는 '내의'를 가졌다. 이후 4월 7일부터 야마가타 – 가쓰라 – 데라우치 3인은 자주 만나 한국병합에 관한 의견을 나누었다. 그리고 가쓰라 총리는 5월 12일에 천황에게 육군대신 데라우치가 3대 통감이 되는 것이 좋겠다는 '내주'를 올렸다. 이어 5월 30일에 정식으로 이에 대한 천황의 임명이 이루어졌다. 그러면 이 무렵에 데라우치는 통감으로 내정된 상태이므로 통감부 용지를 사용하여 〈조건〉을 작성했을 가능성은 얼마든지 있다. 5월 14일 현재로 통감부 참사관 겸 외무부장인 고마쓰 미도리를 비롯한 통감부 관리들이 도쿄에 와 있었던 것이 확인된다.[23]

저 앞에서 살폈듯이 데라우치 마사타케의 육군성은 '1910년 5월'로 명기한 병합 준비의 문건 2건을 생산하였다. 〈병합 후 한반도 통치와 제국헌법과의 관계〉(11), 〈한국의 시정에 관한 건, 한국병합에 관한 건〉(12) 두 가지는 병합 뒤의 조선의 통치체제의 법적 기반과 통치 조직으로서 총독부의 관제에 관한 것이었다. 후자의 경우, 칙령으로 내려질 〈조선총독부 관제〉(32개조)의 공포 문안을 제시하기까지 하였다. 두 가지는 일본 정부 안에서도 최초의 병합 준비에 해당하는 것이었다. 〈조건〉의 12개 실행 사항들은 그 다음 단계에서 나

---

23) 전보문, 5월 14일자.

올 수 있는 것이 분명하다. 데라우치 마사타케는 5월 30일에 천황으로부터 임명을 받게 되지만 내정이 된 상태에서 경성의 통감부에서 온 고마쓰 참사관 등의 의견을 참작하여 5월 24일 현재로 필요한 실행 방침 구체화에 착수한 것으로 볼 수 있다.

〈조건〉은 〈조선총독부 관제 발췌〉, 〈어위임 사항〉과 함께 '3부'의 하나였다. 두 문건의 내용은 다음과 같다.

〈1〉 〈조선총독부 관제 발췌〉
제1조 조선총독부에 조선통감을 둔다. 총독은 조선을 관할한다.
제2조 총독은 친임으로 한다. 육해군대장으로서 이에 충充한다.
제3조 총독은 천황에 직예하고 **위임의 범위** 내에서 육해군을 통솔하여
　　　제반의 정무를 통할한다.
제4조 총독은 조선방비의 일을 관장한다.

〈2〉 〈어위임 사항〉('위임'은 위 〈1〉의 제3조의 '위임의 범위'의 위임을 뜻한
　　　다. - 필자)
1. 총독은 한국의 안녕질서를 유지하기 위해 필요하다고 인정될 때는 조
　　선에 주둔하는 육군부대 및 해군방비대를 사용할 수 있다.
　　전항의 경우에서는 바로 내각총리대신, 육군대신, 해군대신, 참모총
　　장, 해군순령부장에게 이를 이첩하는 것으로 한다.
2. 총독은 필요에 응하여 조선에 주둔하고 있는 군인, 군속을 만주 북청
　　및 노령 연해주에 파견할 수 있다.

〈1〉은 병합 후 조선 통치의 주체가 될 조선총독부 관제 가운데 중요한 것 4가지를 뽑은 것이다. 이것은 선행한 육군성의 〈한국병합에 관한 건〉에 〈참고〉로 첨부된 〈조선총독부 관제〉에 비해 최종 안에 접근한 것이다. 〈참고〉의 〈조선총독부 관제〉 가운데 제1조~제3조

는 위 〈발췌〉의 4개 조의 내용에 해당하는 조항이지만 내용적으로 큰 차이가 발견된다. 이를 제시하면 다음과 같다.[24]

제1조: 조선총독부를 경성에 둔다.
제2조: 조선총독부에 조선총독을 둔다.
　　　 총독은 친임으로 하고 육해군대장으로 이에 충하며, 총독은 천황에 직예하여 조선에서 육해군을 통솔하고 내각총리대신의 감독을 받아 제반의 정무를 통리한다.
제3조: 총독은 군정에 관해서는 육군대신 혹은 해군대신의 처리〔區處〕를 받는다.

이에 따르면 조선총독부 총독의 일반 정무는 본국의 내각 총리대신, 군정은 육해군 대신의 감독 또는 구처를 받아야 했다. 즉, 조선총독부는 본국 내각 산하의 한 조직에 불과한 것이 된다. 이러한 예속성은 〈발췌〉에서 전혀 찾아볼 수 없다. 내각 총리대신이나 외무대신, 육해군대신의 간여는 가쓰라 내각이 처음에 추구하던 것이다. 그러나 통감으로 내정된 데라우치는 이런 예속성을 적극적으로 배제하는 입장이었다. 그는 가쓰라 총리의 '내의內議'를 받으면서 이를 확실하게 했던 것으로 보이며 따라서 5월 24일자의 〈조건〉과 〈발췌〉에서는 그러한 예속성이 일소되었던 것이다. 1910년 8월 병합 실행 후 9월 29일자 칙령 제354호로 반포되는 〈조선총독부 관제〉는 이 체제를 그대로 잇는 것이었다.[25]

이상에서 살핀 것과 같이 병합 실행을 위한 준비는 거의 육군대신 데라우치 마사타케의 의지와 구상이 기본 틀이 되었다고 해도 지나친 말이 아니다. 병합준비위원회도 그 명칭과는 달리 육군대신 겸 통감인 데라우치 중심으로 방향과 구상이 짜인 뒤인 6월 하순부터 회의를 시작하였다. 고마쓰는 《명치사실 외교비화》에서 '병합준비위원회'의 준비가 세세한 데까지 이른 것에 대해 다음과 같이 언급하였다. 즉, "보통 방식으로는 먼저 병합조약이 이루어진 뒤에 그 시행세칙을 규정하는 것이 순서이지만 세심한 데라우치는 대강뿐만 아니라 세목까지도 미리 결정하여 두기를 주장하였다"고 하여 치밀한 준비가 모두 신임 통감 데라우치의 지시에 따른 것이라고 하였다. 〈조건〉은 곧 육군대신 데라우치가 3대 통감으로 내정된 시점에서 작성한 한국병합 실행의 가이드라인이자 매뉴얼로서 그것은 이미 1910년 5월 24일에 완성되었던 것이다. 6월 하순에 작동한 '병합준비위원회'는 이를 근간으로 하여 그 밖의 나머지 보완사항들을 검토하여 마무리짓고 7월 8일에 모든 사항들을 각의에 회부하여 종결지었던 것이다. 〈조선총독부관제발췌〉와 〈어위임사항〉은 병합 후 통감부 대신에 들어설 총독부의 구성에 관한 것으로 한자리에 모아졌던 것이다.

2. 육군대신 겸 통감 데라우치의 '한국병합' 실행
(1910. 7. 30~8. 29)
1) 착임 후 데라우치의 한국 상황 점검과 조약문안 수정

일본 내각의 육군대신으로서 제3대 통감이 된 데라우치 마사타케는 7월 20일에 도쿄를 출발하여 같은 달 23일에 서울에 도착하였다. 그는 5월 이후 육군성과 병합준비위원회가 준비하여 7월 초에 각의 결정을 거쳐 천황의 재가를 받은 한국병합에 관한 모든 방침과 규정들을 가지고 왔다. 그러나 그는 8월 13일까지 본국정부와는 일체 연락을 취하지 않았다. 착임 후 21일 동안 한국의 동정을 살피는 데 주력하다가 8월 13일자로 처음으로 본국 외무성 고무라 대신 앞으로 전보를 보냈다. 그동안 한국 상하의 동정을 살핀 결과, 특별한 장애가 있을 것 같지 않으므로 다음 주부터 "내명內命(천황의 명령 - 필자)을 받은 시국 해결"의 건을 착수하겠다는 내용이었다.[26] 준비된 조약안에 기초하여 교섭을 개시하겠지만 다소 문자 수정을 해야 할 일이 생기면 중요한 것은 다시 협의하겠으며 교섭이 완결될 때에 대비해 외무성이 해야 할 집행 수속도 미리 준비해달라는 요청도 언급하였다. 외무성이 각의에 제출할 문건 준비를 그때그때 처리해 두라는 주문이었다.

통감 데라우치가 7월 23일 서울 임지에 들어와서 8월 13일 본국 외무대신에게 위 전보문을 보낼 때까지 어떤 일을 했는지를 추적할 만한 공식적인 기록은 찾기 어렵다. 다만 자신이 사후에 본국 가쓰라 총리에게 보낸 〈한국병합시말〉이란 보고서(이하 〈시말〉로 줄임)의 서두에 언급된 문장을 통해 개략적인 상황을 추측할 수 있을 뿐이다. 이 보고서는 같은 해 11월 7일자로 조선총독의 자격으로 내각총리대신 가쓰라 다로에게 보낸 것이다. 가쓰라 총리는 이 〈한국병합시말〉을 11월 9일자로 접수하여 〈조선총독부보고 한국병합시말〉이란 명칭을 붙여 11월 21일자로 천황에게 올렸다.

이에 따르면 통감 데라우치는 임지 한국에 도착하여 "이미 확정된 방침에 근거하여 시기를 헤아려 병합의 실행에 착수하고자 하는 한편, 준비 진행과 동시에 가만히 '한국 상하의 상황'을 관측하니 누구도 대세의 진운進運에 감鑑하여 난국 구제를 위해서는 근본적인 개혁(병합을 뜻함 - 필자)을 도저히 피할 수 없다는 사리를 깨닫는 것 같다"고 하였다. 이어서 당국자는 황실의 대우, 재상 이하 정부직원의 처분에 관해 의구하는 생각이 많은 것 같고, 또 시국 해결의 책임을 미루는 상태인 것 같다"고 상황을 파악하였다. 그래서 본인은 간접적인 경로로 일본 천황의 관인寬仁으로 황실 및 총리대신은 물론

---

26) 《日外文》 제43권 제1책, 1910. 8. 14, 병합에 관하여 데라우치 통감이 고무라 외무대신에게 전보 응답의 건, 경성 발: 8월 13일 후 도쿄 착: 14일 전 1시.

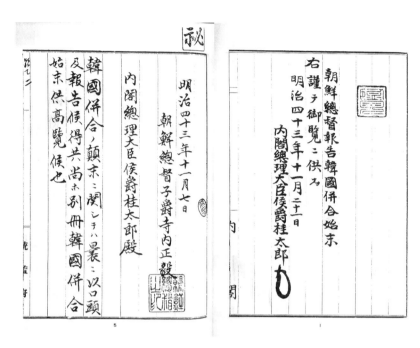

〈자료 5〉 통감 데라우치가 가쓰라 총리에게 보낸 〈한국병합시말〉 첫 면. 오른쪽은 가쓰라 총리가 이를 천황에게 올리기 위해 작성한 〈조선총독부보고 한국병합시말〉 지면.

한국인 전반의 처세 상태가 안전하고도 행복한 지위에 두어지게 되어 지금보다 어려운 지경에 빠지는 일은 없을 것이라고 회유하는 일부터 했다고 보고하였다. 즉 한국인들이 어떤 저항적 동요를 일으킬 가능성을 면밀히 살피면서 황제, 대소의 관리, 일반 민 모두 병합 후에 지금보다 더 나은 생활을 할 수 있게 될 것이라고 회유 작전을 폈던 것을 보고하였다.

이러한 사전 동태 파악 과정에서 그가 가장 중요시한 깃은 말할 것도 없이 한국 내각 총리대신 이완용의 협조 여부였다. 고마쓰 미도리의 《명치사실 외교비화》에 따르면 데라우치 측이 아니라 이완

용 측이 먼저 조급한 마음에서 네라우치의 의중을 타진해 왔다고 한
다. 그에 따르면 신임 통감이 착임 후 계속 침묵을 지키자 이완용은
야간에 비서격인 이인직李人稙을 외무부장 고마쓰 자신에게 보내 통
감의 '시국' 처리 방안을 물었다고 한다. 즉 통감이 현 내각을 상대로
할 것인지 합방을 미리 주장했던 송병준을 상대로 할 것인지를 물었
던 것이다.[27] 아울러 현 황실에 대한 처우를 어떻게 할 것인지도 물었
다고 한다.

〈시말〉은 위 '상황' 파악에 관한 서술에 이어 이완용 측과의 접촉
에 해당하는 내용으로 다음과 같이 기술하고 있다. 즉, "한국 내각
원으로서 그 직을 버려도 제국정부의 결의를 실행함에는 하등의 지
장 없고 그리고 그 퇴피退避의 행위는 결코 당국자 및 국가에 불이익
이 되는 결과를 가져올 뿐이라는 사정을 이해시키는 데 노력하였다.
이에 내각 총리대신 이완용은 의심을 풀고 깨달은[悟] 바 있어 스스
로 시국 해결에 나설 것을 결심한 것을 확인하였고, 그리하여 실행
의 시기가 이제 성숙되었다고 인식하여 8월 16일에 그를 통감 관저
로 불렀다"고 하였다.[28] 결국 이인직의 파견은 총리대신 이완용 자신
이 통감 데라우치에게 자신의 의중을 드러내 보이는 결과가 되었던
것이다. 통감 데라우치는 이완용 측과의 이런 접촉 뒤 8월 13일 밤에
외무대신 앞으로 전문을 보내면서 다음 주부터 병합 실행을 위한 조
치를 취하겠다는 전문을 보냈던 것이다.

통감 데라우치는 바로 다음 날인 14일에 두 번째 전문을 보내 도
쿄에서 준비해 온 〈조약안〉 가운데 아래와 같이 수정할 부분이 생긴

---

27) 小松綠, 앞 책, 439~445쪽.

28) 통감부는 한국 측과 벌인 교섭 과정을 외무대신에게 전송하기 시작한 것도 8월
16일부터였다. 《日外文》 제43권 제1책, 사항 19 "일한조약체결 일건", 574, 8월
16일 데라우치가 고무라 외무대신에게, "한국병합협정을 위해서 한국 이 총리와
제일회 회견의 건".

것을 알렸다.[29]

1. 전문前文 가운데 '한국의 현제現制' 이하 '확신한다'까지를 다음과 같이 고친다.

   "양국 사이의 특수하고 친밀한 관계를 살펴 상호의 행복을 증진하고 동양의 평화를 영구히 확보하기 위한 목적을 달성하기 위해 한국을 일본제국에 병합하지 않을 수 없음을 확신하여" 운운.

2. 제6조 가운데 '정부'를 '황제 폐하'로 고치고, '영작榮爵' 이하를 아래와 같이 고친다.

   "영작을 내리고 또 은금恩金을 준다."

3. 제5조를 제6조로, 제6조를 제5조로 치환한다.[30]

4. 제8조는 '조인'까지를 아래와 같이 고친다.

   "본 조약은 일본국 황제 폐하 및 한국 황제 폐하의 재가를 미리 거친〔經〕 것으로" 운운.

외무성 또는 병합준비위원회가 미리 갖추어 7월 8일 각의에 회부하여 결정한 〈조약안〉에 대해서는 앞에서 언급했지만(363~365쪽) 여기서 그 전문을 제시하면서 위 전보의 수정 제안의 내용을 함께 표시하면 아래와 같다(회색 글씨 부분이 수정 대상이다. 수정된 문장은 ( ) 안에 적는다. 그리고 조문이 바뀌는 것은 화살표로 제시한다).

조약안

일본국 황제 폐하 및 한국 황제 폐하는 한국의 현제現制로써 공공의

---

29) 앞《韓國併合ニ關スル書類》, 21 〈병합에 관한 데라우치 통감으로부터 고무라 외무대신에게 전보宛電報 응답의 건〉.

30) 실제 최종 조약문의 상태는 제3조가 제6조로, 제6조가 제5조로 바뀌었다. 이는 아래 조약안 전문 제시에서 표시하였다.

안녕질서를 보지함에 불충분하다고 인식하여 근본적으로 이를 개선함
에서 급무라고 인식되는 것을 살피고 또 한국 인민으로서 영구히 강녕
을 누리고 선정의 은택을 입어 생명 재산의 완전한 보호를 얻는 것을
바라고 이 목적을 달성하는 것은 완전히 한국을 일본국에 병합하는 외
에 없다는 것을 확신하여(양국 사이의 특수하고 친밀한 관계를 살펴 상호
의 행복을 증진하고 동양의 평화를 영구히 확보하게 하는 목적을 달성하기
위해 한국을 일본제국에 병합하지 않을 수 없음을 확신하여) 이에 양국 사
이에 하나의 병합조약을 체결하는 것으로 결정한다. 이를 위해 일본국
황제 폐하는＿＿＿＿＿을 한국 황제 폐하는＿＿＿＿＿를 각기의 전권위원으
로 임명한다. 이로 말미암아 위 전권위원은 회동 협의하여 아래와 같은
제조諸條를 협정한다.

제1조
한국 황제 폐하는 한국 정부에 관한 일체의 통치권을 완전히 또 영구히
일본국 황제 폐하에 양여한다.

제2조
일본국 황제 폐하는 전조前條에 게게揭한 양여를 수락하고 또 완전히〔全然〕
한국을 일본제국에 병합하는 것을 승낙한다.

제3조 → 제6조
일본국 정부는 앞에서 기록한 병합의 결과로서 완전하게 조선(*최종본에
서 한국으로 고침)의 통치를 담임하고 동지同地(*최종본에서 해지該地로 바
뀜)에 시행할 법규를 준수하는 한인의 신체 및 재산에 대해 충분한 보호
를 주고 또 그 복리의 증진을 도모한다.

제4조 → 제3조
일본국 정부는 한국의 황제 폐하, 태황제 폐하, 황태자 전하, 그 후비后妃
및 후예後裔로 하여금 각기의 지위에 맞는 존칭, 위엄 및 명예를 향유하
게 하고 또 이를 보지하기에 충분한 세비를 공급하는 것을 약속한다.

제5조 → 제4조

일본국 정부는 앞의 조관 이외의 한국 황족 및 그 후예에 대해 상당하는 취급을 하고 또 이로 하여금 각기 상당하는 존칭 및 지위를 보유케 하는 것을 약속한다.

제6조 → 제5조

일본국 정부(**황제**)는 훈공 있는 한인으로서 특별히 상창賞彰을 내리기 적당하다고 인정되는 자에 대해 영작을 수여함을 주청하여 고직高職을 내리고 또는 은급恩給을 주도록 한다(**영작을 내리고 또 은급을 준다**).

제7조

일본국 정부는 성의충실로 본 조약에 따라 정하는 신제도를 존중하는 한인으로서 상당한 자격이 있는 자를 사정이 허락하는 한 조선에서 제국 관리로 등용한다.

제8조

본 조약은 조인에 앞서 일본국 황제 폐하 및 한국 황제 폐하의 열람에 供하여 그 재가를 거친 것으로 하여(일본국 황제폐하 및 한국 황제 폐하의 재가를 미리 거친 것으로) **조인**(*나중에 공포로 바뀜)일로부터 바로 효력을 가지게 한다.

우右(위-필자) 증거로 양 전권위원은 본 조약에 기명 조인한다.

일본 정부의 각의를 거친 〈조약안〉은 임지에서 상황 점검을 마친 통감 데라우치의 제안에 따라 8월 14일자로 위와 같이 부분 수정이 가해졌다. 전문前文에서는 병합 뒤의 결과를 주로 언급한 원안의 내용을 병합의 이유를 밝히는 것으로 바꾸었다. 더욱이 원안의 내용은 제3조와 중복되는 것이 많았다. 제6조는 영작과 은급을 내리는 주체를 일본정부에서 황제로 바꾸면서 '고직'을 삭제하였다. 한국 대신들을 새 통치부에 참여시키려 했던 것을 변경한 것이다. 이것은 현지 상황을 직접 보고 내린 중대 결정이었다. 제8조의 변경도 중시된다. 조인에 앞서 일본 황제와는 달리 "한국 황제 폐하의 열람에 공供하여" 재가를 미리 받는다는 것이 쉽지 않다는 판단 아래 "양국 황제 폐하의 재가를 미리 거친 것으로"라고 바꾸어 인준 과정을 단순화시켰다. 세계 조약사에서 전권위원 사이의 조인에 앞서 황제 곧 국가원수의 재가를 "미리 거친" 조약은 찾기 어렵다. 관행으로나 법적으로 있을 수 없는 일이다. 무엇인가 한국 황제로부터 재가를 받기 쉽지 않을 상황에 대비한 문구 수정이었다고 할 수 있다. 여하튼 이 수정 조약문은 이후 실제로 8월 22일에 양국 전권위원이 기명날인하게 되는 조약문과 거의 같은 내용이다. 위에 표시되었듯이 제3조(제6조로 변경)의 국호 '조선', '동지同地'가 '해지該地'로 바뀌는 가벼운 수정이 이후에 더해졌다.

2) 총리대신 이완용 초치 및 병합 방안 전달

통감 데라우치는 8월 16일에 내각총리대신 이완용을 통감 관저로 불렀다. 그는 이미 이완용의 의중을 파악한 뒤였기 때문에 그의 말은 고압적이었다. 〈시말〉은 통감 자신이 총리대신 이완용에게 한 '협조 요청'에 대해 다음과 같이 자세하게 밝히고 있다.

먼저 일본 제국정부는 한국을 '옹호'하기 위해 두 차례 위험을 무릅쓰고 '대전'을 일으켜 수만의 생령과 수억의 재산을 희생으로 바쳤고 이후에도 성의를 다하여 한국을 일으켜 세우려고[扶翼] 힘썼지만 지금과 같은 복잡한 제도로서는 도저히 시정 개선의 목적을 온전히 달성할 수 없었다. 그러므로 앞으로 한국 황가의 안전을 보장하고 또 한민 전체의 복리를 증진하기 위해서는 양국이 서로 화합하여 일체가 되기 위해 정치기관의 통일을 도모할 수밖에 없다고 하였다. 이어 또 황실의 우대[優遇] 및 공로 있는 한국인에 대한 은전恩典과 아울러 앞으로 시정의 방침에서 가해질 깊고 두터운 은덕[深仁厚德]

의 천황의 심려[叡慮]를 전한다고 하였다.

요컨대 한국 황제 퇴위 강제 후 한국 의병의 격렬한 저항으로 일본 정부가 겪은 고충과 곤경의 일괄 타개가 병합의 길 밖에 없었던 것을 한국에 대한 일본 정부의 끊임없는 '부익'이란 표현으로 미화하여 이를 '병합'이 불가피한 이유로 삼아 협조를 강요하였던 것이다.

이러한 장황한 서두에 이어 함께 처리해야 할 '병합'의 안건에 대해 다음과 같이 말하였다.

> 병합의 일은 고금의 역사에 비추어보면 위압으로 단행되거나 선언서 공포로서 협약에 대신하는 예도 적지 않지만 한일 양국은 지금까지의 관계로나 금후의 양국민의 화목[輯睦] 도모를 위해 이런 수단을 쓰는 것은 대단히 좋지 않으므로 이번의 시국 해결은 화충 협동和衷協同으로 실행하여 추호의 격의도 없게 하는 것이 필요하고 그리고 그 형식은 합의적 조약으로서 상호의 의사를 표시하는 것이 타당하다고 인식한다. 그러므로 지금 그 대요를 열거하여 헤아림[考量]에 도움이 되도록 각서를 만들어 두는 것으로 하자.

그가 제시했다는 '각서'의 내용은 다음과 같았다.

> (가) 일한 양국은 국토[境土]가 서로 붙어 있고 인문이 서로 같아 예부터 길흉이해를 같이 하여 끝까지 분리될 수 없는 관계를 가진다. 이것이 (일본)제국이 감히 위험을 무릅쓰고 전후 2회의 대전을 일으켜 수만의 생령과 수억의 재산을 희생에 바쳐 한국을 옹호한 까닭이다. 이후 제국정부는 홀로 한국을 부축하여 일으키는 데[扶腋] 온 힘을 다했지만 현재와 같이 복잡한 제도로는 도저히 한국 황실의 안고安固를 항구적으로 확보하고 또 한민 전체의 복리를 완전히 보호할 수 없으므로 이에 양국을 서로 합쳐[相合] 하나로 만들어 피아의 차별을 철거하여 한국의 통치기관을 통일하

는 것이 상호의 편익이라고 인식하기 때문에 일한병합은 저 전쟁 또는 적
대의 결과로부터 생긴 것과 같은 사태와 동일시 할 수 없음은 말할 것 없
고 오히려 화기애애한 가운데 협정을 이루어야만 하는 것으로서 한황 폐
하는 시운의 추세를 살펴〔鑑〕 자진하여 그 통치권을 우리 천황 폐하에게
양여하여 그 지위를 버리고 장래 만전萬全의 위지位地로 나아가야 한다.

(나) 현 황제 폐하, 태황제 폐하, 황태자 전하, 기타 각 황족의 강녕과 한
민 상하의 복리를 보장하기 위해 조약을 체결토록 한다. 그 조약 가운데
는 대략 (1) 현 황제, 태황제 폐하 및 황태자 전하 그리고 그 후비 및 후
예는 상당하는 존칭, 위엄 및 명예와 이를 보지하기에 충분한 세비를 받
도록 한다. (2) 기타의 황족에게도 현재 이상의 우대〔優遇〕를 내리도록
한다. (3) 훈공이 있는 한인에게는 영작을 내리고 이에 상당하는 은사금
을 주도록 한다. (4) 일본국 정부는 완전하게 한국 통치를 담임하고 법규
를 준수하는 한인의 신체 및 재산에 대해 충분한 보호를 하고 또 그 복리
의 증진을 도모한다. (5) 성실하게 신제도를 존중하는 한인에게는 이를
조선에서 제국 관리에 임용하는 것 등을 규정하도록 한다.

(다) 이에 귀 대신(총리대신 이완용을 가리킴 - 필자)이 참고할 수 있도록
조약체결에 따라 생기는 결과의 개요를 기술해 둔다. 먼저 현 황제폐하
는 통치권을 양여함과 동시에 태공전하의 존칭을 받도록 하고 황태자 전
하는 그 세사世嗣(子)로서 공전하公殿下의 칭호를 받고 상속에서는 태공太
公이라고 하여 자자손손 세습하게 하는 것으로 한다. 태공가太公家는 영
구히 존속하는 것으로 한다.

(라) 태황제 폐하는 지금도 비록 은퇴한 몸으로 따로 일가를 세울 생각
〔思검〕을 하고 있지 않지만 특별히 은전으로써 그 일대는 현 황제 폐하와
같이 태공전하의 존칭을 내리는 한편 일본 황족이 되는 예우를 내릴 것

이며 앞에 말한 존칭은 지금부터는 점차 강등하도록 한다. 그렇게 하더라도, 역사를 살피건대 이 나라 역대의 왕조는 시종 정삭正朔(의 사신)을 인국隣國(중국)에 보내고, 근래 일청전쟁 전후까지는 왕전하라고 칭하고 그 후 일본국의 비호에 의해 독립을 선포하고 비로소 황제 폐하라고 칭하게 된 것에 불과하니 지금 태공전하로서 일본 황족의 예우를 받게 되는 것은 10여 년 이전의 지위에 견주어 반드시 열등하다고 말할 수 없다. 이로써 수백 년 이래의 존엄을 격하시킨다고 인식하는 것은 앞뒤를 살피지 못함이 심한 것이다. 특히 종래 현 황제, 태황제 양 폐하 및 황태자 전하가 받고 있는 궁정비는 조금도 감소하는 것 없이 전액을 위 3곳에 제공할 것이다. 우리 천황 폐하의 성지聖旨로서 금후라도 현재와 똑같이 부유한 생계를 영위할 수 있을 뿐만 아니라 태공으로서 일본 황족이라는 예우를 받음에는 이후 어떤 변고를 당할 우려 없이 영구히 안전하고 또 공고한 지위를 누릴 것이다. 또 이미 지금과 같은 액수의 세비를 제공받게 되기 때문에 종래의 궁내부宮內府, 승녕부承寧府 기타의 황실에 딸린 각관은 그 직명에는 변경해야 할 것이 있더라도 그 지위를 그대로 유지하여 종전과 마찬가지로 봉록을 받게 된다.

(마) 의친왕 이하의 각 황족은 종래의 격식에 맞추어 공후백公侯伯 등의 영작을 내려 받고 그 세비는 누구나 현재의 정액보다도 더 받게 되어 이제부터 일층 풍부한 세입을 우리 친황 폐하로부터 내려 받아 충분히 체면 유지를 할 수 있을 것이다.

(바) 현 내각내신으로서 유종의 직책을 다하여 원민히 시국의 해결을 수행하면 특별히 다른 대신들과는 달리 특별한 은상을 내리고 영작을 주는 것에 더해 생을 다할 때까지 행복한 생활을 하기에 충분한 사금賜金을 줄 뿐만 아니라 중추원의 고문에 임명되어 장래의 시정에 대한 자순諮詢을 할 수 있는 명예를 받을 수 있다. 기타 현재의 친·칙·주임관, 판임

관, 원로, 전 대신 등에 대해서는 각기의 등차에 따라 대저 은전을 받음
은 물론 일반 사민士民에 대해서도 역시 각기의 생업을 할 수 있도록 하
기 위해 수산기본금授産基本金[31]을 반사頒賜받도록 한다.

(사) 조약체결의 순서로서 귀 대신은 먼저 각의를 단속한纏 가운데 한
황폐하에게 위에서 말한 취지를 말씀드리고 조약체결을 위해 전권위원
의 임명을 주청해야 한다. 그리고 귀 대신과 본관은 직책상 조약체결의
대임을 맡아야 함은 물론 무릇 이 조약이야말로 일한친선의 극치로서 그
진운에 공헌하기 위해서는 그 일局을 맡는 자는 서로 단성丹誠을 다하
여 화충협동으로 그 직책을 온전히 수행해야 한다. 생각건대 한황 폐하
는 타고난 성품이 화락雍熙하여 대국大局에 잘 순응하는 성덕을 갖추었
고 또 귀 대신을 수상으로 한 현 내각의 각원은 누구나 다 일을 알아차리
는 수준識度이 고매하고 시국을 구제하는濟時 방략을 갖추고 있어서
반드시 우리 천황 폐하의 큰 계획宏謨을 신뢰하여 일 처리出處를 잘
못함이 없을 것을 본관은 확신하여 의심하지 않는 바이다.

이상 7개조에 달하는 〈각서〉의 내용은 앞에서 제시한 〈조약안〉(수
정본)의 내용과 대동소이하다. 〈조약안〉의 각 조에 대한 해설이라
해도 지나친 말이 아닐 정도로 유사성이 많다. 다만 조약을 함께 처
리할 파트너인 총리대신 이완용에 대한 언사는 유혹과 강압이 교묘
하게 짜여져 있다. 총괄적으로 보면, 5월부터 7월까지 육군성과 한
국병합준비위원회를 중심으로 준비, 검토된 제반 논의의 문건 가운
데 이 〈각서〉만큼 시혜적인 언사로 자세히 설명된 것이 없었던 점은
주목할 만하다. 이는 곧 통감 데라우치가 도쿄에서 가져온 〈조약안〉
등을 놓고 한국사정에 밝은 통감부의 고위 관료들과 함께 숙의하여
위 〈각서〉가 작성되었다는 것을 의미한다. 그러나 앞에서 지적하였

---

31) 수산授産은 생활의 수단이 되는 직업을 제공하는 것을 뜻한다.

듯이 한국황제(고종) 퇴위 강제 이후 곳곳에서 봉기한 의병 활동이 1908년 한 해만 해도 한반도 안에서 의병과 일본군 사이의 교전 횟수가 1,500~2,000회, 참여 의병의 수가 6만~8만을 헤아리고, 전 통감 이토가 대한의군 특파대 대장 안중근에 의해 하얼빈에서 저격당하는 사태가 대미를 이룬 사실을 유의하면 〈각서〉의 언사들은 저들의 '병합' 추진을 내외에 정당화하려는 의도이거나 한국인을 속이기 위한 감언이설일 뿐이다.

내각 총리대신 이완용은 이미 예상하고 있었기 때문에 〈각서〉의 내용에 대해 특별히 이의를 제기하지 않은 것으로 되어 있다. 단지 국호 및 황제의 존칭에 대해서만 수정을 요청하였다. 즉 주권이 없는 나라, 그 왕실로서는 형식적인 것에 지나지 않지만 일반 인민의 감정에 미치는 영향은 적지 않으므로 국호는 한국이라는 이름을 존속시키고 황제는 이전에 청나라에 '예속'되었을 때의 수준에서 왕호를 부여해 주고 종실의 제사를 영구히 존속시켜 인심을 완화시켜 주는 것이 이른바 화충협동의 정신에도 부응하는 것이라고 믿는다고 제언하였다.

이완용의 의견에 대해 통감 데라우치는 부정적 의사를 표하면서 즉석 답변을 피하였다. 그는 한국 측의 사정에서 보면 그런 의견을 낼 수 있지만 일반적인 국제관계에서 보면 병합 후에 왕위를 존속시킬 이유는 없고 또 존속시키면 화근을 남기는 것이기 때문에 존속되는 예가 없다. 천황의 특지로서 태공 전하의 존칭을 내리기로 결정한 것은 이를 시국해결에서 가장 무게를 둔 것이라는 내용을 설명해 주었다고 하였다. 데라우치는 태공이란 존칭은 일본국에서는 일찍이 없던 것으로 외국에서는 왕의 칭호와 우열을 가리기 어려운 것이라고 지적하면서 더 숙고해보자고 여운을 남기고, 〈각서〉 이외의 별안으로 지방의 양반에 대한 수산기금 분배의 방법 등을 상술하였다고 하였다. 이에 대해 이완용은 국호 및 왕 칭호의 문제는 혼자서 승낙

하기 어려울 뿐만 아니라 각원(내각 인원) 일동도 같은 소감일 것이라
고 말하고, 동료와 협의해도 그들도 이에 동의하기 어려울 것이며 이
를 설복시키려고 하면 기밀 누설의 우려가 있으니, 비밀을 잘 지키기
위해 자신을 돕는 자로 각원 가운데 농상공부 대신 조중응趙重應이 있
으니 먼저 그와 협의하여 그 결과를 그를 통해 교섭하겠다고 하였다.

데라우치는 이를 승낙하고, 또 수상 및 각원의 입장보다는 황제가
시국 해결에 필요한 칙명을 내리고 그 칙지에 기초하여 조약체결의
임무에 당하는 것으로 함이 바로 바른 순서이며 또 이는 각원의 고난
을 경감시키는 길이 되는 것을 주의시켰고 이완용은 이를 받아들이
고 물러났다고 하였다.

같은 16일 오후 9시에 농상공부대신 조중응이 통감을 방문하여 이
완용과의 협의 결과를 전달하였다. 국호 보존과 왕호의 부여는 최소
한 보장되어야 한다는 의견이었다. 데라우치도 이는 묘의(조정 회의)
에서 결정된 것으로서 자신은 칙명을 받들어 실행하고 있을 뿐이라
고 어려움을 표하였다. 이에 조중응은 국호를 조선으로 고쳐 존속시
키는 것은 참으로 다행이니 이에 맞추어 왕 칭호를 보존하는 것을 간
절히 바란다고 응대하였다. 여기서 통감 데라우치는 그 의사를 확인
하기 위해 아래와 같이 필기하여 보이면서 이는 어전회의의 결정을
바꾸는 것이므로 제국정부에 품의해야 하는 것이라고 밝혔다. 데라
우치가 한걸음 물러선 것이었다.

1. 한국의 국호를 지금부터 조선이라고 고친다.
2. 황제를 이왕李王 전하, 태황 폐하를 태왕太王 전하, 황태자를 왕세자 전
하라고 칭한다.

조중응은 일단 이를 받아 총리대신 이완용과 협의하여 가부의 확
답을 전하겠다고 하고 물러났다. 이튿날 17일 오전 10시에 총리대신

이완용은 각원에게 협의할 필요가 있으니 이날 오후 8시까지 확답을 유예한다고 전하고, 다시 이 시각까지 종일 각원과 협의하였지만 아직 전원의 동의를 얻지 못했다. 그렇지만 국호 및 왕 칭호에 관한 자신의 주장으로 제국정부가 받아들인다면 자신이 책임을 지고 각의를 통일하는 데 진력하겠다는 뜻을 전해왔다고 하였다. 이에 데라우치 자신은 국호를 조선으로 고치는 것은 이쪽에서는 이미 이의 없으며, 또 한국 황제가 통치권을 양여한 후에 조선왕이라고 하지 말고 단순히 이왕이라는 큰 칭호(隆稱)을 내려도 앞으로 어떤 지장도 없다고 생각하여 바로 제국정부에 전보로 품의하였고, 이튿날 18일에 이에 대한 재가를 얻어 그 취지를 이완용에게 전달하였다고 하였다. 결국 통감 데라우치가 한걸음 물러선 절충안으로 '조선왕' 대신 '이왕'의 칭호를 쓰는 것으로 합의를 도출했던 것이다. 통감 데라우치는 이를 이완용에게 전달하면서 한국 내각 대신들의 의견을 다스려 조약체결에 착수하기를 촉구하였다. 그로서는 한국 각료들의 저항을 이 정도의 선에서 마무리 짓고 조약체결의 순서에 들어가기를 바랐다.

데라우치는 이 단계에서 총리대신 이완용에게 〈조약안〉을 제시하고 이에 대한 상세한 설명을 가한 다음, 한국 황제는 내각총리대신을 조약체결의 전권위원에 임명함으로써 정식의 순서에 들어가고자 하였다. 그래서 위와 같은 타협안을 전달하면서 동시에 한국 황제가 아래와 같은 내용의 '칙명'을 발부할 필요가 있다는 것을 전했다고 하였다. 그러나 〈시말〉은 이 뜻을 어떤 방식으로 전했는지를 구체적으로 밝히지 않았다. 즉 총리대신을 다시 통감 관저로 불렀는지, 조중응을 통했는지, 통감부의 요원을 보내 알렸는지 밝히지 않았다.

짐은 동양의 평화를 공고히 하고자 한일 양국의 친밀한 관계로 서로 결합하야 일가됨은 서로 만세행복을 도모하는 조건(所以)으로 생각한 즉 이에 한국통치를 거擧하야 짐이 극히 신뢰하는 대일본국 황제폐하에게 양여함

으로 결정하고 이리하여 필요한 조장條章을 규정하야 장래 우리 황실의 영
구안녕과 백성의 복리를 보장하기 위하여 내각총리대신 이완용에게 전권
위원을 임명하고 대일본제국 통감 데라우치 마사타케와 회동하여 상의 협
정하도록 하라.

총리대신 이완용을 한국 측 전권위원으로 임명하니 일본 측의 통
감 데라우치 마사타케와 만나서 두 나라를 합치는 조약을 '상의 협
정'하라는 명령을 내리는 내용의 칙서이다. 칙서는 도쿄에서 준비
된 문건 가운데 없던 것으로서, 통감이 임지에 와서 준비한 것이 거
의 확실하다. 국한문 혼용의 문투로 된 문장이 도쿄의 일본 관리들
에 의해서는 작성되기 어려운 것이다. 그러나 누가 데라우치를 도와
이를 작성하였는지는 알 수 없다. 다만 이 칙서는 통감이 이완용 측
에 처음 전한 것으로서, 한국 황제 측에서 준비한 것이 아니라는 사
실은 명백하다. 한국 황제가 전권위원을 임명하는 칙서 자체가 통감
측에서 준비되었다는 것은 이 조약이 한국황제 측에서 자발적으로
한 것이 아니라, 일본 측의 강요에서 시작된 것이라는 점을 증명하
는 명백한 증거의 하나이다.

〈시말〉은 칙서에 관한 설명을 이상과 같이 밝힌 다음, 이보다 앞
서 있었던 다음과 같은 조치를 밝혔다. 곧 14일에 본국 정부의 외무
대신에게 전보로 알린 〈조약안〉의 수정에 관한 것이다. 즉 임지 한
국에 와서 한국 정부의 동정을 살핀 결과, 우리의 화충협동의 성심誠
心을 양해하여 "합의적 조약의 체결"에 대해 거의 이론이 없을 상황
인 것을 확인하여, 조약에 의해 될 수 없을 경우에 발할 〈선언서〉는
무용으로 되었을 뿐만 아니라, 본관이 휴대한 〈조약안〉의 전문前文도
수정하는 것이 타당하다고 믿고 이에 대해 미리 재가를 앙청하였다
고 밝혔다. 전보로 보낸 '전문'의 수정안은 아래와 같이 제시하였다.

일본국 황제 폐하 및 한국 황제 폐하는 양국 사이의 특수하고 친밀한 관계
를 살펴 상호의 행복을 증진하고 동양의 평화를 영구히 확보하기를 바라고
이 목적을 달성하기 위해서는 한국을 일본제국에 병합하지 않을 수 없음을
확신하고 이에 양국 간에 병합조약을 체결하는 것으로 결정하였다 운운

위 인용문 가운데 옅은 색 부분은 앞 전보에는 보이지 않던 부분
이다. 실제로 '기명날인'된 〈조약문〉에는 위 인용문 대로 되어 있다.
이것은 8월 14일 현재 및 그 이후에 〈조약문〉은 통감부 안에서 관계
자들에 의해 계속 다듬어 지고 있었다는 것을 의미한다. 후술하듯이
조약문은 한국어본과 일본어본이 통역관 마에마 교사쿠 한 사람의
필체로 작성된 것이 최근 밝혀졌다.[32]

3) 통감 데라우치의 지시에 따른 조약 체결 진행

총리대신 이완용은 18일에 조중응을 통해 국호와 황제 칭호에 대
한 절충안(국호: 조선, 황제: 이왕)을 전달받은 다음, 같은 날에 내각
회의를 열었다. 당시 내각을 구성하는 대신은 아래와 같이 5인에 지
나지 않았다. 1907년 7월 이후 통감부가 내정권을 장악하면서 군부
대신, 외부대신, 법부대신 등이 폐지되어 아래 5개 대신직만 남았다.

내각 총리대신	이완용李完用
내부대신	박제순朴齊純
탁지부대신	고영희高永喜
학부대신	이용직李容稙
농상공부대신	조중응趙重應

32) 윤대원, 《데라우치 마사타케 통감의 강제 병합 공작과 '한국병합'의 불법성》(소
명출판, 2011)의 제2부 조작과 '날조'된 병합늑약, 〈'한국병합' 관련 4개 문서의
필적 비교와 筆寫者〉 참조.

〈시말〉에 따르면, 내각회의에서 총리대신의 '간절한 설명'〔懇說〕을 듣고 내부대신, 탁지부대신은 조금씩 동의하는 기색이었지만 학부대신은 완강하여 처음부터 병합에 반대하면서 "임금을 욕되게 하면 신하는 죽어야 한다〔君辱臣死〕"라고 탄성을 연발하였다고 한다. 그리하여 총리대신 이완용은 곧 열릴 어전회의에 대비해서라도 부득이 그를 '학사시찰學事視察'의 명목으로 지방 여행을 시키려고 했는데 당시 일본에 큰 수해가 나서 '수해 위문' 명분으로 본방本邦(일본) 시찰로 특파하는 것으로 결정하였다고 했다. 말할 것도 없이 통감부가 낸 방안이었다.

19일 이완용은 황제 측근에 있는 궁내부대신 민병석閔丙奭과 시종원경 윤덕영을 불러서 "시국 해결의 대요를" 설명하였지만 기밀 누설로 물의를 일으키는 사단이 되는 것을 우려하여 자세한 설명은 피하고 두 사람을 통해 황제의 뜻〔內意〕을 탐지하는 데 그치고 아직 그 동의를 얻는 데 까지는 진전시키지 않았다고 하였다. 이완용은 이어서 20일에 승녕부承寧府 총관 조민희趙民熙와 친위부親衛府 장관 이병무 등을 불러 황제의 최근의 언동을 묻는 한편 시국해결을 위한 상황을 설명하여 동의를 얻고, 또 흥왕興王 이희李熹, 중추원 의장 김윤식에게도 밀담을 마친 것으로 기록되어 있다.

21일은 통감이 궁내부대신 민병석과 시종원경 윤덕영 두 사람을 공략하는 날이었다. 어전회의를 하루 앞둔 날이었다. 〈시말〉은 이날 하루의 과업을 궁내부차관 고미야 미호마츠小宮三保松의 보고에 근거하고 있다. 고미야 차관의 보고는 대체로 다음과 같이 기술되어 있다.

민병석, 윤덕영 두 사람은 이날까지도 황제의 전권위원 임명에 관해서 충분히 이해하고 있지 못한 것 같아 통감 비서관 고쿠분 쇼타로를 두 사람의 자택으로 보내 '시국문제의 경과'를 설명하게 하였다. 이에 더해 황제와 내각 사이에 연락을 잘 유지하여 모든 일이 빠짐이 없도록 조치해야 한다는 뜻을 주의해 두었다. 하지만 총리대신 이완용은 궁내부대신과 시종원경에게 상세한 사실을 알려놓으면 기밀이 누설되어 혹 황제 및 태황제를 개입시켜 물의를 일으킬지 알 수 없다고 하여 금일까지 숙의를 하지 못하였다. 만일 궁내부대신과 시종원경이 갑자기 그 태도를 일변하여 그 때문에 조약체결에 필요한 전권위원의 칙서를 발부받지 못할지도 모른다. 이럴 경우에는 불가피하게 조약안을 황제에게 보여주고[叡覽에 供하여] 그 자리에서 재가를 앙청하여 조인을 끝내는 도리밖에 없다. 이것은 구래의 관행에 비추어 반드시 위례違例는 아니라고 생각되지만 이러한 사태를 피해 전반적으로 원만히 집행하고자 하는 것이니 통감이 직접 두 사람을 설득하는 것을 희망한다는 뜻을 전하도록 하였다고 보고하였다.

통감 데라우치는 고미야 차관의 이상과 같은 보고를 듣고 어전 회의 당일 곧 22일 오전 10시를 기해 궁내부대신 민병석과 시종원경 윤덕영을 관저로 초치하여 시국 해결의 문제가 오늘까지 대체로 원활히 진행된 대요를 설명하고 지금은 이미 조약체결의 시기에 이르렀으므로 황제는 오늘 어전회의에서 그 결의를 선시宣示하시고 내각 총리대신을 전권위원에 임명하는 것을 순서로 한다. 이것은 원만한 해결을 이루는 데 가장 중요한 수속이기 때문에 미리 위 취지를 아뢰어[執奏] 그때에 미쳐 차질이 없도록 기해야 한다는 내용을 충고하고, 며칠 전 내각 총리대신에게 보여준 전권위임에 관한 칙서안을 건네주고[手交] 또 국호 및 왕 칭호에 관해서는 내각 총리대신 및 각료의 희망대로 제국정부가 동의한 사정을 설명해주었다고 하였다.

민·윤 두 사람은 그 직책상 곤란한 사정을 말했지만 마침내 본관本官의 충고를 이해하고 곧 바로 입궐하여 황제에게 아뢰[奏聞]겠다고 답하고 황실의 세비 및 궁내부의 처분에 관해 두어 질문을 하여 본관은 이에 대해 상세한 설명을 하고 모든 일이 잘 처리되도록 고쿠분 비서관에게 명하여 동행시켰다.

민·윤 두 사람은 바로 입궐하여 오전 11시에 황제를 알현하고 약

30분 동안 복주伏奏하고 물러난 뒤 고쿠분 비서관에게 다음과 같이 상황을 알렸다고 한다. 즉 본관이 강조한 점을 아뢰니 "황제는 대세가 이미 정해진 이상은 속히 실행하는 것이 좋다고 하면서 오늘 오후 1시를 기해 국무대신은 물론 황족을 대표하여 흥왕興王 이희, 원로대표 중추원 의장 김윤식, 시종무관 이병무 등을 어전에 부르도록 칙명을 내렸다"고 했다. 그러나 황제의 반응에 대한 이 기술은 어디까지나 병합을 강제로 추진한 자의 말로써 사실로 간주할 수는 없는 내용이다.

같은 22일 오후 1시 칙명에 따라 내각 총리대신 이완용, 내부대신 박제순, 탁지부대신 고영희高永喜 및 농상공부대신 조중응 등이 함께 입궐하고 시종무관 이병무가 그 다음에 왔지만 이날은 마침 흥왕의 생일이어서 축하연을 열고 있었기 때문에 흥왕 이희, 중추원 의장 김윤식 등은 조금 늦게 도착하였다. 오후 2시 황제는 궁내부대신 민병석과 시종원경 윤덕영을 이끌고 내전에 나시어 먼저 통치권 양여의 요지를 선시하고 또 조약체결의 전권위임장에 몸소 서명하고 국새를 찍어 이를 내각 총리대신에게 내렸다. 이로써 내각 총리대신은 휴대한 조약안을 황제가 열어 보시도록 하여 조목별로 설명을 하니 참석한 자 누구도 이의를 말하지 않았고 황제는 하나하나 이를 가납하여 재가를 내렸다는 것을 고쿠분 비서관이 통감에게 전화로 상세하게 보고하여 왔다고 하였다.

같은 날 오후 4시가 되어 내각 총리대신 이완용은 농상공부대신 조중응과 함께 통감관저로 와서 본관(통감)에게 이상의 전말을 진술하고 또 일본어 번역문의 전권위임 칙서[33]를 제시하였다. 그 내용은 앞에서 이미 살핀 것이지만 여기서 마지막 부분에 한 줄(밑줄 친 부분)이 추가되었다.

---

33) 내각 총리대신 이완용을 전권위원으로 임명하는 내용의 칙서로서 지금까지 알려진 것은 한국어 본으로 서울대 규장각한국학연구원에 소장되어 있다. 일본어 번역본은 여기서 언급된 것이 유일하며 실물이 알려진 것은 현재까지 확인되지 않는다.

짐은 동양의 평화를 공고히 하고자 한일 양국의 친밀한 관계로 서로 결합하야(彼我相合) 한 가족됨(作爲一家)은 서로 만세행복을 도모하는 조건을 생각한 즉 이에 한국통치를 거하야 짐이 극히 신뢰하는 대일본국 황제폐하에게 양여함으로 결정하고 그리하여 필요한 조장(條章)을 규정하야 장래 우리 황실의 영구안녕과 백성의 복리를 보장하기 위하여 내각총리대신 이완용에게 전권위원을 임명하고 대일본제국 통감 데라우치 마사타케와 회동하여 상의협정하게 하니 모든 신하들도 또한 짐이 뜻을 확단하는 바를 체득하여 봉행하라.

전권위원을 임명하는 한국 황제 조칙의 최종 완성본이 이때 제시되었다(기본자료 7-1). 통감은 이를 펼쳐 보고(査閱) 그것이 완전하고 타당함을 승인하고 또 시국해결이 이렇게 정숙하면서 원만하게 실행된 것은 쌍방의 행복으로서 가장 축하할 만한 것이란 뜻을 말하고 이완용과 함께 일한 양국문의 조약 각 2통에 기명조인했다고 하였다(기본자료 7-2, 3). 이완용은 조인을 마친 다음, 화기애애한 가운데 큰일이 완성될 수 있었던 것은 전적으로 일본국 천황 폐하의 위덕에 의한 것으로 이에 기뻐하면서 지금 한마디 작은 충정(微衷)을 말해둔다고 하면서 다음과 같은 3개조를 진술했다고 한다.

1. 국민수산(國民授産)의 방법에 대해서 특히 주의(배려 - 필자)를 해야 하는 것은 대개 그것이 적의(適意)한지 여부는 국민으로 하여금 영구히 은택에 기쁜 마음으로 복종시키느냐 여부에 달려 있는 것이다.
2. 장래 왕실에 대한 대우의 넉넉함과 모자람(厚薄)은 국민 전체의 사상에 영향 주는 바가 적지 않다고 믿는다.
3. 교육에 관한 행정기관은 총독부 관제에 의해 결정되는 것이 틀림없으니 (이에서) 바라는 것은 중앙에 국(局) 또는 부(部)를 두어(주기 바란다.) 국민교육에 무게를 두는 뜻을 보이느냐 여부에서 (무게를 두지

않게 되면) 장래 열등 인종으로서 취급되는 것과 같은 감상을 일으킬 우려가 있다.

　이상은 총리대신 이완용이 통감 데라우치의 요구대로 병합 강제의 '큰일' 수행에 앞잡이 노릇을 하면서 대한제국을 위한 최소의 체면치레로 내놓은 것이다. 데라우치의 응대도 마찬가지이다. 국민수산은 국가가 신민 가운데 생업의 능력이 없는 자를 위해 내놓은 각종 대책을 의미한다. 8월 16일에 통감 데라우치가 이완용을 초치하였을 때 내놓은 〈각서〉 가운데 "일반 사민士民에 대해서도 역시 각기의 생업을 할 수 있도록 하기 위해 수산기본금을 반사 받도록 한다"는 구절이 있었다. 이완용의 요구에 대한 데라우치의 응답은 한국은 농업을 본으로 해왔기 때문에 먼저 힘을 농업의 발달에 다 쏟아야 한다는 정도였다. 왕실에 대한 대우에 관해서도 제국정부에 '주의(배려)'를 촉구해 두겠다고 하였다. 끝으로 국민교육 문제는 중앙 기관의 일로 과대하게 하기보다 지방에 보급하는 방법을 강구할 필요가 있다고 하면서 중앙에도 상당한 기관을 설치하는 것을 생각해보겠다고 답하였다. 이러한 제안이나 논의는 사실은 당장에 병합을 실현시키려는 쪽의 감언이설에 지나지 않는 것으로, 더는 의미를 찾기 어려운 것이다. 데라우치의 보고서 〈시말〉은 이완용이 이 답변에 대해 만족의 뜻을 표하고 다시 조중응과 함께 덕수궁으로 가서 태황제에게 시국 해결의 전말을 아뢰기 위해 물러났다고 하였다.

　〈시말〉은 끝으로 같은 22일 오후 5시에 궁내부 대신 민병석과 시종원경 윤덕영이 다시 통감 관저로 와서 본관(통감)에게 황제의 선지宣旨를 전달했다고 하였다. 그 요지는 다음과 같다. 짐은 민, 윤 두 사람을 통해 전달받은 통감의 충언을 의심치 않는다. 짐은 일찍이 시국문제는 조만간 해결해야 할 문제로 예상하고 있었는데 지금 그 기회가 와서 내각 총리대신에게 원만한 해결에 필요한 위임을 내려

주었고 내각총리대신은 이미 통감과 회동하여 일체의 요건을 마쳤으리라고 믿는다. 짐은 지금부터 국무에 상관하는 바 없고, 바라는 바는 내 일가를 정리하고 내 종실의 제향을 영구히 지속하는 데 있을 뿐이다. 이에 통감의 고려를 구하는 한 가지 일이 있다. 지금의 궁내부는 조직에 변경이 있더라도 인원수를 줄이는 것은 일반 국민의 감정을 생각해서나 체면유지에서 우려를 금치 못하는 것이 있으니 천황가의 후의에 기대하며 세비도 이전의 정액이 유지되기를 바란다고 하였다. 이에 대해 통감은 이왕가에 대한 예우는 일본 황족과 동일한 수준에서 주어질 것이라는 답을 전하니 민, 윤 두 사람은 이를 믿고 돌아갔다고 하였다.

조약 체결 경위에 대한 〈시말〉의 보고는 여기서 끝난다. 〈시말〉의 끝에 기술되어 있는 한국 황제의 선지는 그 내용으로 봐서도 거짓이라는 것을 쉬이 짐작할 수 있지만, 한국 황제가 병합을 알리는 황제의 〈칙유〉에 서명을 거부한 사실(후술)로서 확실하게 반증된다. 이것은 〈시말〉이 병합 실현의 최종단계인 황제의 병합을 알리는 8월 29일자의 〈칙유〉에 대한 서술을 결여하고 있는 이유이기도 하다. 〈시말〉은 위와 같은 8월 22일까지 있었던 '조약 체결' 경위에 대한 것에서 보고를 종결짓고, 8월 29일의 병합을 알리는 '칙유'가 나온 경위에 대해서는 일언반구도 언급하지 않았다. 〈시말〉은 끝에 6면 정도의 분량으로 〈한국병합과 군사상의 관계〉를 부록 형식으로 붙여 한국 군대처분의 문제, 한국 정부와 아울러 통감부 및 소속 관서에 대신하는 조선총독부의 설치에 대해 보고하였다.

4) 병합 공포에 관한 〈각서〉와 순종황제의 '칙유' 서명 거부
(1) 병합 공포의 형식에 관한 〈각서〉

통감부는 병합조약을 강제한 후 9월 8일자로 《한국병합전말서》(이

하 《전말서》로 줄임)라는 책자를 간행하였다.[34] 1910년 9월 30일자
로 총독부 및 소속 관서의 관제가 공포되어 10월 1일자로 조선총독
부가 '식민지'의 통치기구로 들어서게 된다. 《전말서》는 통감부의 공
식적인 실적 보고서였지만 내용은 대단히 간략하였다. 1904년 2월의
〈의정서〉에서부터 1910년 8월의 〈병합조약〉에 이르기까지 한국 국
권 탈취의 과정을 해당 '조약'을 중심으로 정리한 것이다. 이 보고서
는 〈조서 조약 및 법령〉이란 장을 두어, 병합을 알리는 일본 천황의
조서詔書(8월 29일자), 일본 천황이 한국 황제를 왕으로 책봉하는 조
서(위와 같음), 이강李堈(의친왕) 및 이희와 그 배필을 공, 공비로 부
르도록 하는 조서(위와 같음), 천황의 대사령(위와 같음), 전권위원
임명의 한국 황제 조칙(8월 22일), 병합을 알리는 한국 황제 칙유(8월
29일) 등을 실었다. 《전말서》는 어디까지나 주요 조치를 적시한 공식
보고서이지만 지금까지 살펴 본 〈한국병합시말〉에 견주면 '병합' 강
제의 경위에 관한 내용은 매우 소략하다.

〈한국병합시말〉은 앞에서 소개하였듯이 병합 강제를 주도한 통
감 데라우치 마사타케가 10월 1일자로 총독이 된 뒤, 11월 7일자로
본국 가쓰라 총리에게 보낸 '극비' 보고서였다. 가쓰라 총리는 이를
11월 9일자로 내각이 접수한 것으로 하여 〈조선총독보고한국병합시
말〉이란 명칭을 붙여 11월 21일자로 천황에게 올렸다. 《전말서》보
다 2개월 뒤에 작성된 극비 보고서였다. 그런데 〈시말〉은 앞서 지적
했듯이 8월 22일의 '기명조인'까지 다루고 8월 29일에 이루어지는 병
합의 '공포'에 대해서는 한 글자의 언급도 없다. 《전말서》에 올라 있
는 일본 천황의 조서와 한국 황제의 칙유 등이 작성, 공포된 경위에
대한 언급이 전무하다. 일본 천황의 공포 조서는 '병합준비위원회'에

---

34) 《전말서》는 러일전쟁 후 "의정서"에서부터 "병합조약"에 이르기까지의 역사를
   서술하였지만, 7쪽밖에 되지 않는 짧은 약사에 지나지 않으며 병합조약에 대해
   서는 더욱이 3쪽밖에 할애하지 않았다.

서 이미 준비되었던 것이다. 그러나 병합을 알리는 한국 황제의 '칙유'는 지금까지 어디에서도 언급되지 않았던 것일 뿐더러 병합을 당하는 쪽의 의사를 담은 것이어야 하기 때문에 이에 대한 언급이 없다는 것은 쉬이 납득이 가지 않는다. 이 상황은 한국 황제의 공포 조칙(칙유) 발부 문제에서 통감이 수상이나 천황에게 바로 말하기 어려운 어떤 특별한 상황이 있었다는 것을 의미할 수밖에 없다.

8월 22일 오후 4시경 조약문에 대한 '기명조인'이 끝나자마자 통감 데라우치는 총리대신 이완용에게 조약의 공포(발표) 문제와 관련하여 한 장의 〈각서〉를 내놓고 서명하기를 요구하였다. 이 〈각서〉는 조약의 공포 방식에 관한 것인데 〈시말〉은 이에 대해서 언급을 피하였다. 규장각 도서 속에 남아 있는 〈각서〉(奎 No. 23159)의 내용은 다음과 같다(기본자료 7-4).

1. 병합조약 및 양국 황제폐하의 조칙은 모두 쌍방 합의하여 동시에 공포한다.
2. 위〔右〕조약 및 조칙은 언제라도 공포할 수 있도록 바로 필요한 수속을 을 해둔다.

메이지 43년 8월 22일
통감 자작 데라우치 마사타케
융희 4년 8월 22일
총리대신 이완용

'병합 조약'은 앞에서 언급하였듯이 제8조에 '본 조약은 양국 황제의 재가를 거친 것'이라고 명시하였다. 그러나 어떤 조약, 특히 국권에 저촉되는 조약에 대한 국가 원수의 최종 승인은 별도로 이루어져야 하는 것이 마땅하다. 조약 추진을 주관한 데라우치 자신이 임지에 와서 이 조관을 새로 추가 삽입해 놓고서도 다시 〈각서〉를 통해 한국 황제의 공포 조칙을 요구한 것은 '사전 재가'의 방식이 부족하거나 부당하다는 것을 스스로 의식하였다는 것을 의미한다. 통감부의 외무부장으로 그를 도왔던 고마쓰 미도리가 지적하였듯이 그는 세심한 성격의 소유자로서 완벽을 기하려던 끝에 자국의 수상과 천황에게도 감추고 싶은 결정적인 결함을 남겼다. 조약 공포에 관한 한국 황제의 조칙을 받아내는 데 실패하였던 것이다.

(2) 한국황제의 공포 '칙유' 서명 거부

통감은 8월 16일 총리대신 이완용의 초치로 조약 체결의 '큰일'을 '착수'한 뒤 본국 외무성과 빈번하게 전보문을 교환하였다. 8월 20일 통감은 "시국해결의 교섭은 금일까지 지체 없이 진행하여 병합조약에 대해 상대방에서 이미 승인의 뜻을 표해 내일 22일에 조인을 끝내려 함으로 미리 재가를 앙청한다"는 요청과 함께 조약문 전문을 타전하였다.[35] 그리고 이에 대해 이튿날 고무라 외무대신이 내일 아침 10시 추밀원 회의에서 자순諮詢을 거쳐 바로 천황의 재가를 받는 것으로 모든 준비를 마쳤다는 회신을 보내왔다.[36] 쌍방은 또 22일에 서로가 한국병합조약이 재가 또는 조인되었다는 통보를 보냈다.[37] 고무라 외무대신이 보낸 것은 일본 천황도 조인의 과정을 마쳤다는 사실의 알림이었다. 이날에는 또 조약 성립을 알리는 공포 시일에 대해

---

35) 《日外文》 제43권 제1책, 事項 19, 576, 8월 20일 寺內가 小村에게, "한국병합조약안 황제 재가주청을 위한 전문전보의 건".

36) 앞 책, 577, 8월 21일 小村가 寺內에게, "일한조약 황제 재가의 手筈에 따른 통보의 건".

37) 앞 책, 581, 8월 22일 小村가 寺內에게, "한국병합조약 황제 재가가 있었다는 요지의 전보의 건" ; 582, 8월 22일 寺內가 小村에게, "한국병합조약 조인을 마친 (濟) 건".

데라우치 통감이 고무라 외무대신에게 "공포일을 (본래) 26일로 정했으나 현 황제의 즉위일이 그 다음날이어서 월요일 즉 29일로 공포하는 것을 승낙해 달라"는 요청을 보냈다.[38] '병합조약'은 이런 사유로 8월 29일에 공포하게 되었다.

그런데 그 사이 27일에 통감 데라우치는 가쓰라 수상과 고무라 외상 앞으로 다음과 같은 보고를 보내고 있다. 즉 "일한병합에 관한 한국 황제의 조칙문은 별지와 같이 결정하여 오늘 재가를 거쳐(밑줄 필자) 오는 29일 병합조약과 함께 발표케 할 것"이라고 하고 별지의 조약문도 함께 보냈다.[39] 《일본외교문서》에는 이 별지도 함께 실려 있다. 그런데 편집자는 조칙문을 싣고 이에 대해 "조칙문의 수정은 8월 27일 데라우치 통감 발 전보 제51호에 의해 통보되었던 것이지만 여기서는 편의로 수정을 가한 것(밑줄 필자)을 채록한다."고 주기를 붙였다. 이에 따르면 통감이 보낸 문안을 수상과 외무대신 측에서 받아 다소 수정을 가해 회송하였다는 뜻이 된다. 위 통감의 전보문은 누구에게서 재가를 받는 것인지(밑줄 부분) 명시하지 않았지만, 조칙의 발부자인 한국 황제에게 재가를 받는다는 뜻으로 이해할 수 있는 문장이다. 통감은 서울(경성)에서 자신이 진행하고 있는 병합 공포의 최종 단계 곧 한국황제의 공포 조칙 문안을 본국 정부 내각에서 그 내용을 확인받기 위해 전보로 전문을 보냈던 것이다. 그런데 주기에 따르면 내각 측에서는 어딘가 부분적인 수정을 가했던 사실도 확인이 되는데, 이는 한국 황제의 공포 조칙이 통감 측에서 문안을 초하고 그것을 다시 내각에서 수정을 가하기까지 하였다면 그 조칙은 한국 황제의 뜻보다 일본 정부의 의도에 따라 일방적으로 작성된 것이 분명하다. 이런 과정으로 완성된 조칙문의 전문을 옮기면 다음과 같다. 《일본외교문서》에는 일본어로 실려 있으나 여기서는 한국어로

---

38) 앞 책, 583, 8월 22일 寺內가 小村에게, "일한조약 공포일 연기 요청의 건".

39) 앞 책, 607, 8월 27일 寺內가 小村에게, "병합에 관한 한제韓帝 조칙문 통보의 건".

번역된 것을 제시한다.

> 황제가 말한다. 짐이 덕이 없이 어렵고 큰일을 이어 받아 임어臨御한 이후로 오늘에 이르도록 유신정령維新政令에 관하여 긴급하게 대책을 세우고 갖추어 시험도 해보면서 힘을 쏟지 않음이 없었지만, 그동안 취약한 것이 쌓여 고질이 되어 피폐가 극도에 달하여 짧은 시간에 만회할 방도가 보이지 않아 밤늦도록 걱정해도 처리할 방책이 아득한지라. 이 일을 놓고 이러 저리 흩어짐이 더 심하면 종국에는 수습할 수 없어 저절로 무너질 것인즉 차라리 대임을 남에게 맡겨 완전할 방법과 혁실할 성과를 거두는 것이 나을 것이다. 짐이 이에 조심하여 안으로 반성하고 확연하게 스스로 결정하여 이에 한국의 통치권을 이전으로 친히 의지하는 데에 맡겨〔親信依仰〕이웃나라 대일본황제폐하께 양여하야 밖으로 동양의 평화를 공고케 하고 안으로 온나라의 민생을 보전케 하노니, 생각컨대 너희 관원과 백성들은 나라의 형편과 시기의 맞음〔時宜〕을 깊이 살펴서 괴로워하거나 어지럽히지 말고 각자 안심하고 업무에 종사하여 일본제국의 문명과 새 정체를 복종하야 행복을 여럿이 누려라. 짐이 오늘 이렇게 제시한 것은 너희들을 잊음이 아니라 너희들을 구원하여 생존시키고자하는 지극한 덕이 충실히 드러남이니 너희 관원과 백성들은 짐의 이 뜻을 똑똑히 체득하라.
>
> 융희 4년 8월 29일
> (勅命之寶)

일본어로 작성된 조칙문은 《일본외교문서》에 실린 것만 확인되지만, 한국어 본은 대한제국 《조칙철》의 맨 끝에 철해져 있다(기본자료 6-5). 그런데 여기서 주목되는 것은 황제의 친서 날인 상태가 앞의 전권위임장의 그것과 다른 점이다. 전권위임장에는 '대한국새大韓國璽'란 글자가 새겨진 국새를 찍고 그 위에 황제의 이름자 척(坧)이 친서되어 있다(기본자료 6-1). 이 친서제도는 앞에서 밝혔듯이 통감부가 1907년 7월 하순에 고종황제를 강제로 퇴위시키고 내정 감독권을

장악하면서 대한제국 황실과 정부에 요구한 것이다. 대한제국의 행
정체계를 일본제국의 것과 일치시키려는 의도였다. 이 제도를 기준
으로 하여 판단하면 한국 황제의 공포 조칙은 황제가 서명을 하지 않
은 상태이다. 이름자 서명이 없을 뿐더러 날인된 것도 앞의 국새와
는 달리 〈칙명지보〉란 문구가 새겨진 어새이다. 이 어새는 행정결제
용으로서 통감부가 고종황제를 강제로 퇴위시키고 내정권을 장악하
면서 통감부가 뺏어 가지고 있던 것이다.[40] 따라서 이 어새가 찍힌 상
태는 황제의 의사와는 전혀 무관한 것이다(기본자료 7–6).[41]

　요컨대 8월 27일 통감 데라우치는 한국 황제의 공포 조칙의 문안
을 완성하여 본국 정부의 내각에 대해 검토까지 의뢰한 다음, 융희
황제(순종)에게 서명을 요구하였지만 황제는 이를 거부하여 예정된
공포일 29일에 다다라 어쩔 수 없이 통감부가 가지고 있던 어새를 찍
어 내보낸 것으로 보인다. 《일본외교문서》는 위 한국 황제의 조칙문
에 관한 안건(607번)에 바로 이어 조약 공포 날에 발표할 일본 천황
의 조서를 재외 일본공사에게 통지하는 건(608번)을 싣고 있다. 같은
8월 27일에 있었던 일이다.[42] 한국황제가 조칙문에 서명하기를 거부

---

40) 1907년 7월 22일의 〈한일협약〉(정미조약) 제2조 "한국 정부의 법령의 제정 및
　중요한 행정상의 처분은 미리 통감의 승인을 받는다"는 규정을 두어 통감부가
　내정 감독권을 가졌다. 이를 구실로 황제의 행정결재용 어새는 통감부가 계속
　관장하고 있었다. 이 책 219~223쪽.

41) 조선총독부는 이 조칙(칙유)을 병합의 사실을 알리고 선전하는 각종 인쇄물
　에 개재해 널리 활용하기도 하였다. 그런데 홍보용 조칙은 〈조칙철〉에 들어있
　는 것과는 다른, 별도로 만들어진 것이다. 여기에 제시한 〈자료 9〉는 葛生能久,
　《日韓合邦秘史》(1930, 黑龍會出版部)에 수록된 것이다. 내용은 같으나 필사 상태
　나 어새(칙명지보勅命之寶)의 압인 상태에 차이가 있다. 황제가 두 개의 조칙에
　압인해주었을 가능성은 거의 없다. 이 상황은 오히려 칙명지보를 관리하는 측
　에서 임의적으로 조칙의 복제를 만든 것이라고 보는 것이 훨씬 타당하다. 통감
　부, 총독부가 조칙을 날조하였다는 다른 한 증거이다.

42) 《日外文》 제43권 제1책, 사항 19 "일한조약체결일건", 608, 8월 27일 小村 외무대
　신이 청나라 주재 伊集院 공사에게, "일한조약의 때 발표토록 할 조서통지의 건."

해도 이미 구미 열강에 한국 병합을 통지한 것이나 마찬가지인 상태에서 공포일을 변경할 수 없는 상황이었다. 한국 황제가 서명을 거부한 상황에 부닥쳐 한국 정부의 내각 총리대신과 통감 사이에 응급한 문건 처리가 있었던 사실이 확인된다.

　대한제국의 〈통별왕복안統別往復案 1〉(조칙, 외사국外事局, 규장각도서 17353) 융희 4년 8월 29일자 기안(조회照會 비秘 409호)으로 "통치권 양여에 관한 칙유안"이 확인된다. '지급至急'이란 붉은색 인장이 찍힌 이 문안은 아래와 같다(자료 6).

　우右(위-필자)는 금반 반포 건을 각의 결정하온 바 별지 초안을 작성하여 이에 각하 승인을 요함.
　융희 4년 8월 29일
　　　태자소사 내각총리대신 이완용
　통감 자작 데라우치 마사타케 각하

　곧, 8월 29일 당일 대한제국 내각의 문서과, 비서과에서 통치권 양여에 관한 황제의 칙유안을 통감부 통감에게 승인을 요청하는 조회照會 문건을 작성하여 통감부로 보냈다. 당시 문서과장은 고쿠분 쇼타로였다. 통감부는 이 문건을 받아 바로 승인 조치를 취했다. 즉, 〈통별원안 1〉(조칙, 외사국, 규장각도서 17853)에 아래와 같은 칙유안 승인 문서가 철해져 있다(자료 7).

　8월 29일 부付 비발秘發 제409호 조회
　"통치권 양여에 관한 건 칙유안 오른쪽대로 승인한다."
　메이지 43년 8월 29일
　　　통감 자작 데라우치 마사타케
　태자소사 내각총리대신 이완용 각하

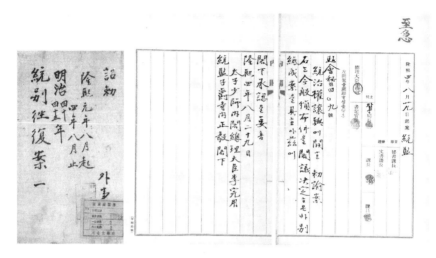

〈자료 6〉〈통별왕복안 1〉통치권 양여에 관한 칙유안.

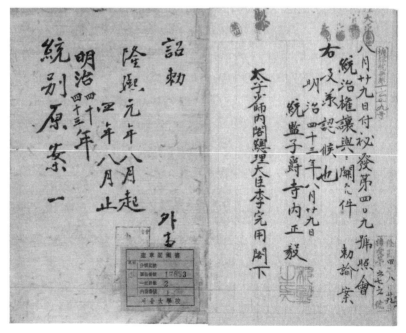

〈자료 7〉〈통별원안 1〉통치권 양여에 관한 칙유안을 통감부 통감에게 승인 요청하는 조회 문건.

한국 황제의 조칙문은 앞에서 살핀 대로 8월 27일에 본국 정부와
의 교신 속에 완성본이 만들어졌다. 한국 황제에게 이를 보이고 친서
를 요청할 시간은 8월 28일 하루뿐이었다. 이 한정된 시간에 한국 황
제의 동의를 받지 못해 칙유는 정상적으로 이루어지지 못한 것이다.
그래서 대한제국 내각 총리대신과 통감부 통감 사이에 '지급'으로 칙
유안을 공식화하는 절차를 밟았던 것이다. 이 절차 후에 통감부가 소
지한 〈칙명지보〉를 날인하여 황제가 승인한 것으로 간주하기로 하였
던 것이다. 이것은 누가 봐도 명백한 공문서 날조 행위였다.[43]

1907년 11월 18일 순종황제가 태묘에 가서 서고誓告를 한 뒤부터
통감부는 대한제국의 공문서 제도를 일본식으로 바꾸었다. 이후 조
칙 13건을 포함한 법령류 368건의 재가에 모두 황제의 이름자(坧) 서
명이 가해졌는데 유독 최후의 병합 공포에 관한 '칙유'만 서명이 빠
졌다. 이 칙유문 바로 앞에 재가된 1909년 11월 4일자의 조칙(이토
히로부미 추모의 건)도 황제의 이름자 서명이 선명하다.[44] 이 상황은

---

43) 통감 데라우치는 병합조약의 일본 측 대표가 될 수 없었다는 지적이 있다. 곧
통감은 1905년 '보호조약'을 통해 "한국 황제폐하의 궐하에서" "외교에 관한 사
항을 관리하는" 직임으로서, 어디까지나 한국의 외교권 행사의 대표가 되어야
할 위치로서 일본을 대표하여 조약에 기명조인할 수 없다는 것이다(戶塚悅郎,
〈을사보호조약의 불법성과 일본 정부의 책임〉, 《일본의 대한제국 강점》, 까치, 1995
수록). 이 직임이 1907년 '한일협약'을 통해 한국의 내정에 대해서도 '섭정'의 역
할까지 겸한 상태에서는 더욱 그렇다. 1910년 8월 현재로 통감부 통감은 한국
의 외교와 내정을 모두 총괄하는 직임으로서 한국 내각의 총리대신과는 실질적
으로 상하의 관계를 이루고 있었다. 위의 칙유안 처리 과정에 바로 그런 계통이
분명하게 확인된다. 그런 두 직임이 두 나라를 하나로 합치는 조약에 양국 각기
의 대표로 기명 조인하는 것은 완전한 난센스이다.

44) 1907년 11월 18일 이후 조칙은 모두 16건이며 이 가운데 이름자가 빠진 것은
융희 2년 7월 8일자 궁내부대신 민병석을 내각대신의 열에 참가하게 하는 임
명의 조칙과 병합을 알리는 조칙 둘뿐이다. 1907년 7월 고종황제 강제 퇴위 이
후 정치의 주도권은 통감부로 돌아가 황제가 허수아비가 되다시피 해 조칙의
발부는 현격하게 줄어들었다. 이태진, 〈통감부의 대한제국 寶印 탈취와 순종
황제의 서명 위조〉, 《일본의 대한제국 강점》, 까치, 1995, 146쪽 표 2 및 이 책
247~249쪽 참조.

병합 공포에 관한 한국 황제의 명백한 거부의사가 표시된 것이라고
하지 않을 수 없다. 통감 데라우치가 제시한 〈각서〉에 따르면 양국
황제의 조서 또는 칙유는 조약의 성립을 각기의 신민(국민)에게 공포
하여 알리는 용도로서 그것은 분명히 비준서의 역할을 하는 것이다.
그런데 한국 황제는 비준을 거부하였던 것이다.

3. 순종황제의 유언 - "나라를 내준 조칙은 내가 한 것이 아니다"

조선총독 데라우치 마사타케는 〈한국병합시말〉에서 자신이 지휘
한 '한국병합'이 화합적으로 이루어졌다는 것을 여러 차례 언급하였
다. 심지어 한국 황제가 8월 22일 당일 궁내부 대신 민병석, 시종원
경 윤덕영으로부터 통감의 뜻을 전달 받아 내각총리대신 이완용을
전권위원으로 임명하는 조서를 내리는 것도 능동적으로 순순히 응한
것처럼 기술하였다. 그러나 〈시말〉의 기술을 자세히 읽으면 황제가
통감의 요구에 대해 순순히 응한 것으로 보기 어려운 대목이 많다.
민, 윤 두 사람이 통감 관저에서 나와 오전 11시부터 30분간 황제를
알현한 것으로 기술되어 있고, 황제는 오후 1시에 어전회의를 연다
고 명한 것으로 되어 있다. 그러나 황제가 어전회의에 임한 것은 2시
였고, 총리대신 이완용이 황제가 서명한 전권 위임 조서에 서명을
받아 통감 관저에 도착한 것은 오후 4시로 되어 있다. 황제가 통감
의 요구에 기꺼이 응하였다면, 2시간 반 정도의 시간은 소요될 필요
가 없다. 아무리 명색만의 황제라고 하더라도 500년의 사직을 내놓
는 '일대사건'을 앞에 놓고 순순히 응하였다는 것은 믿기 어려운 일
이다. 황제가 1년여 전 남순南巡과 서순西巡 때 보여준 강한 항일 의
지를 상기하면 더욱 그렇다.

박은식朴殷植의 《한국통사》(1915)에는 시종원경 윤덕영이 나라를
내주는 조칙을 만들어 황제에게 어새를 찍을 것을 요청하자 황제가

흐느끼면서 이를 허락하지 않자, 윤덕영은 황제가 침실로 들어간 틈에 몰래 국새를 찍어 이완용에게 건네주었다는 내용을 기술하고 있다.[45] 이것은 어디까지나 소문에 근거한 것으로서 사실이라기보다 황제가 일본 측의 요구에 대해 쉬이 응하지 않았다는 점을 확인시켜주는 자료이다. 전권 위임 조서에 가해진 황제의 서명은 다른 서명 사례들과 견주어 보면 필세가 떨려 있는 느낌이 완연하다.

〈시말〉은 앞에서 소개하였듯이 8월 22일 오후 5시에 총리대신 이완용과 농상공부대신 조중응에 뒤이어 궁내부 대신 민병석과 시종원경 윤덕영이 다시 통감 관저로 와서 다음과 같은 '황제의 선지宣旨'를 전달하였다고 기록하였다. 즉, 8월 22일 오전에 짐이 민, 윤 두 사람을 통해 통감의 충언을 듣고 크게 공감하여 총리대신에게 전권을 위임하였고 짐은 지금부터 국무에 상관하지 않고 왕실 일가와 제사를 영구히 유지하는 데만 전념할 것이라는 뜻을 전했다고 하였다. 이 대목은 〈시말〉의 기록 전체를 통틀어 가장 어색한 느낌을 주는 부분이다. 황제가 설령 전권 위임의 조서를 능동적으로 처리해 주었다고 해도 이를 요구한 통감에게 굳이 사람을 보내 자신의 뜻을 표할 필요가 없는 절차이다. 민, 윤 두 사람이 실제로 한 차례 통감을 찾았다면 그것은 8월 28일에 황제로부터 공포 칙유에 서명을 받아내는 데 실패한 뒤, 사과를 표하기 위한 방문이 있을 수 있다. 통감으로서도 8월 27일까지 본국 정부와 한국 황제의 공포 칙유의 문안을 함께 검토한 상황에서 조약에 대한 황제의 능동적인 뜻을 극비 보고서인 〈시말〉에서 일체 언급하지 않고 넘어갈 수는 없었을 것이다. '황제의 선지'는 곧 이런 뜻에서 날을 당겨 '거부'를 '호의'로 바꾸어 기록된 혐의가 많다. 특히 앞으로는 일가의 보전과 제사의 유지에 힘쓰겠다는 내용은 통감이 8월 16일 총리대신 이완용에게 처음 보인 〈각서〉

---

45) 朴殷植, 《韓國痛史》, 제3편 제58장 日人倂韓之最終.

에서부터 강조해서 요구하던 것이다.

　1910년 8월 30일자 《도쿄일일신문東京日日新聞》의 5개 지면은 29일 (월요일)에 경성과 도쿄에서 동시에 발표된 '한국병합'에 관한 기사로만 채워졌다. 첫 면은 〈한국병합조약〉이란 제목 아래 메이지천황의 병합 공포 조서와 조약의 전문(전문前文과 8개 조관) 두 가지로 거의 전면을 채우다시피 하였다. 메이지 천황의 큰 사진 밑에 '이태왕전하'와 '이왕전하'의 작은 사진들이 지면 가운데를 차지했다(자료 8). 한, 일 양국 황제의 조서는 비준서에 해당하는 것인데도 1면에는 메이지천황의 조서만이 실리고 한국 황제의 '칙유'는 제3면 한 귀퉁이에 요약문으로 작게 실렸다(자료 9). 전자가 천황의 어명, 어새 및 각 대신들의 부서가 모두 표시된 것과 달리, 후자는 한국 대신들의 부서가 하나도 없는 것도 큰 차이이다(기본자료 7-5 참조). 한국 황제가 '칙유'에 직접 서명하였다면 그 내용은 1면에 메이지천황의 조서와 나란히 실리었을 것이다. 병합하는 쪽보다 병합 당하는 쪽의 능동적인 의사를 표시한 것이 있었다면 그것은 기사로서의 가치가 훨씬 더 큰 것으로 부각되었을 것이다. 그렇게 볼 만한 근거가 없었기 때문에 한국황제의 '칙유'에 관한 기사는 제3면의 귀퉁이에 배치되었던 것이다. 이는 한국 황제가 조약의 최종 단계인 공포 '칙유'에 서명을 거부했다는 다른 하나의 증거이다.

　병합을 강요당한 한국 황제 곧 순종은 1926년 4월 26일에 붕어하였다. 6월 10일 인산因山(국장) 때 만세사건이 발생한 것은 다 아는 사실이다. 그런데 황제가 운명하기 전에 남긴 유조 곧 유언이 미국 샌프란시스코에서 발행되던 《신한민보新韓民報》 1926년 7월 8일 자에 보도되었다(자료 10). 이 유조는 국외에서 한국 교민들이 발행한 신문에서만 보도될 수 있었다. 그 내용은 다음과 같다(필자가 현대문체로 바꿈).

한 목숨을 겨우 보존한 짐은
병합 인준의 사건을 파기하기 위하여 조칙하노니
지난날의 병합 인준은 강포한 이웃(일본을 가리킴 - 필자)이
역신의 무리와 함께 더불어
제멋대로 해서 제멋대로 선포한 것이요,
다 나의 한 바가 아니라.
오직 나를 유폐하고 나를 을러메서 위협[脅制]하여
나로 하여금 명백히 말할 수 없게 한 것으로 내가 한 것이 아니니
고금에 어찌 이런 도리가 있으리오.
나 - 구차히 살며 죽지 못한 지가 지금에 17년이라,
종사宗社의 죄인이 되고 2천만 생민生民의 죄인이 되었으니,
한 목숨이 꺼지지 않는 한 잠시도 이를 잊을 수 없는지라
유수幽囚(잡아가둠)에 시달려 말할 자유가 없이 금일에까지 이르렀으니
지금 한 병이 위중하니 한 마디 말을 하지 않고 죽으면
짐이 죽어서도 눈을 감지 못하리라.
지금 나 - 경에게 위탁하노니 경은 이 조칙을 내외에 선포하여
내가 가장 사랑하고 가장 존경하는 백성으로 하여금
병합이 내가 한 것이 아닌 것을 분명히 알게 하면
이전의 소위 병합 인준과 양국의 조칙은
스스로 파기에 돌아가고 말 것이리라.
여러분들이여 노력하여 광복하라
짐의 혼백이 저승에서 여러분을 도우리라.

조정구趙鼎九에게 조칙을 나리우심(조부詔付)

위 유조에 따르면 통감 데라우치의 〈한국병합시말〉이 얼마나 허위인가를 쉽게 알 수 있다. 총리대신 이완용이나 궁내대신, 시종원

경 등에게 요구한 것은 그 자체로서 강압의 증거가 되는 것이기도 하지만, 황제의 의사에 관한 기술이 대부분 거짓이라는 것은 이 유언이 그대로 입증해 준다. 황제가 밝히고자 한 것은 나라를 내주는 조서(칙유)가 내가 한 것이 아니란 사실, 그리고 17년 동안 궁 안에 가두어져 이를 세상에 알릴 길이 없었다는 점 두 가지이다. 17년 동안이나 가두어졌다는 것은 무슨 뜻인가?

1910년 5월 23일 제3대 통감으로 부임한 육군대신 데라우치 마사타케는 6월 24일자로 〈경찰사무 위탁에 관한 각서〉를 내각총리대신 임시서리 내부대신 박제순에게 요구하였다. 이 〈각서〉에 따라 취해진 구체적인 조치는 황궁경찰서를 황제가 기거하고 있는 창덕궁 안에 설립한 것이었다. 육군대신 데라우치는 이토 통감 때 일로서 1909년 1월, 2월의 순행에서 수많은 환영인파가 곳곳에서 황제를 맞이했던 사실을 잊을 수 없었다. 그는 통감이 되어 병합 실행의 주체로서 황제를 외부 세계와 격리시키는 것을 제일차 과제로 판단하여 이 조치를 긴급히 취했던 것이다. 황궁경찰서는 돈화문 안쪽 정면에 세워져 황궁 출입을 완전히 통제하였다. 한국병합은 이렇게 황제를 궁 안에 가둔 상태에서 진행되었던 것이다. 그런 가운데서도 한국 황제는 비준에 해당하는 칙유에 서명을 거부하여 자신의 반대 의사를 표하여 남겼던 것이다.

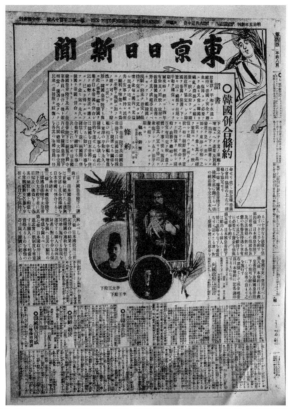

〈자료 8〉 1910년 8월 30일자 《동경일일신문》 1면의 '한국병합' 보도.

〈자료 9〉 동경일일신문 3
면의 한국황제 칙유 소개
부분(□표).

마치면서 –드러난 진실의 줄거리–

제국주의 일반론 인식으로부터의 탈피

필자는 1992년 봄에 대한제국 황제(순종)의 이름자(坧) 서명이 대여섯 개의 서로 다른 필체로 위조된 법령 60여 건을 발견하면서 일본 제국의 대한제국 국권 탈취를 위한 조약 강제에 관한 연구를 시작하였다. 1995년에 초기의 연구 성과를 모아《일본의 대한제국 강점 – '보호조약'에서 '병합조약'까지–》를 펴내면서 필자는 편자로서 〈'보호'에서 '병합'까지 – 점철된 강제, 기만, 범법–〉이란 글을 써서 서론으로 갈음하였다.

20세기 초는 제국주의 시대였다. 강대국에 의해 약소국이 식민지가 되는 사례는 한둘이 아니었다. 한국이 일본의 식민지가 된 것도 그 가운데 하나로 보는 경향이 많았다. 즉, 한국은 힘이 없어 일본의 식민지가 될 수밖에 없었다는 인식이 그때는 일반적이었다. 이런 인식에서는 "강제, 기만, 범법"이란 나의 표현은 지나친 것으로 비치었을지 모른다. 제국주의 시대에 흔히 있을 수 있는 탈법 현상을 과민하게 부각시킨, 이를테면 약자의 변명으로 거부감을 주었을지 모른다. 그러나 내가 발견한 사실들은 다른 식민지 역사에서 쉽게 예를 찾아볼 수 없는 것들이었다. 그 예외성이 이 주제에 대한 나의 연구를 오래 지속시켰다.

근 4반세기 동안 필자는 이 주제를 연구하면서 새로운 사실들에 접할 때마다 논문을 썼다. 1995년의 편저에 실린 나의 논문은 세 편에 지나지 않았지만 편수를 더할수록 일본제국의 침략주의의 실체가 하나씩 제 모습을 드러냈다. 일본제국의 정치지도자들은 천황이 지배하는 새로운 '동양' 건설이란 대형 프로젝트를 구상하였고 대한제국의 국권 탈취는 이의 기틀을 잡는 것에 해당하였다. 이 대형 국가 프로젝트는 '동양 평화'라는 기치를 내걸었지만, 초기 단계에서 "강제, 기만, 범법" 행위를 불사하더니 일본 천황이 통치하는 세상이 곧 최상의 치세란 슬로건 아래 군국주의 파시즘으로 나아갔다. 이 광란의 질주 끝에 일본제국은 마침내 1945년 패전, 패망하였다.

1904년 2월 6일 일본이 러일전쟁을 일으킨 것은 러시아의 영토 탈취보다 대한제국에 대한 지배를 목표로 한 것이었다. 이 목적을 달성하고자 일본은 전쟁 중에 대한제국 정부를 상대로 '의정서'(1904년 2월 23일), '제1차 일한협약'(8월 22일)을 차례로 강요하고, 전쟁이 끝난 뒤에는 승전을 배경으로 '제2차 일한협약'(을사조약, 1905년 11월 17일)을 강제하여 마침내 대한제국을 일본제국의 보호국으로 만들었다. 세 협정의 원본들에 남겨진 결함, 결격에 대한 저자의 연구는 위 세 편의 논문에서 다룬 것이지만, 이에 대해서도 이번의 총합 정리에 후속 연구의 성과를 최대한 반영하고자 노력하였다. 이에 대해서는 이 책 제3장 제6절 '조약들에 남겨진 불법 일탈의 흔적들'에서 요점을 정리하였다.

국권 탈취를 위한 계엄령 발동에 관한 새로운 정보 입수

그동안의 후속 연구에서 필자는 일본이 조약 강제 때 동원한 무력, 곧 군사 위협의 실태를 더 깊게 천착하고자 노력하였다. 일본이 대한제국에 대해 국권 관련 협정들을 강제하면서 무력을 동원했다는 것은 잘 알려진 사실이다. 그것은 조약의 효력 여부를 논하는 가장 중요한 근거였다. 1906년에 프랑스의 국제법 학자 프랑시스 레이Francis Rey는 1905년 11월의 '보호조약'을 비판하는 논문에서 일본측이 무력을 동원하여 한국의 대신들과 황제를 위협한 사실을 주요하게 다루면서 이 조약은 효력을 가질 수 없는 것이라고 비판하였다. 1935년에 나온 '조약법에 관한 하버드 법대 보고서'도 그의 논문을 근거로 삼아 1905년의 '보호조약'을 세계 역사상 효력을 발생할 수 없는 조약 셋 가운데 하나로 들었다. 1920년에 인류 역사상 최초의 국제공동 평화기구로 탄생한 국제연맹(The League of Nations)은 1927년부터 국가 사이의 부당한 침략행위를 방지하는 수단으로 국제법의 법전화(Codification) 사업을 추진하였는데 '하버드 법대 보고서'는 곧 국제법 분야의 성과로서 중요성이 매우 크다. 이 보고서의 판정은 여기서 끝나지 않았다.

1945년에 국제연맹을 뒤이어 탄생한 국제엽합(The United Nations)의 국제법 위원회는 1963년에 '조약법에 관한 보고서'를 작성하면서 앞의 보고서의 논지를 그대로 수용하여 1905년의 '보호조약'을 무효로 간주하였다. 이 보고서는 같은 해 총회(Assembly)에 제출되어 총회 결의(Resolution)로 채택되었다. 조약 체결에서 상대방에 대한 무력행사는 이처럼 엄중한 금지 사항이었다. 레이는 무력에 의한 조약 체결은 조약이란 수단 자체를 부정하는 것이라고 비판하였다.

필자는 1904년 2월 러일전쟁 발발과 함께 일본정부가 한국정부를 상대로 강요한 조약들이 문서상 많은 결함, 결격을 가지고 있는 것은 바로 무력 강제가 남긴 흔적으로 간주하고 그동안 이 관점에서 연구를 지속해 왔다. 1905년 11월의 '보호조약'만이 아니라 국권 피탈 관련의 모든 조약들이 무력이 동원된 가운데 강제된 것이란 전제 아래 해당 조약 5개의 결함 상태를 면밀히 검토하였다. 이 관점에서는 일본국이 한반도에 병력을 파송한 역사에 대한 정리가 먼저 필요하여 2008년에 1876년 〈조일수호조규〉에서 1905년 '보호조약'까지 해

《명치삼십칠팔년전역 육군정사》 제1권 속표지. 秘자가 선명하다.

당 사실에 대한 고찰의 기회를 가졌다(이 책 제2장 참조). 그러나 이
고찰에서는 필자가 접할 수 있는 자료가 극히 제한되어 만족할 만한
성과를 거두지 못하였다. 김정명金正明의 《조선주차군사》가 필자가
활용할 수 있는 유일한 자료였다. 한국의 연구자로서는 이 분야의
자료에 접근하기가 매우 어려웠다.

　이번 총합 정리 중에 일본 연구자의 도움을 받아 일본 육군성이
1911년에 편찬한 《명치삼십칠팔년전역 육군정사明治三十七八年戰役 陸軍
政史》(전 10권, 이하 《육군정사》로 줄임)를 접할 수 있었던 것은 큰 행
운이었다. 이 자료에 러일전쟁 때 제1군으로 한국에 출동한 한국주차
군이 '전시戰時'는 물론 이듬해 포츠머스 강화조약으로 '평화 극복' 후

'평시平時'에도 한반도에 계엄령을 실행하고 있었던 사실이 고스란히 담겨져 있었다. 《육군정사》는 일본 육군 내부의 극비 서적으로 간행되었다. 속표지에 붉은 색으로 '비秘'가 찍혀 있다. 그 때문에 당시에도 관계자 외에는 쉽게 구해 볼 수 없는 책이었다. 이 책은 1945년 패전 후 일본의 관련 학계에도 잘 알려지지 않다가 1983년에 쇼난도서점湘南堂書店에서 복각본을 내면서 중요한 자료로 주목을 받았다.

　오오에 시노부大江志乃夫 교수가 복각본에 붙여 쓴 〈해설〉에 따르면 1973년에 오오야마 아즈사大山梓의 《일로전쟁日露戰爭의 군정사록軍政史錄》에 《육군정사》 제8권이 사료로 올려진 것이 이 책의 존재에 대한 첫 소개였다. 그 후 일본제국 육군사의 전문가인 이나바 마사오稻葉正夫씨가 방위청 방위연구소防衛研修所 전사부戰史部에 이 책이 소장되어 있는 것을 알리면서 이의 복각復刻 출판의 필요성을 언급하였다. 그는 일본 육군사관학교 출신으로 전후 이 기관에서 근무한 군사사 연구자였다. 그러나 그는 곧 사망하여 복각은 이루어지지 못하였다. 그 후 우연히 오오에 교수 자신이 직접 이 자료를 볼 기회가 생겼지만 전사부 소장본은 제4권이 결본 상태여서 공간하지 못하였다고 하였다. 그 후에 쇼난도서점湘南堂書店에서 동부군사령부東部軍司令部에 전 10권 완질이 갖추어져 있는 것을 알게 되어 이를 간행하게 되었다고 밝혔다.

　《육군정사》는 이런 경위로 1983년 복각본으로 일본 학계에 소개되었지만, 일본 군사사 전공자가 거의 없다시피 한 한국에서 이의 존재를 알거나, 접할 기회는 매우 적었다. 필자가 이 책의 존재를 알게 된 것은 2015년 11월 이나바 치하루稻葉千晴 교수를 통해서였다. 이나바 교수는 일본 메이죠 대학明城大學의 국제정치학 전공자로서 필자의 조약 강제에 관한 글을 읽고 다음과 같은 의사를 보내왔다. 1904년 2월에 시작된 러일전쟁 중에 한국주차군이 계엄령을 실행한 자료가 있으니 2016년 일본 국제정치학회 학술회의 때 러일전쟁 당시의 한국 문제에 관한 세션을 만들게 되면 나를 초청하고 싶다고 하였다. 그는 내가 다루고 있는 조약 강제가 계엄령 실행과 관련이 있다고 보고 의견을 보내왔던 것이다.

2015년은 1905년 '보호조약' 강제 100년이 되는 해이다. 필자는 동북아역사재단으로부터 이에 관한 국제학술회의 기획을 요청받고 이나바 치하루 교수를 이 학술회의에 먼저 초청하였다. 그는 이 회의에 참가하여 《육군정사》의 계엄령 관계 자료를 활용한 논문으로 〈일본에 의한 한국점령 1904년 2월〉을 발표하였다.[1] 그의 논문은 러일전쟁 중 일본군이 제3국인 대한제국의 영토를 이용하면서 한국인, 한국사회를 상대로 계엄령을 실행하고 있었다는 엄청난 사실을 한국학계에 최초로 알려주었다. 필자는 그의 발표를 통해 자료의 중요성을 인지하고 《육군정사》 10책을 바로 구입하여 이번 총합 정리에 반영하여 논지를 크게 강화하였다.

'보호조약' 강제 때 '한국주차군' 하세가와 사령관의 무력 동원 보고서

1905년 11월 17~18일 '보호조약'이 강제될 때, 일제의 한국주차군이 곧 무력 동원의 주체였다는 것은 이미 알려진 사실이지만, 이에 관한 직접적인 자료는 지금까지 알려지지 않았다. 다시 말하면 그 동원의 담당자인 한국주차군 사령관의 보고서에 해당하는 자료가 발굴되지 못했다. 《육군정사》 제8권은 놀랍게도 하세가와 요시미치長谷川好道 사령관의 보고서 〈보호조약체결 보고〉(이하 〈보고〉로 줄임)를 싣고 있다. 나는 이 자료를 더 많은 사람들에게 알리고자 본문의 논증 부분에서는 이를 제시하지 않고 이 맺음말에서 소개하기로 하였

---

1)　이 발표문은 《安全保障と國際關係》(內外出版, 2016)에 〈軍事史から見た日本による韓國占領 1904年 2月〉이란 제목으로 발간되었다.

다. 다소 장황하나마 아래에 그 내용을 소개한다.

〈보고〉는 하세가와 요시미쯔 사령관 자신이 대본영大本營으로부터 임무를 부여받은 것에서부터 시작한다. 즉 앞서 본국 정부의 명령으로 일시 귀국한 하야시 곤스케林權助 공사가 11월 2일 경성으로 돌아와 휴대하여 온 10월 30일 자의 대본영大本營의 훈령을 자신에게 교부하였다. 이 훈령에 의해서 자신은 이토 히로부미伊藤博文 대사 및 하야시 공사를 도와 곧 한국 조정[韓廷]에 제출할 보호조약의 통과를 도모하는 임무를 부여받아 11월 18일 오전 1시로 이 조약에 대한 조인을 완료하여, 지금 그 전후의 개황을 서술하여 임무 완료[結了]의 보고로 삼는다고 하였다. 11월 28일자로 작성한 보고서이다.

〈보고〉는 먼저 8월 12일 런던에서 조인된 '일영동맹 신조약'(제2차 영일동맹-필자) 및 9월 5일 조인된 '일로강화조약'(포츠머스 강화조약-필자)에 일본이 "한국에서 보호 지도 및 감리의 조치를 취할 권리"를 가지기로 한다는 내용이 들어있다는 소문이 한국에 알려져 한국의 정객들이 이의 철회를 위해 주차군 사령부에 반성을 촉구하거나 영국공사에게도 철회를 건의하는 것을 비롯해 팔도가 분기하는 형세가 되었다고 하였다. 의병뿐만 아니라 여러 사회단체가 항거에 나서는 움직임이 날이 갈수록 고조되었다. 하지만, "주차군의 압력은 간단없이 그들의 뇌리를 지배했기 때문에 10월 하순에 이르러서는 표면적인 활현活現 상황은 의외로 조용하게 가라 앉아[沈靜] 크게 질서를 잃지는 않았다"고 하였다. 한국주차군이 그동안 계엄령을 실행하면서 한국인들을 가혹하게 다루었던 분위기가 동요를 억제하는 효과가 있었다는 것을 스스로 밝힌 내용이다.

그러나 10월 하순에 이토 대사가 한국에 온다는 보도가 내지로부터 전해지면서 지금까지 조용하던 외관이 갑자기 활기로 바뀌었다. 한국에 고유한 잡배의 비밀운동, 음모수단, 유언비어 등이 분분하게 잇따르고, 한성부윤은 참정參政의 뜻을 받았다고 하면서 반대의 포고문을 성안 곳곳에 게시하고, 13도의 유생들은 대표를 경성에 모이게 하여 운동의 중심을 이루는 형세가 이루어지는 가운데 하야시 공사와 일본당으로 지목되는 대관들을 암살하려고 한다는 풍문도 돌아, 우리(일본) 헌병이 혐의자 수명을 포박하였다. 본직(사령관)은 이번에 임무를 부여받은 대로 달성하고자 여러 소요를 누르고 (조약을) 신속히 통과되도록 하기 위해 한국 황제가 관례적으로 쓰는 지연 수단이나 각 대신들의 사직 도피 등의 도모를 방지할 필요성을 느껴 11월 5일 이후 헌병들로 하여금 엄중하게 각 대신 기타의 동정을 감시하게 하는 한편, 정객, 잡배 등의 거동을 특별히 감시하게 하였다고 했다.

11월 9일 저녁 이토 대사가 입경한 뒤 자신은 바로 대사를 만나 상의한 것이 있었고, 다음 날 대사는 한국 황제의 거소로 참내參內하여 천황의 친서를 봉정하고, 15일 오후 3시에 다시 황제를 알현하여 4시간에 걸친 "절실한 진언進言"을 하였으며, 16일 오전 10시 하야시 공사가 외부대신 박제순을 공사관에 초치하여 신 조약안을 정식으로 전하였다고 기술하였다. 사령관 본인은 이때 군부대신 이근택李根澤을 불러 "개인 자격으로 절절하게 이해利害(득실)를 설명하고 또 말하기를 나는 이 조약의 통과에 대해 특별히 노력해야 하는 훈령을 받고 있어서 내가 최후로 집행할 수단이 어디에 있는지는 감히 자세히 말하지 않더라도 나와 경은 경성에 있는 양국의 최고의 무직武職의 지위로서, 한 조각의 우의로 미리 알리지 않을 수 없으니 경은 이를 잘 헤아리라"고 하였다. 이에 이근택은 전율창황戰慄倉皇하여 물러나 바로 참내하였다고 하였다. 하세가와 자신이 "최후로 집행할 수단"에 대해서는 구체적으로 밝히지 않았지만 이근택이 이를 듣고 전율할 정도였다면 그것은 엄청난 내용의 협박이었을 것이 분명하다. 그는 같은 날 대관들의 탈주를 막고 재야의 군소의 맹동을 제압할 목적으로 보병부대의 순라를 시내에 풀어 놓은 것도 밝혔다.

17일 당일에 대해서는 다음과 같이 보고하였다. 이전부터의 형세는 이날 더 심해져 순라를 더 엄중히 하여 무위武威를 보일 필요를 느껴 보병부대로 하여금 경계를 계속하게 하는 외에 특별히 기병연대 및 포병대대를 성내로 불러들여 만일에 대비하였다. 이 부대는 저녁에 (성내로) 들어와 큰 가도를 행진하고 성 밖 숙영지로 돌아가게 하였더니 온 성내가 모두 전율하여 감히 한사람도 호언하는 자가 없었다고 하였다. 이는 한국 황제와 대신들의 반대로 조약 체결이 계속 지연되는 가운데 한국 군중이 이에 합세하지 못하도록 중무장 병력을 성내로 투입하였던 것으로, 한국 주차군은 당일 서울을 완전히 장악한 상태였던 것을 사령관 스스로 밝힌 것이다.

한편, 하야시 공사는 오전 11시 각 대신을 공사관에 불러 간담懇談하였다. 오후 4시 한국 대신들이 다 함께 황제가 있는 곳으로 가 참내하자 공사도 의정부(경운궁 중명전 근처의 의정부 분소로서 대신들이 황제를 만나기 위해 기다리는 곳-필자)에 이르러 대신들에게 결단을 촉구하였지만 의논이 쉽게 결정되지는 않았다고 하였다. 오후 8시에 이토 대사와 자신(본직)도 황제가 있는 곳으로 가서[參內] 각 대신의 결심을 촉구하여 한밤중에 비로소 마지막 좋은 성과를 보아 18일 오전 1시에 조인이 끝났다고 밝혔다. 저항과 강제의 시간을 사령관 스스로 진술한 대목이다. 이런 경위 설명 끝에 그는 자신의 공로에 대해 다음과 같이 서술하였다.

본직은 혁혁한 큰 존엄〔大御稜威 : 천황을 뜻함-필자〕의 여광으로 인심이 동요하는 한성에서 한 방울의 피도 보지 않고, 한 사람의 범죄자도 나오지 않고 주권을 좌우할 만한 큰 문제를 결정하는 데 기여하는 영광스런 임무를 완수한 것을 보고하면서 특히 이토 대사 이하 외교관 및 경찰관 등의 특별한 노력을 언명言明한다.

〈보고〉는 한국주차군 사령관이 대본영으로부터 이토 히로부미 특

사와 하야시 곤스케 주한공사를 도와 '보호조약' 통과를 성공시키라
는 임무를 부여받고 이를 완수하기 위해 상황이 시작된 날로부터 끝
날 때까지 예하의 한국주차군의 병력을 동원, 지휘한 상황에 대한
일괄적인 공식 보고로서 조약의 불법성을 판정하는 증거로서 결정적
인 가치를 가진다. 이에 따르면 1905년의 '보호조약'은 한성(서울) 전
역이 한국 주차군에 의해 점령된 상태에서 사령관이 계엄사령관으로
서 필요할 때 언제나 주차군 병력을 동원하여 황제나 정부 대신들뿐
만 아니라 온 신민을 협박하면서 조약을 강제하였던 것이다.

1905년 11월 17~18일에 강제된 '보호조약'에 대해 한국 황제는 부
단한 무효화 운동 끝에 1907년 6월 제2차 헤이그 평화회의에 특사
3인을 파견하였다. 통감 이토는 이를 구실로 광무황제를 강제로 퇴
위시키고, 7월 24일에 다시 '일한협약'(정미조약)을 강제하여 통감이
한국의 내정의 권한까지 장악하였다. 이 협약이 강제된 바로 다음날
(25일) 통감부는 〈신문지법〉〈보안법〉〈총기 총포단속법〉 등을 한꺼
번에 공포하였다. 세 가지 법률은 일본제국의 한국에 대한 강제 식
민지화에 가장 중요한 수단이었지만, 지금까지 학계는 '군사강점'이
란 시각이 결여되어 이를 거의 주목하지 않았다. 《육군정사》의 자료
발굴은 이에 대한 정연한 해석을 가능하게 하였다. 이것은 통감부가
한국의 내정까지 장악하면서 지금까지 한국 주차군이 전담하던 계엄
령 통치를 분담하는 조치였다. 1904년 2월에 시작된 한국에 대한 계
엄령에 의한 군사적 지배가 1907년 7월 통감부가 내정 지배기관으로
전환하면서 통감부 스스로 계엄령 수행에 준하는 기능을 부여하였
다. 이는 계엄령 발동이란 비상시국적 상황을 평상의 체제적 상황으
로 바뀌어 가는 도정을 의미하는 것이었다.

황제 퇴위 강제를 실현하기 위한 술책 - 영친왕의 인질 유학

조약 강제의 역사를 추적하면서 정치 국면에서도 새롭게 파악된

것이 적지 않았다. 1907년 6월 네덜란드 헤이그에서 열린 제2차 만국평화회의에 한국 황제가 3인의 특사를 파견하여 1905년 '보호조약'은 일본이 강제로 추진한 것으로 한국 황제가 동의하지 않았다는 사실을 알린 것은 일본 정부에 큰 충격을 주는 사건이었다. 특히 이 조약을 주도하여 통감이 되기까지 한 이토 히로부미로서는 국내외적으로 자신의 명성에 큰 타격을 입었다. 그래서 통감 이토 히로부미는 사후 수습에서 한국 황제의 양위讓位, 한국 군대의 해산, 통감부의 내정 장악 등 초강수를 다 쓰는 형국이 벌어졌다.

1907년 7월 이후에 일어난 이 일련의 사건들에 대해 지금까지는 대한제국, 특히 그 황실의 무력함 자체로 읽었다. 그 속에 황실의 저항이 있고, 이를 누르기 위해 이토 히로부미가 영친왕을 황태자로 책봉하여 인질 삼아 일본으로 데려가는 술책을 부린 것을 읽어내지 못하였다. 통감 이토는 일본 유학을 명분으로 내세우고 스스로 사부師傅라고 일컬으며 보호자로 행세하기까지 하였다. 영친왕의 유학은 전국시대 다이묘大名들이 길항 속에 쓰던 인질 정책 그것에 지나지 않는 것이었다.

통감 이토는 황제 강제 퇴위에 대한 한국인들의 저항이 클 것을 예상하고 이를 사전에 제압하기 위해 본국 정부에 1개 사단 병력의 증파를 요청하는 한편, 거짓 조칙으로 한국 군대를 해산시켰다. 이어 대한제국의 국권 주체인 황실을 옭아매는 정책을 폈다. 먼저 7월 20일 현 황제(고종)가 황태자에게 황제의 위를 양여하는 절차부터 시행하였다. 황제는 일본의 요구에 대리청정을 타협선으로 내세워 양위에 쉽게 응하지 않았다. 이에 통감부는 환관 2명을 '구 황제' '신 황제'의 대역으로 삼아 경운궁 중화전中和殿에서 양위 의식을 거행하였다. 신, 구 황제가 참석할 의사를 전혀 보이지 않자 권정례權停例란 것으로 행하게 하였다. 조선왕조에서는 어떤 왕실 행사에 왕이 직접 참가할 수 없는 사정이 생기면 대역을 세워 권정례란 이름으로 행하는 관례가 있었다. 그러나 역대에 왕위 계승을 권정례로 행한 예는 하나도 없었다.

통감부는 8월 2일에 '신 황제'의 연호로 융희隆熙를 반포하여 제위帝位의 교체를 기정사실화하였다. 이어 8월 7일에 새 황제의 이복동생인 영왕英王을 황태자로 책봉한다고 발표하였다. 그 다음 날에 헤이그 특사 3인에게 거짓으로 황제의 밀사를 칭하였다는 이유로 교형絞刑을 내리는 처분을 발표하였다. 모든 것이 특사 파견에 대한 응징이란 것을 명시하는 조치였다. 이러한 중대 조치들은 물론 한국정부 해당 부서의 이름으로 발표되었지만 모든 것은 통감의 지시에 따른 것이었다. 이어서 8월 27일에 돈덕전惇德殿에서 '신 황제'의 즉위식이 거행되었다. 그러나 '신 황제'는 거의 정무에 임하지 않았다. 통감부는 7월 24일 '일한협약'(정미조약)을 강제하여 내정의 권한을 가졌으나 형식적이라도 한국 황제의 결재를 받아야 할 안건들이 많았다. 그러나 '신 황제'는 황제로서의 직무 수행의 뜻을 전혀 보이지 않았다. 그래서 2개월여 동안 황제의 결재를 거친 '칙령' 17건은 황제의 어압御押이 아니라 황태자 때 사용한 예압睿押으로 처리되어 있다(8월 28~31일 2건, 9월 5건, 10월 6건, 11월 4건. 서울대 중앙도서관 간행《칙령》참조). 예압은 7월 20일 황제 강제 퇴위를 둘러싼 친위 쿠데타 진압 때 통감부 측이 앗아 간 것으로 '신 황제'의 의사를 반영한 것이 아니었다.

1898년 '독차사건' 이후 간헐적인 심신장애 증상을 보이고 있던 '신 황제'는 11월 13일에 경운궁 준명전浚明殿을 떠나 창덕궁으로 이어하였다. 통감부가 신, 구 황제를 떼어놓기 위해 황제의 거처를 경운궁과 거리가 있는 창덕궁으로 옮기게 하였던 것이다. 이틀 뒤 15일에 '구 황제'가 태묘와 창덕궁을 방문하였다. '신 황제' 곧 황태자에게 이제 황제의 위에 오르라는 의사를 표시하는 방문이었다. 3일 뒤 18일에 황태자(신 황제)는 태묘에 가서 역대 선왕들의 신위 앞에 황제 즉위를 서고하였다. 황태자는 이때 비로소 부황의 뜻을 받들어 정식으로 제위에 올랐던 것이다. 통감부가 퇴위 강제 때 내민 태황제란 호칭도 이때부터 사용하기 시작하였다. 부황(고종)이 11월 15일에 마음을 바꾼 것은 8월 이래 통감이 추진해온 영친왕 일본 유학 건이 눈 앞에 다가왔기 때문이었다.

통감 이토 히로부미는 황제와 황태자의 침묵의 저항에 부딪히어 자신이 '황태자'로 책봉하게 한 영친왕을 일본으로 데려가는 정책으로 압박을 가하였다. 그는 본국 정부와 협의하여 일본국의 황태자가 한국을 친선 방문하도록 하였다. 10월 7일 일본국 황태자 요시히도嘉仁 친왕(후일의 다이쇼大正 천황)이 양국의 친선 도모를 위해 한국을 방문한다는 발표가 나오고 10월 16일에 그가 실제로 인천에 도착하였다. 그는 곧 서울로 들어와 며칠 동안 한국 황태자와 여러 차례 '친선도모'의 행사를 치르고 돌아갔다. 11월 19일 새 황제의 칙령으로 황태자(영왕)의 일본국 유학留學이 발표되었다. 한국 황실은 강요된 제위 세습에 저항하였지만 통감 이토 히로부미의 인질 정책에 다시 손발이 묶이고 말았다. 12월 5일 황태자 영왕은 태자태사太子太師 이토 히로부미를 따라 일본으로 떠났다. 그것은 한국 황제가 구미 열강을 상대로 자신이 주도한 '보호조약'의 불법성을 폭로한 것에 대한 철저한 복수극이었다.

통감 이토 히로부미를 사직시킨 의병 항쟁과 황제의 순행

통감 이토 히로부미가 한국 황제의 퇴위를 강제하는 동시에 거짓 조칙으로 '군대해산'을 단행하고, 내정권을 앗아가자 의병의 저항이 전국적으로 일어났다. 황제가 퇴위를 강요받는 가운데 항거를 촉구하는 칙서를 내렸기 때문에 의병의 봉기는 들판의 불길처럼 일었다. 본론에서 밝혔듯이 의병 투쟁의 양상은 1908년에 일본군과의 교전

회수 1,976회, 참가 의병 수 82,767명, 1909년 2~6월 동안 교전 회
수 1,738회, 참가 의병 수 38,593명으로 집계되었다. 일본 정부는 이
런 저항에 직면하여 본국으로부터 병력을 무한정으로 증파할 수도
없었다. 퇴위 강제와 군대해산 단행 때 이미 1개 사단을 증파한 상태
이므로 병력 파견을 더 요구하는 것은 부작용이 우려되는 일이었다.
안으로는 본국의 정치적 경쟁자들에게 통감 자신의 약점을 보이는
꼴이 되고, 또 밖으로는 한국인들은 일본의 보호국이 된 것을 환영
한다고 선전해 둔 처지였으므로 병력 증파는 피해야 할 사항이었다.
이런 제약 아래 일본군은 잔악한 방법으로 의병을 '토벌'하는 추세를
보였다.

1909년에 들어와 통감 이토는 유화적인 방법을 병행해보기로 하
였다. 즉, 자신이 한국 황제(순종)와 함께 전국 여행을 하면서 한국
인들에게 돈독한 분위기를 보여주는 방식을 택하였다. 1909년 1월
~2월 사이에 황제를 앞세운 지방 순행巡幸을 기획하였다. 1909년 1월
7일~12일까지 기차를 이용해 대구-부산-마산을 다녀오고[남순南
巡], 1909년 1월 27일~2월 3일까지 평양-의주-개성을 다녀왔다[서
순西巡]. 황실과 통감부의 '협조' 관계를 과시하여 한국인들의 저항을
진정시켜 보려고 한 것이다. 그런데 전혀 예상하지 않은 상황이 가
는 곳마다 벌어졌다. 황제를 보기 위해 환영 나온 수많은 인파의 물
결을 보고 통감 이토는 자신의 정책의 한계와 잘못을 느끼기 시작하
였다. 《황성신문》은 황제가 머문 곳에 나온 인파의 수를 그때그때 보
도하였다. 대구에서 3천명, 부산에서는 "항구를 가득 메운 군중", 마
산 3만, 평양 10여 만, 의주 1만 5천, 개성 10만에 달했다고 보도하
였다.

대한제국 황제, 황실의 항쟁의 역사는 일제가 조작한 황제 무능설
로 말미암아 제대로 부각되지 못하였다. 특히 '신 황제' 순종을 앞세
운 순행에 대한 평가가 그랬다. 두 차례의 순행은 모두 통감 이토 히

로부미에 이용당한 꼭두각시놀음으로 인식되었다. 그러나 당시 신문의 순행 보도 기사들은 이와는 전혀 다른 황제의 모습을 보도하고 있었다. 황제는 순행에 나서면서 외침의 현실에 대응하는 군주로서의 당당한 모습을 보여주고 있었다. 역대에 군주가 어떤 지역에 행차하면 그곳에서 배출된 충신열사나 학식이 높은 인물의 사당에 관리를 보내 제사를 올리게 하였다. 융희 황제는 남대문 역을 출발하면서부터 노량진 민절사愍節祠의 사육신을 비롯해, 충청도에서 이순신과 조헌, 영남에서 역대 사화에 희생된 인물들, 부산에서 임란 항전 순절자인 정발, 송상현 등의 사당에 모두 관리를 보내 제사를 올리게 하였다. 평안도에서는 임진왜란 당시 선조대왕이 파천한 곳을 직접 찾아 하루를 보내고 평양에서는 단군릉을 찾게 하고 기자묘, 동명왕릉에 제사를 올리게 하고 왜란, 호란 때의 항쟁 유공자의 사당에 관리를 보냈다. 어느 것이나 외침에 맞선 역사를 되새기게 하는 데 초점을 두었다.

황제를 맞이하는 신민들의 열기는 곳곳에서 달아올랐다. 영남 지방의 남순 때는 환영 인파가 3만 선 이하였지만, 서순 때 평양과 개성에서는 10만을 헤아렸다. 통감부와 대한제국 정부의 공동행사로 양국 깃발을 사용하게 했지만 잠시 정차하는 곳에서도 수천, 수만의 인파가 태극기를 흔들면서 황제를 맞았다. 황제는 남순 때 대전, 서순 때는 정주에서 옛 관복을 입은 전직 사대부들을 보고 그 옷을 벗고 신문물 수용에 앞장서라고 훈칙하는 한편, 신식학교 설립 운동을 펴고 있던 이승훈李昇薰을 직접 불러 만나 격려하기도 하였다.

대한제국 황제의 순행에 대한 신민들의 열기의 진실을 바로 보게 되면서 1909년 4월~7월 사이에 이루어진 이토 히로부미의 통감 사직의 이유도 제대로 알게 되었다. 한국인들의 의병 봉기의 열기를 잠재우기 위해 기획한 순행이 오히려 황제와 신민 사이의 결속의 기회가 되는 것을 보고 자신의 정책의 실패를 깨달았다. 그는 개성에서 서울로 돌아오는 길에 통감직의 사임을 결심하였고 4일 뒤인 2월 8일에 한국 황제에게 귀국 인사를 하였다. 그리고 그는 일본으로 돌아가 도쿄 부근의 별장에서 칩거하다가 4월 하순에 총리대신 가쓰라 다로桂太郎와 외무대신 고무라 주타로小村壽太郎의 방문을 받고, 한국은 이제 보호국이 아니라 일본에 합병하는 것이 타당하다는 의사를 그들에게 직접 표하였다.

　　야마가타 아리토모, 가쓰라 다로, 데라우치 마사타케 등이 주축을 이루는 이른바 군부파(또는 야마가타계 관료파)의 지론인 병합론에 동의하고 이들에게 한국정책의 주도권을 넘기었다. 이후 일본정부는 7월 6일 각의를 통해 "적당한 시기"에 한국병합을 결행하기로 결정하였다. 통감 이토 히로부미가 위와 같은 경위로 통감의 직에서 물러난 것을 알게 된 것은 이번 연구의 가장 중요한 성과의 하나였다. 한국의 황제와 신민이 하나가 된 저항이 그를 물러나게 했다는 것은 그의 뒤를 이은 세력이 누구든 간에 한국의 저항이 거둔 중대한 승리였다. 이는 그가 추밀원 의장 자격으로 실추된 명예를 회복하려는 듯 같은 해 10월 26일에 러시아 재정대신 코코브쇼프와 동청철도東淸鐵道 매입 문제를 협의하기 위해 하얼빈을 방문하였다가 거기서 대한의군大韓義軍의 특파대 대장 안중근에 의해 처단된 사실과 연계하여서도 그 의미가 참으로 크다. 대한의군은 1908년의 한민족의 전면적인 항일 의병 운동 속에 연해주에서 '태황제'(고종)의 군자금으로 탄생한 큰 규모의 의병 부대였다.

일본 육군성, 육군대신이 주도한 '한국병합'의 준비와 실행

　　대한제국에 대한 일본제국의 군사강점 상황은 1910년 5월 하순에 육군대신 데라우치 마사타케가 제3대 한국 통감으로 임명되면서 최고 수위에 도달하였다.

그가 육군대신의 직을 가지고 통감을 겸한 것은 통감부의 한국 통치가 군사 통치라는 것을 스스로 말하는 것이었다. 뿐더러 그는 통감에 임명되는 순간부터 육군성 막료들의 도움을 받아 한국 병합을 위한 정부 차원의 모든 방안을 준비하여 7월 말 서울에 와서 병합 실행을 주관하였다. 지금까지는 각 부처의 한국 관계 전문 관료들로 구성된 '한국병합준비위원회'가 병합에 필요한 모든 방안 검토와 문건 준비를 담당한 것으로 알려졌지만, 새로이 공개된 일본 국립공문서관 수장의 《한국병합에 관한 서류韓國併合二關スル書類》의 30여 건의 문서 분석을 통해 육군성이 그에 앞서 주관하고 있었던 사실이 명백하게 드러났다. '한국병합준비위원회'는 육군성이 준비한 것을 받아 분야별로 점검한 다음 내각회의에 제출하는 중간 역할을 수행한 것으로 드러났다. 통감 데라우치 마사타케가 병합을 강제한 후 초대 조선총독에 임명된 것은 한국병합이 군사강점이란 것을 최종적으로 확인시켜 주는 처사였다.

1909년 4월 이토 히로부미가 귀국하여 통감의 직을 사임할 뜻을 굳혔을 때, 총리대신 가쓰라 다로는 육군대신 데라우치에게 이토 히로부미의 후임이 될 것을 종용하였다. 그러나 데라우치는 '시기상조'를 내세워 수락하지 않아서 부통감 소네 아라스케曾彌荒助가 2대 통감이 되었다. 이토 히로부미는 추밀원 의장의 직함으로 만주의 동청철도 매각을 추진하던 러시아 대장대신大藏大臣(코코브쇼프)을 만나기 위해 하얼빈으로 갔다가 거기서 대한의군 특파대 대장 안중근에 의해 저격당하여 일생을 마쳤다. 당시 메이지 정부를 주도하던 군부파(야마가타계 관료파)는 1910년 3월 이 사건 처리를 끝낸 뒤 5월 하순에 육군대신 데라우치 마사타케를 3대 통감으로 천황에게 추천하였다. 그가 통감 자격으로 최초로 취한 조치는 현 한국 황제의 거처인 창덕궁에 황궁경찰서를 세워 황제를 외부와 격리하는 것이었다. 순행巡幸을 통해 드러난 한국 황제와 신민 결속의 힘을 미리 차단하기 위한 사전 조치였다. 통감 데라우치는 한국 황제를 궁 안에 격리시켜 놓고 '한국병합'의 방안을 준비하고 실행하였던 것이다. 1925년 그 황제가 붕어하면서 남긴 유조遺詔에는 '내가 17년 동안 유폐되어 병합 인준은 내가 한 것이 아니라는 것을 말할 기회가 없었다'고 격리의 사실을 증언하는 구절이 담겨 있다.

1910년 8월 29일 한, 일 양국 황제의 병합을 알리는 조서가 발표되었다. 일본 천황의 조서는 천황의 이름자(睦仁) 친서와 '천황어새天皇御璽'란 글자가 선명한 날인을 갖추고 11명의 대신들이 이름자를 병서竝書하여 완전한 형식을 갖추었다. 이와 달리, '칙유'로 발표된 한국 황제의 조서에는 황제의 이름자(坧) 서명이 보이지 않고 '대한국새大韓國璽'가 아니라 '칙명지보勅命之寶'란 글자가 새겨진 행정 결재용 어새가 날인되었다. 통감 데라우치는 국새 날인을 거부당하여 '칙명지보'에 맞추어 급히 '조서詔書'를 '칙유勅諭'로 바꾸어 발표하였다. 그 칙유에는 황제의 친서가 없었던 탓인지 내각총리대신 이완용의 병서조차 붙이지 않았다. '한일병합'을 알리는 한국 황제의 '칙유'에 날인된 '칙명지보'는 1907년 7월 양위 강제 때 통감부가 장악해 가지고 있었던 것으로 한국 황제의 의사를 반영하는 것은 아니었다.

필자의 조약 강제에 관한 연구는 당초 조약문서 원본에 남겨진 결함, 결격에 관한 것으로서 이는 물증에 해당하는 것이었기 때문에 한, 일 학계에 설득력이 있는 것으로 받아들여졌다. 2010년 강제 병합 100년에 즈음하여 그동안 모아온 근대 한일 사이에 체결된 모든 협정 원본들을 사진으로 촬영하고 비교 분석하여 자료집으로 《조약으로 본 한국병합 – 강제의 증거들》을 위조 서명 최초 발견자였던 이상찬 교수(당시 학예연구사)와 공동 명의로 출간하였다. 이때 조약 원본의 제본 상태, 곧 해당 관청의 인쇄용지를 사용했는지, 양국 원본을 묶은 리본의 색깔이 어떤지, 문안 작성의 필체는 어떤지를 살피는 데까지 눈이 돌아갔다. 그 성과의 주요한 부분들은 독자들의 이해를 위해 이 책에도 사진(기본 자료)으로 제시하였다.

　조약 원본들에 남아있는 물증들은 사실은 연구 초기에 이미 확보될만한 것이지만, 연구 과정에서는 이런 저런 하자와 결함이 왜 생긴 것인지에 대한 문헌 조사에 매달린 나머지 눈앞의 그림은 제대로 보이지 않는 상황이 오래 계속되었다. 5개의 관련 협정 가운데 외교 협정으로서 온전한 모양새를 갖춘 것은 첫 번째의 '의정서'가 유일하다. 이 협정은 양국의 주무기관, 즉 "대한국외부大韓國外部" "주한일본공사관 駐韓日本公使館"이란 글자가 인쇄된 용지를 각각 사용하고 또 각 원본을 철한 리본의 색깔도 한국 측은 황색, 일본 측은 청색으로 서로 달랐다. 두 관서가 각국을 대표해서 독자적으로 협정 체결에 임하여 생산된 문건이란 판단을 가지게 해 주는 상태였다.

　이와 달리, '제2차 일한협약'은 일본어 원본은 "주한일본공사관"이란 글자가 인쇄된 용지를 사용하고 푸른색 리본으로 묶었지만, 한국어 원본은 관서 이름이 인쇄되지 않은 붉은 괘지를 사용하고 묶은 리본도 일본어 원본과 같은 청색이다. 즉 한국어 본도 일본 측에서 마련했다는 것으로 밖에 볼 수 없는 상태이다. 같은 현상은 1907년 7월의 '일한협약'에도 남겨져 있다. 일본어 원본은 "통감부"란 기관명이 인쇄된 용지를 사용하고 연녹색 리본으로 묶은 반면, 한국어 본은 기관명이 없는 붉은색 선의 괘지에 리본이 없는 상태이다. 1910년 8월의 '한국 병합조약'의 경우, 한국 일본 양국어본이 쌍둥이처럼 같은 모양새이다. 사용한 용지는 모두 기관명이 인쇄되지 않은, 괘선이 없는 백색으로 한 사람의 필체로 작성되어 흰색 표지를 붙여 흰색 리본으로 묶었다. 누가 봐도 한쪽에서 만든 것으로 밖에 볼 수 없는 상태이다. 이런 강제의 흔적들은 이번의 총합 정리에서 새롭게 부각된 계엄령의 지속적 발동이라는 정치 물리적 상황과 바로 맞추어짐으로써 강제 병합에 대한 다면적 · 입체적 파악이 가능하게 되었다. 독자들에게도 이런 구조적 이해가 제대로 전달되기를 바라마지 않는다.

1910년 9월 29일자로 발표된 '조선총독부 관제'는 조선총독은 천황에게 직예(直隸; 내각 총리대신의 지휘, 간여를 받지 않는다는 뜻-필자)하고 육군대신 또는 해군대신으로 임명한다고 하였다. 이것은 1904년 2월 일본이 러시아와의 개전으로 시작된 한반도에 대한 계엄령을 통한 강점 상황이 통치체제로 자리 잡은 형태로 간주될 수 있다. 이 지속적인 군사강점의 실황은 다른 제국주의 국가들의 식민지 확보 정책에서 유례가 없는 것이다. 이 점이 곧 일본제국주의의 특수성으로 한국인들이 그 역사를 받아들이지 못하는 중요한 이유이다. 일본의 정치지도자들은 한국 병합은 국제상황의 변동에 따른 불가피한 귀결이었다고 말하였지만 이것은 진실을 감추기 위한 변명에 지나지 않는다. 그것은 어디까지나 계획된 목표의 달성이었다.

이상으로《일본의 한국병합 강제 연구 – 조약강제와 저항의 역사》의 주요한 논점을 다시 간추려 맺음말에 대신한다. 저자는 이 책에 바로 이어 조약 외의 강제의 모습에 관해 연구 발표한 논문들을 따로 모아 다른 하나의 책을 출간하고자 한다. 이 책의 제목에는《끝나지 않은 역사》라는 단어가 들어가게 될 것 같다. "《동경일일신문東京日日新聞》의 한국 병합과정 왜곡 보도" "한국병합 무효화 운동과 구미歐美의 언론과 학계 반응" "1910년의 병합조약과 1965년 한일협정의 관계" "침략주의 데마고그들로서의 요시다 쇼인吉田松陰과 도쿠토미 소호德富蘇峰" "근대 일본 조슈長州 번벌세력의 한국 침략" "고종황제 독살과 일본정부 수뇌부" 등이 이 책에 포함될 예정이다.

본문에서도 밝혔듯이 통감부와 총독부에서 줄곧 외교부장의 역할을 담당한 고마쓰 미도리小松綠는 데라우치 마사타케가 매우 세심한 성격의 소유자라고 하였다. 실제로 그는 병합준비 과정에서 지나칠 정도로 문건 갖추기에 열중하는 모습을 보였다. 그런 그가 마지막 단계에서 양국 황제 조서 발표 날을 정해 놓은 상황에서 한국 융희 황제의 서명 거부에 직면하여 허를 찔려 결정적인 물증을 남겼다. 그는 1916년에 본국 내각 총리대신으로 영전하였다. 그 무렵 국제사회에는 제국주의의 무한경쟁에 제동을 거는 국제평화운동의 물결이 구미 지식인 및 뜻있는 정치인들 사이에 파동쳤다. 프린스턴 대학교 총장 출신의 우드로 윌슨Thomas Woodrow Wilson 대통령의 주도 아래 '민족자결주의'를 구현하는 국제연합 기구 창설을 준비하고 있었다. 그 결과가 1918년 1월 8일 의회 연두 교서 형식으로 발표되었다.

이 해 후반 제1차 세계대전의 종결, 1919년 파리 강화회의에 이어 1920년 국제연맹(The League of Nations)이 탄생하였다. 일본제국 내각 총리대신 데라우치 마사타케는 이 과정을 지켜 볼 수 있는 위치로서 대단한 경계심을 가질 수밖에 없었다. 그의 세심한 성격은 이에 대한 대비를 하지 않고 넘어갈 수 없었다. 1918년 1월 8일 미국 의회에서 윌슨 대통령은 '14개조(The Fourteen Points)'란 이름으로 민족자결주의와 전후 평화체제에 대한 구상을 발표하였다. 총리대신 데라우치는 이 발표가 있은 1주일 뒤 도쿄에 살면서 7년 동안 모국을 다녀오지 못한 영친왕을 귀국시켰다. 이해 8월 '이태왕'(고종) 탄신일에 다시 귀국시키고, 그해 10월에는 일본 황족 마사코方子와의 약혼을 발표하였다.

이 무렵 데라우치는 '쌀 소동'으로 총리대신에서 물러나야 했지만 일본과 조선은 민족자결주의가 적용될 필요가 없을 정도로 돈독한 사이라는 것을 국제사회에 보여주기 위해 추진해 온 '세심한' 계획은 야마가타계 관료파의 지지 아래 그대로 진행되었다. 그는 조선총독 하세가와 요시미치에게 다른 하나의 밀명을 내렸다. 지금이라도 '이태왕(고종)'에게 1905년 재위 중에 거부했던 '보호조약'을 추인하는 문서를 요구하고 이에 응하지 않으면 살해하라는 밀명이었다. 당시 윌슨 대통령을 돕던 미국의 교수단은 제국주의의 약육강식의 영토 경쟁이 세계 대전을 가져왔다는 판단아래 이의 방지를 위해 국제법의 체계화의 필요성을 절실하게 느끼고 있었다. 아마도 주미 일본 대사관은 총리대신에게 이에 관한 보고를 올렸을 것으로 추측된다. 그런 사전 정보가 그의 '세심한' 성격을 자극하여 이 밀명을 내렸던 것으로 해석할 수밖에 없다. 실제로 1919년 1월 중순 총독부 앞잡이 노릇을 하던 자들이 '이태왕'을 찾아 이 요구를 전달하였고 그들을 노한 호통으로 물리친 광무황제는 1월 22일 전신이 부풀어오른 시신으로 발견되었다. 메이지 이래 침략주의자들의 대표로서 남은 데라우치 마사타케가 가한 최후의 가격이었다.

일본제국의 주권침탈에 맞서 싸우면서 굽히지 않던 광무황제(고종)는 새로운 국제 평화 질서 구축의 시점에서 오히려 적국의 희생으로 일생을 마쳤다. 그러나 황제의 인산(因山, 국장)을 전후하여 일어난 독립만세운동은 대한민국의 동력이 되어 새로운 역사를 열었다.

부록

부록 1. 통감부가 압수한 대한제국 황제 소장 조약 원본 및 사업계약서 목록(日文 번역)

甲號 一

4월 27일 淸國人으로부터 領置의 分 索引 目錄

1. 金礦會社 및 開發會社株券第貳號의 내용
2. 開發會社 株券 무효의 증명
3. 電氣會社 자금 중 內帑金下賜의 건
4. 西北間島 및 부근의 人民等에 대한 太皇帝의 密諭
5. 英國에 보내야 할 文書
6. 皇室持 電氣會社株券에 관한 건
7. 洋債 借入에 付한 李容植에의 密勅
8. 雲山金礦合同契約改正의 건
9. 日露 이외의 列國과 密約해야만 한다는 上奏文
10. 日本政府 및 軍司令의 內情 搜査에 관한 건
11. 金弘集 외 數人에 係한 고발서
12. 李寅榮이 啓下文蹟下賜를 奏請한 書
13. 미국인 산즈Sands 용빙 계약에 관한 건
14. 露館 潛幸中 露國公使와의 밀약
15. 露館으로부터 귀환후 同館에 보낸 禮狀
16. 國權回復에 관한 上奏文
17. 海牙密使 出發 때 國權回復의 聲援을 露皇帝에 의뢰한 書
18. 獨立協會 撲滅에 관한 건
19. 皇帝로 개칭될 때 臣下 아울러 佛公使等의 의견을 窺知한 書
20. 露韓密約書
21. 礦山及航海에 관한 諸外國과 계약의 건
22. 趙南昇을 露國에 使行게 하는 書
23. 韓皇과 在露京 閔泳煥과 왕복한 電報一束
24. 日韓 第一協約後 露佛獨 황제에 國權 회복의 聲援을 청하는 書
25. 平和克復後 露皇에 보낸 書

26. 日露開戰前 露皇에 보낸 書
27. 日露戰爭中 露皇에 보낸 書
28. 右仝件
29. 右仝件
30. 京釜鐵道布設에 관한 件
31. 閔泳煥이 駐美公使가 되어야 한다고 奏請한 書
32. 法蘭西 共和國政府에 보내는 書
33. 日露戰爭中 露皇太子誕生을 축하하는 書
34. 日露戰爭中 韓皇太子妃 薨去 통보하는 書
35. 日露戰爭前 伊太利황제에 局外中立을 성명하는 書
36. 右件에 대한 이태리 外相의 返書
37. 戰時中 일본 황제폐하에 奉呈한 書
38. 독일황제에 보낸 書
39. 加藤公使가 보낸 書
40. 右에 대한 返書
41. 露韓密約에 관한 密諭
42. 建陽元年에서의 露韓協約
43. 官蔘賣却 및 典圜局 정리에 관한 李容翊의 보고서

甲號의 二

御親書에 基因된 조사 사건 목록

1. 御親書原文綴
2. 電氣會社事件
3. 南韓御巡幸前 李完用 宋秉畯 殺害陰謀事件
4. 美國御潛幸 음모사선
5. 金塊放賣사건(이상 3~5건 하나로 합철된 상태)
6. 膠州灣에 매수한 가옥 사건
7. 露淸銀行 예금사건
8. 金櫃及鞄(가방)를 외국인에 예치한 사건
9. 베세르(裴說) 및 朴容奎 등 금 5천圓을 詐取 당한 사건
10. 스티븐슨 살해의 가해자에 대한 賞與의 건
11. 間島의 趙南昇 여행 계획 사건

12. 조남승을 密使로 하여 露國 파견 계획(10~12 합책)
13. 韓一銀行增資株사건
14. 베세르 조위금의 건
15. 大韓每日申報의 건물에 관한 건(14~15합책)
16. 子龍植 上納洋食 원료 代價의 건
17. 免官後 引續 봉급 급여의 건(16~17합책)
18. 太皇帝 폐하 조남승에 內命하여 美國 영사관에 화재를 피한 後 인사하게
    하고, 또 황제 폐하와의 分御를 알리게 한 件
19. 大韓(漢)門 부근 가옥 文券及前華盛頓公使館家屋文券의 건
20. 西韓 御巡幸에 관한 건
21. 淸國 天津에 매수한 가옥 사건
22. 李裕健 불법 감금 피해의 건
23. 韓太子 渡日에 관한 건
24. 손탁 귀국에 관한 건
25. 美國 通信員에 관한 건, 佛國公使館 건물 매수에 관한 건(合冊)
26. 金祚鉉에 대한 調書

乙號

目錄

1. 在朝鮮國 日本民人通(商)章程(漢, 日文)　　　共 2책
2. 大英國條約章程 英文　　　　　　　　　　　　1
3. 中國代辨朝鮮郵陸路電線條款合同　　　　　　1
4. 韓淸議約公牘　　　　　　　　　　　　　　　1
5. 各國約章合編　　　　　　　　　　　　　　　1
6. 朝日修好條規(漢, 日文)　　　　　　　　　　共 2
7. 大淸國條約(大韓比准)　　　　　　　　　　　1
8. 京仁間鐵路合同, 雲山金鑛特許証　　　　　　2
9. 稅則初稿　　　　　　　　　　　　　　　　　1
10. 京城駐在副領事 橋口直右ェ門證認狀　　　　1
11. 訓諭欽命駐箚日本弁事大臣 金嘉鎭　　　　　1
12. 釜山港領事 立田革 證認狀　　　　　　　　　1
13. 釜山浦領事 室田義文 證認狀　　　　　　　　1
14. 朝日通商章程續約(漢, 日文)　　　　　　　共 2

15. 於朝鮮國議定諸港日來人民貿易規則(漢, 日文)　　　共 2

16. 各國租界章程(漢, 英文 共 2冊의 內)　　　1

17. 日本條約批准(一袋)　　　2

18. 朝英條約　　　1

19. 修好條規附錄　　　1

20. 通商章程　　　1

21. 京義鐵路合同　　　1

22. 朝日海關稅則(漢, 日文)　　　2

23. 朝日通漁章程(漢, 日文) 共 一袋　　　2

24. 朝日仁川口租界條約(漢, 日文) 共 一袋　　　1

25. 元山港副領事 渡邊修 證認狀　　　1

26. 仁川港領事 鈴木充美 證認狀　　　1

27. 釜山浦領事 立田革 信認狀　　　1

28. 修好條規附錄(國文 1, 譯漢文 1)　　　2

29. 日本批准　　　1

30. 訓諭日本辨理大臣 閔泳駿　　　1

31. 修好條規(日本)　　　1

32. 大法國條約章程(漢文)　　　1

33. 大德國條約章程(德文, 英文)　　　1

34. 絶影島日本煤炭庫約單(朝, 日文)　　　각 1

35. 訓諭美國參贊官 李完用　　　1

36. 京仁間鐵路朝鮮政府命令合同　　　1

37. 大俄羅斯國條約章程(俄文)　　　1

38. 訓諭英德俄美法五國全權大臣 趙民熙　　　1

39. 駐日日本辨理大臣委任狀　　　1

40. 仁川港副領事 林權助의 證認狀(但表記無)　　　1

41. 訓諭英德俄義法五國參贊官 李容善　　　1

42. 日本人民漁採犯罪條規(漢, 日文)　　　共 2

43. 日本電線條款　　　1

44. 朝日釜山口設海底電線條款(漢, 日文)　　　共 2

45. 駐箚英德俄義法五國全權大臣委任狀　　　1

46. 駐箚美國全權大臣委任狀　　　1

47. 釜山浦駐在領事 室田義文 信認狀　　　1

48. 訓諭日本參贊官 金嘉鎭　　　　　　　　　1
49. 仁川月尾島集煤庫地基契約(附地圖一紙)　　1
50. 慶源鍾城金煤兩鑛條約　　　　　　　　　　1
51. 朝鮮木商會社約章　　　　　　　　　　　　1
52. 議訂朝鮮國間行里程約條并附錄(漢, 日文)　共 4
53. 日本皇帝의 條約批准(赤色紙無記)　　　　　1
54. 朝俄陸路通商章程單　　　　　　　　　　　1
55. 俄國一商民뿌리니가 西洋養木法則　　　　　1
56. 癸未春阿須頓稅則論難　　　　　　　　　　1
57. 京城駐在副領事 橋口直右ェ門 信認狀　　　　1
58. 德國領事 口麟 證認狀　　　　　　　　　　1
59. 駐箚美國匹羅達皮阿城總領事 載肥時 証認狀　1
60. 井上伯爵金宏集約款(純子袋入. 日, 韓文)　　1
61. 朝淸連線章程　　　　　　　　　　　　　　1
62. 照會　　　　　　　　　　　　　　　　　　2
63. 大英國條約章程(漢文)　　　　　　　　　　1
64. 大法國條約章程(漢文)　　　　　　　　　　1
65. 大德國條約章程(漢文)　　　　　　　　　　1
66. 大俄羅斯國條約章程(漢文)　　　　　　　　1
67. 韓法郵遞法國批准文憑(法, 漢文 同封)　　　1
68. 仁川港副領事 林權助 信認狀　　　　　　　1
69. 大日本國條約章程(國書)　　　　　　　　　1
70. 大法國條約章程(法文)　　　　　　　　　　1
71. 大法國條約章程批准(〃)　　　　　　　　　1
72. 大美國條約章程 批准附(漢, 美文)　　　　　2
73. 大奧國條約互換(英, 漢文)　　　　　　　　2
74. 大德國條約章程(德文)　　　　　　　　　　1
75. 大俄國條約章程(漢文)　　　　　　　　　　1
76. 日本通商章程(漢文)　　　　　　　　　　　1
77. 朝日修好條規附錄(漢, 日文) 共二의 內　　　1
78. 大奧國條約章程(漢文)　　　　　　　　　　1
79. 大丹國條約章程(漢文)　　　　　　　　　　1
80. 大義大和國條約章程(漢文, 義文, 英文)　　　1

81. 大比利時國通商章程(漢, 法文 批准)	1
82. 大淸國條約(淸國批准)	1
83. 大俄羅斯國條約章程(俄文)	1
84. 大英國條約章程(英文)	1
85. 旅行證	10
86. 釜山港領事 立田革 通知狀	1
87. 訓諭美國全權大臣 朴定陽	1

* 문건의 수는 乙號에만 붙어 있다. ─필자

부록 2. 1876년 이후 조선 · 한국이 외국과 맺은 중요 외교 협정 일람표

* 1908년 I2월 통감부 간행《한국조약유찬》수록.

제1편 '정치상에 관한 조약'

연월일		일본명칭	한국명칭	영문명칭
1894	8. 20	잠정합동조관	잠정합동조관	없음
1904	2. 23	일한의정서	의정서	Protocol
	8. 22	일한협약	협정서	Agreement
1905	4. 1	한국통신기관 위탁에 관한 취극서取極書	통신관리협정서	Agreement
	11. 17	일한협약	한일협상조약	Convention
1907	7. 24	일한협약	한일협약	Agreement
	10. 29	경찰 사무 집행에 관한 취극서	협정서	Agreement
부록				
1905	8. 12	일영 협약		Agreement
1904	5. 18	한러조약 폐기 칙선서勅宣書 및 이유서 역문	한러조약 폐기 칙선서 및 이유서 문	(일문 및 한역문)
1905	9. 5	일러강화조약		Treaty of Peace Between Japan and Russia(佛文도 작성)
1907	6. 10	일불협약		Arrangement
1907	7. 30	일러협약		Arrangement

제2편 '수호통상조약 및 항해에 관한 조약'

연월일(양력)		일본명칭	한국명칭	영문명칭
1876	2. 26	일한수호조규	한일수호조규	부록(1876. 8. 24)
〃	8. 24	일한수호조규부록	한일수호조규부록	없음
〃	〃	일한통상장정	한일통상장정	
〃	〃	통상의 숙폐 삼제 芟除에 관한 왕간 往柬	동상내간同上來柬 (1876. 음 7. 6)	〃
〃	음7. 6	동상내간同上來柬		
1882	5. 22		한미수호통상조약 (호환속약)	Treaty of Amity and Commerce Between the United States and Corea
1882	8. 30	일한수호조규속약	한일수호조규속약	〃
1883	5. 19		호환속약互換續約	Ratification Provision
〃	7. 25	일본인민무역규칙 병#해관세목	일본인민통상장정 병#해관세목	〃
〃	9. 27	비준통지에 관한 왕간	없음	〃
1883	11. 26		한영수호통상소약	Treaty of Friendship and Commerce Between Great Britain and Corea
〃	〃		한영조약부속통상 장정, 세칙稅則, 세칙장세稅則章稅	Regulations under which British Trade is to be Conducted in Corea, Import Tariff, Export
〃	〃		선후속조善後續條	Protocol

1883	11. 26		한독수호통상 조약	Freundschafts und Handels Vertag zwischen dem Deutschen Reich und Korea(영문 작성)
〃	〃		독약獨約부속통상 장정, 세칙, 세칙 장정稅則章程	Bestimmungen zu Regelung des Deutschen Handelsverkehrs in Korea, Tariff, Bemerkungen zum Tarif(영문 작성)
〃	〃		선후속조	Shlussprotokoll
1884	6. 26		한이韓伊수호통상 조약	Trattato di Amicizia e di Commercio tra Italia e Corea(영문 작성)
〃	〃		이약伊約부속통상 장정, 세칙, 세칙 장정	Regolamenti per Lésercizio del Commercio Italiano in Corea,Tariffa D'importazione, Regolamenti(영문작성)
1885	7. 10		속약	Protocollo
1886	6. 4		한불수호조약	Traité D'eamitié et de Commerce Entre la France et la Corée
〃	〃		불약佛約부속통상 장정, 세칙, 세칙 장정	Réglements Concernant Le Commerce Francais en Corée, Tarifs, Règlement
〃	〃		선후속조	Déclartion
1892	6. 23		한오韓墺수호통상 조약	Treaty of Friendship and Commerce Between Austria- Hungary and Korea
〃	〃		오약墺約부속통상 장정, 세칙, 세칙 장정	Regulation nder which Austrian and Hungarian Trade is to be Conducted in Corea, Tariff, Rules

1892	6. 23		부약속관附約續款	Protocol
1899	9. 11		한청통상조약	Treaty of Commerce between China and Korea
〃	12. 14		호환조약互換條約	없음
1901	3. 23		한백韓白수호통상 조약	Traité D'amitié et de Commerce Entre la Beligique et la Corée
〃	〃		백약白約부속통상 상정, 세칙, 세칙 장정	Réglements Concernant Le Commerce Belge en Corée, Tarifs, Règlement
1902	7. 15		한정韓丁수호통상 장정	Traité D'amitié et de Commerce Entre le Danemark et la Corée
〃	〃		정약丁約부속통상 장정, 세칙, 세칙 장정	Réglements Concernant Le Commerce Danois en Corée, Tarifs, Règlement

부록 3. 통감부 문서과 직원 서임 · 사령 일람표

* 통감부《공보》〈서임 및 사령〉란에 따름

연월일	성명	직급	임명사항	《공보》의 호수
1907. 3. 30	大賀七郎	통감부 屬, 8급	문서과 근무	6호, 明治 40, 4. 7
4. 27	澤田牛磨	통감부 서기관	문서과장 면함	7호, 5. 21
4. 27	前間恭作	통감부 통역관	문서과장 命	〃
4. 27	三浦濟吉	雇에 命 , 月俸30圓	문서과 근무	〃
9. 28	〃	〃	免官, 이사청 屬	〃
9. 28	長谷部龜太郎	통감부 屬, 8급	문서과 근무	26호, 10. 9
10. 3	(통감 伊藤博文 귀임)			
10. 9	(통감부 事務分掌規定 제정)			
10. 9	古谷久綱	통감 비서관	문서과장	27호, 10. 19
	前間恭作	통감부 통역관	인사과 겸임	〃
	佐竹義準	〃 비서관, 男爵	문서과 근무	〃
10. 9	靑山淺次郎	통감부 屬	〃	28호, 10. 26
	井上文司	〃	〃	〃
	間部市三郎	〃	〃	〃
	御廚守忠	〃	〃	〃
	大賀七郎	〃	〃	〃
	長谷部龜太郎	〃	〃	〃
	神保信吉	〃	〃	〃
	藤波義貟	〃	〃	〃
	築山直彦	통감부 촉탁	〃	〃
	辰己重範	〃	〃	〃
	小田倉啓	〃	〃	〃
	荒野正雄	통감부 雇	〃	〃

二川龍三郎	통감부 雇	문서과 근무	28호, 10. 26
香山隆三郎	〃	〃	〃
衿原太之助	〃	〃	〃
池田幸英	〃	〃	〃
柳田哲太郎	〃	〃	〃
志村正吉	〃	〃	〃

＊《공보》 가운데 이 사령란에만 정정 가필이 있다. 문서과의 경우 위 피임명자 가운데 靑山, 御廚, 藤波, 築山, 辰己, 柳田 등 6인이 삭제되고 中野太三郎 등 12인(표에 미반영)이 필기로 추가 기록되어 있다. 인사과, 회계과도 마찬가지이다. 그러나 《공보》에서 이런 수정은 다른 예가 없다.

10. 29	佐竹義準	비서관, 男爵	문서과장을 命 관보보고주임	29호, 11. 2
	古谷久綱	비서관	문서과장을 면함 관보보고주임을 면함	
	田中 實	위생사무 촉탁	지방부 겸 문서과 근무	
	間部市三郎	통감부 屬	외무부 겸무	
	草野正雄	통감부 雇	외무부 겸무	
	陣內喜三	통감부 雇	문서과 겸무	
10. 31	前間恭作	통역관	외부부 겸 문서과 근무 인사과 겸무 如故	30호, 11. 9
11. 16	陣內喜三	雇에 명. 6級俸	외무부 겸 문서과	31호, 11. 22
11. 22	福島二一	雇에 명, 月俸 45圓	문서과 근무	32호, 11. 30
12. 4	柳田哲太郎	통감부 屬 8級俸	문서과 근무	34호, 12. 14
12. 5	前間恭作	통역관	國分人事課長출장중 대리	
12. 12	左三川好彦	臨時雇, 月俸 25圓	문서과 근무	35호, 12. 21

12. 20	丸山德太郎	雇에 명, 月俸 35圓	문서과 근무	36호, 明治 41, 1. 9
1908. 3. 24	齊藤一淸	雇에 명, 月俸 30圓	문서과 근무	47호, 3. 28
	新貝ソョウ太	통감부 屬 7級俸	문서과 근무	
4. 13	前間恭作	통역관	佐竹課長 不在中代理	50호, 4. 18
6. 27	松田應造	통감부 雇	비서관실 겸 문서과	61호, 7. 14
	山田寬治	통감부 雇	문서과 근무	
7. 23	戸高兵太郎	雇에 명, 月俸 30圓	문서과 근무	64호, 8. 1
11. 17	鈴木五男人	통감부 觀測所 技手	문서과 겸 외무부 (한국 정부 용빙)	77호 11. 21
12. 31	服部敬一	雇에 명, 月俸 45圓	문서과 근무	83호, 明治 42, 1. 9
1909. 7. 29	高橋富造	통감부 雇	문서과 근무	113호, 8. 7
10. 18	間部市三郎	통감부 屬	비서관실 겸 문서과 외무부 겸임 근무 如故	124호, 10. 23
	野澤寬一	雇에 명, 40圓	문서과 근무	
11. 30	丸山德太郎	통감부 雇	의원 解雇	130호, 12. 4
	西村洪治	雇에 명, 月俸 40圓	문서과 근무	〃
12. 14	山崎金之助	勳7等, 雇에 명	문서과 겸 비서관실	132호, 12. 18
1910. 1. 3	前間恭作	통역관	佐竹課長 上京중 대리	135호, 明治 43, 1. 15
6. 28	都筑法弼	통감부 雇	문서과 겸임근무	159호, 7. 2

부록 4. 〈한국병합에 관한 서류〉의 목차

일본 아시아 역사자료 센터, 일본 국립공문서관〉내각〉공문별록〉한국병합에 관한 서류
A03023677200

순번	문서명	연월일	작성, 발행주체	비고
1	한국사법사무위탁/감옥사무위탁/ 司法及감옥사무비 부담에 붙인(付)公爵伊藤博文晁狀件	1909. 7. 3	伊藤博文→ 桂太郞	
2	同上 협약안	1909. 7. 3		
3	同上에 붙인(付) 伊藤公에의 答電의 건	1909. 7. 6	외무성	
4	同上에 붙인(付) 曾彌 통감에의 전보의 건	1909. 7. 6	외무성	
5	軍部 폐지에 붙이는 電訓을 요청하는 건	1909. 7. 6	내각	
6	한국병합에 관한 閣議 결정서 其三 *韓國에 대한 정책 · 對韓施設大綱 *四十二年秋 外務大臣案으로서 각의를 거치지 않은 것	1909. 7. 6 1909. 가을	內閣 외무대신	동일 재가
7	司法及監獄사무위탁에 관한 건에 붙인(付) 曾彌 통감이 小村외무대신에 보내는 전보의 건	1909. 7. 13	曾彌→小村	
8	사법사무 실시에 붙인(付) 桂내각총리대신이 曾彌 통감에 보내는 전보의 건	1910. 7. 24	桂총리→曾彌	
9	통감子爵寺內正毅의 경성 파견에 붙인(付) 御親書案大要의 건	1910. 7. ?	내각	
10	한국병합에 관한 각종의 의견	1910.6.~7.?	병합준비위원회	
11	합병후 한반도 통치와 제국헌법과의 관계	1910. 5. ?	陸軍省	
12	한국의 施政에 관한 건/한국병합에 관한 건	1910. 5.	육군성	
13	갑호: 섭익사무에 관한 익견	1910. 6.~7.?	병합준비위원회	
14	을호: 統監府外事部 · 總督府外事部 사무 대조	1910. 6.~7.?	병합준비위원회	
15	國家結合及國家倂合類例			인쇄본
16	일본과 한국 이외의 각국과의 조약 목록	1910. 7. 29	외무성	
17	淸國居留地及각국거류지에 관한 건		외무성	
18	외국여권에 관한 건		외무성	

19	한국에 있어서 發明·意匠·商標及저작권의 보호에 관한 日米條約의 건		외무성	
20	한국병합 후 한국에서의 英國의 상표등록에 관한 건		외무성	
21	병합에 관한 寺內통감으로부터 小村외무대신 앞 전보 응답의 건	1910. 8. 14~28	寺內↔小村	
22	朝鮮王族及公族支配에 관한 皇室슈 발포의 건에 대해 寺內통감의 의견 追伸의 건	1910. 8. 28	寺內↔桂총리	
23	병합 처분의 법령에 관한 건명		통감부	
24	日韓合邦의 先決問題		송병준	
25	日韓合邦 후의 한국제도		송병준	
26	韓帝渡日讓國의 議		송병준	
27	韓國特別就産所設置案		송병준	
28	韓國併合할때(際)의 처리 法案大要 각의결정	1910. 7. 8	내각	
29	한국병합 실행에 관한 방침	1910. 7. 8	내각	
30	한국병합에 관한(上) 제국헌법의 해석	1910. 7. 2	내각	
31	한국병합 후의 경비 보충에 붙인(付) 통감으로부터의 조회	1910. 7. 12	寺內↔桂총리	
32	"詔勅·조약·宣言案 ＊ 조칙안·조약체결 없는 경우의 조칙안·조약안·宣言案 ＊＊한국과 조약관계 없는 國에 대한 宣言案·宣言案"	1910. 7. 8 1910. 8. 22	내각	草案
33	條件	1910. (5.) 24	통감부	
34	朝鮮總督府官制拔萃竝위임사항		내각	
35	王公族의 國法上의 地位及皇室典範과의 관계	1910. 9. 4	내각	
36	형사소송에 관한 규정을 皇室裁判令中에 존치함이 지당한 이유	1910. 9. 10	내각	

연표

1904년

1월 12일 〈일본〉 어전회의에서 러시아에 대한 교섭 최종 방침 결정.

1월 19일 〈일본〉 하야시 곤스케林權助 주한공사가 한국 정부에 의정서(일한 비밀동맹) 안 제시. 1월 20일 한국 측 수정안 제시. 1월 24일 한국 광무황제(고종), 외부대신 이지용李址鎔에게 의정서 조인 승인하지 않을 의사 표명.

1월 21일 〈한국〉 국외 중립 성명 발표. 수교 각국에 타전함.

1월 23일 〈한국〉 외상 이지용, 하야시 공사에게 중립 성명 전달.

2월 4일 〈일본〉 어전회의, 러시아와의 교섭 중단 결정. 한국 임시파견대를 비롯한 러시아 정벌군[征露軍] 출동명령. 인천항 정박 중인 러시아 군함 격침, 뤼순 항의 러시아 제1태평양 함대 기습.

2월 6일 〈일본〉 천황의 '선전宣戰의 조서' 반포. 제1군에서 제5군에 이르는 일본군 전체에 (전시) 계엄령 발동. 한국의 중립국 선언 무시, 한반도 출동 제1군 예하의 모든 부대도 전시 계엄령 발동.

2월 13일 〈일본〉 하야시 공사, 외부대신 이지용에게 의정서 조인 요청.

2월 23일 **'의정서'(한일의정서) 조인.**

2월 25일 〈일본〉 한국 광무황제의 측근인 탁지부 대신 이용익李容翊을 연행하여 일본에 '만유漫遊' 시킴.

3월 8일 〈일본〉 이토 히로부미伊藤博文, 특파대사로 한국에 파견. 3월 18일 이토, 한국 황제에 국서 봉정.

3월 10일 〈일본〉 한국 주차대를 한국 주차군으로 개칭 개편. 3월 11일 한국 주차군 사령부 설치, 대한제국 영빈관인 대관정大觀亭을 무단 점거하여 사령부를 두고 경운궁(현 덕수궁)의 동정을 감시함.

3월 ~ 〈일본〉 외무성에 임시취조위원회를 설치, 다치 사쿠타로立作太郎 등 위원으로 하여 보호국 제도를 조사하게 함.

4월 22일 〈한국〉 외부대신 이지용, 이토 특사 내한에 대응하여 보빙대사로 일본에 감.

5월 31일 〈일본〉 대한방침對韓方針, 대한시설강령 결정(한국 정부로 하여금 일본정부가 추천하는 재무, 외교의 고문을 수용하게 하고 외교 권한 간여 기반 확립).

8월 12일 〈일본〉 하야시 공사, 한국 황제 알현, 재무, 외교 고문 용빙 '각서' 제시.

8월 20일 〈일본〉 '각서'의 제3조 외교 사안 사전 협의 요구에 대한 한국 황제의 반대로 재무, 외교 용빙 부분에 대한 각서만 진행시킴.

8월 22일 〈일본〉 **제1차 일한협약 강제**: 외교권을 언급한 제3조를 통합한 '각서' 문안 재작성하고 이를 나중에 '제1차 일한협약'이라고 부름. 영어번역본 작성에서 '각서'를 외교 협정으로 둔갑시키기 위해 '협약'(agreement)이란 명칭을 씀.

9월 7일 〈일본〉 하세가와 요시미치長谷川好道 대장, 한국주차군사령관 임명, 10월 13일 서울에 착임.

10월 8일 〈일본〉 메가다 다네타로目賀田種太郎, 재정고문으로 한국정부와 계약.

11월 10일 〈일본〉 경부선 철도 완공, 1905년 5월 25일 준공식.

12월 27일 〈일본〉 미국인 스티븐스 외교고문 용빙 계약.

1905년

1월 10일 〈한국〉 한국 광무황제, 러시아 황제에게 군략 협의 친서 보냄.

1월 18일 〈일본〉 메가타 고문, 화폐조례 실시 공포.

1월 25일 〈일본〉 주미 일본 공사 다카히라 고고로高平小五郎, 미국 대통령에게 전쟁 종료 강화 문제에 관한 일본정부의 견해 전달.

1월 31일 〈일본〉 일본 제일은행, 한국 국고 취급 및 화폐정리 사무 취급에 관한 계약을 강제 체결하여 한국정부 재정 금융권 장악.

2월 3일 〈일본〉 마루야마 시게도시丸山重俊를 경찰업무고문으로 부임시킴.

3월 4일 〈일본〉 한국 궁내부의 철도원, 광학국鑛學局, 박문원, 수민원綏民院, 평식원, 통신사 등 근대화 사업의 주요부서들을 철폐시킴.

4월 1일 〈일본〉 한국에 통신관리 협정서 강제 체결.

4월 8일 〈일본〉 전시 각료회의, 전세 호전을 배경으로 한국 보호국화 방침 결정. 4월 10일, 천황 재가.

4월 28일 〈일본〉 경의선 운전 개시.

5월 27일 〈한국〉 광무황제, 상해를 통해 암호 전문으로 주미 공사관에
　　　러일전쟁 개전 후의 일본과의 협정은 모두 강요된 것임을 미국
　　　정부에 알릴 것을 지시함.

5월 27~30일 〈일본〉 일본 연합함대, 대한해협–동해에서 러시아 제2태평양
　　　함대(발틱함대) 공격, 승전.

6월 30일 〈일본〉 각의, 미국 루즈벨트 대통령의 권고서(6월 9일)에 따라
　　　러시아와의 강화 조건 결정. 7월 5일 천황 재가.

7월 3일 〈일본〉 외상 고무라 주타로小村壽太郞와 다카히로 주미공사를
　　　강화회의 위원으로 파견. 8월 10일 강화회의 시작.

7월 3일 〈일본〉 한국 주차군의 전시 계엄령을 '평시' 계엄체제로 전환하기
　　　위한 군율, 군령 발령.

* 한국주차군 군율(1905년 7월 3일 발령), 한국주차군 군율 위범 심판
　　　규정(1905년 7월 3일 발령), 영흥만요새 군율(1905년 7월 13일 발령),
　　　진해만 요새 군율(1905년 8월 1일 발령 즉일 시행), 진해만 요새
　　　행정규칙(1905년 8월 13일 발령 즉일 시행) 제정 시행.

7월 6일 〈한국〉 광무황제가 보낸 이승만李承晩, 윤병승尹炳承이 미국
　　　대통령과 회견하여 청원서 제출했으나 수령 거부당함.

7월 29일 가쓰라–태프트 밀약(각서) 성립.

8월 12일 제2차 영일동맹 성립.

9월 5일 포츠머스 강화조약 조인.

9월 9일 시어도어 루즈벨트 미국 대통령, 일본의 한국 보호국화 방침 지지
　　　를 고무라 전권대표에게 표명.

10월 12일 〈일본〉 가쓰라–해리만Harriman, 남만주 철도에 관한 미일
　　　신디케이트에 대한 예비 협정 각서를 교환. 10월 23일, 동 각서의
　　　중지를 전달. 1906년 1월 15일, 무효를 통고.

10월 중순 〈한국〉 외부내신, 주한 영국공사에게 영일동맹 체결에 항의.

10월 17일 〈일본〉 주한일본 공사관, 한국의 항의를 무시하기로 결정.

10월 22일 〈한국〉 미국인 고문 헐버트, 미국 대통령에게 보내는 광무황제의
　　　친서를 가지고 도미.

10월 27일 〈일본〉 각의, 한국보호권 확립 실행에 관한 건, 만주에 관한
　　　청국과의 조약 체결 방침을 결정.

10월 30일 〈일본〉 대본영大本營, 하세가와 한국주차군 사령관에게 주한 공사와 특파대사를 도와 보호조약 체결을 성공시키라는 훈령 내림.

11월 2일 〈일본〉 이토 히로부미를 특파대사로 한국에 파견. 11월 9일, 서울 도착. 11월 10일, 한국 황제에게 친서 봉정.

11월 15일 〈일본〉 이토, 한국 광무황제를 폐현하고 보호조약 체결을 요구. 3시간에 가까운 길항 논쟁.

11월 16일 〈일본〉 이토, 한국대신들을 모아, 보호조약 체결을 요구. 하야시 공사, 외부대신 박제순朴齊純에게 조약안을 전달. 〈한국〉 어전회의를 열어 보호조약 거부할 것을 결의.

11월 17일 〈일본〉 **'제2차 일한협약' 강제의 시작**: 한국대신들을 일본 공사관에 초집하여 조약 체결 합의를 압박. 한국대신들이 이를 거부하고 황제가 있는 수옥헌漱玉軒(중명전重明殿)으로 가자 하야시 공사 동행. 한국 황제와 대신들, 거듭 거부 확약하자 하야시 공사가 저녁 6시 무렵, 이토 특사가 나설 것을 요청. 이토 특사, 하세가와 사령관과 함께 군경을 거느리고 중명전에 도착. 퇴궐하려는 한국 대신들을 세워놓고 체결을 강요.

  * 전날부터 한국 주차군은 서울 도성 안 경계 순시 강화하다가 이날에는 기병연대와 포병대대를 성내에 투입 행진하고 성 밑에서 야영하면서 한국인들을 위협하여 황제, 대신들과 합세하는 것을 차단함.

11월 18일 〈일본〉 새벽 1시 무렵 '제2차 일한협약' 강제의 종료.
          〈한국〉 한국 황제, 독일주재 공사에게 타전하여 조약 강제를 알리고 독일황제의 도움을 요청하게 함.

11월 22~30일 〈한국〉 광무황제, 콜브란 보스트윅 회사의 한성지점 변호사 엘리엇을 통해 미국 체류 중인 알렌에게 미국 정부와의 교섭 위한 특지 전달.

11월 26일 〈한국〉 광무황제, 콜브란 보스트윅사의 시푸 동신망을 이용하여 헐버트에게 전문 보냄(보호조약 무효 선언을 미국정부에 전달 요청). 12월 11일 미국 국무성 차관에게 전달되었으나 묵살.

11월 28일 〈일본〉 외부대신 박제순을 참정에 임명하도록 함.
          〈한국〉 민영환閔泳煥, 보조조약 무효화 하도록 상주. 11월 29일 항의의 자결. 12월 19일 국장.

12월 1일 〈한국〉 조병세趙秉世, 항의 자결.

12월 2일 〈일본〉 외교관, 영사관 관제 개정.

12월 11일 〈한국〉 황제의 명으로 파리 주재 민영찬閔泳璨 공사, 미국으로 건너가 국무성 루트 장관 회담. 12월 19일 루트 장관, 서면 답변: 미국정부는 한국정부가 1904년 8월의 협정(제1차 일한협약)에서 이미 일본정부에 외교권을 넘긴 것으로 알았다고 답변, 협조 거부.

12월 21일 〈일본〉 통감부, 이사청 관제 공포. 이토 히로부미를 통감으로 임명.

12월 22일 〈일본〉 만주에 관한 청일조약 조인.

1906년

1월 29일 〈한국〉 광무황제, 영국 '트리뷴'지의 스토리 기자를 통해서 열강에 5년 동안의 공동보호 통치를 요청하는 친서 발부. (1907년) 1월 16일, 〈대한매일신보〉 이를 보도함.

2월 1일 〈일본〉 통감부 설치.

3월 2일 〈일본〉 이토 통감, 서울 착임.

3월 초. 영국·미국, 만주의 문호개방 및 기회균등의 실행을 요구.

4월 3일 〈일본〉 경의 군용철도 완성.

5월 22일 〈일본〉 통감부, 이완용을 의정부 참정대신으로 임명하게 함.

5월 28일 〈일본〉 한국주차군 군령 및 동 위범심판규정안 발령. 주차군의 평시 계엄령의 '군율' 체제를 통감부의 설치에 따라 '군령' 체제로 바꿈.

6월 22일 〈한국〉 황제, 미국인 헐버트에게 수교 9개국 원수들 앞으로 '보호조약' 무효화에 협력을 요청하는 친서 전달의 임무 부여. 8월 초에 열릴 예정이던 제2차 헤이그 만국평화회의가 일본의 요구로 연기되어 실패함.

8월 13일 〈일본〉 한국의 군사경찰을 고등군사경찰로 개칭.

1907년

4월 20일 〈한국〉 광무황제, 이상설李相卨·이준李儁에게 전권 위임장을 내리고 제2차 헤이그 만국평화회의 참가를 명함. 황제가 이 날짜로

　　러시아 황제에게도 도움을 청하는 친서 발부.

6월 25일 〈한국〉 이상설 등 헤이그 도착, 회의장 입장 거부됨. 6월 27일, 이상설·이준·이위종李瑋鍾 3특사 일본을 규탄하는 공고사控告詞 발표. 헐버트의 역할로 영국 유명 언론인 윌리엄 스테드William Stead, 자신이 발행하는 "평화회의 소식Courrier de La Conference de la paix"지에 공고사 전문 게재하고 3특사를 위한 기자회견 마련, 이위종이 프랑스어로 '한국의 호소' 연설함.

6월 14일 〈일본〉 통감, 한국의 의정부를 내각으로 고치고 이완용을 내각 총리대신으로 임명하게 함.

7월 7일 〈일본〉 이토 통감, 헤이그 '밀사' 사건 처리에 대한 각의 검토를 요청. 7월 10일. 원로·대신회의, 대한처리방침을 협의, 한국 내정의 전권 장악의 협약 체결을 이토 통감에게 일임하기로 결정, 천황 재가.

7월 15일 〈일본〉 외무대신 하야시 다다시林董, 통감 이토와의 협의를 위해 내한.

7월 16일 〈일본〉 통감, 총리대신 이완용으로 하여금 한국 황제의 양위를 건의하게 함.

　* 광무황제, 이를 거부하면서 대리청정을 타협안으로 제시.

7월 22일 〈한국〉 궁내부 대신 박영효朴泳孝, 내대신 이도재李道宰, 참령 이희두李熙斗 등과 황제 친위 쿠데타 도모, 사전 정보 누설로 주차군의 기습을 받아 실패, 피체.

　　　〈일본〉 광무황제를 강제로 퇴위시킴. 양위를 기정사실화하기 위해 중화전에서 환관 2인의 대역으로 양위식을 거행함.

7월 24일 〈일본〉 **일한협약(한일협약, 정미조약) 강제**. 통감부가 한국정부의 내정을 간여, 감독하는 권한 확보. 보병 제12연대를 한국에 증파.

7월 31일 〈일본〉 통감 이토, 자신이 지은 조칙으로 한국 군대 강제 해산.

8월 1일 〈한국〉 해산에 반대하는 시위대, 진위대의 반란.

8월 2일 〈일본〉 황태자에게 융희隆熙란 연호를 사용하도록 하고 창덕궁으로 이주하게 함. 경운궁慶運宮은 덕수궁德壽宮(물러난 군주가 사용하는 궁이란 뜻)으로 이름을 고쳐 '태황제'가 그대로 사용하게 함.

8월 10일 〈일본〉 통감부, 영(친)왕英(親)王을 황태자로 책봉하게 함.

8월 27일 〈일본〉 통감부, '신황제'(융희제)의 즉위식을 돈덕전暾德殿에서 거행함.

9월 19일 〈일본〉 통감부에 부통감, 통감관방을 두어 한국정부에 대한 감독 기능 강화.

9월 26일 〈일본〉 임시파견 기병대 4개 중대를 한국에 증파.

10월 7일 〈일본〉 헌병조례 개정. 제14헌병대를 한국주차헌병대로 개칭.

10월 16일 〈일본〉 일본국 황태자 요시히도 친왕嘉仁親王 서울 방문. 20일 일본으로 돌아감. 통감 이토, 친선 명목으로 일본 황태자를 한국에 방문하게 하고 12월 한국 황태자 영(친)왕을 동경으로 데려가 광무황제의 저항을 억제하기 위한 인질로 삼음.

10월 19일 〈일본〉 통감부 편제 개편, 문서과 · 인사과 · 회계과 등 총무부에서 통감 관방실로 옮김.

10월 29일 〈일본〉 통감부, 경찰사무 집행에 관한 취극서取極書 조인(경찰 합병).

11월 15일 〈한국〉 광무황제, 태묘 및 영녕전永寧殿 참배, 황태자의 창덕궁 방문.

11월 18일 〈한국〉 황태자(순종) 태묘 참배, 즉위를 서고하고 황제의 위에 오름.

11월 18일 〈일본〉 통감부 문서과 직원들이 1909년 1월 18일까지 2개월 동안 재판소 구성법, 중앙관제개정을 비롯한 주요 칙령, 조칙, 법률 60건에 황제의 이름자 서명을 위조하여 처리함.

12월 5일 〈한국〉 황태자 영(친)왕, 일본으로 떠남. 이토 히로부미, 태자태사太子太師를 칭하여 배종함.

12월 6일 〈한국〉 13도 창의군 결성, 대장에 이인영李麟榮, 군사장軍師長에 허위許蔿 선정. 곧 각국 영사관에 의병군을 교전단체로 승인하기를 요청하는 서장을 보냄.

12월 26일 〈일본〉 통감부, 법전조사국 관제 공포.

12월 27일 〈일본〉 통감부, 재판소 구성법 등 공포.

1908년

1월 하순 〈한국〉 허위 등 13도 창의군 300인, 서울 근교 진격하였다가 물러남.

3월 23일 〈한국〉 전명운田明雲 · 장인환張仁煥, 샌프란시스코에서 한국보호
　　　통치를 찬양하는 외교고문 스티븐슨을 저격.
4월 9일 〈일본〉 통감부, 임시 간도 파출소 관제 공포.
5월 2일 〈일본〉 의병 '토벌'을 위한 2개 연대 증파.
5월　　〈한국〉 허위, 통감부에 30개 항목을 요구. 6월 11일 피체. 10월
　　　13일 처형(순국).
6월 9일 〈일본〉 헌병 보조원 채용에 관한 군부령을 공시하여 한국인 보조
　　　원을 모집.
8월 27일 〈일본〉 동양척식회사법 공포. 12월 28일, 서울에 본사를 설립.
　* 일본육군 집계에 따르면, 1908년 한국 의병과 일본군 사이의 교전
　　　회수는 1,976회, 교전 참가 한국 의병 수는 82,767명에 달함. 1909년
　　　2~6월 사이에는 1,738회, 38,593명에 달함(1909년 1월은 한국 황
　　　제의 순행巡幸 기간으로 휴전상태).

1909년

1월 7일 〈일본〉 통감 이토, 한국 의병의 기세를 완화시키기 위해 한국
　　　황제와의 지방 순행을 기획. 1차로 13일까지 남순南巡(대구, 부산,
　　　마산)을 행함.
　* 황제를 환영하는 인파, 대구-3,000명, 부산-항구를 가득 메움, 마산-
　　　30,000명.
1월 27일 〈일본〉 통감 이토, 2월 3일까지 한국 황제의 서순西巡(평양,
　　　의주, 개성)을 수행.
* 황제를 환영하는 인파, 평양과 개성에서 10만, 의주에서 3만여 명에
　　　이름. 통감 이토, 자신의 '보호정치'가 실패한 것을 인정하고 개성에서
　　　서울로 돌아오는 길에 사임 귀국을 결심함.
2월 8일 〈일본〉 통감 이토, 귀국을 결심하고 한국 황제에게 하직
　　　인사[辭陛]를 올림. 2월 17일 일본 도착, 5월 하순 사표 제출.
4월 10일 〈일본〉 총리 가쓰라, 외상 고무라, 휴양 중의 통감 이토를
　　　방문하여 한국병합 정책에 동의를 얻음(이토, 보호 통치 포기).
5월 4일 〈일본〉 임시한국파견대 2개 연대 편성.
6월 14일 〈일본〉 통감 이토 사임, 추밀원 의장으로 옮김. 후임 통감에는

소네 아라스케曾彌荒助 부통감을 임명.

7월 6일 〈일본〉 각의, 한국병합에 관한 건, 대한시설대강을 결정.

7월 12일 〈일본〉 사법 및 감옥 사무 위탁에 관한 각서 조인.

7월 30일 〈일본〉 한국 군부를 폐지하고 황제 호위의 친위부親衛部를 설치.

9월 1일 〈일본〉 임시한국파견대 '남한토벌작전' 개시(~10월 하순).

10월 10일 〈일본〉 추밀원 의장 이토 히로부미, 동청東淸 철도 매각을 공고한 러시아 재정대신 코코브쇼프를 만나기 위해 하얼빈으로 가기로 함.

10월 18일 〈일본〉 통감부 사법청 관제, 동 감옥관제 공포.

10월 26일 〈한국〉 대한의군의 특파대 대장 안중근, 하얼빈 철도정거장에서 이토 히로부미 사살.

10월 31일 〈일본〉 한국법부 폐지.

12월 4일 〈한국〉 일진회 회장 이용구, 합방청원서를 발표.

12월 8일 미국, 만주에서의 철도의 중립화를 제의.

12월 22일 〈한국〉 총리대신 이완용, 이재명李在明에게 습격당하여 중상.

1910년

1월 3일 〈일본〉 소네 통감, 병으로 귀국.

2월 7일 〈일본〉 관동도독부 산하 뤼순旅順 지방법원에서 안중근 재판 시작. 2월 14일 사형 언도, 3월 26일 사형 집행.

2월 28일 〈일본〉 외상 고무라, 재외 공사관에 한국병합 방침을 통지하여 각국의 반응을 탐지하게 함.

5월 30일 〈일본〉 육군대신 데라우치 마사타케寺內正毅를 3대 통감으로 임명. 육군성 내에서 한국병합 방안 연구 진행.

6월 3일 〈일본〉 각의, 병합 후의 한국시정방침 결정.

6월 15일 〈일본〉 아카시 모토지로明石元二郞를 한국주차군 헌병대사령관으로 임명.

6월 24일 〈일본〉 한국경찰사무위탁에 관한 각서 조인. 제2조에 따라 창덕궁 안에 황궁경찰서를 설치하여 융희황제를 궁안에 격리시킴.

6월 〈일본〉 병합준비위원회 설치. 7월 6일 병합계획안을 수합, 심의하여 내각에 제출.

7월 1일 〈일본〉 헌병경찰제도 발족.

7월 8일 〈일본〉 각의, 한국병합 실행방법 세목을 결정.

7월 30일 〈일본〉 통감 데라우치, 한국병합 실행방안을 가지고 한국에 도착.

8월 16일 〈일본〉 통감 데라우치, 총리대신 이완용을 불러 병합 실행 방안을 알리면서 협조를 요구.

8월 18일 〈일본〉 통감 데라우치, 총리대신 이완용을 병합조약 체결의 전권위원으로 임명하는 한국 황제의 칙명 문안을 전하고 황제의 재가를 받도록 요구함. 한국 각의, 통감의 병합 협조를 놓고 검토하였으나 결론에 이르지 못함.

8월 22일 〈일본〉 **한국병합조약 강제.** 오전: 통감 데라우치, 한국 궁내부 대신 민병석閔丙奭, 시종원경 윤덕영尹德榮을 불러 전권위임장에 황제의 재가를 받아내도록 요구. 오후: 2시 한국 어전회의 개최, 황제 2시간 가까이까지 침묵 끝에 전권위임장에 서명 날인. 4시 이완용, 통감 관저로 가서 데라우치가 준비해 둔 조약문에 함께 기명날인함. 데라우치, 이완용에게 양국 황제의 조칙으로 병합을 알리는 방안을 제시한 '각서'를 보여줌.

8월 27일 〈일본〉 통감 데라우치, 한국 황제의 조칙을 '칙유'라고 하고 그 내용을 각의에 전보로 알림.

8월 29일 〈한국〉〈일본〉 **한국병합 성립 공포.** 한국 병합을 알리는 한, 일 양국 황제의 조칙 발표하였으나 한국 황제의 '칙유'에는 황제의 서명이나 대신들의 병서並書가 없음.

　＊ 1926년 4월 26일 융희황제 붕어 직전에 병합을 알리는 조칙은 '내가 인준한 것이 아니다'라고 유조遺詔를 남긴 사실이 같은 해 샌프란시스코에서 발행된 〈신한민보〉 7월 8일자에 보도됨.

9월 30일 〈일본〉 조선총독부 관제 공포.

10월 1일 〈일본〉 데라우치 마사타케, 조선총독 임명. 육군대신을 겸함.

10월 4일 〈한국〉 내각 해산식.

인명 색인

ㄱ

가바야마 스케노리樺山資紀 82

가쓰 가이슈勝海舟 282

가쓰라 다로桂太郎 164, 172, 179, 184, 284, 321, 322, 337, 338, 341,
342, 346, 367, 369, 373, 395, 398, 426, 427

가와카미 소로쿠川上操六 91

고노 히로나카河野廣中 312

고니시 고타로小西孝太郎 223

고다마 겐타로兒玉源太郎 92, 162

고다마 히데오兒玉秀雄 342

고마쓰 미도리小松綠 340, 348, 353, 375, 397, 430

고무라 주타로小村壽太郎 55, 99, 135, 146, 147, 152, 159, 163, 165, 168,
323, 367, 372, 398, 426

고미야 미호마츠小宮三保松 389, 390

고영선高永善 197

고영희高永喜 391

고쿠분 쇼타로國分象太郎 172, 174, 225, 273, 389, 391, 401

고토 신페이後藤新平 342

구금수具金壽 138

구라치 데츠키치倉知鐵吉 321, 341, 353

권동진權東鎭 138

기고시 야스쓰나木越安綱 94

길영수吉永洙 135

김덕제金德濟 290

김도준金道濬 307

김도현金道鉉 289

김두현金斗鉉 308

김상범金相範 307, 308

김상필金尙弼 307

김영호金泳鎬 28

김옥균金玉均 81, 84

김용중金龍中 24

김윤식金允植 82, 85, 89, 90, 294, 389, 391

김재응金載應 307

김재풍金在豊 204

김학진金鶴鎭 301

김홍육金鴻陸 260

김홍집金弘集 89

ㄴ

나리타 후지오成田不二生 225, 273

나카니시 세이이치中西淸一 342

나카야마 시즈타로中山成太郎 342

남정철南廷哲 204, 222

니시미치 스케요시西道助義 294

니콜라이 2세 101, 159, 163, 192, 284

니토베 이나조新渡戶稻造 163

ㄷ

다보하시 기요시田保橋潔 52, 60

다이쇼천황大正天皇 244

다츠나가 가츠사부로立永勝三郎 95

다카시마 도모노스케高島鞆之 81

다카히라 고고로高平小五郎 82, 85, 168, 179

다케조에 신이치로竹添進一郎 81, 82, 83

더글러스 스토리Douglus Story 192, 196, 201

데라우치 마사타케寺内正毅 55, 81, 107, 284, 319, 322, 330, 337, 338,
　　339, 340, 346, 347, 348, 351, 367, 369, 371, 373, 375, 379, 383, 385,
　　386, 387, 388, 390, 393, 395, 396, 398, 400, 403, 404, 407, 426, 427,
　　428, 430, 431, 432

도고 헤이하치로東郷平八郎 159, 161, 162

도쿠토미 소호德富蘇峰 430

ㄹ

로스차일드Rothschilds 163

로제스트벤스키 160, 161

리홍장李鴻章 64

ㅁ

마쓰가타 마사요시松方正義 162, 284

마쓰이시 야스하루松石安治 93

마에마 교사쿠前間恭作 268, 269, 272, 274, 388

메가다 다네타로目下田種太郎 158, 174

메이지천황明治天皇 253

무라카미 조타로村上長太郎 307

무코야마 신키치向山愼吉 85

문영소聞泳韶 204

뮈텔Mütel, Gustave Charles Marie 54, 55

미즈노 가츠키水野勝毅 80, 83

민긍호閔肯鎬 290

민덕효閔德孝 54

민병석閔丙奭 294, 389, 391, 393, 404, 405

민영철閔泳喆 137

민영환閔泳煥 191

민영휘閔泳徽 204

민종식閔宗植 289

민철훈閔哲勳 191

ㅂ

박동흠朴東欽 305

박문오朴文五 305

박문일朴文壹 305

박영효朴泳孝 81, 138, 205, 207, 208, 209, 221, 222

박용화朴鏞和 174

박은식朴殷植 404

박정양朴定陽 155

박제빈朴齊斌 308

박제순朴齊純 40, 48, 53, 54, 179, 188, 192, 195, 196, 205, 208, 228, 339, 391, 408, 418

베른하르트 퓌르스트 폰 뷔로우Bernhard Fürst von Bülow 40

베셀Ernest T. Bethel 195

베조브라조프 163

보스트윅Bostwick 55, 56, 59

비테Sergei Yulyevich Witte 163, 165

빌헬름 2세 192

人

사가와 고사쿠佐川耕作 93

사가와 아키라佐川晃 83

사이고 다카모리西鄉隆盛 282, 283

사이온지西園寺 200, 203, 213, 215, 224

사이토 리키사부로齋藤力三郎 93, 151

사카모토 료마坂本龍馬 282

서상면徐相勉 307

서정순徐正淳 204

성기운成岐運 205, 310

소네 아라스케曾彌荒助 59, 293, 321, 322, 323, 324, 326, 337, 427

소네 칸지曾彌寛治 59

송도순宋道淳 299

송병준宋秉畯 196, 197, 348, 366, 375

송상현宋象賢 301, 425

송종규宋鍾奎 299

스티븐스Durham White Stevens 158, 181

시바 료타로司馬遼太郎 29

시바타 가몬柴田家門 342, 353, 356

시부자와 에이이치渋澤榮一 59

시어도어 루즈벨트Theodore Roosevelt 162, 164, 165, 168

시오카와 이치타로鹽川一太郎 172

신기선申箕善 204

신응희申應熙 138

심상훈沈相薰 151

464

ㅇ

아베 신조安倍晋三 23, 31

아카시 모토지로明石元二郎 104

아키야마 마사노스케秋山雅之助 351

안중근安重根 58, 293, 317, 334, 335, 337, 384, 426, 427

알렌Horace Newton Allen 58, 191

야마가타 아리토모山縣有朋 284, 319, 337, 338, 426

야마가타 이자부로山縣伊三郎 338

야스히로 토모이치로安廣伴一郎 342, 353

어담魚潭 222

에기 다스쿠江木翼 342

에드워드 베이커Edward Baker 27

에드워드 해리만Edward Henry Harriman 333

영친왕英親王 263

오가와 헤이키치小川平吉 312

오시마 요시마사大島義昌 85

오야마 이와오大山巖 92, 97, 159

오쿠마 시게노부大隈重信 284

오쿠보 하루노大久保春野 312

오토리 게이스케大鳥圭介 85, 89

와카마야시 라이조若林賚藏 53, 54

와카쓰키 레이지로若槻礼次郎 341

요시다 쇼인吉田松陰 282, 284, 430

요시히도嘉仁 423

우드로 윌슨Thomas Woodrow Wilson 318, 431

우치다 사다츠치內田定槌 153

워버그스 앤 배링스Warburgs and Barings 163

위안스카이袁世凱 84

윌리엄 스테드William Thomas Stead 200

윌리엄 스트레이트Willard Straight 333

유길준俞吉濬 138

유혁로柳赫魯 307

윤덕영尹德榮 308, 389, 391, 393, 404

윤치호尹致昊 151

이갑李甲 222

이강李堈 395

이강년李康秊 289, 291, 292

이경호李暻浩 308

이규완李圭完 138

이규호李珪浩 40

이근택李根澤 137, 418

이노우에 가쓰노스케井上勝之助 179

이노우에 가오루井上馨 82, 89, 90, 284

이노우에 미쓰루井上光 95

이노우에 요시카井上良馨 80

이도재李道宰 203, 205, 209, 221

이두황李斗璜 138

이명복李命福 235

이범래李範來 138

이범윤李範允 292

이병무李秉武 196, 197, 389, 391

이봉년李鳳年 307

이상설李相卨 199, 200

466

이순신李舜臣 301, 425

이승훈李昇薰 308, 425

이완용李完用 170, 195, 196, 197, 198, 202, 207, 209, 218, 221, 223, 225,
227, 228, 236, 259, 265, 267, 286, 294, 323, 324, 330, 339, 366, 375,
379, 383, 384, 385, 387, 388, 389, 391, 393, 396, 397, 404, 405, 407,
428

이용식李容植 204

이용익李容翊 135, 138

이원범李元範 235

이위종李瑋鍾 199, 200

이윤용李允用 59, 204

이인영李麟榮 291

이인직李人稙 375

이재각李載覺 294

이재곤李載崑 196, 197

이재극李載克 221

이재명李在明 339

이준李儁 199

이준용李埈鎔 138

이중하李重夏 204

이지용李址鎔 137, 140, 218

이진호李軫鎬 138

이토 히로부미伊藤博文 40, 51, 52, 69, 77, 78, 146, 168, 169, 170, 174,
175, 177, 178, 188, 191, 192, 194, 197, 198, 200, 201, 207, 212, 215,
216, 218, 222, 223, 224, 225, 228, 229, 232, 236, 262, 263, 271, 272,
274, 284, 285, 286, 288, 293, 297, 301, 307, 308, 311, 313, 317, 319,
320, 321, 322, 323, 324, 326, 329, 330, 331, 333, 334, 335, 337, 408,

417, 418, 419, 420, 421, 423, 424, 425, 426, 427

이하영李夏榮 95, 150, 155

이학균李學均 135

이회구李會九 311

이희李熹 389, 391, 395

이희두李熙斗 222

임선준任善準 196, 197

임재덕林在德 222

ㅈ

장박張博 138

전석원田錫元 308

정난교鄭蘭敎 138

정발鄭撥 301, 425

제이콥 시프Jacob Henry Schiff 163

조남승趙南昇 54, 55, 59

조민희趙民熙 389

조병식趙秉式 65

조병호趙秉鎬 83

조의문趙義聞 138

조의연趙義淵 138

조정구趙鼎九 54, 340

조중응趙重應 197, 385, 391, 405

조창균趙昌均 308

조헌趙憲 301, 425

조희문趙義聞 309

존 D. 록펠러 163

존 부비어John Bouvier 44
존 피어폰 모건John Pierpont Morgan 163
진다 스테미珍田捨巳 214

ㅊ

최익현崔益鉉 289
최재형崔在亨 292, 318

ㅋ

코코브쇼프 426, 427
콜브란Collbran과 보스트윅Bostwick 55, 56
크레마지L. Crémazy 49
클리블랜드Stephen Grover Cleveland 133

ㅌ

타일러 데닛Tyler Dennett 164
태프트Taft 164
트레물레A. Tremoulet 192

ㅍ

페리Matthew C. Perry 282
폰 살데른Von Saldern 40
프란시스 레이Francis Rey 49, 78, 413

ㅎ

하기와라 슈이치萩原守一 172
하나부사 요시모토花房義質 81
하라구치 켄사이原口兼濟 98

하세가와 요시미치長谷川好道 51, 78, 98, 194, 293, 416, 418, 431

하야시 곤스케林權助 48, 51, 77, 78, 95, 135, 137, 139, 146, 147, 148,
    150, 152, 153, 155, 168, 170, 172, 173, 177, 178, 183, 218, 417, 419,
    420

하야시 다다스林董 153, 179, 195, 206, 214, 216, 319

하인리히 세자Prince Heinrich 78

한상학韓相鶴 311

허위許蔿 291, 292

현상건玄尙建 135

호리모토 레이조堀本禮造 81

호머 헐버트Homer Bezaleel Hulbert 24, 58, 193, 196, 198, 201

홍종우洪鍾宇 84

황현黃玹 290

후루야 히사쓰나古谷久綱 223, 234

후지나미 요시쓰라藤波義貫 271

흥선대원군興宣大院君 61, 63, 86, 235

히다카 치치부日高秩父 311

힌체Krebs Hintze 219, 220